Handbuch

des

Vormundschaftsrechts.

Unter Berücksichtigung der

Ausführungsgesetze der deutschen Bundesstaaten.

Bearbeitet von

H. Schultetus,

Landgerichtsrat in Rostock.

Berlin 1899.

J. J. Heines Verlag.

Vorwort.

Bei meiner Arbeit habe ich das Ziel verfolgt, in Anknüpfung an das bisher in Deutschland geltende Vormundschaftsrecht eine den Bedürfnissen der Praxis in thunlichstem Umfange entsprechende Darstellung der vormundschaftsrechtlichen Vorschriften des Bürgerlichen Gesetzbuches zu geben. Anhalt und Belehrung habe ich dabei sowohl hinsichtlich der Fassung der Aufgabe als hinsichtlich der Darstellungsweise in dem ausgezeichneten Werke von Dernburg: „Das Vormundschaftsrecht der preußischen Monarchie nach der Vormundschaftsordnung vom 5. Juli 1875" suchen zu dürfen geglaubt, ohne befürchten zu müssen, dadurch die Selbstständigkeit meines Urteiles und meiner Darstellungsweise zu beeinträchtigen.

Gleich Dernburg habe ich dem gemeinen Recht, auf welchem das Vormundschaftsrecht des B. G. wesentlich mit beruht, einigen Raum gewährt. Andererseits war es geboten, vielfach auf die preußische Vormundschaftsordnung, die unmittelbare Grundlage des Vormundschaftsrechts des B. G., und die Auslegung, welche dieselbe in Theorie und Praxis gefunden hat, zurückzugehen.

Um den Anforderungen der Praxis zu genügen, erschien es endlich erforderlich, die Ausführungsgesetze der Deutschen Bundesstaaten in ergiebiger Weise zu berücksichtigen. Dies namentlich auf dem Gebiete der Mündelsicherheit, auf welchem denselben durch § 1807 Abs. 2 B. G. und Art. 212 E. G. ein weiter Spielraum eingeräumt worden ist.

Leider konnte indes erst ein Teil der Ausführungsgesetze, nämlich diejenigen von Preußen, Bayern, Sachsen, Württemberg, Mecklenburg-Schwerin, Oldenburg, Braunschweig, Sachsen-Altenburg und Elsaß-Lothringen, verwertet werden, da zur Zeit der Drucklegung meiner Arbeit erst diese Gesetze veröffentlicht waren. Ich habe den Text derselben, soweit er die Mündelsicherheit betrifft, wörtlich wiedergegeben, und den Ausführungsgesetzen Preußens, Bayerns und Mecklenburg-Schwerins, meines engeren Vaterlandes, im Anschluß an die Gesetzesmaterialien kurze erläuternde Bemerkungen hinzugefügt.

Außer in Bezug auf die Mündelsicherheit habe ich übrigens die bemerkten Ausführungsgesetze auch sonst bestmöglichst zu verwerten gesucht.

Ich möchte glauben, daß das so Gebotene ausreicht, um einen voll-

*

ständigen Überblick über die bezüglichen Vorschriften der Landesgesetze, namentlich auf dem Gebiete der Mündelsicherheit, zu gewinnen.

Eine Ergänzung meiner Arbeit durch Einfügung und Bearbeitung weiterer Ausführungsgesetze behalte ich mir vor.

In der Anordnung des Stoffes bin ich im Wesentlichen derjenigen des B. G. gefolgt, ohne mich indes daran zu binden.

Ich habe mir nicht verhehlen können, daß bei der augenblicklich herrschenden Hochflut juristischer Litteratur eine Einzelbearbeitung einen schweren Stand hat.

Dem gegenüber darf ich indes darauf hinweisen, daß gerade die vormundschaftlichen Bestimmungen des B. G. auf den mannigfachsten Gebieten alsbald ziemlich tief in das praktische Leben eingreifen werden. Es wird daher für Viele ein dringendes Bedürfnis sein müssen, sich zur Beseitigung von Zweifeln und Abwendung von Schaden eine umfassende gemeinverständliche Belehrung über jene Bestimmungen zu verschaffen. Ich hoffe, zur Einführung des Vormundschaftsrechts des B. G. in die Praxis zu einem bescheidenen Teile beitragen zu dürfen.

Der verehrlichen Verlagsbuchhandlung bin ich für stetige Anregung und mannigfache Förderung sowie für eine dem alten Rufe derselben entsprechende äußere Ausstattung meiner Arbeit dankbarlichst verpflichtet.

Rostock, September 1899.

Schultetus.

Inhalt.

Einleitung.

Erster Teil.

Die Vormundschaft.

Erster Abschnitt.

Die Vormundschaft über Minderjährige.

I.

II.

Die Begründung der Vormundschaft.

III.

Die Führung der Vormundschaft.

IV.

Die gegenseitigen Rechte und Pflichten des Vormundes und des Mündels aus der Führung der Vormundschaft.

Zweiter Abschnitt.

Die Vormundschaft über Volljährige.

Zweiter Teil.

Die Pflegschaft.

Anhang.

Abkürzungen.

A. A. — Anderer Ansicht.
A. E. — Am Ende.
A. G. — Ausführungsgesetz eines Bundesstaates zum B.-G.
Anm. — Anmerkung.
A. V. — Ausführungsverordnung.
a. O. — am angeführten Orte.
A.-L.-R. — Allgemeines Landrecht.
Art. — Artikel des Einführungsgesetzes.
B. G. — Bürgerliches Gesetzbuch.
Bemerkungen — Bemerkungen der Großherzoglich Mecklenburg-Schwerinschen Regierung zu den Entwürfen eines Bürgerlichen Gesetzbuches für das deutsche Reich und eines Einführungsgesetzes zu diesem Gesetzbuch, Band II.
bezw. — beziehungsweise.
Böhm — Böhm, Vormundschaftsrecht.
Böhlau — Böhlau, Mecklenburgisches Landrecht, Band II.
von Buchka — von Buchka, vergleichende Darstellung des Bürgerlichen Gesetzbuches und des gemeinen Rechts.
C. P. O. — Deutsche Civilprozeßordnung (in der neuen Fassung).
Dernburg — Dernburg, das Vormundschaftsrecht der preußischen Monarchie nach der Vormundschaftsordnung vom 5. Juli 1875.
Dernburg, Pand. — Dernburg, Pandekten.
Dernburg, P. R. — Dernburg, Preußisches Privatrecht.
D. S. — Denkschrift zum Entwurf eines Bürgerlichen Gesetzbuchs.
DS. GF. — Denkschrift zum Entwurf eines Gesetzes über die Angelegenheiten der freiwilligen Gerichtsbarkeit.
E. — Entwurf.
Ebert u. Dudek — Ebert u. Dudek, Gesetz über die Angelegenheiten der freiwilligen Gerichtsbarkeit.
Eccius — Eccius, Theorie und Praxis des heutigen gemeinen preußischen Privatrechts.
E. G. — Einführungsgesetz zum Bürgerlichen Gesetzbuch.
e. G. — elterliche Gewalt.
F. G. — freiwillige Gerichtsbarkeit.
Fuchs — Fuchs, das deutsche Vormundschaftsrecht unter Gegenüberstellung des preußischen Vormundschaftsrechtes und unter Berücksichtigung des Gesetzes über die Angelegenheiten der freiwilligen Gerichtsbarkeit.
Fischer u. Henle — Fischer u. Henle, Bürgerliches Gesetzbuch.
Gerber — Deutsches Privatrecht.
G. B. O. — Grundbuchordnung.
G. F. — Reichsgesetz vom 17. Mai 1898 über die Angelegenheiten der freiwilligen Gerichtsbarkeit.
G. O. — Gewerbeordnung.
Habicht — Habicht, Einwirkung des Bürgerlichen Gesetzbuches auf zuvor entstandene Rechtsverhältnisse.
Hesse — Hesse, die preußische Vormundschaftsordnung vom 5. Juli 1875.

H. G. B. — Handelsgesetzbuch vom 10. Mai 1897.
Jahrbuch — Jahrbuch für Entscheidungen des Kammergerichts in Sachen der nicht streitigen Gerichtsbarkeit 2c.
i. M. — in der Mitte.
Jastrow — Jastrow, Rechtsgrundsätze der Entscheidungen des Kammergerichts i. S. der nicht streitigen Gerichtsbarkeit.
Kr. — Kraut, die Vormundschaft nach den Grundsätzen des deutschen Rechts.
K. O. — Konkursordnung (in der neuen Fassung).
Kurtz — Kurtz, das Verfahren der Vormundschaftsgerichte und ihrer Organe bei der Ueberleitung in den Rechtszustand des B. G.
Langfeld — Langfeld, Mecklenburgische Ausführungs-Verordnungen zum B. G.
Materialien — Materialien zum dritten Abschnitte des Entwurfes eines Einführungsgesetzes zum B. G.
M. — Motive zum Entwurf I eines Bürgerlichen Gesetzbuches, Band **IV** (die anderen Bände sind nach der Nummer bezeichnet, z. B. M. II Motive, Band II).
M. z. E. G. — Motive zum Entwurf eines Einführungsgesetzes zum Bürgerlichen Gesetzbuch.
O. V. — Ober-Verwaltungsgericht.
O.-Strafen — Ordnungsstrafen.
Planck — Planck, Bürgerliches Gesetzbuch.
Pr. G. — Gesetzsammlung für die preußischen Staaten.
Pr. — Protokolle der Kommission für die zweite Lesung des Entwurfs des Bürgerlichen Gesetzbuches. Im Auftrage des Reichs-Justizamtes bearbeitet von Achilles, Gebhard und Spahn, Band **IV**. (Die anderen Bände sind speziell bezeichnet.)
Pr. z. E. G. — Protokolle der Kommission für die zweite Lesung des Einführungsgesetzes; nach dem amtlich metallographierten Exemplar.
pr. V. O. — preußische Vormundschafts-Ordnung vom 5. Juli 1875.
Reatz — Reatz, zweite Lesung des Entwurfes eines Bürgerlichen Gesetzbuches.
Rudorff — Rudorff, das Recht der Vormundschaft.
Rive — Rive, Geschichte der Vormundschaft I, II, 1, 2.
Rassow u. Küntzel — Rassow u. Küntzel, Beiträge zur Erläuterung des deutschen Rechts.
R. G. C. S. — Entscheidungen des Reichsgerichts in Civilsachen, herausgegeben von den Mitgliedern des Gerichts.
R. G. St. S. — Entscheidungen des Reichsgerichts in Strafsachen, herausgegeben von denselben.
R. P. O. — Reichspolizeiordnung.
R. T.-K. — Bericht der Reichstags-Kommission über den Entwurf eines Bürgerlichen Gesetzbuches und eines Einführungsgesetzes.
Stobbe — Stobbe, deutsches Privatrecht.
St. G. B. — Reichsstrafgesetzbuch.
Seuffert — Seuffert's Archiv.
Schultzenstein — Schultzenstein u. Köhne, das deutsche Vormundschaftsrecht.
St. P. O. — Deutsche Strafprozeßordnung.
V.-Gericht — Vormundschaftsgericht.
V.-Recht — Vormundschaftsrecht.
v. Vormundschaft — vorläufige Vormundschaft.
Wach — Wach, Civilprozeß.
Wachler — Wachler, die preußische Vormundschafts-Ordnung vom 5. Juli 1875.
Windscheid — Windscheid, Pandekten.
W. O. — Deutsche Wechselordnung.
Z. V. — Gesetz über die Zwangsversteigerung und über die Zwangsverwaltung.
I — Entwurf eines Bürgerlichen Gesetzbuches 1. Lesung.
II — " " " " 2. Lesung.
III — " " " " in der Reichstagsvorlage.
§§ — Paragraphen des Bürgerlichen Gesetzbuches.

Einleitung.

§ 1. Die geschichtlichen Grundlagen und die Hauptgrundsätze des Vormundschaftsrechts des B.G.

I. Den im dritten Abschnitte des vierten Buches des B. G. enthaltenen Vorschriften über die Vormundschaft liegt im wesentlichen die preußische Vormundschafts-Ordnung vom 5. Juli 1875 zu Grunde.[1])

Die M. erklären diese für besonders geeignet, zum Vorbilde für das Vormundschaftsrecht des B. G. zu dienen, da sie, aus den gründlichsten Beratungen hervorgegangen, den verschiedenen Verhältnissen der preußischen Provinzen und den drei großen Rechtssystemen des A. L.-Rechts, des gemeinen und des französischen Rechts habe Rechnung tragen müssen.

Bei der Revision ihrer Vormundschaftsgesetzgebung hat die preußische Regierung das gemeine Recht zum Ausgangspunkt genommen,[2]) ihrer Aufgabe gemäß aber selbstverständlich in mannigfachen und wichtigen Punkten davon abweichen müssen. Im großen und ganzen indes beruht die pr. VO. auf den Grundsätzen des gemeinen Rechts, zu denen sie, in Abweichung von dem A. L.-Recht, in vielfachen und bedeutsamen Beziehungen zurückgekehrt ist.

Ihre Hauptgrundsätze sind:

1) Die Übertragung der Obervormundschaft auf Einzelrichter (§ 1) an Stelle der früheren kollegialisch besetzten V.-Gerichte.

2) Die Selbständigkeit des Vormundes gegenüber dem V.-Gerichte.

Zu 2:

Nach der Auslegung der bezüglichen Bestimmungen des A. L.-Rechts (I Tit. 1 §§ 32, 33; II Tit. 18 § 1 ff.) in der preußischen Praxis wurde der Vormund vielfach als „Bevollmächtigter des Staates" angesehen.[3]) Die eigentliche vormundschaftliche Verwaltung lag in den Händen des

---

[1]) M. S. 1008, Abs. 2; D. S. S. 233, Abs. 3.
[2]) M. S. 1020, Abs. 2.
[3]) Reskript des preuß. Justizministeriums v. 4. Januar 1842, teilweise wiedergegeben bei Wachler S. 18.

V.-Gerichts, dessen ausführendes, unselbständiges Organ der Vormund war. Die dadurch herbeigeführten Mißstände, Überlastung der V.-Gerichte und ungeeignete Verwaltung des Mündelvermögens, wurden durch die Wiederherstellung der dem gemeinen Recht entsprechenden Selbständigkeit des Vormundes wesentlich beseitigt.

3) Entsprechend der dem Vormunde von ihm gegebenen Stellung erkannte das A. L.-R. ein Recht auf Führung der Vormundschaft nicht an; es kennt nur eine vorzugsweise Berücksichtigung der durch Testament, Vertrag und Gesetz berufenen Personen.

Nach § 17 pr. VO. haben die hier genannten Personen ein Recht auf die Führung der Vormundschaft, und können (§ 18 Abs. 2) nur unter bestimmten Umständen übergangen werden.

4) Den sich aus der selbständigen Stellung des Vormundes, dem Wegfalle des gesetzlichen Pfandrechts des Mündels an dem Vermögen jenes (§ 32 Abs. 6) und der Beseitigung der unbedingten Verpflichtung des Vormundes zur Sicherheitsleistung (§ 58) für das Mündelvermögen ergebenden Gefahren ist durch anderweitige Sicherungsmaßregeln begegnet worden.

Diese sind getroffen durch die Bestimmungen über die Aufsichtsführung des V.-Gerichts (§ 51), die Mitwirkung des Gegenvormundes (§ 26), die Anlegung der Mündelgelder, die Verwahrung der Wertpapiere und Kostbarkeiten (§§ 39, 60); über die Genehmigung des V.-Gerichts zu wichtigen Verfügungen und sonstigen Handlungen des Vormundes (§ 42), die Vorschrift jährlicher Rechnungslegung (§ 56) und die Aufrechterhaltung des Vorzugsrechts des Mündels im Konkurse des Vormundes (§ 32 Abs. 5).

5) Durch die Vorschriften über die Bildung eines Familienrats für gewisse Fälle (§ 71), das Recht gewisser Verwandter auf die Führung der Vormundschaft (Nr. 3 oben) und die gutachtliche Anhörung näherer Verwandter des Mündels (§ 55) ist der Familie, durch die Einrichtung des Waisenrats (§ 52) der Gemeinde eine angemessene Einwirkung auf die Führung der Vormundschaft eingeräumt worden.

Zu bemerken ist endlich, daß nach § 9 des pr. Gesetzes vom 12. Juli 1875 betr. die Geschäftsfähigkeit Minderjähriger rc. eine Wiedereinsetzung in den vorigen Stand wegen Minderjährigkeit nicht stattfindet.

II. In Übereinstimmung mit diesen Grundsätzen weist das B. G.

Zu 1) den Gerichten die Obervormundschaft zu. Und zwar sind nach § 35 GF. für die dem V.-Gericht obliegenden Verrichtungen die Amtsgerichte zuständig. Wie nach § 75 pr. VO., so hat aber auch nach § 1872 Abs. 1 B. G., wenn ein Familienrat bestellt ist, dieser die Rechte und Pflichten des V.-Gerichts. Unberührt bleiben nach Art. 147 Abs. 1 EG. die landesgesetzlichen Vorschriften, nach welchen für die dem V.-Gericht obliegenden Verrichtungen andere als gerichtliche Behörden zuständig sind (vgl. § 31 Nr. 2).

Zu 2) erkennt das B. G. den Grundsatz der Selbständigkeit des Vormundes unter bestimmten, gesetzlich festgestellten Beschränkungen derselben (§§ 1812, 1814—1816; 1821 ff.) an (§ 1793).

Zu 3—5) hat das B. G. die dort besprochenen Grundsätze gleichfalls im wesentlichen angenommen. Im einzelnen weichen seine Vorschriften, den inzwischen gemachten Erfahrungen entsprechend, häufig von den Vorschriften der pr. VO. ab. Dies gilt besonders von denjenigen Bestimmungen, welche zur Abwendung der Gefahren erforderlich erschienen, die sich aus der selbständigen Stellung des Vormundes für das Mündelvermögen ergeben.[1]) In dieser Beziehung hat das B. G. diejenigen Fälle, in denen die Genehmigung des Gegenvormundes bezw. des V.-Gerichts einzuholen ist, vermehrt und die Bestimmungen über Hinterlegung und Umschreibung von Inhaberpapieren (§ 1814 ff.) erweitert.

Ein gesetzliches Pfandrecht am Vermögen des Vormundes konnte auch das B. G. bei den Grundsätzen seines Pfand- und Hypothekenrechts dem Mündel nicht einräumen (s. § 29 Nr. 8).

Ein Vorzugsrecht im Konkurse des Vormundes (pr. VO. § 32 Abs. 5) ist dem Mündel durch § 61 Nr. 5 KO. gegeben. Es bedurfte daher einer Bestimmung in dieser Hinsicht im B. G. nicht.

Wie die Wiedereinsetzung in den vorigen Stand überhaupt, so hat das B. G. auch diejenige wegen Minderjährigkeit stillschweigend ausgeschlossen.[2])

III. Hat dasselbe sonach eine Reihe der wichtigsten Grundsätze der pr. Vormundschaftsgesetzgebung in sich aufgenommen, so ist es von anderen abgewichen. Beseitigt hat es, von den Bestimmungen des Art. 136 Nr. 1 und 2 abgesehen, die gesetzliche Vormundschaft des gemeinen und des preußischen Rechts (vgl. u. a. §§ 2 Abs. 2, 12 Abs. 1 pr. VO.). Da es den Grundsatz anerkennt, daß die e. G. durch Verheiratung, Gründung eines gesonderten Haushaltes und Entlassung nicht beendigt wird,[3]) lag für eine gesetzliche Vormundschaft kein Bedürfnis vor. Das B. G. konnte daher gegenüber den in der pr. VO. gemachten Ausnahmen von dem auch in ihr grundsätzlich anerkannten Bestellungsprinzip dies Prinzip, abgesehen wiederum von den bemerkten Bestimmungen des Art. 136, ausnahmslos durchführen.

Die größte Abweichung zwischen beiden Gesetzen und eine der folgenschwersten Neuerungen des B. G. überhaupt besteht in der durch dieses geschehenen Anerkennung der e. G. der ehelichen Mutter.[4]) Durch die Bestimmung des § 1684 ff. und deren tiefgreifende Folgen für das Vormundschaftsrecht ist der Mutter eine die Vormundschaft ausschließende e. G. eingeräumt. Mit dem 1. Januar 1900 (vgl. Art. 210) endigen daher sämtliche Vormundschaften über vaterlose Minderjährige, deren Mütter in jenem Zeitpunkt am Leben sind. Auf diese geht dann mit der e. G. die Verwaltung und der Nießbrauch der Vermögens ihrer Kinder über, es müßte denn das B. G. selbst ein anderes ergeben.[5])

---

[1]) M. S. 1009, Abs. 1 a. E.
[2]) M. I S. 392 a. E. und S. 394, Abs. 2.
[3]) vgl. §§ 1679 u. 1686; 1697, 1633, 1661 u. dazu M. I S. 60 u. IV S. 825 ff.
[4]) vgl. „Bemerkungen" S. 86 ff.
[5]) M. z. E. G. S. 292, Abs. 1.

§ 2.

Verhältnis des Reichsrechts zum Landrechte; des inländischen zum ausländischen Rechte.

Art. 55 und 32; I: Art. 32 und 9; II. Art. 29 und 6; III: Art. 53 und 31. M. z. EG. S. 146—154; Abs. 2 und S. 67—69; Pr. S. 8779/80 und S. 9115—9120; pr. V.-O. §§ 92, 102.

1. Das Vormundschaftsrecht ist wegen seiner überwiegend privatrechtlichen Seiten von jeher dem Privatrechte zugerechnet worden. Dasselbe ist im B. G. umfassend und abschließend behandelt. Gemäß Art. 55 treten daher die dasselbe betreffenden Vorschriften der Landesgesetze, soweit in dem BG. oder in dem EG. nicht ein anderes bestimmt ist, mit dem 1. Januar 1900 in ihrer Gesammtheit außer Kraft. Ob einzelne vormundschaftsrechtliche Bestimmungen des Landesrechts an sich öffentlich rechtliche sind, ist belanglos, sofern das BG. entsprechende Vorschriften enthält — und dies ist ausnahmslos der Fall —, die schon als Teile des BG. zur Anwendung zu kommen haben.[1]) Da gleichzeitig die gesammten privatrechtlichen Vorschriften der Landesgesetze durch diejenigen des BG. ersetzt werden, so können Zweifel hinsichtlich des Fortbestehens landesrechtlicher, das Vormundschaftsrecht betreffender Vorschriften, wie sie der § 102 pr. VO. hervorgerufen hat,[2]) nicht füglich entstehen.

2. Ausnahmen von der Geltung der vormundschaftsrechtlichen Bestimmungen des BG. ergeben sich aus den Art. 57 und 58 EG.[3]) Darnach finden in Ansehung der Landesherren und der Mitglieder der landesherrlichen Familien sowie der Mitglieder der Fürstlichen Familie Hohenzollern, des vormaligen Hannoverschen Königshauses, des vormaligen Kurhessischen und des vormaligen Herzoglich Nassauischen Fürstenhauses die Vorschriften des BG. nur insoweit Anwendung, als nicht besondere Vorschriften der Hausverfassungen oder der Landesgesetze abweichende Bestimmungen enthalten. Hinsichtlich der Familienverhältnisse (die das Vormundschaftswesen mit umfassen[4]) der vormals reichsständisch gewesenen und seit 1806 mittelbar gewordenen und der denselben durch Beschluß der vormaligen Bundesversammlung oder vor dem Inkrafttreten des BG. durch Landesgesetz gleichgestellten Häuser bleiben die Vorschriften der Landesgesetze und nach Maßgabe dieser die Vorschriften der Hausverfassungen unberührt. Das Gleiche gilt in näherer Maßgabe des Art. 58 Abs. 2 zu Gunsten des vormaligen Reichsadels und der demselben gleichgestellten Familien des landsässigen Adels.[5]) [6])

---

[1]) Planck, S. 16, III, 1; vgl. auch „Materialien" S. 1, M. z. EG. S. 146.

[2]) vgl. Wachler § 102, Anm. 1; Dernburg § 110.

[3]) M. z. EG. S. 154—157; Pr. S. 8782, 8787, 9421/22 u. S. 8782—8786.

[4]) M. I. S. 10/11.

[5]) M. I. S. 11—14. „Materialien" zu Art. 55—58 S. 3, Abs. 5, S. 8; insbesondere die Anmerkung daselbst.

[6]) vgl. zu Art. 57, 58 § 189 G. F.

Nach Art. 57 und 58 gehen dem BG. sowohl die zur Zeit des Inkrafttretens desselben bestehenden als die später erlassenen[1]) Haus- und Landesgesetze vor. Die bezüglichen Vorschriften des BG. haben nur subsidiäre Geltung. Soweit in den Hausverfassungen und den dieselben betreffenden Landesgesetzen auf Bestimmungen des allgemeinen Privatrechts Bezug genommen ist, treten an die Stelle dieser diejenigen des BG. als des nunmehr geltenden Privatrechts. Ergiebt sich aber aus den betr. Verweisungen der Landes- und Hausgesetze, daß das bisherige Privatrecht gemeint ist, so kommt dieses zur Anwendung.[2])

Weitere Ausnahmen von der Geltung des BG. enthalten die Art. 135 und 136. Nach ersterem bleiben die landesgesetzlichen Vorschriften über die Zwangserziehung Minderjähriger unter gewissen Voraussetzungen (vgl. S. 53), nach letzterem die Vorschriften des Landesrechts über die Bevormundung minderjähriger Pfleglinge einer unter staatlicher Verwaltung stehenden Erziehungs- oder Verpflegungsanstalt durch den Vorstand oder einen Beamten derselben (vgl. S. 41) unberührt.

In Kraft bleiben nach Art. 212 die landesgesetzlichen Vorschriften, nach welchen gewisse Wertpapiere zur Anlegung von Mündelgeld für geeignet erklärt sind (vgl. § 24 Nr. 3 e).

Sind gemäß Art. 147 Abs. 1 durch landesgesetzliche Vorschriften die den V.-Gerichten obliegenden Verrichtungen anderen als gerichtlichen Behörden übertragen (vgl. § 31 Nr. 2), so gelten nach § 194 GF. die in dem ersten Abschnitte dieses Gesetzes für die Gerichte gegebenen Vorschriften auch für die anderen Behörden. In demselben Falle bleiben nach § 190 GF. auch die Vorschriften der Landesgesetze unberührt, welche über den Vorsitz im Familienrate Bestimmung treffen.

3. Soweit im EG. Vorbehalte zu Gunsten der Landesgesetzgebung gemacht sind,[3]) gelten sie nach § 189 GF. auch für diejenigen Angelegenheiten der freiwilligen Gerichtsbarkeit, die Gegenstand des letzteren Gesetzes sind, d. h. auf demjenigen Gebiet, für welches zu Gunsten der Landesgesetze materiellrechtliche Vorbehalte gemacht sind, können die Landesgesetze auch das formelle Recht frei ordnen (vgl. Art. 3). Den Landesgesetzen stehen nach Maßgabe der Art. 57 und 58 die Hausverfassungen gleich.

Nach § 200 GF. können die Landesgesetze Vorschriften zur Ergänzung und Ausführung dieses Gesetzes, mit Einschluß der erforderlichen Übergangsvorschriften, auch insoweit erlassen, als dieses Gesetz Vorbehalte für die Landesgesetzgebung nicht enthält.[4])

---

[1]) vgl. Art. 218: „Materialien" S. 3, Anm. 1.

[2]) „Materialien", S. 4, Abs. 2.

[3]) E. G. Art. 56—152.

[4]) Weil — anders als in Art. 55 — die landesgesetzlichen Vorschriften auf dem Gebiete der FG. nicht aufgehoben sind. Die Landesgesetzgebung kann daher nach § 200 GF. soweit gültige Gesetze erlassen, als dieselben jenem Gesetze nicht widersprechen. („Zur Ergänzung u. Erläuterung"; vgl. im übrigen § 185 G. F.; Art. 3 E. G.)

Aus diesen Vorschriften geht hervor, daß der Landesgesetzgebung in Bezug auf die Angelegenheiten der FG. ein sehr weiter Spielraum gelassen ist. Ganz frei ist dieser freilich nur hinsichtlich der dem Landesrecht angehörenden Angelegenheiten der FG. Soweit sie dem Reichsrecht angehören, sind die Vorschriften des GF. auf sie anzuwenden, die aber gemäß § 200 dieses Ges. landesgesetzlich ergänzt werden können.

4. Soweit es sich um Mündelvermögen handelt, das im Auslande belegen ist, unterliegt dasselbe grundsätzlich dem inländischen Rechte.[1]) Die Vormundschaft ist eine einheitliche und nach dem Recht desjenigen Landes zu beurteilen, in dem sie anhängig ist. Der von den Landesgesetzgebungen zuweilen vorgeschriebenen Anordnung einer Pflegschaft über im Auslande belegenes Mündelgut[2]) wird weder im BG. noch in den M. gedacht. Es ist aber füglich nicht zu bezweifeln, daß sie in Gemäßheit des § 1909 angeordnet werden kann, wenn der Vormund an einer zweckentsprechenden Verwaltung des im Auslande belegenen Mündelgutes verhindert und die Verwaltung desselben durch einen am Orte des Vermögens wohnenden oder sonst zur Verwaltung desselben geeigneten Pfleger zweckmäßig erscheint.[3])

5. Nach Art. 23 kann eine Vormundschaft oder eine Pflegschaft im Inland auch über einen Ausländer angeordnet werden, sofern der Staat, dem er angehört, die Fürsorge nicht übernimmt, wenn der Ausländer nach den Gesetzen dieses Staates der Fürsorge bedarf oder im Inland entmündigt ist.

Das deutsche V.-Gericht kann vorläufige Maßregeln treffen, solange eine Vormundschaft oder Pflegschaft nicht angeordnet ist.

Aus Art. 23 ergiebt sich als Regel, daß von deutschen Gerichten nur über deutsche Staatsangehörige eine Vormundschaft anzuordnen ist.[4]) Über diese ist sie aber auch dann anzuordnen, wenn sie sich im Ausland aufhalten. Jedoch kann die Anordnung der Vormundschaft nach § 47 Abs. 1 des G.F. dann unterbleiben, wenn ein Deutscher seinen Wohnsitz[5]) oder Aufenthalt[6]) im Auslande hat, hier die nach den Vorschriften des BG. erforderliche Vormundschaft[7]) über ihn angeordnet ist und es im Interesse des Mündels liegt, daß im Inlande keine Vormundschaft über ihn angeordnet wird.[8])

Die Ausnahmen von der Regel des Art. 23 (Nr. 5 Abs. 1 vorstehend)

---

[1]) Daran wird auch dadurch nichts geändert, daß das Ausland die Legitimation des Vormundes nicht anerkennt. (vgl. Schultzenstein § 1793, Anm. 4.)

[2]) Stobbe, I § 34, No. IX.

[3]) vgl. Wachler § 86, Anm. 6.

[4]) vgl. Stobbe, IV S. 468, Abs. 2; Böhlau S. 169, 170.

[5]) §§ 7—11 B. G.

[6]) Der Aufenthaltsort ist auch dann maßgebend, wenn der Wohnsitz nicht zu ermitteln ist.

[7]) Diese braucht nur im wesentlichen der durch das BG. vorgeschriebenen Fürsorge für die Person und das Vermögen zu entsprechen.

[8]) Was häufig der Fall sein wird. (vgl. D. S. z. G. F. S. 46 u. 47.)

setzen voraus, daß der Ausländer seinen Wohnsitz oder seinen Aufenthalt im Inlande hat, bezw. daß er im Inlande entmündigt ist (vgl. Art. 8). Im letzteren Falle ist es nicht, wie in ersterem, Voraussetzung, daß sich der entmündigte Ausländer im Inland aufhält. Die Thatsache der Entmündigung im Inlande entscheidet.[1])

Für beide Ausnahmefälle aber besteht die Voraussetzung, daß der Heimatsstaat des Ausländers die Fürsorge für denselben nicht übernimmt; aus welchen Gründen das nicht geschieht, ist gleichgültig.

Ob im ersten Ausnahmefalle der Ausländer der Fürsorge bedarf, ist nach den Gesetzen seines Heimatsstaates zu beurteilen („nach den Gesetzen dieses Staates"); im Falle der Entmündigung bedarf er immer der Fürsorge.

Die Vorschrift des Art. 23 Abs. 2, wonach das deutsche V.-Gericht vorläufige Maßregeln treffen kann, solange eine Vormundschaft oder Pflegschaft nicht angeordnet ist, entspricht der Bestimmung des § 1846.

Zuständig ist auch im Falle des Art. 23 gemäß § 36 Abs. 1 G. F. dasjenige Amtsgericht, in dessen Bezirke der Mündel zu der Zeit der Anordnung der Vormundschaft seinen Wohnsitz oder seinen Aufenthalt hat.[2]) Nach § 44 jenes Gesetzes ist für die Anordnung vorläufiger Maßregeln auch (also neben demjenigen des Wohnsitzes oder Aufenthaltes) das Gericht zuständig, in dessen Bezirke das Bedürfnis der Fürsorge hervortritt. Dasselbe soll jedoch, wenn eine Vormundschaft, Pflegschaft oder Beistandschaft anhängig ist, von den angeordneten Maßregeln dem nach § 43 Abs. 2 jenes Gesetzes zuständigen Gerichte Mitteilung machen.

6. Hat ein Deutscher, über den im Inland eine Vormundschaft angeordnet ist, im Auslande seinen Wohnsitz oder Aufenthalt, so kann das Gericht, bei welchem die Vormundschaft anhängig ist, sie an den ausländischen Staat abgeben, wenn dies im Interesse des Mündels liegt, der Vormund seine Zustimmung erteilt und der ausländische Staat sich zur Übernahme bereit erklärt (§ 47 Abs. 2 G. F.)

Eine entsprechende Vorschrift für den Fall, daß im Inland eine Vormundschaft über einen Ausländer anhängig ist, fehlt. Der Grund dafür liegt darin, daß die Abgabe der Vormundschaft an den ausländischen Staat in diesem Falle nur dann im Interesse des Mündels liegt und deshalb nur dann geschehen kann, wenn jener Staat die Fürsorge für den Mündel übernimmt. Ist dies aber der Fall und damit die wesentlichste Voraussetzung für die Anordnung der Vormundschaft weggefallen, so ergiebt sich die Zulässigkeit der Abgabe derselben an den Heimatstaat des Mündels bei der grundsätzlichen Anerkennung des Rechts dieses Staates auf die Vormundschaft über seine Staatsangehörigen von selbst.[3])

Verweigert im Falle des § 47 Abs. 2 der Vormund oder einer der

---

[1]) vgl. Pr. z. Art. 23.

[2]) vgl. S. 6 Anm. 5 u. 6; D. S.G.F. S. 42 u. 43.

[3]) vgl. Pr. zu Art. 23; Fuchs S. 292, Abs. 5.

mehreren die Vormundschaft gemeinschaftlich führenden Vormünder seine Zustimmung zu der Abgabe der Vormundschaft, so entscheidet an Stelle des Gerichts, bei welchem die Vormundschaft anhängig ist, das im Instanzenzuge vorgeordnete Gericht.[1]) Eine Anfechtung der Entscheidung findet nicht statt (§ 47 Abs. 2).

§ 3.

Verhältnis des Vormundschaftsrechts zu dem Rechte der elterlichen Gewalt.

Der Schutz, welchen die e. G. der Person und dem Vermögen des Kindes gewährt, steht dem vormundschaftlichen Schutze sehr nahe (vgl. S. 13, 14); nur daß der durch jene gewährte naturgemäß gesicherter erscheint als der durch diesen gegebene. Jener bedarf daher in geringerem Maße der Kontrole durch das V.-Gericht als dieser.

Nach § 1800 bestimmt sich die Fürsorge des Vormundes für die Person des Mündels nach den für die e. G. geltenden Vorschriften der §§ 1631 bis 1633. Die Rechte und Pflichten des Vormundes hinsichtlich der Fürsorge für das Vermögen des Mündels sind in vielen Beziehungen den bezüglichen Rechten und Pflichten des Inhabers der e. G. gleich (vgl. §§ 1802 bis 1804, 1806 bis 1808 mit §§ 1639 bis 1642). Zu den meisten derjenigen Rechtsgeschäfte, zu denen der Vormund der Genehmigung des V.-Gerichts bedarf, ist diese auch zu Rechtsgeschäften des Inhabers der e. G. erforderlich (vgl. §§ 1821, 1822 mit 1643; 1823, 1824 mit 1645, 1644). In beiden Fällen ist das V.-Gericht zur Erteilung dieser Genehmigung zuständig (vgl. § 43 Abs. 1 G. F.). Nach der Beendigung der e. G. hat der Inhaber derselben dem Kinde das Vermögen herauszugeben und über die Verwaltung Rechenschaft abzulegen (§ 1681); ebenso der Vormund (§ 1890); nur daß dieser auch jährlich über seine Verwaltung Rechenschaft abzulegen hat (§ 1840), wozu der Inhaber der e. G. nicht verpflichtet ist.[2])

Die Ausgestaltung, die die e. G. durch das BG. erfahren hat, insbesondere die Ausdehnung derselben auf die eheliche Mutter und die Fortdauer der e. G. trotz Verheiratung und Anlegung eines besonderen Haushaltes[3]) hat andererseits tief in das Vormundschaftsrecht eingegriffen, und insbesondere die Fälle, in denen Bevormundung einzutreten hat, auf das erheblichste verringert.

§ 4.

Materielles und formelles Vormundschaftsrecht.

Die das Verfahren in Vormundschaftssachen betreffenden Vorschriften sind bei der Beratung des BG. grundsätzlich einem besonderen Gesetze vor-

[1]) Also das Landgericht; im Falle eine andere Behörde als das Amtsgericht zuständig ist, eventuell das Amtsgericht (§ 195 G.F.)

[2]) vgl. M. S. 749, Abs. 1.

[3]) vgl. S. 3.

behalten worden.[1]) Nur einzelne Vorschriften über das Verfahren sind in das BG. und zwar da aufgenommen worden, wo dies aus Zweckmäßigkeitsgründen, z. B. um die Einheitlichkeit des behandelten Gegenstandes oder dessen Übersichtlichkeit zu wahren, wünschenswert erschien. So z. B. in die Vorschriften über den Gemeindewaisenrat und den Familienrat die §§ 1849, 1851; 1873 bis 1875, 1881.

Inzwischen ist das Gesetz über die Angelegenheiten der freiwilligen Gerichtsbarkeit vom 17. Mai 1898 erschienen. Von denjenigen Gegenständen, die im Entwurf I BG. (Buch IV Anm. 1) als solche bezeichnet sind, die der reichsgesetzlichen Regelung durch ein das Verfahren in Angelegenheiten der freiwilligen Gerichtsbarkeit betreffendes Gesetz besonders bedürftig seien, sind im zweiten Abschnitte jenes Gesetzes:

1) die Zuständigkeit der Vormundschaftsbehörden in den §§ 35 bis 45;

2) die Anzeigepflicht in den §§ 48 bis 50;

3) die Voraussetzungen der Wirksamkeit der von den Vormundschaftsbehörden erlassenen Verfügungen in den §§ 16, 51 bis 53;

4) die Wirkung einer im Rechtsmittelverfahren ergangenen abändernden Entscheidung im § 26 vgl. mit § 16 Abs. 1

geregelt worden.

Das bemerkte Gesetz giebt übrigens nicht blos Vorschriften über das Verfahren in Vormundschaftssachen, sondern enthält, wie auf anderen Gebieten, so auch hier materiellrechtliche Vorschriften (vgl. §§ 51—53, 55, 61), und ergänzt insoweit die vormundschaftlichen Vorschriften.

Das Kostenwesen ist, wie auf dem Gebiete der freiwilligen Gerichtsbarkeit überhaupt, so auch auf demjenigen des Vormundschaftswesens von der reichsgesetzlichen Regelung ausbeschieden worden[2]) Die bezüglichen Landesgesetze bleiben daher unberührt.

§ 5.

Auslegung des Vormundschaftsrechts.

Das B. G. B. selbst enthält Regeln darüber, wie es ausgelegt sein will, nicht. Es kommen daher die allgemeinen Auslegungsregeln zur Anwendung, welche die Rechtswissenschaft entwickelt hat und weiter zu entwickeln haben wird.

---

[1]) M. S. 1008, Abs. 1.

[2]) vgl. indes § 138 G. F. über die Kosten bei Festsetzung der Ordnungsstrafe.

„Alle Interpretation muß vom Wort aus aufsteigen."[1]) Dabei ist der dem Gesetz eigentümliche Sprachgebrauch und seine Ausdrucksweise in erster Linie zu betrachten.[2])

Soweit es sich um die logische Auslegung des BG. handelt, sind bei der Erforschung der Absicht des Gesetzgebers an erster Stelle die gesetzgeberischen Vorarbeiten, aus denen es hervorgegangen ist, zu berücksichtigen.[3]) Welches diese sind, darf als bekannt vorausgesetzt werden. Von wesentlicher Bedeutung bei der Benutzung derselben ist die Vergleichung der verschiedenen Gesetzentwürfe mit einander. Daß aber auch den übrigen gesetzgeberischen Vorarbeiten selbst dann ein hoher Wert für die Erklärung beizulegen ist, wenn sie naturgemäß nicht überall vollständig sein können,[4]) bedarf weiterer Erörterung nicht.

In wie naher Beziehung das Vormundschaftsrecht des BG. zu der pr. VO. und den Rechtssystemen steht, die die Grundlage derselben bilden, ergiebt sich aus der Darlegung im § 1. Es kommen daher für die Erläuterung der bezüglichen Vorschriften des BG. mittelbar auch die Vorarbeiten für die pr. VO., insbesondere die Motive, die in beiden Häusern des Landtags erstatteten Kommissionsberichte und die Beratungen der VO. im Herren- und im Abgeordnetenhause sehr wesentlich in Betracht. Daß dasselbe von den der pr. VO. zu Grunde liegenden Rechten gilt, und daß namentlich das gemeine deutsche Recht, wie für die Erläuterung des BG. überhaupt, so auch für die der vormundschaftsrechtlichen Vorschriften desselben von größter Bedeutung ist, bringen die M. zum BG. auf das deutlichste zum Ausdruck.

§ 6. Litteratur.

Von den Vorarbeiten zum BG. behandeln die Vormundschaft der Entwurf I in Buch IV, 3. Abschnitt, §§ 1633—1748; E. II in Buch IV, 3. Abschnitt, §§ 1655—1798; E. III in Buch IV, 3. Abschnitt, §§ 1749—1897; die Motive in Bd. IV, 4. Abschnitt, S. 1008—1274; die Protokolle der Kommission für die zweite Lesung des Entwurfs eines B. G. B. in der Bearbeitung von Achilles, Gebhardt und Spahn[5]) in Band IV. S. 742—861 und (zu § 1658) S. 865—878; die „Denkschrift zum Entwurf eines bürgerlichen Gesetzbuches" auf S. 233—240; der Bericht der Reichstags-Kommission auf S. 160—165, die stenographischen Berichte des Reichstages auf S. 705—794; 2717—3108.

Die Materialien zum EG. sind außer dem Entwurfe selbst nebst den Motiven: der (amtlich nicht veröffentlichte) zweite Entwurf, die Reichstagsvorlage und der Bericht der Reichstags-Kommission, die Protokolle

---

1) Dernburg, Pand. Bd. I, § 35.
2) Planck, Einleitung IV.
3) allerdings nicht bis zum „Motivenkultus" (Fischer-Henle S. XXIX).
4) vgl. Dernburg S. 31/32; Planck S. 28, Abs. 2.
5) vgl. nnter „Abkürzungen" „Protokolle".

der Kommission für die zweite Lesung des EG. sowie die bemerkten stenographischen Berichte.

Von den Materialien zur pr. VO. sind hervorzuheben: Die Gesetzentwürfe über das Vormundschaftswesen von 1870, 1873 und 1875; zu letzterem die Motive, die Berichte der Kommissionen des Herrenhauses und des Abgeordnetenhauses. Über den Entwurf von 1870 handeln Kurlbaums „Kritische Bemerkungen", über denjenigen von 1873: Sternbergs (Graf zur Lippe) „Glossen zu dem Entwurf des Gesetzes über das Vormundschaftswesen" (1874).

Zusammenstellungen der „gutachtlichen Äußerungen der Bundesregierungen zu dem Entwurf eines Bürgerlichen Gesetzbuches (2 Bände, Berlin 1891) und „der gutachtlichen Äußerungen zu dem Entwurf eines Einführungsgesetzes zum Bürgerlichen Gesetzbuch" (Berlin 1891) sind im Reichsjustizamte gefertigt. —

Von großer Bedeutung für die Erklärung des BG. sind die zum Entwurf I desselben erschienenen Kritiken und Abänderungsvorschläge, in fünf Bänden und einem Nachtragsbande zusammengestellt und herausgegeben vom Reichsjustizamte.

Bei der zu einem großen Teile gemeinrechtlichen Grundlage des neuen Vormundschaftsrechts kommen für dasselbe die Bearbeitungen des römischen bezw. gemeinen Vormundschaftsrechts auf das wesentlichste in Betracht.

Die hervorragendsten Bearbeitungen dieser Art: Glück, Erläuterung der Pandekten, XXVIII S. 435 bis XXXIII S. 310; Rudorff, „Das Recht der Vormundschaft aus den gemeinen in Deutschland geltenden Rechten entwickelt", 3 Bände (1832—34); Kraut, „Die Vormundschaft nach den Grundsätzen des deutschen Rechts", 3 Bände (1835—1859) sind bekannt. Als eine wesentlich mit das gemeine Recht darstellende Bearbeitung des Vormundschaftsrechts ist hervorzuheben: Böhlau, „Mecklenburgisches Landrecht", Band II.

Aus der Litteratur über das preußische Vormundschaftsrecht sind an erster Stelle zu nennen: Arndts und Leonhard, „Das preußische Vormundschaftsrecht" (1862); Dernburg, „Das Vormundschaftsrecht der preußischen Monarchie nach der Vormundschaftsordnung vom 5. Juli 1875" (1876), dessen preußisches Privatrecht Band III § 73 ff.; Förster, preuß. Privatrecht Band III § 229 ff; Eccius, „Erörterungen aus dem Gebiete der Vormundschaftsordnung" (1876). — Einen Kommentar zur preußischen Vormundschaftsordnung giebt Wachler, „Die preußische Vormundschaftsordnung nebst den dieselbe ergänzenden Gesetzen und Instruktionen" (1875). Zu bemerken sind außerdem: Märcker, „Die neue Vormundschaftsordnung" (1875), König, „Die preußische Vormundschaftsordnung" (1875), Hesse, „Die Vormundschaftsordnung vom 5. Juli 1875".

Von Bearbeitung des BG. bezw. Kommentaren zu demselben, die bereits das Vormundschaftsrecht umfassen, sind zu nennen: Bunsen, „Einführung in das Bürgerliche Gesetzbuch" (Rostock-Werther 1897—1898); Brandis, „Grundzüge des Bürgerlichen Gesetzbuches und des Einführungsgesetzes" (Leipzig, Stock); von Buchka, „Vergleichende Darstellung des Bürgerlichen Gesetzbuches für das deutsche Reich und des Gemeinen Rechts" (Berlin 1897); Fischer und Henle, B. G. B. nebst EG. (Handausgabe; 3. Auflage 1899); ferner die Textausgaben mit erläuternden Bemerkungen von: Achilles in Verbindung mit André, Greiff, Ritgen, Unzner; von Gareis, Reatz; Pilz; Brandis; Landé u. a.

Die Werke von Planck in Verbindung mit Achilles, André, Greiff, Ritgen, Unzner: „Bürgerliches Gesetzbuch nebst Einführungsgesetz", Heilfron: „Lehrbuch des bürgerlichen Rechtes auf der Grundlage des bürgerlichen Gesetzbuches"; Cosack: „Lehrbuch des deutschen Bürgerlichen Rechts", Kuhlenbeck, „Von den Pandekten zum Bürgerlichen Gesetzbuch"; von Riedel, Neumann, Rehbein, von Staudinger, Scherer, Eck („Vorträge"), Endemann („Einführung"), Weil u. a. sind noch nicht bis zum Vormundschaftsrechte vorgeschritten. —

Einzelbearbeitungen des Vormundschaftsrechts des B. G. sind: Köhne, „Elterliche Gewalt und Vormundschaft im Entwurf eines B. G." (in Rassow und Küntzel Band 40 S. 597 ff.); Schultzenstein und Köhne: Das deutsche Vormundschaftsrecht nebst den preußischen Nebengesetzen (Berlin 1898); Fuchs: „Das deutsche Vormundschaftsrecht unter Gegenüberstellung des preußischen Vormundschaftsrechts und unter Berücksichtigung des Gesetzes über die Angelegenheiten der freiwilligen Gerichtsbarkeit" (Berlin 1899); Böhm: „Vormundschaftsrecht des Bürgerlichen Gesetzbuchs" (1897); Trost „Das Amt des Vormundes, Pflegers, Gegenvormundes, Beistandes, Waisenrats nach dem B. G. B." (1898). Angekündigt ist ein Werk von Spahn: „Verwandtschaft und Vormundschaft nach dem B. G. B."

An gerichtlichen, das V.-Recht betreffenden Entscheidungen sind außer denjenigen des Reichsgerichts aus der neueren Rechtssprechung hervorzuheben die Entscheidungen des Kammergerichts in Sachen der nichtstreitigen Gerichtsbarkeit in dem „Jahrbuche für Entscheidungen" desselben. („Rechtsgrundsätze" aus diesen Entscheidungen gesammelt von Jastrow).

Erster Teil.

Die Vormundschaft.

§ 7. Wesen und Begriff der Vormundschaft. — Abgrenzung des Gebietes derselben von anderen Rechtsgebieten (e. G.; Pflegschaft).

1. Vormundschaft im engeren Sinne ist der staatliche Schutz, der Personen gewährt wird, die wegen geistiger oder körperlicher Mängel außer Stande sind, ihre Interessen selbst in ausreichendem Maße zu vertreten oder durch äußere Umstände daran verhindert werden (Abwesende).

Dieser Schutz tritt dem Gesetze nach und unabhängig von dem Willen des zu Bevormundenden (vgl. aber §§ 1910 Abs. 3 und 1920) ein. Nur auf positive Gesetzesbestimmungen, die die Anordnung einer Vormundschaft vorschreiben, hin, nicht auf den Wunsch Jemandes, der sich etwa der Verwaltung seiner Angelegenheiten nicht gewachsen fühlt, oder gemäß einem Vertrage, durch den jemand sich freiwillig unter Vormundschaft begiebt, darf die Vormundschaft angeordnet werden.[1])

2. Zunächst war es, wie fast überall, so auch in Deutschland, die Familie, welche Schutzbedürftigen an erster Stelle den erforderlichen Schutz gewährte (mundium im ursprünglichen Sinne); neben ihr trat helfend der Staat ein.

Nachdem sich in der Entwickelung des deutschen Rechts, insbesondere aber mit der Rezeption des römischen Rechts die vormundschaftliche Gewalt von derjenigen des Familienoberhauptes, des Vaters bezw. Ehemannes, abgegrenzt und beide Gewalten sich zu selbständigen Rechtsinstituten entwickelt hatten, ging die Vormundschaft mehr und mehr in die Hand des Staates über.

Daneben gestaltete sich das natürlich-sittliche Verhältnis, auf dem der Familienschutz beruht, in Grundlage des römischen Rechts[2]) zu dem selbständigen Rechtsinstitute der e. G. Wenngleich der Vormundschaft nah verwandt, unterscheidet dasselbe sich nach Grund und Inhalt auf

---

[1]) Buchka & Budde III. S. 204/5; R. G. E. S. IV. S. 162; Seuffert, XVIII No. 125; XXX, No. 38.

[2]) vgl. Stobbe IV S. 309. N. 7; Dernburg S. 19 Abs. 3.

das bestimmteste von jener. Denn, während jene lediglich den Schutz des Mündels bezweckt und dem Vormunde wesentlich nur Pflichten auferlegt, beruht die e. G. auf dem Recht des Gewalthabers[1]) und gewährt diesem die Verwaltung und Nutznießung hinsichtlich des Kindervermögens.

Andererseits nähert sich die Stellung des Gewalthabers in Bezug auf den dem Kinde zu gewährenden Schutz derartig derjenigen des Vormundes, daß das B. G. kein Bedenken getragen hat, „die e. G. ihrer wesentlichen Grundlage nach als vormundschaftliche im modernen Sinne der Vormundschaft“ zu behandeln.[2]) Demgemäß und im Hinblick auf die weitgehenden Rechte des Gewalthabers an dem Vermögen des Kindes ist auch der Gewalthaber, wenn auch in beschränkterem Umfang als der Vormund, der Aufsicht des V.=Gerichts unterworfen.

3. Die Gründe, aus denen Vormundschaften für erforderlich erachtet wurden, sind in verschiedenen Zeiten verschiedene gewesen und schon im ältesten deutschen Recht nicht auf einen leitenden Grundsatz, wie z. B. die Unwehrhaftigkeit, zurückzuführen.[3]) Vielmehr entsprachen Anordnung, Art und Umfang[4]) des vormundschaftlichen Schutzes dem in dieser oder jener Richtung hervorgetretenen Bedürfnis. Demgemäß ist im ältesten, wie im neuesten Rechte das Maß der vormundschaftlichen Pflichten und Rechte in den einzelnen Fällen der Vormundschaft ein verschiedenes. Aus der Natur der Sache ergiebt sich, daß, je nachdem es sich z. B. um die Bevormundung Minderjähriger oder Volljähriger (vgl. z. B. § 1901 Abs. 1), Geisteskranker oder Gebrechlicher handelt, die Befugnisse des Vormundes größere oder geringere sein müssen. Ebenso, daß, wo ein Schutzbedürfnis nur für einzelne Angelegenheiten oder besonders geartete Fälle vorliegt, es des umfassenden Schutzes der Vormundschaft überhaupt nicht bedarf, vielmehr der beschränktere Schutz, wie die Pflegschaft ihn gewährt, ausreicht.

4. Die Vormundschaft im engeren Sinn umfaßt ihrem Wesen nach und im Gegensatze zu der Pflegschaft Person und Vermögen des Mündels in allen Beziehungen (vgl. § 1793); sie ist nach innen Schirmvogtei und berechtigt nach außen zur vollen Vertretung.[5]) In ihr sind mutmaßlich alle Befugnisse enthalten, welche das Gesetz dem Vormunde gewährt; eine Beschränkung derselben ist von demjenigen zu beweisen, der sie behauptet (vgl. S. 49 u. 68). Dem widerspricht es nicht, daß die Befugnisse der Vormünder nach der Verschiedenheit der Vormundschaften bezw. gemäß den den Vormündern zu teilgewordenen Befreiungen (§ 1852 ff.) größere oder geringere sind. Denn auch bei beschränkteren Befugnissen des Vormundes ist die Ermächtigung desselben eine allgemeine, für welche die Vermutung streitet.

---

[1]) M. S. 721 Abs. 2 ff.

[2]) M. S. 724 Abs. 1.

[3]) vgl. darüber Kr. I S. 24 ff. u. S. 51; andererseits Rive I S. XXI. ff. II, 1 S. XI ff.; Stobbe IV. S. 5 u. 6. Böhlau S. 114 Anm. 7.

[4]) vgl. Gerber. § 243 i. M.

[5]) Stobbe: IV. S. 3.

5. Zu der Vormundschaft im weiteren Sinne gehört die Pflegschaft (§ 1909 ff.). Ihrem Wesen nach Vormundschaft (vgl. § 1915), gewährt sie gemäß ihrer Bestimmung einzelnen Angelegenheiten oder einem bestimmten Kreise von Angelegenheiten zu dienen, dem Pfleger nur die diesen besonderen Zwecken entsprechenden, im Einzelfalle durch das V.-Gericht zu bestimmenden Befugnisse. Der Pfleger ist, abgesehen von der im § 1914 geordneten Pflegschaft über ein Zweckvermögen (vgl. § 1914), in dem ihm zugewiesenen Geschäftskreise der gesetzliche Vertreter des Pflegebefohlenen.[1]) Die Pflegschaft kommt in einzelnen Fällen (vgl. § 1910 Abs. 1) auch ihrem Umfange nach der Vormundschaft sehr nah; sie ist aber nur für solche Fälle bestimmt, in welchen das Gesetz das Bedürfnis eines umfassenden vormundschaftlichen Schutzes nicht anerkennt[2]), sondern Personen, Vermögensmassen oder bestimmten Zwecken den erforderlichen Schutz in beschränkterer Weise glaubt gewähren zu können. Dementsprechend hat der Pfleger den Umfang seiner Befugnisse, so weit sich dieselben nicht unmittelbar aus dem Gesetz oder aus der Natur des ihm aufgetragenen Geschäftes ergeben, im Einzelfall darzuthun und nachzuweisen.

6. Neben der Pflegschaft ist die Beistandschaft hier insofern zu erwähnen, als der Beistand, welcher der ehelichen Mutter als Trägerin der e. G. bestellt werden kann, und welcher regelmäßig die Stellung eines Gegenvormundes hat (§ 1694), soweit ihm auf Antrag der Mutter die Vermögensverwaltung übertragen ist, die Rechte und Pflichten eines Pflegers hat.

7. Des vollen vormundschaftlichen Schutzes (§ 1793) bedürfen diejenigen, welche wegen mangelnden oder nicht ausreichenden Erkenntnis- und Willensvermögens der Fähigkeit ermangeln, selbst ihre Angelegenheiten so zu besorgen, wie es ihrem Interesse entspricht. Zu diesen gehören in erster Linie jugendliche, des väterlichen Schutzes entbehrende Personen bis zu erreichter Volljährigkeit. Die Vormundschaft über jugendliche Personen bildete von jeher den Hauptfall der Vormundschaft, und wesentlich an ihr haben sich die das Vormundschaftsrecht beherrschenden Vorschriften entwickelt. Die für die Vormundschaft über Minderjährige gegebenen Vorschriften (§§ 1773—1895) legt das Gesetz daher auch der Vormundschaft über Volljährige und der Pflegschaft zu Grunde (§§ 1897, 1915 Abs. 1), indem es die neben denselben für letztere beide geltenden besonderen Vorschriften hervorhebt.

Bis zu erreichter Volljährigkeit (§ 2) stehen der e. G. nicht unterworfene Minderjährige ununterbrochen unter Vormundschaft. Eine Zwischenstufe, wie sie das römische Recht mit erreichter Geschlechtsreife eintreten ließ, und der dadurch bedingte Unterschied zwischen Tutel und

---

[1]) M. S. 1252. Abs. 1.

[2]) vgl. Fuchs. S. 4/5.

Kuratel, tutoris auctoritas und consensus curatoris war schon im gemeinen Rechte beseitigt und ist dem B. G. unbekannt. Zwar besteht auch nach dem B. G. zwischen Minderjährigen, welche das siebente Lebensjahr noch nicht vollendet und solchen, die es vollendet haben, der Unterschied, daß die ersteren geschäftsunfähig (§ 104 Nr. 1), die letzteren dagegen in der Geschäftsfähigkeit nur beschränkt sind (§§ 106—113). Beide Klassen von Minderjährigen aber erhalten ebenmäßig als allgemeine gesetzliche Vertreter Vormünder. Die Vertretung Minderjähriger, die das siebente Lebensjahr vollendet haben, durch dieselben geht aber nicht weiter, als gesetzlich eine Vertretung erforderlich ist.

8. Mit den Kindern stellt schon das alte Recht „die rechten Thoren" auf eine Stufe, d. h. volljährige Geisteskranke, die wegen mangelnder Willensfähigkeit dauernd außer Stande sind, selbständig ihre Angelegenheiten zu besorgen. Das B. G. scheidet nicht zwischen den verschiedenen Arten der Geisteskrankheit,[1]) sondern macht die Anordnung einer Vormundschaft über Geisteskranke im eigentlichen Sinn und über Geistesschwache gleichmäßig davon abhängig, daß sie infolge ihres Krankheitszustandes ihre Angelegenheiten nicht zu besorgen vermögen und deshalb entmündigt sind (§§ 6, 1896).

Da die Anordnung einer Vormundschaft einen sehr erheblichen Eingriff in die Rechtssphäre des zu Bevormundenden enthält, so soll sie Volljährigen gegenüber nur dann erfolgen, wenn die Garantien eines gerichtlichen Entmündigungsverfahrens vorliegen.[2])

Den wegen Geisteskrankheit Entmündigten stellt das Gesetz diejenigen gegenüber, welche wegen geistiger Gebrechen einzelne ihrer Angelegenheiten oder einen bestimmten Kreis derselben nicht zu besorgen vermögen und deshalb nach § 1910 Abs. 2 unter Pflegschaft gestellt werden können.

9. Gleichgestellt sind den Geisteskranken diejenigen, welche durch Verschwendung sich oder ihre Familie der Gefahr eines Notstandes aussetzen (§ 6 Nr. 2) und diejenigen, welche infolge von Trunksucht ihre Angelegenheiten nicht zu besorgen vermögen oder sich oder ihre Familie der Gefahr des Notstandes aussetzen oder die Sicherheit Anderer gefährden (§ 6 Nr. 3).

Entmündigte Geisteskranke, Verschwender und Trunkfällige sind geschäftsunfähig (§ 104 Nr. 3) bezw. in der Geschäftsfähigkeit beschränkt (§ 114) und müssen daher, wie Minderjährige, unter eine Vormundschaft gestellt werden, die sich sowohl auf die Sorge für die Person als auch auf das Vermögen des Mündels erstreckt (vgl. §§ 1896, 1897; andererseits § 1901 Abs. 1). Da sie des vormundschaftlichen Schutzes nur dann bedürfen, wenn sie volljährig sind und aus diesem Grunde weder unter e. G. noch unter Altersvormundschaft stehen, so konnte die Vormundschaft über sie allgemein als „Vormundschaft

[1]) vgl. Stobbe, IV. S. 514/15 Böhlau S. 204 ff.
[2]) D. S. S. 238 Nr. 6.

über Volljährige" bezeichnet werden (Buch IV Tit. 2 §§ 1896 bis 1908).

10. Im Hinblick darauf, daß das Entmündigungsverfahren regelmäßig längere Zeit in Anspruch nimmt, in den Fällen, wo sich die Anordnung einer Vormundschaft über Volljährige vernotwendigt, aber die höchste Eile geboten sein kann, sieht das Gesetz eine „vorläufige Vormundschaft" über Volljährige vor (§§ 1906—1908). Eine solche kann von dem V.-Gericht angeordnet werden, wenn die Entmündigung beantragt ist und sie zur Abwendung einer erheblichen Gefährdung der Person oder des Vermögens des Volljährigen für erforderlich erachtet wird.

Andere als die im § 1896 bezeichneten Fälle der Vormundschaft über Volljährige kennt das Gesetz nicht. Insbesondere ist ihm eine Geschlechtsvormundschaft über Frauen als solche[1]) unbekannt.

11. Die Fälle der Pflegschaft (Buch IV, Titel 3, §§ 1909--1921) sind gegenüber den bezüglichen Bestimmungen des gemeinen Rechts und der pr. VO. im B. G. erweitert worden.[2]) Zwar hat dasselbe eine allgemeine Vorschrift, wie sie der § 90 der pr. VO. enthält, nach welchem außer in den speziell bezeichneten Fällen allgemein da, wo nach dem Ermessen des V.-Gerichts das Bedürfnis einer Pflegschaft für Handlungsunfähige vorliegt, eine solche angeordnet werden kann, nicht aufgenommen. Dagegen hat es die Fälle der Pflegschaft vermehrt, und diese nicht blos für natürliche Personen, sondern auch für Vermögenskomplexe (§ 1914) und einzelne besondere Angelegenheiten (§ 1913) zugelassen. Der Kreis dieser Fälle ist aber ein gesetzlich geschlossener. Einen Pfleger erhält:

Wer unter e. G. oder unter Vormundschaft steht, für diejenigen Angelegenheiten, an deren Besorgung der Gewalthaber oder der Vormund verhindert ist (§ 1909); ein Volljähriger, der nicht unter Vormundschaft steht, aber wegen körperlicher Gebrechen (aller Art) allgemein verhindert ist, seine Angelegenheiten zu besorgen, für seine Person und sein Vermögen (§ 1910 Abs. 1); ein Volljähriger, der wegen geistiger oder körperlicher Gebrechen zwar nicht an der Besorgung seiner gesammten Angelegenheiten verhindert ist, wohl aber einzelne seiner Angelegenheiten oder einen bestimmten Kreis derselben nicht zu besorgen vermag, für diese Angelegenheiten (§ 1910 Abs. 2); ein abwesender Volljähriger, dessen Aufenthalt unbekannt oder dessen Aufenthalt zwar bekannt ist, der aber an der Rückkehr und der Besorgung seiner Vermögensangelegenheiten verhindert ist (§ 1911); eine Leibesfrucht (§ 1912); wer bei einer Angelegenheit beteiligt ist, wenn er unbekannt oder ungewiß ist, ob er daran beteiligt ist (§ 1913); ein durch öffentliche Sammlung zusammengebrachtes Vermögen, wenn die zu der Verwaltung und Verwendung berufenen Personen weggefallen sind (§ 1914).

Die Nachlaßpflegschaft behandelt das Gesetz im Erbrecht (§ 1960 ff.).

---

[1]) vgl. Stobbe IV. S. 423/24; Böhlau S. 69 ff.
[2]) D. S. S. 239 Nr. 7.

Erster Abschnitt.

Die Vormundschaft über Minderjährige.

I.

§ 8. Der Bevormundungsfall.

§ 1773; I: § 1633; II: § 1655; III: § 1749; M. S. 1046 und 1047 und S. 1034 ff.; Pr. S. 742 und 743 Nr. XIX; pr. V.-O. § 11.

1. Voraussetzung der Anordnung einer Altersvormundschaft ist das Vorhandensein eines des elterlichen Schutzes entbehrenden Minderjährigen.

Die Minderjährigkeit dauert bis zur Vollendung des 21. Lebensjahres (§ 2); die Volljährigkeit wird durch die Volljährigkeitserklärung ersetzt (§ 3 Abs. 2)[1]). — Eine Verlängerung der Vormundschaft über die Jahre der Minderjährigkeit (vgl. A. L. R. II Tit. 18 § 698 ff.) kennt das Gesetz nicht.

Zwischen unmündigen und mündigen Minderjährigen, impubertas und minor aetas, macht es hinsichtlich der Notwendigkeit der Bevormundung keinen Unterschied.[2])

---

[1]) Die Volljährigkeitserklärung erfolgt gemäß § 3 Abs. 1 durch Beschluß des V.-Gerichts. Von der Vorschrift des Art. 147 Abs. 1, wonach die Verrichtungen des V.-Gerichts durch Landesgesetz anderen Behörden übertragen werden können, hat Preußen keinen Gebrauch gemacht. Es bewendet also bei § 3 Abs. 1 (vgl. § 61 Abs. 2 pr. V.-O.) Elsaß-Lothringen und Oldenburg haben keine abändernden Bestimmungen getroffen. Sachsen-Altenburg hat die Zuständigkeit des Ministeriums aufgehoben (A.-G. § 1), Würtemberg (Art. 52 Nr. 1) die V.-Erklärung auf die Amtsgerichte übertragen. In Bayern (A.-G. Art. 2), K. Sachsen (Nr. 45, Abschn. 2 § 14), Mecklenburg-Schwerin (A.-V. § 10), Braunschweig (A.-G. § 3 Abs. 1) erfolgt die Volljährigkeitserklärung durch die Ministerien der Justiz, in Sachsen-Weimar (A.-G. § 5) durch das Staatsministerium. Wo, wie in diesen Staaten, die Zentralstelle eines Bundesstaates zuständig ist, findet eine Anfechtung der Entscheidung der Zentralstelle nicht statt. (§ 196 Abs. 1 G.-F.)

Die Volljährigkeitserklärung soll nur auf Antrag eines Minderjährigen, der das achtzehnte Lebensjahr vollendet hat (vgl. § 4 Abs. 1), oder desjenigen gesetzlichen Vertreters desselben erfolgen, welchem die Sorge für die Person zusteht. Derjenige, welcher nur die Sorge für die Person hat, aber nicht gesetzlicher Vertreter ist, (wie die wiederverheiratete Mutter) kann den Antrag nicht stellen. — Die Volljährigkeitserklärung tritt erst mit der Rechtskraft in Wirksamkeit (§ 56 Abs. 2 G.-F.). — Ueber die Berechnung der Volljährigkeit vgl. § 187 Abs. 2. — Ausländer, die volljährig oder für volljährig erklärt sind und die Reichsangehörigkeit erworben haben, behalten die rechtliche Stellung Volljähriger, auch wenn sie nach deutschen Gesetzen nicht volljährig sind. (Art. 7 Abs. 2.)

[2]) Doch findet das vollendete 14. Lebensjahr im § 1827 Abs. 1, das vollendete 18. Lebensjahr ebendaselbst Abs. 2 Berücksichtigung.

2. Nicht unter e. G. stehen uneheliche Kinder, die in rechtlicher Beziehung als vaterlos gelten (§ 1589 Abs. 2) und nach § 1707 auch nicht unter der e. G. der Mutter stehen[1]), sowie Kinder aus nichtigen oder erfolgreich angefochtenen Ehen, wenn beide Ehegatten die Nichtigkeit oder Anfechtbarkeit der Ehe bei Schließung derselben gekannt haben (§ 1699 Abs. 1; 1343 Abs. 1).

3. Minderjährige entbehren des elterlichen Schutzes weiter:

a) wenn dieser während bestehender Minderjährigkeit durch den Tod oder die Todeserklärung der Eltern (§§ 1679, 1686), des Adoptivvaters bezw. beider Adoptiveltern (§ 1757) oder die Aufhebung des die Annahme an Kindesstatt begründenden Rechtsverhältnisses (§§ 1768, 1765, 1771, 1757) fortgefallen ist.

Die e. G. steht zunächst dem Vater zu. Ist dieser gestorben oder für tot erklärt, oder hat er die e. G. verwirkt und ist die Ehe aufgelöst, so geht sie, wie nach Maßgabe der unter c nachstehend angegebenen Grundsätze auch im Falle des Ruhens der e. G. des Vaters, auf die Mutter über (§§ 1684 und 1685). Der Bevormundungsfall ist also erst dann gegeben, wenn nach dem Wegfalle der e. G. des Vaters auch diejenige der Mutter nicht eintritt oder wieder verloren ist. Hinsichtlich der Mutter kommen in dieser Beziehung die allgemeinen für den Inhaber der e. G. geltenden Grundsätze (b—d unten) zur Anwendung (§ 1686). Für sie besonders gilt die Bestimmung, daß sie die e. G. durch Eingehung einer neuen Ehe verliert (§ 1697). —

b) wenn der Gewalthaber das Kind weder in Bezug auf seine Person noch auf sein Vermögen zu vertreten (über den Begriff der Vertretung vgl. S. 58) berechtigt ist. Dies ist der Fall, wenn dem Gewalthaber durch das V.-Gericht[2]) wegen Gefährdung des geistigen oder leiblichen Wohles des Kindes oder wegen ehrlosen oder unsittlichen Verhaltens die Erziehung des Kindes (§ 1666 Abs. 1) und gemäß §§ 1666 Abs. 2, 1670 die Verwaltung des Vermögens desselben entzogen ist.

aa) Die Entziehung der Vermögensverwaltung kann eintreten, wenn der Gewalthaber die Rechte des Kindes auf den Unterhalt (§§ 1601 ff.) verletzt hat und sein Verhalten für die Zukunft eine erhebliche Gefährdung des Anspruches auf den Unterhalt befürchten läßt. Ebenso, wenn derselbe das Vermögen des Kindes durch Mißbrauch des Verwaltungs- oder Nutznießungsrechts gefährdet oder selbst in Vermögensverfall gerät (§ 1667) und die zur Sicherung der Rechte des Kindes

---

[1]) Durch die Ehelichkeitserklärung (§ 1723 ff.) erlangt zwar der Vater die e. G. (§ 1736), auf die Mutter geht dieselbe aber nicht über (§ 1738). War dem Vater die Nichtigkeit der Ehe bei der Eheschließung bekannt, so erlangt nicht er, sondern die Mutter die e. G. (§ 1701). War der Mutter die Nichtigkeit bekannt, so geht die e. G. nach Beendigung derselben in der Person des Vaters nicht auf sie über (§ 1702 Abs. 2 u. 3).

[2]) M. S. 806 Abs. 2.

von dem Vormundschaftsgerichte getroffenen Anordnungen nicht befolgt, bezw. die ihm nach den §§ 1640 und 1669 obliegenden Verpflichtungen nicht erfüllt (§ 1670).

bb) Die Entziehung der Vertretung kann eine vollständige oder eine teilweise sein. Die in dieser Beziehung von dem V.-Gericht in Ausübung seines allgemeinen Aufsichtsrechts getroffenen Anordnungen können während der Dauer der e. G. jederzeit zurückgenommen werden (§ 1671).

Der Bevormundungsfall tritt nur dann ein, wenn sich das Bedürfnis einer allgemeinen Fürsorge für das Kind ergiebt, wenn also der Gewalthaber die Vertretung des Kindes weder in persönlicher noch in vermögensrechtlicher Beziehung hat. Ist ihm die Vertretung nur in persönlicher oder nur in vermögensrechtlicher Beziehung oder nur für bestimmte Angelegenheiten entzogen, so ist der Bevormundungsfall nicht gegeben, dem Kinde vielmehr gemäß § 1909 für die dem Gewalthaber entzogenen Angelegenheiten ein Pfleger zu bestellen.[1])

cc) Daß die lediglich thatsächliche Sorge des Gewalthabers für die Person des Kindes die Bestellung eines Vormundes nicht ausschließt (vgl. § 1676 Abs. 2), hat die 2. Kommission übereinstimmend anerkannt.[2])

Auch die Ausübung des gesetzlichen Nießbrauchs am Vermögen des Kindes durch den Gewalthaber ist selbstverständlich keine Vertretung des Kindes.

Ein Übergang der e. G. auf die Mutter an Stelle der dem Vater entzogenen Gewalt findet in den in Rede stehenden Fällen auch selbst nach einer Scheidung der Ehe nicht statt.[3])

c) wenn die elterliche Gewalt ruht (§ 1676 ff.). Dies ist der Fall, wenn der Inhaber derselben geschäftsunfähig oder in der Geschäftsfähigkeit beschränkt ist (§§ 104 Nr. 2 und 3, 106, 114) oder nach § 1910 Abs. 1 einen Pfleger für seine Person und sein Vermögen erhalten hat (§ 1676 Abs. 2 Satz 1), oder thatsächlich — durch Abwesenheit, Krankheit, Haft u. dergl. — an der Ausübung der e. G. auf längere Zeit verhindert ist (§ 1677 Abs. 1).

In den Fällen des Ruhens der e. G. des Vaters oder der thatsächlichen Verhinderung desselben an der Ausübung derselben wird dieselbe, mit Ausnahme der Nutznießung, gemäß § 1685 Abs. 1 während bestehender Ehe durch die Mutter ausgeübt. Hier ist daher während bestehender Ehe der Bevormundungsfall nur dann gegeben, wenn auch die e. G. der Mutter nicht eintritt, ruht oder verloren ist.[4])

Im Falle der Auflösung der Ehe und des Ruhens der

---

[1]) M. S. 808 u. 811 u. dazu Fuchs S. 128 Anm. 23. A. A. v. Buchka, vergleichende Darstellung S. 339 u. 355.

[2]) Pr. S. 743 Abs. 1.

[3]) M. S. 806 Abs. 3, 811 Abs. 2, 840 a. E.

[4]) M. S. 824 Abs. 2.

e. G. des Vaters hat das V.-Gericht der Mutter auf ihren Antrag die Ausübung der e. G. zu übertragen, wenn keine Aussicht besteht, daß der Grund des Ruhens wegfallen werde (§ 1685 Abs. 2). Hier ist der Bevormundungsfall an sich sofort gegeben. Zur Vermeidung einer alsbald wieder in Wegfall kommenden Vormundschaft (vgl. 1882) wird indes das V.-Gericht vor Bestellung eines Vormundes angemessen die Mutter, falls der Übertragung der e. G. auf sie keine gesetzliche Hinderungsgründe entgegenstehen, zu befragen haben, ob sie von dem ihr zustehenden Rechte Gebrauch machen wolle.[1])

d) wenn die e. G. wegen eines an dem Kinde verübten Verbrechens oder vorsätzlichen Vergehens verwirkt ist. — Dies ist der Fall, wenn der Gewalthaber wegen eines solchen Verbrechens oder Vergehens zu Zuchthausstrafe oder einer Gefängnisstrafe von mindestens 6 Monaten verurteilt wird. Bei einer erkannten Gesammtstrafe entscheidet die Einzelstrafe, welche für das an dem Kinde verübte Verbrechen oder Vergehen verwirkt ist. Die Verwirkung tritt nur ein in Bezug auf dasjenige Kind, gegen welches die Strafthat verübt ist,[2]) und zwar mit der Rechtskraft des Urteils (§§ 1680, 1686).

In diesem Falle geht die e. G. des Vaters während bestehender Ehe nicht auf die Mutter über. Es tritt vielmehr Bevormundung des Kindes ein. Ist jedoch die Auflösung der Ehe erfolgt, so geht die e. G. auf die Mutter über, mag die Verwirkung der e. G. des Vaters vor oder nach Auflösung der Ehe erfolgt sein (§ 1684 Nr. 2).[3])

Einen anderen Fall der Verwirkung der e. G. s. in § 1771 Abs. 2.

Thatsächlich entbehren des elterlichen Schutzes

e) Minderjährige, deren Familienstand nicht zu ermitteln ist (§ 1773 Abs. 2).

Der E. I § 1556 bestimmte für diesen Fall, „daß die e. G. über einen Minderjährigen, dessen Familienstand nach der Feststellung des V.-Gerichts nicht zu ermitteln ist, ruht, mit Ausnahme der elterlichen Nutznießung, bis zu dem Zeitpunkte, in welchem der Familienstand des Kindes bekannt geworden ist.“ Die Kommission zweiter Lesung hat diese Bestimmung gestrichen, weil ein genügendes Bedürfnis für dieselbe nicht anerkannt werden könne.[4]) Bei der Beratung des § 1633 aber erklärte dieselbe es für notwendig, daß eine dem jetzigen § 1773 Abs. 2 entsprechende Bestimmung als Ersatz für den gestrichenen § 1556 in das Gesetz aufgenommen werde.[5])

Durch die Aufnahme des § 1773 Abs. 2 in das Gesetz wurde die Zulässigkeit der Anordnung einer Vormundschaft in dem fraglichen Fall auch ohne die ausdrückliche Feststellung, daß die e. G.

---

[1]) vgl. M S. 818 ff. Pr. S. 638—643 Nr. VIII u. IX.
[2]) Fuchs S. 120 Anm. 6.
[3]) M. S. 840 Abs. 3.
[4]) Pr. S. 644 Abs. 1.
[5]) Pr. S. 743 Abs. 1.

ruhe, herbeigeführt. Darüber, wann anzunehmen ist, daß der Familienstand eines Minderjährigen nicht zu ermitteln ist, giebt so wenig das B. G. als das G. F. Vorschriften. Es ist Sache des V.-Gerichts, sich auf diesem oder jenem ihm geeignet erscheinenden Wege die Überzeugung zu verschaffen, daß der Familienstand des Minderjährigen nicht zu ermitteln ist. Zu diesem Zwecke kann es neben eigenen Ermittelungen auch diejenigen anderer Behörden verwerten (vgl. § 48 G. F.). Wird der Familienstand des Minderjährigen bekannt und tritt die e. G. über ihn ein, so endigt die Vormundschaft gemäß § 1882. Eine Feststellung dahin, daß das Ruhen der e. G. aufgehört habe, ist nicht vorgeschrieben.[1])

Ergiebt sich während bestehender Vormundschaft die Möglichkeit, den Familienstand des Minderjährigen zu ermitteln, so hat sowohl der Vormund vermöge der ihm obliegenden Sorge für die Person des Mündels als auch das V.-Gericht, welches die gesetzlichen Voraussetzungen auch für das Fortbestehen der Vormundschaft zu prüfen hat, die erforderlichen Ermittelungen vorzunehmen.

4. Nicht verloren wird die e. G. durch Verheiratung, Begründung eines selbständigen Haushaltes und Entlassung aus der e. G. (vgl. S. 3). Doch beschränkt sich bei der Verheiratung einer Tochter die Sorge für dieselbe auf die Vertretung in den die Person betreffenden Angelegenheiten (§ 1633).

Der Verzicht des Gewalthabers auf die e. G. ist bedeutungslos.[2])

Weitere Voraussetzungen als die Minderjährigkeit und das Fehlen der e. G. stellt das Gesetz für die Bevormundung Minderjähriger nicht auf. Es verlangt namentlich nicht, daß der zu Bevormundende Vermögen hat.

II.

Die Begründung der Vormundschaft.

§ 9. Die Berufung des Vormundes kraft Familienrechts und kraft letztwilliger Verfügung.

§§ 1776, 1777; I: §§ 1635, 1636; II: §§ 1657, 1658; III: §§ 1752, 1753; M. S. 1047—1053, S. 1056; Pr. S. 745—747 Nr. II, S. 747—748 Nr. III; pr. V. O. §§ 17.

I. Von der Annahme aus, daß gewisse Personen als besonders geeignet anzusehen sind, das Beste des Mündels zu fördern, giebt das Gesetz den nachstehenden Personen in der nachstehenden Reihenfolge ein Recht auf Bestellung zu Vormündern, nämlich:

1) demjenigen, welcher von dem Vater und

2) demjenigen, welcher von der ehelichen Mutter des Mündels als Vormund benannt ist;

---

[1]) vgl. E. I § 1556.

[2]) vgl. „Jahrbuch" XII S. 51.

3) dem Großvater des Mündels von väterlicher und
4) dem Großvater desselben von mütterlicher Seite.

Die von den Eltern benannten Personen gehen also den wegen ihrer Verwandtschaft mit dem Mündel berufenen vor. Anderen Personen, insbesondere der ehelichen und der unehelichen Mutter des Mündels, sowie dem Ehemann einer minderjährigen Frau und demjenigen, welcher dem Mündel Vermögen zugewendet hat, ist ein Anrecht auf Bestellung nicht eingeräumt (vgl. § 1917 Abs. 1); der ehelichen Mutter um deswillen nicht, weil ihr die e. G. zusteht, und es angemessen erscheint, nach Verlust derselben ihre Bestellung zum Vormunde lediglich vom richterlichen Ermessen abhängig zu machen.

Der Vater der Mutter eines unehelichen Kindes ist Großvater mütterlicherseits (Nr. 4 oben) desselben, da das uneheliche Kind in die Familie der Mutter eintritt (§ 1705).

Die Großväter (Nr. 3 und 4 oben) sind aber dann nicht berufen, wenn der Mündel oder derjenige, von welchem dieser abstammt, von einem Anderen als dem Ehegatten seines Vaters oder seiner Mutter an Kindesstatt angenommen ist; jedoch nur dann nicht, wenn sich die Wirkung der Annahme an Kindesstatt auf den Mündel miterstreckt (vgl. § 1762).

Die Annahme an Kindesstatt bringt in dem Familienstande des Angenommenen derartige Veränderungen hervor, daß die der früheren Familienangehörigkeit desselben entsprechende Berufung der Großväter nicht mehr angemessen erscheint. Nach § 1757 erlangt das Kind durch die Annahme an Kindesstatt die rechtliche Stellung eines ehelichen Kindes des Annehmenden, und gemäß § 1765 Abs. 1 verlieren mit der Annahme an Kindesstatt die leiblichen Eltern die e. G. über das Kind.

Mit diesen und den übrigen Wirkungen der Annahme an Kindesstatt aber würde die Berufung der der früheren Familie des Mündels angehörigen Großväter desselben nicht im Einklange stehen.

Berufen sind jedoch die Großväter trotz der Annahme an Kindesstatt, wenn der Annehmende der Ehegatte des Vaters oder der Mutter des Mündels ist. Denn in diesem Falle bleibt der letztere ungeachtet der Annahme an Kindesstatt thatsächlich in seiner natürlichen Familie.

Über den Fall der Annahme an Kindesstatt des Enkels durch den leiblichen Großvater, in welchem Falle die Annahme allerdings durch „einen Anderen" stattgefunden hat und der Großvater daher an sich berufen sein würde, vgl. M. S. 1051 Abs. 2.

II. 1. Während die beiderseitigen Großväter des Mündels unmittelbar durch das Gesetz berufen sind, werden andere Personen erst dadurch berufen, daß sie seitens der Eltern des Mündels als Vormünder benannt werden. Jene sind kraft Familienrechts, diese werden durch die Eltern berufen.

Das Benennungsrecht ist eine über den Tod des Inhabers der e. G. hinausgehende Wirkung der letzteren. Voraussetzung desselben ist daher, daß der Benennende mindestens zur Zeit seines Todes die e. G. über den Mündel gehabt hat. Zu dieser Zeit muß dieselbe voll vorhanden und dem Benennenden die Vertretung des Kindes weder in persönlicher noch in vermögensrechtlicher Beziehung (§§ 1633, 1647, 1666, 1667, 1670, 1676, 1680) entzogen sein noch ruhen (§§ 1676, 1677; vgl. S. 7 ff.).[1])

Das Benennungsrecht beruht auf der Annahme, daß die Eltern am meisten befähigt sind, die geeigneten Vormünder für ihre Kinder zu bezeichnen. Diese Annahme erscheint nicht gerechtfertigt, wenn ihnen die e. G. in dieser oder jener Beziehung entzogen worden ist. Ob sie dieselbe vor der Zeit ihres Todes, insbesondere zur Zeit der Errichtung der letztwilligen Verfügung, durch welche die Benennung erfolgt ist, gehabt haben, ist gleichgültig. Sie können daher auch für ihre künftigen Kinder einen Vormund benennen, wenn sie zur Zeit ihres Todes die e. G. über dieselben haben. Der Vater kann für ein nach seinem Tode geborenes Kind einen Vormund benennen, wenn er zur Zeit seines Todes die e. G. über dasselbe gehabt haben würde. Was für die Benennung des Vormundes gilt, gilt nach § 1792 Abs. 4 auch für diejenige des Gegenvormundes.

2) Entsprechend der erst mit dem Tode des Benennenden eintretenden Wirkung der Benennung (tutela testamentaria) kann diese nur durch letztwillige Verfügung erfolgen. Damit ist die Bestellung des Vormundes durch Vertrag unter Lebenden (tutela pacticia) ausgeschlossen.

Die Benennung kann vielmehr nur durch einseitige Verfügung von Todeswegen in einem Testament oder in einem Erbvertrage (§ 2299 Abs. 1) erfolgen. Gemäß § 2278 Abs. 2 kann in einem Erbvertrage die Benennung nur einseitig durch einen der Vertragschließenden, nicht vertragsmäßig geschehen. Sie ist also nicht Gegenstand des Vertrages, sondern kann nur in der Vertragsurkunde durch einen der Vertragschließenden ausgesprochen werden. Für eine einseitige Benennung gilt das gleiche, wie wenn sie durch Testament getroffen worden wäre (§ 2299 Abs. 2).

Die Gültigkeit letztwilliger Verfügungen, in denen die Benennung eines Vormundes erfolgt ist, ihre Aufhebung, Form und Anfechtbarkeit richtet sich nach den Grundsätzen des Erbrechts (§§ 2064 ff., 2078 ff., 2229 ff.). Ein Minderjähriger kann einen Vormund in einer letztwilligen Verfügung nicht benennen. Zwar wird er mit der Vollendung des 16. Lebensjahres testamentsmündig (§ 2229 Abs. 2). Seine e. G. ruht aber auch dann noch (§ 1676 Abs. 2).

3) Der durch Testament berufene Vormund kann nach gemeinem Rechte nicht auf einzelne Geschäftskreise beschränkt werden, „quia personae, non rei vel causae datur“ (L. 12—15, D. 26,2). Dies ist beim Fehlen einer bezüglichen Bestimmung der Natur der Sache gemäß auch für das B. G. anzunehmen.

---

[1]) Windscheid, Pand., II § 433 Nr. 1 u. Anm. 4.

4) Wie nach gemeinem Rechte — L. 8 § 1, 2 D. 26, 2; § 3. J. 1, 14 —, so kann auch nach dem B. G. der Berufung des Vormundes durch testamentarische Benennung eine aufschiebende Bedingung oder Zeitbestimmung hinzugefügt werden. Dies entspricht (vgl. §§ 2074 ff.) den allgemeinen erbrechtlichen Grundsätzen. Ist aber zu der Zeit, wo der Vormund zu bestellen ist, die Bedingung noch nicht eingetreten, oder die bestimmte Zeit noch nicht gekommen, so ist der berufene Vormund als nach § 1778 Abs. 1 an der Übernahme der Vormundschaft verhindert anzusehen. Bei einer durch die Nichterfüllung der Bedingung oder den Nichteintritt des Termins herbeigeführten, nur vorübergehenden Verhinderung ist im Interesse der Aufrechterhaltung der testamentarischen Benennung gemäß § 1778 Abs. 2 zunächst ein anderer, demnächst aber der berufene Vormund zu bestellen.

Eine der Berufung beigefügte auflösende Bedingung oder zeitliche Begrenzung kann nur innerhalb der durch die Vorschrift des § 1790 bestimmten Grenzen aufrecht erhalten werden (vgl. S. 45). Nur der Richter kann bei der Bestellung des Vormundes die Entlassung für den Fall des Eintrittes oder Nichteintrittes eines bestimmten Ereignisses vorbehalten und auf diese Weise dem dahin gehenden Willen des Berufenden Geltung verschaffen.

§ 10. Das Recht des Berufenen.

§ 1778, I: § 1637; II: § 1659; III: § 1754; M. S. 1056—1060; Pr. S. 748/49 Nr. IV; pr. BO. § 18.

1. Der Berufene „darf ohne seine Zustimmung nicht übergangen werden",[1]) es sei denn, daß seiner Bestellung die im Gesetze vorgesehenen Hinderungsgründe entgegenstehen. Diese Bestimmung des § 1778 Abs. 1 enthält nicht eine bloße Anweisung für das V.-Gericht, bei der Auswahl des Vormundes die berufenen Personen in erster Linie zu berücksichtigen. Diese haben vielmehr ein Recht darauf, ohne gesetzlichen Grund nicht übergangen zu werden, und die richterliche Prüfung hat sich auf die Frage zu beschränken, ob ein gesetzlicher Grund für ihre Übergehung vorliegt.

Ein klagbares Recht auf Übertragung des öffentlichrechtlichen Amtes eines Vormundes steht den Berufenen nicht zu (M. z. pr. B. O.); wohl aber nach § 60 Nr. 1 G. F. gegen eine Verfügung, durch die sie übergangen werden, die sofortige Beschwerde.

2. Die Gründe, welche das Vormundschaftsgericht zur Übergehung der berufenen Personen berechtigen, sind:

a) die Unfähigkeit der Geschäftsunfähigen und der wegen Geistesschwäche, Verschwendung oder Trunksucht Entmündigten (§ 1780; vgl. S. 28).

---

[1]) Es darf ihm daher auch kein erst nach ihm Berufener vorgezogen und soll kein Mitvormund neben ihm bestellt werden (§ 1778 Absatz 4; § 1786 Nr. 7).

b die Untauglichkeit der in den §§ 1781 bis 1784 bezeichneten Personen, die nicht zu Vormündern „bestellt werden sollen" (vgl. S. 29 ff.);

c) die dauernde Verhinderung des Berufenen und die Verzögerung der Übernahme der Vormundschaft durch denselben. Die Verzögerung der Übernahme ist als Einwilligung in die Nichtbestellung anzusehen, die die Entscheidung des Gerichts an Stelle der Bestimmung des Berufenden rechtfertigt;[1])

d) die zu befürchtende Gefährdung des Interesses des Mündels durch die Bestellung des Berufenen (vgl. §§ 1886, 1666, 1667; pr. V. O. § 18 Abs. 2).

In letzterem Falle entscheidet allerdings das richterliche Ermessen über die Aufrechterhaltung oder Beseitigung der Bestimmung des Berufenden. Im Hinblick auf die dem Vormunde gegebene freie Stellung erschien es aber notwendig, dem V.=Gerichte die Möglichkeit zu gewähren, die Privatwillensbestimmung nicht blos aus bestimmten gesetzlichen Gründen, sondern auch dann beiseite zu setzen, wenn die Ausführung derselben nach dem Ermessen des V.=Gerichts das Interesse des Mündels zu schädigen geeignet ist. Gemäß seiner Befugnis zu solcher Prüfung hat das Vormundschaftsgericht auch die Pflicht, zu prüfen, ob Gründe in der Person des Berufenen — Mangel der erforderlichen geistigen oder moralischen Eigenschaften, schlechte Vermögensverhältnisse, Krankheit, weite Entfernung vom Gerichtsorte u. a m. — oder sachliche Bedenken, namentlich also einander widerstreitende Interessen, vorliegen, die erheblich genug sind, um ein Übergehen des Berufenen zu rechtfertigen. Das Gesetz hat es zwar, um das richterliche Ermessen nicht zum Nachteile des Mündels zu sehr zu beschränken, absichtlich vermieden,[2]) eine „erhebliche" (So E. I. § 1637 Abs. 1) Gefährdung des Interesses des Mündels für die Übergehung des Berufenen zu erfordern. Immerhin wird der Richter gegenüber dem dem Berufenen zugestandenen Anspruch auf Berufung davon auszugehen haben, daß nur bestimmte tristige Gründe, nicht allgemeine Erwägungen subjektiver Natur, die Übergehung desselben rechtfertigen. Es erscheint deshalb auch angemessen, den Berufenen vor seiner Übergehung zu hören. Daß demselben seitens des V.=Gerichts Kenntnis von seiner Übergehung gegeben wird, ist gemäß der bezüglichen Bestimmung des § 60 Abs. 2 G. F. nicht erforderlich.

Ob der Benennende von den Gründen Kenntnis gehabt hat, die eine Übergehung des Berufenen rechtfertigen, ob er denselben also trotz derselben hat benennen wollen, ist belanglos.

3. Wegen der besonderen Stellung gewisser Personen zu dem Mündel beschränkt das Gesetz das Recht der Berufenen, bezw. eines Teils derselben zu Gunsten jener Personen. Es ermächtigt nämlich das V.=Gericht, den Mann für seine Ehefrau vor den nach § 1776

[1]) M. S. 1058 Abs. 2; Pr. S. 749 Abs. 2.
[2]) M. S. 1057/58.

Berufenen und die Mutter für ihr uneheliches Kind vor dem Großvater zum Vormunde zu bestellen (§ 1778 Abs. 3). Mit der ersten Bestimmung hat das Gesetz die in der fraglichen Hinsicht in den verschiedenen Rechtssystemen bestehenden Unterschiede — nach gemeinem Recht ist der Mann unfähig, Vormund seiner Ehefrau zu sein, nach deutschem Rechte gesetzlicher Vormund derselben — auszugleichen beabsichtigt, indem es dem Richter die Befugnis giebt, in geeigneten Fällen den Mann zum Vormunde seiner Frau, und zwar vor den gesetzlich berufenen Personen, zu bestellen. Ein Recht auf Bestellung hat sowenig der Ehemann, als die uneheliche Mutter (s. folg. Absatz).

Die Mutter hat weder die e. G. über ihr uneheliches Kind (§ 1707), noch ist sie zur Vormundschaft über dasselbe berufen, noch hat sie die Vertretung desselben (§ 1707). Sie kann indes, wie dies dem natürlichen Verhältnis entspricht, vor ihrem Vater zur Vormünderin bestellt werden (vgl. § 21 Abs. 2 pr. V. O.).

Nach Art. 136 bleiben die landesgesetzlichen Vorschriften unberührt, nach welchen die dort genannten Beamten vor den nach § 1776 berufenen Personen zu Vormündern bestellt werden können.

§ 11. Die Auswahl des Vormundes durch das Gericht.

§ 1779; I: § 1638 Abs. 1; II: § 1660 Abs. 1; III: § 1755; M. S. 1061/62; Pr. S. 749 u. 750; pr. VO. § 19 Abs. 1 u. 2.

Fehlt es an einem gesetzlich berufenen Vormunde (§ 1776), so hat das Gericht den Vormund nach Anhörung des Gemeindewaisenrates auszuwählen. Dabei hat dasselbe Verwandte[1]) und Verschwägerte[2]) des Mündels zunächst zu berücksichtigen. Diese Bestimmung entspricht dem natürlichen Verhältnis und dem Interesse des Mündels. Eine vorzugsweise Berücksichtigung des Ehemannes bei der Bestellung eines Vormundes für seine Frau vor den Verwandten derselben schreibt das Gesetz nicht vor. Ein gesetzliches Anrecht auf vorzugsweise Berücksichtigung giebt es auch den Verwandten und Verschwägerten des Mündels nicht.[3])

Bei der Auswahl ist auf das religiöse Bekenntnis des Mündels Rücksicht zu nehmen.[4])

Innerhalb des so bestimmten Rahmens wählt das V.-Gericht einen Vormund, der nach seinen „persönlichen Verhältnissen und seinen Vermögensverhältnissen, sowie den sonstigen Umständen des Falles zur Führung der Vormundschaft geeignet ist."

Die vorgeschriebene zuvorige Anhörung des Gemeindewaisenrates[5])

---

[1]) § 1589. Der Grad der Verwandtschaft kommt nicht in Betracht.

[2]) § 1590.

[3]) Daher im Falle der Nichtberücksichtigung auch keine Beschwerde aus § 19 G.-F. (vgl. Ebert und Dudek § 20, Anm. 1. Anders anscheinend Schultzenstein § 1779, Anm. 2).

[4]) vgl. § 1801. Für die berufenen Vormünder gilt die Vorschrift nicht. („Jahrbuch" III S. 44.) Das richterliche Ermessen entscheidet, eine Beschwerde ist bei Nichtberücksichtigung nicht gegeben.

[5]) Des Aufenthaltsortes des Mündels, eventl. des letzten Wohnsitzes des Inhabers der e. G.; vgl. Dernburg S. 76, Schultzenstein § 1779, Anm. 1.

(vgl. § 1849) dient dazu, das V.-Gericht von den in Betracht kommenden persönlichen und sachlichen Verhältnissen zu unterrichten. Läßt sich der Waisenrat auf entsprechende Aufforderung nicht vernehmen, so hat das Gericht nach angemessener Frist ohne Anhörung desselben mit der Auswahl des Vormundes zu verfahren. Denn dasselbe hat zwar die Pflicht, den Waisenrat zu hören, d. h. ihm Gelegenheit zu geben, sich zu äußern, und der Waisenrat das Recht und die Pflicht, für die Vormundschaft geeignete Personen in Vorschlag zu bringen.[1]) Aber eine Pflicht des Gerichts, den Vormund erst nach erfolgter Äußerung des Waisenrates zu bestellen, besteht ebensowenig, als das Gericht an die Vorschläge des Waisenrates gebunden ist.[2])

Immerhin wird der Richter auf den Vorschlag des Waisenrates Gewicht zu legen und die Auswahl des Vormundes thunlichst erst dann vorzunehmen haben, wenn er sich vergeblich bemüht hat, rechtzeitig Vorschläge des Waisenrates zu erlangen. Zwangsmittel hat das V.-Gericht gegen diesen nicht (vgl. § 39).

§ 12. Die Unfähigkeit und Untauglichkeit zur Vormundschaft.

§§ 1780—1784; I § 1640, 1641, 1642, 1646; II §§ 1661—1665; III § 1756 bis 1760; M. S. 1065—1073 Abs. 1 u. S. 1081; Pr. S. 751—752 i. M. u. S. 753—754 a. E.; R. T. K. zu § 1759 u. 1760; pr. V.-O. §§ 21 u. 25 Abs. 1 u. 3.

1. die unfähigen Personen.

Das Gesetz hat die Unterscheidung des römischen Rechts[3]) zwischen Personen, die zur Vormundschaft untauglich sind und daher nicht bestellt werden **können** (§ 1780) und solchen, die zu Vormündern nicht bestellt werden **sollen** (§§ 1781 bis 1784), übernommen.

Nicht bestellt werden **können** zu Vormündern solche Personen, denen das Gesetz die zur Besorgung ihrer eigenen Angelegenheiten erforderliche Willens- und Erkenntniskraft abspricht, und die deshalb gesetzliche Vertreter anderer Personen nicht sein können. Dies sind Geschäftsunfähige (Kinder unter sieben Jahren, Personen, die sich in einem ihre freie Willensbestimmung ausschließenden Zustande krankhafter Störung der Geistesthätigkeit befinden, die wegen Geisteskrankheit Entmündigten (§ 104) und diejenigen, welche wegen Geistesschwäche, Verschwendung oder Trunksucht entmündigt sind.)[4]) Aus der diesen Personen mangelnden Geschäftsfähigkeit folgt ohne weiteres, daß ihre Bestellung zu Vormündern keine rechtliche Folge haben kann, d. h. nichtig ist. Ebenso er-

---

[1]) G.-F. § 49.

[2]) M. S. 1227 Abs. 1.

[3]) Dernburg, Pand. III § 45.

[4]) Weitere Unfähigkeitsgründe kennt das Gesetz nicht; insbesondere sind die Frauen nicht unfähig (vgl. § 1783). Minderjährige sind nur untauglich (§ 1781 Nr. 1). — Die Geschäftsfähigkeit von Ausländern richtet sich nach den Art. 7, 27 und 29.

giebt sich aus der Natur der Sache, daß, wenn in der Person des Vormundes nach seiner Bestellung Unfähigkeitsgründe eintreten, die Bestellung hinfällig werden muß.[1])

In beiden Fällen sind die von dem Vormunde für den Mündel vorgenommenen Rechtsgeschäfte unwirksam. Auch die sonst dem Mündel und dem Vormund aus der Führung der Vormundschaft gegenseitig zustehenden Ansprüche (§ 1833 ff.) und das Vorzugsrecht des Mündels im Konkurse des Vormundes[2]) können nicht zur Entstehung gelangen, da in Wirklichkeit eine Vormundschaft nicht besteht.

2. Die untauglichen Personen.

Nicht bestellt sollen zu Vormündern werden:

a) Minderjährige sowie nach § 1906 unter vorläufige Vormundschaft gestellte Personen [Volljährige, deren Entmündigung beantragt ist];

c) nach § 1910 unter Pflegschaft gestellte Personen (Volljährige, denen wegen geistiger oder körperlicher Gebrechen für den ganzen oder einen bestimmten Kreis ihrer Angelegenheiten ein Pfleger bestellt ist),

c) die in Konkurs geratenen Personen während der Dauer des Konkurses;

d) die der bürgerlichen Ehrenrechte für verlustig Erklärten, soweit sich nicht aus den Vorschriften des Strafgesetzbuches ein anderes ergiebt;

e) diejenigen, welche durch Anordnung des Vaters oder der ehelichen Mutter von der Vormundschaft ausgeschlossen sind;

f) Frauen, die mit einem Anderen als dem Vater des Mündels verheiratet sind, sofern nicht ihre Männer ihrer Bestellung zustimmen;

g) Beamte oder Religionsdiener ohne die landesgesetzlich etwa erforderliche Erlaubnis.

Von der Aufnahme weiterer Untauglichkeitsgründe hat das Gesetz abgesehen. Es hat insbesondere davon Abstand genommen, mit der pr. V. O. § 21 Nr. 5 diejenigen für unfähig zu erklären, die „offenkundig einen unsittlichen Lebenswandel führen". Die §§ 1778 Abs. 1 a. E., 1779 Abs. 2 Satz 1 und 1886 gewähren dem Gericht in ausreichendstem Maße die Möglichkeit, die Bestellung untauglicher Personen zu Vormündern zu vermeiden bezw. untaugliche Vormünder zu entlassen.

Zu den einzelnen Untauglichkeitsgründen:

zu a) Ein für volljährig erklärter Minderjähriger darf gemäß

---

[1]) Dernburg S. 123 Abs. 3.

[2]) K.-O. § 61 Nr. 5.

§ 3 Abs. 2 zum Vormunde bestellt werden. Abweichungen von dem dort aufgestellten Grundsatze hat das Gesetz nicht für geboten erachtet.[1])

zu c) Die Untauglichkeit dauert bis zum Erlaß des den Konkurs aufhebenden (§§ 151, 163 und 190 K. O.) bezw. einstellenden (§§ 202 ff. K. O.) Beschlusses.

zu d) Inhalts dieser Bestimmung kommen die bezüglichen Vorschriften des jeweilig geltenden Strafgesetzbuches zur Anwendung (M.). Das R.St.G.B. im Zusammenhalte mit Art. 34, I bestimmt in § 34 Nr. 6:

„Die Aberkennung der bürgerlichen Ehrenrechte bewirkt ferner die „Unfähigkeit, während der im Urteile bestimmten Zeit
„1. — — —
„2. — — —
„6. Vormund, Gegenvormund, Pfleger, Beistand der Mutter, Mit„glied eines Familienrates oder Kurator zu sein, es sei denn, daß „es sich um Verwandte absteigender Linie handele und die ober„vormundschaftliche Behörde oder der Familienrat die Genehmigung „erteile."

Die Unfähigkeit, Vormund zu sein, tritt gemäß § 36 St. G. Bs. mit der Rechtskraft des die Aberkennung der bürgerlichen Ehrenrechte aussprechenden Urteils ein; das V.-Gericht hat den damit unfähig gewordenen Vormund gemäß § 1886 zu entlassen. Die im Urteile bestimmte Dauer der Unfähigkeit ist gemäß § 36 Halbsatz 2 St. G. B. zu berechnen.

zu e) Das Recht der Eltern, gewisse Personen von der Vormundschaft auszuschließen, entspricht dem denselben durch § 1776 Nr. 1 und 2 gewährten Berufungsrecht und ist von denselben Voraussetzungen abhängig, wie dieses (§ 1777; vgl. S. 23/24).

Das Ausschließungsrecht des Vaters geht demjenigen der Mutter vor, die deshalb ihrerseits den vom Vater benannten Vormund nicht ausschließen kann. Sie selbst kann von dem Vater ausgeschlossen werden (M.). Andere Personen als die Eltern haben kein Berufungsrecht, daher auch kein Ausschließungsrecht.

Ausgeschlossen werden können nur bestimmte einzelne Personen; die Ausschließung ganzer Kategorien von Personen ist unwirksam.

zu f) Die in Übereinstimmung mit dem gemeinen Recht und der pr. V. O. (§ 21 Nr. 7) von sämmtlichen Entwürfen grundsätzlich angenommene Untauglichkeit der Frauen zur Vormundschaft ist von der R. T. K. beseitigt und die bezügliche Bestimmung des E. III § 1759 Abs. 1 auch demnächst nicht wiederhergestellt worden. Es wurde erwogen, daß die Frauen nach der heutigen Gestaltung der sozialen Verhältnisse, insbesondere nach den

---

[1]) Anders pr. V.-O. § 21 Nr. 2. — Ein gegen das Gesetz z. B. bestellter Minderjähriger würde auch als Vormund die rechtliche Stellung eines Minderjährigen haben.

Erwerbsverhältnissen, in denen sie stehen, geeignet seien, das Amt eines Vormundes zu versehen. Durch die Streichung des § 1759 sind die Ausnahmen des bisherigen Rechts, welches, von Ausnahmen abgesehen, nur Mütter und Großmütter für berechtigt oder doch befähigt erklärte, Vormünder zu werden, zur Regel geworden. Ehefrauen, die mit einem Anderen als dem Vater des Mündels verheiratet sind, sollen jedoch im Interesse ihrer nächsten Pflichten nur dann zu Vormündern bestellt werden, wenn ihre Ehemänner ihre Zustimmung dazu erteilen. Dementsprechend bestimmt § 1887 Abs. 2, daß eine verheiratete Frau, die zum Vormunde bestellt ist, zu entlassen ist, wenn der Mann, der nicht Vater des Mündels ist, bei Eingehung der Ehe seine Zustimmung zur Übernahme oder Fortführung der Vormundschaft versagt oder diese während bestehender Ehe widerruft.

zu g) 1. Das gemeine Recht gab den öffentlichen Beamten ein Ablehnungsrecht; Soldaten waren unfähig zur Vormundschaft. Andere Rechtssysteme, insbesondere die pr. V. O. (§ 22) bestimmen, daß Beamte und Religionsdiener nicht ohne die Erlaubnis ihrer vorgesetzten Behörde zu Vormündern bestellt werden sollen. Dem hat sich das B. G. angeschlossen. Es hat damit auch seinerseits im Interesse des öffentlichen Dienstes die bei dem bloßen Ablehnungsrechte der Beamten bestehende Möglichkeit, daß diese von ihrem Ablehnungsrechte nicht den richtigen Gebrauch machen, bezw. desselben durch verspätete Geltendmachung verlustig gehen (§ 1786 Abs. 2), beseitigt. So ist auch die Unbilligkeit vermieden, die darin liegt, wenn den Beamten als solchen ein Ablehnungsrecht eingeräumt wird. Nur das öffentliche Interesse soll darüber entscheiden, ob sie zu Vormündern bestellt werden dürfen oder nicht.

2. Darüber, ob Jemand Beamter oder Religionsdiener im Sinne der § 1784 ist, entscheidet seine Anstellung im Dienst eines Bundesstaates,[1]) bezw. einer der in demselben anerkannten religiösen Gemeinschaften nach Maßgabe der öffentlich rechtlichen Bestimmungen des Landesrechts.[2]) Die Vorschrift bezieht sich darnach nur auf die Beamten 2c. der Bundesstaaten,[3]) die auch darüber zu bestimmen haben, für welche Kategorien von Beamten die Genehmigung erforderlich ist.[4])

---

[1]) M. S. 1073 Abs. 1.

[2]) R. G. St. S. XVI S. 378 ff.

[3]) Wegen der Reichsbeamten. vgl. S. 32.

[4]) vgl. A. GG. von Preußen (Art. 72: „wer ein Staatsamt oder ein besoldetes Amt in der Kommunal- oder Kirchenverwaltung bekleidet"); Württemberg (Art 67: Beamte, Lehrer, Geistliche); Mecklenburg-Schwerin (§ 225: „öffentliche Beamte mit Einschluß der Geistlichen und sonstigen Kirchendiener, sowie Lehrer an öffentlichen Unterrichtsanstalten"; Braunschweig (§ 99: „wer ein Staatsamt oder ein besoldetes Amt in der Kommunal- oder Kirchenverwaltung bekleidet"); Oldenburg (§ 20: „Beamte und Geistliche"); Bayern, Elsaß-Lothringen und Sachsen-A. haben, soweit bis jetzt ersichtlich, keine Ausführungsbestimmungen getroffen."

Im allgemeinen werden zu jenen Beamten gehören alle im unmittelbaren oder mittelbaren Dienst eines Bundesstaates stehenden Staats-, Provinzial-, Kreis- und Gemeindebeamten, mögen sie besoldet sein oder nicht, Gehalt oder Wartegeld beziehen, dauernd oder auf Zeit angestellt sein.[1]) Ob auch Referendare zu den Beamten gehören,[2]) erscheint zweifelhaft, da dieselben, wenn auch zu Referendaren ernannt, doch kein Amt bekleiden, sondern wesentlich nur zwecks ihrer Vorbereitung für den Staatsdienst den Behörden überwiesen werden.

Religionsdiener sind die von einer im Staat anerkannten religiösen Gemeinschaft — Kirche, Gemeinde, kirchliche Stiftung —, gleichviel welcher Konfession,[3]) mit oder ohne Besoldung zu religiösen Zwecken angestellten Bediensteten.

3. Hinsichtlich der im unmittelbaren Dienste des Reichs stehenden Zivilbeamten findet sich eine bezügliche Bestimmung im B. G. nicht. Es findet daher der § 19 Abs. 1 des Gesetzes vom 31. März 1873 betr. die Rechtsverhältnisse der Reichsbeamten und der Militärpersonen auf sie Anwendung.[4])

Hinsichtlich der Militärpersonen des Landheeres bestimmt § 41 des Reichsmilitärgesetzes vom 2. Mai 1874,[5]) daß

„Militärpersonen des Friedensstandes und die Zivilbeamten der Militärverwaltung die Übernahme von Vormundschaften ablehnen (können) und zu deren Übernahme nur mit Genehmigung ihrer Vorgesetzten berechtigt (sind)."

Beurlaubte Landwehroffiziere sind keine Militärpersonen des Friedensstandes, dagegen werden zur Disposition gestellte Offiziere zu diesen gerechnet. — Nur zur Übernahme von Vormundschaften bedürfen Militärpersonen nach § 41 R. M. G. der Genehmigung; zur Fortführung bereits vor Beginn des Militärdienstes übernommener Vormundschaften ist dieselbe nicht erforderlich.[6])

Für die der Marine angehörenden Personen fehlt es an einer entsprechenden Bestimmung.

---

[1]) Beamte, welche Wartegeld beziehen, sind aktive Beamte (vgl. Schultzenstein § 1784, Anm. 2 Abs. 3).

[2]) Wie Dernburg S. 157 Abs. 4 annimmt.

[3]) M. S. 1072 a. E. vgl. Schultzenstein § 1784 Anm. 4.

[4]) Dernburg S. 157 Anm. 6; Wachler § 22 Anm. 1 Abs. 3; vgl. aber auch M. S. 1073 Abs. 1.

[5]) der gemäß Art. 32 in Kraft bleibt. — Über den Begriff „Militärpersonen" R. G. St. S. XIV S. 328.

[6]) vgl. Dernburg S. 157 Abs. 1 und 2 und Anm. 4; Wachler § 22 Anm. * und **.

§ 13. Folgen der Bestellung eines untauglichen Vormundes. Fehlerhafte Bestellung eines Vormundes.

1. Die Bestellung eines Untauglichen im Sinne der §§ 1781—1784 zum Vormunde macht weder die Bestellung noch die Rechtsgeschäfte, welche der untaugliche Vormund während seiner Amtsführung mit Dritten für den Mündel abgeschlossen hat, unwirksam. Der dies ausdrücklich aussprechende § 1646 Abs. 2 E. I. (pr. V. O. § 25 Abs. 3) ist in das Gesetz nicht aufgenommen worden, und zwar weil sein Inhalt als sich nach allgemeinen Grundsätzen und gemäß § 1886 von selbst verstehend angesehen worden ist.

Zu E. I. § 1646 wurde in der zweiten Kommission der Antrag gestellt, „in Abs. 1[1]) nach „ein Geschäftsunfähiger" einzuschalten „oder ein in der Geschäftsfähigkeit Beschränkter". Der Antrag und die dadurch bezweckte Nichtigkeit der Bestellung eines in der Geschäftsfähigkeit Beschränkten wurde, im Hinblick insbesondere auf E. II. § 135 (B. G. § 165), der die gesetzliche Vertretung mitumfaßt, abgelehnt. Die Mehrheit ging dabei davon aus, daß die Gefahren, die sich aus der Nichtigkeit der Bestellung eines in der Geschäftsfähigkeit Beschränkten für den Mündel und den Verkehr ergeben, größer seien als die aus der Gültigkeit der Bestellung erwachsenden Nachteile. Dabei wurde namentlich auf das bei Annahme der Nichtigkeit in Wegfall kommende Vorzugsrecht des Mündels im Konkurse des Vormundes hingewiesen. Die von dem in der Geschäftsfähigkeit beschränkten Vormunde für den Mündel abgeschlossenen Rechtsgeschäfte sind also gültig.

2. Stellt sich heraus, daß in der Person des Vormundes einer der im § 1781 bestimmten Untauglichkeitsgründe vorliegt, so hat das V.-Gericht denselben zu entlassen (§ 1886). Dies hat nach § 1888 auch dann zu geschehen, wenn sich ergiebt, daß die zur Bestellung eines Beamten 2c. nach § 1784 landesgesetzlich erforderliche Erlaubnis nicht erteilt ist, wenn dieselbe hinterher zurückgenommen wird, oder wenn die Untersagung der Fortführung der Vormundschaft erfolgt (vgl. § 1888).

3. Bis zu seiner Entlassung hat der Bestellte die Vormundschaft weiterzuführen; unterläßt er dies, so macht er sich dem Mündel verantwortlich. Dasselbe thut er auch dann, wenn er es schuldhafter Weise unterläßt, dem Gerichte, sobald er Kenntnis davon erlangt hat, daß er zur Führung der Vormundschaft untauglich ist, zwecks seiner Entlassung Kenntnis davon zu geben, und wenn dem Mündel durch seine Untauglichkeit ein Schaden erwachsen ist.[2]) Die Anzeigepflicht und die ev. eintretende Verantwortlichkeit des Vormundes ergiebt sich aus der ihm obliegenden Sorge für die Person und das Vermögen des Mündels (§ 1793).

4. Gegen seine wider seinen Willen erfolgte Entlassung steht dem Vormunde nach § 60 Nr. 3 des G. F. die sofortige Beschwerde zu.

5. Die Fragen, ob die Bestellung eines Vormundes in Ermangelung

---

[1]) E. I § 1646 Abs. 1 lautet: „Wird ein Geschäftsunfähiger zum Vormund bestellt, so ist die Bestellung nichtig."

[2]) Dernburg S. 124 Anm. 7; Wachler S. 87 Anm. 5 Abs. 2.

der gesetzlichen Voraussetzungen (§ 1773), z. B. bei irrtümlicher Bestellung eines zweiten Vormundes für einen schon bevormundeten Mündel, bei fehlerhafter Bestellung und bei Bestellung durch ein unzuständiges Gericht, nichtig ist, haben nach den M. (S. 1081 Abs. 3) dem G. F. überlassen bleiben sollen. Dieses aber beschränkt sich darauf, im § 7 zu bestimmen, daß „gerichtliche Handlungen nicht aus dem Grunde unwirksam sind, weil sie von einem örtlich unzuständigen Gericht vorgenommen sind", entscheidet also nur die dritte der beregten Fragen, und zwar ausdrücklich auch diese nur teilweise (vgl. aber § 32 G. F.)[1]) Die beiden ersten werden im Sinne der Nichtigkeit der „fehlerhaften Bestellung eines Vormundes" zu entscheiden sein.[2]) Denn in beiden Fällen gleichmäßig fehlt es an der gesetzlichen Grundlage für die Anordnung einer Vormundschaft und muß dieselbe mangels einer solchen ohne weiteres in sich zusammenfallen. Beide Fälle unterliegen derselben rechtlichen Beurteilung; hier, wie da, fehlt der gesetzliche Grund für die Anordnung einer Vormundschaft.[3])

§ 14. Die Pflicht zur Uebernahme der Vormundschaft.

§§ 1785, 1787, 1788; I §§ 1639, 1644 Abs. 2; II §§ 1667, 1668 Abs. 2, 1669; III §§ 1761, 1763, 1764; M. S. 1062—1065; Pr. S. 750 Nr. IV; pr. V.-O. § 20.

1. Die Pflicht zur Übernahme der Vormundschaft liegt jedem Deutschen ob, der von dem V.-Gerichte dazu ausgewählt wird, es sei denn, daß er gesetzlich unfähig oder untauglich dazu ist (§§ 1780 bis 1784). Sie ist abhängig von der Reichsangehörigkeit[4]) und besteht daher nicht gegenüber Ausländern, die in Deutschland wohnen,[5]) obwohl sie an sich zur Vormundschaft fähig sind. Sie besteht weiter nicht gegenüber den nach § 1776 Abs. 1 berufenen, sondern nur gegenüber den vom Gericht ausgewählten Personen (§1779 Abs. 1). — Da es sich den ersteren gegenüber nur um ein Berufungsrecht handelt, so konnte ihnen eine Verpflichtung, der Berufung Folge zu leisten, nicht auferlegt werden; werden sie aber nach Ablehnung der Berufung vom Gericht ausgewählt, so fallen sie unter § 1785.

2. Die Verpflichtung zur Übernahme der Vormundschaft besteht sowohl dem Staat als dem Mündel gegenüber. Dem ersteren

---

[1]) Bei sachlicher Unzuständigkeit des Gerichts ist die Bestellung nichtig.

[2]) So Dernburg S. 161/62. — Vgl. auch R. G. CS. XIV Nr. 71; R. G. St. S. XI S. 201.

[3]) vgl. L. 10 D. 26, 5. R.G. St.S. XI S. 201; wegen der von einem irrtümlich bestellten Vormunde mit Dritten abgeschlossenen Geschäfte vgl. R.G. St.S. IX S. 183.

[4]) Unabhängig von der Angehörigkeit an denjenigen Bundesstaat, in welchem die Vormundschaft angeordnet werden soll.

[5]) Ob die Voraussetzungen der Verpflichtung zur Uebernahme der Vormundschaft vorliegen, ist nach der Zeit zu beurteilen, zu welcher die Auswahl durch das Gericht stattfindet. Spätere Aenderung der Voraussetzungen ist bedeutungslos. (vgl. Fuchs S. 151 Abs. 2.) — Über Ausländer, die die Vormundschaft übernommen haben, „Jahrbuch" IV S. 73.

gegenüber wird sie nötigenfalls von dem V.-Gerichte durch Ordnungsstrafen erzwungen. Der letztere hat zwar kein Klagerecht auf ihre Erfüllung, wohl aber Anspruch auf Schadenersatz bei Nichterfüllung oder nicht rechtzeitiger Erfüllung (vgl. S. 39/40).

3. Die O.-Strafen bestehen in Geldstrafen bis zu 300 Mark, die in Zwischenräumen von mindestens einer Woche, dreimal — nicht öfter — erkannt werden können. Die Beschränkung der O.-Strafen auf diese Zahl bezieht sich indes nur auf die Erzwingung der Übernahme einer bestimmten Vormundschaft. Die Erschöpfung der Strafen in Bezug auf diese hat nicht zur Folge, daß der die Übernahme Verweigernde nicht zur Übernahme anderer Vormundschaften, nötigenfalls wiederum durch O.-Strafen, gezwungen werden kann.[1] — Eine Umwandlung der O.-Strafen in Freiheitsstrafen findet nicht statt.

4. O.-Strafen treten auch dann ein, wenn der zum Vormund Ausgewählte Ablehnungsgründe (§ 1786) geltend gemacht, diese vom V.-Gerichte für unbegründet erklärt worden sind und jener auch die vom V.-Gerichte geforderte vorläufige Übernahme der Vormundschaft verweigert. Diese Weigerung als solche begründet die Strafandrohung, mag die Verpflichtung zur dauernden Übernahme der Vormundschaft in der Beschwerdeinstanz begründet befunden werden oder nicht. Das V.-Gericht muß, wenn nicht das Interesse des Mündels erheblich gefährdet werden soll, in der Lage sein, sofort und ohne den Erfolg der erhobenen Beschwerde abzuwarten, einen Vormund zu bestellen. Der ausgewählte Vormund soll sich deshalb nicht darauf berufen dürfen, daß er gegen die seine Ablehnung für unbegründet erklärende Verfügung des V.-Gerichts Beschwerde erhoben habe. Er hat die Vormundschaft vorläufig zu übernehmen (§ 1787 Abs. 2), und kann nur aus den Gründen des § 1889 Entlassung aus seinem Amte beantragen.

5. Die Androhung von O.-Strafen erfolgt, wenn die Weigerung objektiv unbegründet ist; erst demnächst, wenn es sich um die Verwirkung der Strafe handelt, ist die Frage nach einem Verschulden des sich Weigernden zu prüfen.[2]

6. Gegen die Verfügung des V.-Gerichts, durch welche die Weigerung, eine Vormundschaft, sei es dauernd, sei es vorläufig, zu übernehmen, zurückgewiesen wird, steht dem Vormunde die sofortige Beschwerde zu.[3] Dieselbe hat keine aufschiebende Wirkung;[4] auch aus diesem Grunde war der ausgewählte Vormund für verpflichtet zu erklären, die Vormundschaft vorläufig zu übernehmen, mag seine Weigerung begründet sein oder nicht.

7. Nach § 33 des G. F. muß der Festsetzung der O.-Strafen eine An-

[1]) Dernburg S. 159 Abs. 2.
[2]) Fuchs S. 156 Abs. 4.
[3]) § 60 Nr. 2 G.-F. Hier wird zwischen dauernder und vorläufiger Vormundschaft nicht unterschieden.
[4]) § 24 Abs. 1 G.-F.

drohung vorausgehen.[1]) Die eine solche enthaltende Verfügung wird wirksam mit der Bekanntmachung an den Vormund,[2]) und steht diesem dagegen Beschwerde zu. Auch gegen die demnächst erfolgende Festsetzung der Strafe steht dem Vormunde die Beschwerde zu, die in diesem Fall aufschiebende Wirkung hat.[3]) Sollte in einem Fall, in welchem über die Weigerung des Vormundes noch nicht rechtskräftig entschieden war, die Strafverfügung wirksam geworden und die Strafe beigetrieben sein, so wird mit der rechtskräftigen Entscheidung zu Gunsten des Vormundes die Straffestsetzung regelmäßig als hinfällig anzusehen und die beigetriebene Strafe zu erstatten sein. Dies ergiebt sich aus dem Wegfalle des Grundes, auf welchem die Strafverfügung beruhte. Übrigens ist nach § 18 Abs. 1 G. F. das V.-Gericht zur Änderung, also auch zur Aufhebung der von ihm erlassenen Straffestsetzung berechtigt.

§ 15. Das Ablehnungsrecht.

§ 1786; I §§ 1643, 1644 Abs. 1; II §§ 1666, 1668 Abs. 1; III § 1762; M. S. 1073 bis 1077; Pr. S. 751 und 752 Nr. IX; pr. V.-O. § 23.

1. Es ist nicht in das Ermessen des V.-Gerichts gestellt, eine von ihm ausgewählte, zur Führung der Vormundschaft geeignete Person aus erheblichen allgemeinen Gründen (so z. B. Hamburger Vormund-O. Art. 17 Abs. 2) von der Vormundschaft zu befreien. Durch die dem Gericht auferlegte Pflicht, eine nach ihren persönlichen Verhältnissen und ihrer Vermögenslage geeignete Person zum Vormund auszuwählen, und das dem Gerichte zustehende Entlassungsrecht (§ 1886) ist eine Befugnis desselben zu solcher Befreiung entbehrlich geworden. Andererseits darf das V.-Gericht nicht, wie einzelne Gesetzgebungen zulassen, Personen, die ein begründetes gesetzliches Ablehnungsrecht geltend machen, aus erheblichen Gründen dennoch zu Vormündern bestellen.

2. Wie das gemeine Recht, stellt das B. G. einzelne auf Billigkeit beruhende Gründe auf, die zur Ablehnung der Vormundschaft berechtigen.

Zur Ablehnung berechtigt sind:

a) Frauen, die nach dem B. G. zwar fähig zur Führung der Vormundschaft sind, aber billigerweise in der Lage sein müssen, sich von derselben zu befrein (vgl. S. 30/31);

b) Wer das sechzigste Lebensjahr überschritten hat; [4])

c) Wer mehr als vier minderjährige eheliche Kinder hat, gleichviel, ob dieselben unter e. G. stehen oder nicht. Den ehelichen stehen nach §§ 1719, 1736 und 1757 die durch nachfolgende Ehe legitimirten, die für ehelich erklärten und die von dem Berufenen

[1]) Dadurch ist die bezügliche Streitfrage des preußischen Rechts (vgl. Fuchs S. 23 Anm. 8 und die dort bemerkten Schriftsteller) erledigt.

[2]) § 16 G.-F.

[3]) §§ 19 Abs. 1, 24 Abs. 1 GF.

[4]) Nach gemeinem Rechte (L. 2 pr. § 1 D. 27, 1) das vollendete 70. Lebensjahr.

selbst an Kindesstatt angenommenen Kinder gleich; ein von einem Anderen an Kindesstatt angenommenes Kind wird nicht gerechnet. Nur lebende Kinder, nicht verstorbene und noch im Mutterleibe befindliche, kommen in Betracht;[1]) ob dieselben versorgt sind oder nicht, ist bedeutungslos.

d) Wer durch Krankheit oder Gebrechen verhindert ist, die Vormundschaft ordnungsmäßig zu führen.

Geistige- (Gemüts-) und körperliche Krankheit berechtigt ebenmäßig zur Ablehnung. „Gebrechen" sind solche geistige und körperliche Schwächen, die nicht als Krankheiten bezeichnet zu werden pflegen, z. B. Gedächtnisschwäche, Taubheit und dergl.

Die Krankheit muß eine solche sein, daß sie die ordnungsmäßige Verwaltung der Vormundschaft zu verhindern geeignet ist, daher eine erhebliche. Sie muß weiter eine andauernde sein; bei vorübergehender Krankheit ist bis zur Genesung des Vormundes ein Pfleger zu bestellen.

e) Wer wegen Entfernung seines Wohnsitzes von dem Sitze des V.-Gerichts die Vormundschaft nicht ohne besondere Belästigung führen kann. Das Entscheidende ist nicht mehr allein, wie nach E. I. § 1643 Nr. 5, die Entfernung des Wohnsitzes von dem Sitze des V.-Gerichts, sondern die durch solche Entfernung für den Berufenen herbeigeführte Belästigung.[2])

f) Wer nach § 1844 zur Sicherheitsleistung angehalten wird. Der Zwang zur Übernahme der Vormundschaft soll nicht durch Kautionszwang noch gesteigert werden.[3])

Wird die Sicherheitsleistung nach der Bestellung gefordert oder Erhöhung derselben verlangt, so ist der Vormund auf seinen Antrag zu entlassen (§ 1889).

g) Wer mit einem anderen zur gemeinschaftlichen Führung der Vormundschaft bestellt werden soll[4]) (vgl. S. 46).

h) Wer mehr als eine Vormundschaft oder Pflegschaft führt; die Vormundschaft oder Pflegschaft über mehrere Geschwister gilt nur als eine. Die Führung von zwei Gegenvormundschaften steht der Führung einer Vormundschaft gleich.

Ablehnen kann daher, wer mindestens zwei Vormundschaften oder zwei Pflegschaften, eine Vormundschaft und eine Pflegschaft, eine Vormundschaft und eine Gegenvormundschaft, eine Pfleg-

---

[1]) M. S. 1074/75; Dernburg S. 155 Abs. 3.
[2]) vgl. „Bemerkungen" S. 115.
[3]) M. S. 1041 und 1042; andererseits Wachler § 33 Anm. 7.
[4]) vgl. M. S. 1075 Abs. 5; andererseits „Bemerkungen" S. 115.

schaft und eine Gegenvormundschaft oder drei Gegenvormundschaften führt. Zweifelhaft kann sein, ob eine Vormundschaft bezw. Pflegschaft und eine Gegenvormundschaft im Sinne des § 1786 Nr. 8 mehr als eine Vormundschaft darstellen. Denn zwei Gegenvormundschaften stehen einer Vormundschaft gleich, und könnte daher gesagt werden, daß erst zwei Gegenvormundschaften überhaupt in Betracht kämen. Allein, wenn zwei Gegenvormundschaften einer Vormundschaft gleichgestellt werden, so schließt das nicht aus, daß eine Vormundschaft und eine Gegenvormundschaft „mehr als eine Vormundschaft" ist. Denn in Betracht kommt die Gegenvormundschaft nach § 1786 Nr. 8.[1])

Ohne auf den größeren oder geringeren Umfang der vormundschaftlichen Verwaltung Gewicht zu legen, macht das Gesetz die Ablehnung lediglich davon abhängig, ob Jemand bereits mehr als eine Vormundschaft hat. Die Pflegschaft stellt es der Vormundschaft grundsätzlich (§ 1915) und daher auch hinsichtlich des in Rede stehenden Ablehnungsgrundes gleich.

3. Das Ablehnungsrecht muß bei Strafe des Verlustes vor der Bestellung (§ 1789) bei dem V.-Gerichte geltend gemacht werden (§ 1786 Abs. 2). Läßt sich der zum Vormund Ausgewählte ohne Widerrede bestellen, so liegt darin eine Verzichtleistung auf das Ablehnungsrecht.[2]) Dieses braucht daher nur zur Zeit der Bestellung zu bestehen, muß andererseits aber zu dieser Zeit vorhanden sein. Daß es zur Zeit der Berufung bestand, genügt nicht, wenn es in der Zwischenzeit wieder fortgefallen ist, und es erscheint unerheblich, wenn es damals nicht bestand, aber bis zur Bestellung zur Entstehung gekommen ist.

Die während bestehender Vormundschaft eintretenden Ablehnungsgründe (excusatio superveniens) des § 1786 Abs. 1 Nr. 2—7 (also nicht die Fälle Nr. 1 und Nr. 8, in welchen der Vormund sich bei Übernahme der Vormundschaft endgültig entscheiden kann) berechtigen den Vormund nach § 1889, seine Entlassung zu fordern.

4. Eine bestimmte Frist für die Geltendmachung des Ablehnungsrechts gegenüber dem V.-Gerichte[3]) war für das B. G., nach welchem die Vormundschaft mit der Bestellung des Vormundes durch den Richter beginnt, zwecklos. —

5. Darüber, ob ein Verzicht auf das Ablehnungsrecht Dritten, z. B. dem Vater des Mündels gegenüber, zulässig ist, besagt das Gesetz selbst nichts. Die M. (S. 1077 Abs. 2) erklären denselben im Hinblick auf den öffentlichrechtlichen Karakter der Pflicht zur Übernahme der Vormundschaft für ausgeschlossen. Dernburg S. 156 Abs. 2 sieht den Verzicht für den Bereich der — hinsichtlich des Ablehnungsrechts mit dem B. G. übereinstimmenden — pr. V. O insoweit für zu-

---

[1]) Anders E. I § 1643 Nr. 8; M. S. 1078 Abs. 2; pr. V.-O. § 23 Abs. 2; vgl. auch Dernburg S. 154 Abs. 2.

[2]) Kr. I S. 244.

[3]) Gemeinrechtlich 50 bezw. 30 Tage und mehr (§ 16 J. 1,25) von der Kenntnis der Delation an.

lässig an, als es sich um Ablehnungsgründe handelt, die nur im Interesse des Vormundes gegeben sind.

Nach römischem Rechte war die Geltendmachung des Ablehnungsrechts in verschiedenen Fällen, „welche sich sämtlich mehr oder minder dem Gesichtspunkte des Verzichtes unterordnen",[1]) ausgeschlossen. Ausgegangen aber auch von der Zulässigkeit des Verzichts auf das Ablehnungsrecht an sich, unterliegt die Unterscheidung der Ablehnungsgründe, wie Dernburg sie macht, Zweifeln.

Alle Ablehnungsgründe sind in erster Linie im Interesse des zum Vormund Ausgewählten gegeben. Eine Unterscheidung derselben in solche, die nur diesem und in solche, die dem gemeinschaftlichen Interesse des Mündels und des zum Vormund Ausgewählten dienen sollen, wird mit Sicherheit kaum getroffen werden können. Es erscheint z. B. zweifelhaft, ob der Ablehnungsgrund des § 1786 Nr. 4 (pr. V. O. § 23 Nr. 4) im alleinigen Interesse des Ausgewählten oder mit Dernburg als im gemeinschaftlichen Interesse beider gegeben ist, und ob demselben nicht eventuell andere Ablehnungsgründe, wie z. B. derjenige des § 1786 Nr. 5, gleichzustellen wären.

Bei dieser Sachlage wird man mit den M. eine Verzichtleistung auf das Ablehnungsrecht durch ausdrückliche oder stillschweigende Erklärung gegenüber Dritten als ausgeschlossen ansehen müssen. Dies um so mehr, als es an einem zur Empfangnahme der Verzichtserklärung Berechtigten dritten fehlt.[2])

Daß der zum Vomunrde zu Bestellende dem V.=Gerichte gegenüber jederzeit auf sein Ablehnungsrecht verzichten kann, bedarf weiterer Darlegung nicht.

6. Eine Form für die Geltendmachung des Ablehnungsrechts ist nicht vorgeschrieben; dasselbe muß aber „bei dem V.=Gericht" und kann nicht an einer anderen Stelle geltend gemacht werden. Einer Glaubhaftmachung des Ablehnungsgrundes bedarf es nicht.[3]) Nötigenfalls hat das V.=Gericht von Amtswegen die erforderlichen Ermittelungen anzustellen.

7. Gegen die das Ablehnungsgesuch als unbegründet zurückweisende Verfügung des V.=Gerichts findet nach § 60 Nr. 2 G. F. die sofortige Beschwerde statt.

8. Derjenige, welcher eine Vormundschaft ohne Grund ablehnt, haftet dem Mündel für denjenigen Schaden, der diesem durch die Verzögerung der Bestellung des Vormundes entsteht, wenn den Ablehnenden ein Verschulden trifft. —

Diese Haftung beruht auf der gesetzlich angenommenen Verpflichtung

---

1) vgl. L. 15 § 1. D. 27, 1; L. 2 C. 5, 63 und Windscheid, II § 435 Anm. 7.

2) vgl. Hesse S. 63 Anm. 14.

3) A. A. Schultzenstein § 1786 Anm. 11.

zur Übernahme der Vormundschaft auch dem Mündel gegenüber (M.). Im römischen und im älteren deutschen Rechte ergab dieselbe sich aus der mit der Kenntnis von der Delation ipso jure beginnenden Vormundschaft — „ex quo scit, se tutorem datum, si cessat tutor, Suo periculo cessat.“ — (L. 1. § 1. D. XXVI, 7).[1]) Nach gemeinem Recht aber hat der Berufene seine Bestellung zum Vormunde beim Richter nachzusuchen und haftet dafür, daß dies rechtzeitig geschieht.[2])

In die pr. V. O. ist absichtlich eine Bestimmung über die Haftung des Vormundes wegen unbegründeter Ablehnung der Vormundschaft nicht aufgenommen, da man eine solche Bestimmung für praktisch undurchführbar hielt. Das B. G. hat dagegen die Bestimmung des § 1787 Abs. 1 für zweckmäßig erachtet, um unbegründeten Ablehnungsgesuchen entgegenzutreten, und, gegenüber dem Zweifel, ob und wie weit aus § 823 eine bezügliche Haftung des Vormundes abzuleiten sei, einen sicheren Rechtsgrund für die Haftbarkeit desselben zu schaffen.

9. Zur Begründung des Schadensanspruches gehört, daß die objektiv unbegründete Ablehnung von dem Ablehnenden als solche erkannt ist oder bei Anwendung der im Verkehr erforderlichen Sorgfalt hätte erkannt werden müssen. (Vorsatz, Fahrlässigkeit. § 823 Abs. 1.) Die Frage, ob zwischen der unbegründeten Ablehnung und dem eingetretenen Schaden ein ursächlicher Zusammenhang besteht und ob durch die Verzögerung der Bestellung des Vormundes ein Schaden entstanden ist, unterliegt der freien richterlichen Beweiswürdigung. Daß der Ablehnende die Entstehung eines Schadens als Folge seiner Ablehnung vorausgesehen hat oder voraussehen mußte, wird — entgegen dem im E. I. § 704 Abs. 1 aufgestellten Prinzipe — nicht erfordert.

Der Umfang des Schadens ist nach den Bestimmungen der §§ 249 ff. zu bemessen.

10. Die durch die unbegründete Ablehnung erwachsenen Kosten fallen nach Maßgabe der Gerichtskostengesetze dem sich grundlos Weigernden zur Last. Kosten, die dadurch entstanden und als allgemeine Verwaltungskosten bereits aus dem Mündelvermögen wahrgenommen sind, hat der sich Weigernde dem Mündel zu erstatten. (M.)

§ 16. Die Bestellung des Vormundes von Amtswegen.

§§ 1774; I § 1634; II § 1656; III § 1750; M. S. 1047, 1034 ff.; Pr. S. 743—745; D.S. S. 236 Nr. 4; pr. V.-O. § 14.

Das Gesetz folgt den Vorschriften der Reichspolizeiordnungen:[3]) „daß ein jeglicher Vormünder — — sich der Vormundschaft nicht unterziehen soll, die Verwaltung sei ihm dann zuvor durch die Obrigkeit decerniert

[1]) Kr. I S. 166 ff.; Stobbe IV S. 434.
[2]) Windscheid II § 436, Nr. 4.
[3]) R.-P.-O. von 1548 Tit. 31 § 2 und von 1577 Tit. 32 § 2.

und befohlen", indem es bestimmt: „Das Vormundschaftsgericht hat die Vormundschaft von Amtswegen anzuordnen". Dem darin ausgesprochenen, die mit der gesetzlichen und testamentarischen Delation der Vormundschaft verbundenen Schwierigkeiten und Unsicherheiten beseitigenden sog. Bestellungsprinzipe folgt das Gesetz, von dem Vorbehalt des Art. 136 E. G. abgesehen (vgl. S. 3 u. 5), ausnahmslos. In Übereinstimmung mit demselben ist

1. die gesetzliche Vormundschaft, wie sie gemeinrechtlich bestand und u. a. in der pr. V. O. (vgl. §§ 12 Abs. 1; 83 Abs. 1 daselbst) fortbestand, nicht anerkannt worden.

War bei der Ausdehnung, die das Gesetz der e. G. gegeben hat, (vgl. S. 3) ein praktisches Bedürfnis für eine gesetzliche Vormundschaft kaum anzuerkennen, so mußten andererseits auch wegen der durch §§ 1778 Abs. 3 zugelassenen vorzugsweisen Bestellung des Ehemannes zum Vormunde seiner Ehefrau und der Mutter zur Vormünderin ihres unehelichen Kindes Unzuträglichkeiten für eine gleichzeitig zuzulassende gesetzliche Vormundschaft anderer Personen befürchtet werden.[1]) Auch die gesetzliche Vormundschaft des mütterlichen Großvaters über das uneheliche Kind seiner Tochter (§ 12 Abs. 2 pr. V. O.) ist dem Gesetz unbekannt.[2]) In Kraft geblieben sind aber nach Art. 136 Nr. 1 und 2 E. G. diejenigen landesgesetzlichen Bestimmungen, nach welchen der Vorstand oder ein Beamter einer unter staatlicher Verwaltung oder Aufsicht stehenden Erziehungs- oder Verpflegungsanstalt alle oder einzelne Rechte eines gesetzlichen Vormundes der in der Anstalt befindlichen oder zu derselben gehörenden Minderjährigen hat."[3]) Nur in diesen Fällen erfolgt keine Bestellung des Vormundes.[4])

2. Der Vormund wird durch das Vormundschaftsgericht „bestellt". Erst mit dieser Bestellung wird er Vormund, tritt sein Amt in Kraft. Daraus folgt, daß Handlungen, die der Vormund vor seiner Bestellung für den Mündel vorgenommen hat, ohne Rechtswirkung für den Mündel sind. Denn es giebt keine Vormünder mehr, die von dem Vormundschaftsgerichte nur „konfirmiert" werden

---

[1]) M. S. 1036 Abs. 1.

[2]) Von Art. 136 abgesehen, erlöschen mit dem Inkrafttreten des B. sämmtliche gesetzliche Vormundschaften; die bisherigen gesetzlichen Vormünder sind eventl. zu bestellen. Uebereinstimmend Fuchs S. 5 Nr. VI; Schultzenstein § 1774 Anm. 1 Abs. 2; a. A. Kurtz S. 5 und S. 19 Anm.

[3]) Anm. 1: Gesetzliche Vormundschaften im Sinne des Art. 136 giebt es u. a. in Preußen: (A.-G. Art. 78: „Bevormundung durch einen Anstaltsvorstand oder durch Beamte der Armenverwaltung," fortdauernd bis zur Volljährigkeit des Mündels); Bayern: (A.-G. Art. 100; wesentlich wie Preußen); Sachsen: (AG. § 37); Elsaß-Lothringen: (A.-G. §§ 136—140); Braunschweig: (A.-G. §§ 94—98); Oldenburg (A.G. § 32); Mecklenburg kennt die fragliche gesetzliche Vormundschaft nicht und hat zu Art. 136 keine Ausführungsbestimmung erlassen.

[4]) vgl. Schultzenstein § 1774 Anm. 1 Abs. 2; Fuchs S. 159 Abs. 4.

und in gewissem Umfange bereits vor ihrer Konfirmation Vormundschaftshandlungen vorzunehmen berechtigt und verpflichtet wären.[1])

Dies gilt auch von denjenigen Personen, die nach § 1776 als Vormünder berufen sind. Denn auch sie haben nur ein Recht darauf, nicht ohne Grund überschlagen zu werden. Aber auch sie werden erst durch die Bestellung Vormünder.

Da ein Zweifel darüber, ob Jemand Vormund ist oder nicht, nicht mehr vorkommen kann, seitdem das Gericht den Vormund bestellt, hatte das Gesetz keine Veranlassung, hinsichtlich derjenigen Personen Bestimmungen zu treffen, die die Geschäfte eines Vormundes führen, ohne es zu sein (protutores).[2]) Über die Haftung desjenigen, der, ohne Vormund zu sein, als solcher handelt (§ 179) s. S. 137, 138.

Durch die Bestellung der Vormünder von Amtswegen ist die Nachsuchung von Vormündern durch gesetzlich dazu verpflichtete Personen (L. 10 C. 6, 58), wo eine solche bestand, beseitigt.

3. Bestimmungen, die es den V.-Gerichten ermöglichen, ihrer Verpflichtung zur Bestellung von Vormündern ungesäumt zu genügen, sind in den §§ 48, 49 und 50 G. F. gegeben. Darnach hat (§ 48) der Standesbeamte, dem der Tod einer Person, die ein minderjähriges Kind hinterlassen hat, oder die Geburt eines ehelichen Kindes nach dem Tode des Vaters[3]) oder die Geburt eines unehelichen Kindes oder die Auffindung eines Minderjährigen, dessen Familienstand nicht zu ermitteln ist, angezeigt wird, oder vor dem eine Ehe von einer Frau geschlossen wird, die ein minderjähriges eheliches Kind hat,[4]) hiervon dem V.-Gericht Anzeige zu machen. Der § 49 G. F. bestimmt, daß der Gemeindewaisenrat, wenn er von Fällen Kenntnis erlangt, in denen ein Vormund, Gegenvormund oder ein Pfleger zu bestellen ist, dem V.-Gericht Anzeige zu machen, zugleich auch eine zum Vormunde rc. geeignete Person vorzuschlagen hat (vgl. § 1849). Wird infolge eines gerichtlichen Verfahrens die Anordnung einer Vormundschaft oder Pflegschaft erforderlich, so hat das Gericht das zuständige V.-Gericht hiervon zu benachrichtigen.[5]) (§ 50 G. F.)

4. Gegen eine Verfügung, durch welche die Anordnung einer Vormundschaft (§ 1773, 1896) abgelehnt oder eine Vormundschaft aufgehoben wird (§§ 1882—1884; 1897), steht Jedem, der ein rechtliches Interesse an

---

[1]) vgl. Böhlau S. 165/66.

[2]) M. S. 1035 Abs. 1; Wachler § 24 Anm. 5; vgl. Dernburg, Pand. III § 53.

[3]) Weil der Mutter, wenn sie die e. G. erlangt, nach § 1687 ein Beistand zu bestellen ist.

[4]) Weil die Mutter durch ihre Wiederverheiratung nach § 1697 die e. G. verliert.

[5]) vgl. §§ 1679, 1686, 1773 (Todeserklärung der Eltern); 1680, 1684, 1773 (Verwirkung der e. G.); 1896; C.-P.-O. § 660 (Entmündigung eines Volljährigen); C.-P.-O. §§ 627 Abs. 3, 630 (Anfechtung der Ehescheidung).

der Änderung der Verfügung hat, sowie dem Ehegatten, den Verwandten und Verschwägerten des Mündels[1]) die Beschwerde zu, es sei denn, daß die Verfügung eine vorläufige Vormundschaft betrifft (G. F. § 57 Nr. 1).

§ 17. Der Akt der Bestellung und die Legitimation des Vormundes.

§§ 1789, 1791; I § 1645 Abs. 1 und 2; II §§ 1670 und 1671; III §§ 1765 und 1767; M. S. 1078 bis 1081; Pr. S. 752 bis 754 und S. 829 bis 1831 oben; pr. V.-O. § 24.

1. Das V.-Gericht bestellt den Vormund, indem es denselben mittels Handschlags an Eidesstatt zu treuer und gewissenhafter Führung der Vormundschaft verpflichtet. Mit dem zweiseitigen Akt[2]) der Vormundschaftsbestellung, der nicht mehr, wie früher häufig geschah,[3]) durch die Zufertigung eines Tutorii seitens des Vormundschaftsgerichts ersetzt werden kann, beginnt das Amt des Vormundes (E. I. § 1648 Satz 2). Darnach kann die Bestellung niemals stillschweigend erfolgen.[4]) Eine Übernahme der vormundschaftlichen Funktionen vor der Bestellung gestattet das Gesetz dem Berufenen in keinem Falle. In eiligen Fällen hat gemäß § 1846 das Vormundschaftsgericht die im Interesse des Mündels erforderlichen Maßregeln zu treffen. Dasselbe hat gemäß § 1909 Abs. 3 eine Pflegschaft anzuordnen, wenn die Voraussetzungen für die Anordnung einer Vormundschaft vorliegen, ein Vormund aber noch nicht bestellt ist.

Mit der Bestellung erlischt das Ablehnungsrecht (vgl. S. 38 Nr. 3).

2. Die dem Vormunde zu übergebende Bestallung soll Namen und Zeit der Geburt des Mündels, die Namen des Vormundes und der Mitvormünder, im Falle der Teilung der Vormundschaft die Art der Teilung, sowie, wenn ein Familienrat eingesetzt ist, die Angabe, daß dies der Fall ist, enthalten. Da der § 1791 Abs. 2 nur eine sog. Sollvorschrift enthält, ein desfallsiges Verbot aber nicht entgegensteht, erscheint die Aufnahme anderer für die Führung der vormundschaftlichen Geschäfte wesentlicher Punkte, z. B. die Befreiung des Vormundes von einzelnen Verpflichtungen, die Beschränkung seiner Befugnisse in dieser oder jener Hinsicht, in die Bestallungsurkunde nicht ausgeschlossen.[5])

Die Bestallung ist eine öffentliche Urkunde (vgl. § 415 C. P. O.) durch welche bewiesen wird, daß die darin bezeichnete Person zum Vormunde des Mündels bestellt worden ist und ihr damit an sich alle dem Vormunde durch das Gesetz eingeräumten Befugnisse zustehen. Eine Ermächtigung des Vormundes zur Vornahme von

---

[1]) Jeden Grades.
[2]) M. S. 1078; Pr. S. 829 Abs. 2.
[3]) vgl. Böhlau S. 203 Abs. 1.
[4]) vgl. Kr. I S. 241.
[5]) M. S. 1169 Abs. 1 a. E.; Dernburg S. 160 Abs. 2; Wachler § 24 Anm. 4 Abs. 3; vgl. auch Schultzenstein § 1791 Anm. 4.

Rechtsgeschäften für den Mündel enthält die Bestallung, wie die M. S. 1079 und 1080 scharf hervorheben, nicht.

Derjenige, welcher mit dem Vormunde als solchem Rechtsgeschäfte abschließen will, muß sich also in jedem Falle nach seiner derzeitigen Vertretungsmacht und ihrem Inhalt erkundigen. Denn auch der gutgläubige Dritte kann sich nicht darauf berufen, daß Veränderungen, die in der Vertretungsbefugnis des Vormundes eingetreten sind, in der ihm beim Vertragsabschluß vorgelegten Bestallung nicht enthalten und ihm daher damals unbekannt gewesen seien; der Schutz des § 172 Abs. 2 steht ihm nicht zur Seite.

Es läßt sich nicht leugnen, daß dieser Rechtsstandpunkt, der im allgemeinen demjenigen des gemeinen Rechtes entsprechen mag,[1]) den Mündel Dritten gegenüber erheblich begünstigt. Derselbe kann auch, wie in den M. (S. 1080) zugegeben wird, zu einer erheblichen Erschwerung der vormundschaftlichen Geschäfte führen, da vorsichtige Geschäftsleute von den Vormündern den Nachweis ihrer derzeitigen Ermächtigung verlangen werden. In der 2. Kommission ist es denn auch, allerdings nur von einer Seite, für bedenklich erachtet, die Legitimationskraft der Bestallung derartig einzuschränken, wie in den M. geschehen ist.[2]) Von einem bezüglichen Antrage hat das betreffende Mitglied der Kommission wegen Aussichtslosigkeit der Annahme desselben „und weil andererseits „die Rechtsprechung nicht verhindert sei, sich einer von den Ausführungen „der M. abweichenden Auffassung hinsichtlich des Karakters der Be„stellung anzuschließen", Abstand genommen.

Praktisch werden die in Rede stehenden Schwierigkeiten sich durch die in vielen Fällen erforderliche Genehmigung des Gegenvormundes bezw. des V.-Gerichts und die dadurch hinreichend bescheinigte Vollmacht des Vormundes erledigen. Wo dies nicht der Fall ist, kann der Schutz des § 172 Abs. 2 für den gutgläubigen Dritten mittelbar dadurch herbeigeführt werden, daß der Vormund einen Anderen zum Abschluß des Rechtsgeschäftes für den Mündel bevollmächtigt und das V.-Gericht dem Vormunde bescheinigt, daß er zur Zeit der Ausstellung der Vollmacht Vormund war.[3]) Denn die Beendigung der Vormundschaft oder die Beschränkung der Ermächtigung des Vormundes übt auf die Bevollmächtigung eines Dritten durch denselben keinen Einfluß aus. Wenn dieser Umweg wirklich zum Ziele führt, so beweist dies zugleich, daß der Mündel für alle Fälle niemals gesichert werden kann. Denn der Vormund kann auf dem bezeichneten Wege, ohne noch im Besitze der erforderlichen Ermächtigung zu sein, ein dem Mündel nachteiliges Rechtsgeschäft mit Wirksamkeit für denselben abschließen.

Die Befugnis, dem Vormunde zu bescheinigen, daß er zur Vornahme

[1]) vgl. Kr. I S. 241; Stobbe IV S. 489 Nr. X.
[2]) Pr. S. 752/53.
[3]) M. S. 1080.

einzelner bestimmter Rechtsgeschäfte für den Mündel ermächtigt ist, steht den V.-Gerichten nicht zu.[1])

Nach der Beendigung seines Amtes hat der Vormund die Bestallung dem Vormundschaftsgerichte zurückzugeben (§ 1893 Abs. 2).

3. Darüber, ob die Bestellung des Vormundes auf Zeit erfolgen kann, enthält das B. G. so wenig als die pr. V. O. eine ausdrückliche Bestimmung. Das römische Recht — vgl. L. 77. D. 50, 17 — verneint die Frage für die Regel; die preußische Jurisprudenz hat sie bejaht.[2]) Nach § 1790 B. G. kann bei der Bestellung des Vormundes die Entlassung für den Fall vorbehalten werden, daß ein bestimmtes Ereignis eintritt oder nicht eintritt (vgl. S. 25 Nr. 4). Ohne die Bezugnahme auf ein solches Ereignis bei der Bestellung, die Entlassung nach Ablauf einer bestimmten Zeit vorzubehalten, ist für bedenklich erachtet.[3]) Auch die Bestellung des Vormundes unter einer Bedingung ist ausgeschlossen, soweit nicht § 1790 Platz greift.[4]) Die aufschiebende Bedingung verbietet sich der Natur der Sache nach und im Hinblick auf die zur Vermeidung eines Wechsels im vormundschaftlichen Amte getroffene[5]) Bestimmung des § 1778 Abs. 1, wonach der Berufene übergangen werden darf, wenn er an der Übernahme der Vormundschaft dauernd verhindert ist.[6]) Die allgemeine Zulassung einer auflösenden Bedingung aber würde mit der Bestimmung des § 1790, der eine solche nur für einen bestimmten Fall zuläßt, in Widerspruch treten. Auch würde die Endigung des vormundschaftlichen Amtes durch den Eintritt der Bedingung den Bestimmungen der §§ 1885 ff. nicht entsprechen, da hier der Eintritt der auflösenden Bedingung nicht als Endigungsgrund aufgeführt ist. Die der Bestellung etwa hinzugefügten Bedingungen müssen daher, von der Bestimmung des § 1790 abgesehen, als nicht hinzugefügt angesehen werden.

§ 18. Die Zahl der Vormünder.

§ 1775; I §§ 1638 Abs. 2; II § 1660 Abs. 2; III § 1751; M. S. 1029—1031; Pr. S. 750 Abs. 2; pr. V.-O. § 19 Abs. 3.

Das Gesetz schreibt als Regel vor, daß sowohl für einen Mündel, als für mehrere Mündel, wenn diese Geschwister sind,[7]) nur ein Vormund bestellt werde. Es geht dabei von der Erwägung aus, daß für die überwiegende Mehrzahl der Fälle ein Vormund genügt und im Interesse der Einheit der Verwaltung die Bestellung mehrerer Vormünder zu vermeiden ist.

---

[1]) M. S. 1080 a. E.

[2]) M. S. 1062 Abs. 3; Dernburg S. 78 Abs. 2; Wachler § 24 Anm. 3.

[3]) M. S. 1062 Abs. 3.

[4]) Fischer und Henle § 1790 Anm. 1.

[5]) M. S. 1057 Abs. 4.

[6]) M. S. 1054 Abs. 3.

[7]) Gleichviel, ob vollbürtige oder halbbürtige, eheliche oder uneheliche; vgl. Schultzenstein § 1775 Anm. 3.

In Übereinstimmung mit dem gemeinen Rechte gestattet es aber die Bestellung mehrerer Vormünder, wenn „besondere Gründe" für eine solche vorliegen. Solche Gründe ergeben sich aus dem Umfange und der Art der vormundschaftlichen Geschäfte — Verwaltung von Grundbesitz, Leitung kaufmännischer Geschäfte und von Fabriken, räumliche Trennung des Grundbesitzes und dergl. — oder daraus, daß die Interessen der Mündel, etwa weil sie verschiedenen Ehen entstammen, sich widerstreiten.

Sind von den Eltern des Mündels durch letztwillige Verfügung mehrere Personen als Vormünder benannt worden, so hat das V.-Gericht — unbeschadet des den Benannten nach § 1786 Nr. 7 zustehenden Ablehnungsrechts — dieselben zu Vormündern zu bestellen, sofern nicht in der Person aller oder einzelner derselben Gründe vorliegen, aus denen nach § 1778 Abs. 1 die Übergehung derselben gerechtfertigt erscheint. Denn ohne solche Gründe ist das V.-Gericht einerseits nach § 1775 berechtigt, mehrere Vormünder zu bestellen, andererseits nach § 1778 verpflichtet, die zu Vormündern Berufenen zu bestellen.[1])

Der Berufende kann auch mehrere Personen in der Weise nach einander zur Vormundschaft berufen, daß der an zweiter Stelle Berufene Vormund werden soll, wenn der zunächst Berufene es nicht geworden ist oder nicht mehr ist.

Ist nur eine Person als Vormund benannt, so darf dieser nach § 1778 Abs. 4 nur mit ihrer Zustimmung ein Mitvormund bestellt werden; dies in Rücksicht auf die Bestimmung des § 1786 Nr. 7 und um das Recht des Berufenen auf Führung der Vormundschaft nicht zu beeinträchtigen (M.).

Darüber, wie sich die Führung der Vormundschaft gestaltet, wenn mehrere Vormünder bestellt sind (§ 1797) vgl. § 27.

§ 19. Der Gegenvormund.

§ 1792; I § 1647; II § 1672; III § 1768; M. S. 1031 ff.; Pr. S. 754 und 755, Nr. III; pr. V.-O. § 26.

1. Obgleich das B. G., im Gegensatze z. B. zum französischen Rechte, den Vormund zu regelmäßiger Rechnungslegung verpflichtet und die Bestellung mehrerer geschäftsführender Vormünder zuläßt, hat es doch auch die Gegenvormundschaft aufgenommen. Denn von besonderen Gründen abgesehen, soll im Interesse der Einheit der Geschäftsführung nur ein Vormund bestellt werden (§ 1775). Die Stellung, die das Gesetz dem Vormunde gegeben hat, ist eine selbständige, und war bereits in einem großen Teile Deutschlands entweder durch die Vorschrift der Bestellung mehrerer geschäftsführender Vormünder, oder durch die Einführung von Ehren- oder Gegenvormündern Fürsorge für die Kontrole des Vormundes getroffen.

2. Demgemäß kann nach § 1792 Abs. 1 in allen Fällen neben dem Vormund ein Gegenvormund bestellt werden. Ein solcher „soll bestellt

---

[1]) Dernburg S. 80 Abs. 1 und S. 145 Abs. 2.

werden", wenn mit der Vormundschaft eine Vermögensverwaltung verbunden ist, es sei denn, daß diese nicht erheblich oder daß die Vormundschaft von mehreren Vormündern gemeinschaftlich zu führen ist. In letzterem Falle wird die anzunehmende gegenseitige Überwachung der Vormünder als ausreichend angesehen (§ 1792 Abs. 2).

Ob die Vermögensverwaltung[1]) eine erhebliche ist, hängt nicht von bestimmten Umständen, insbesondere nicht von dem jährlichen Ertrage des vormundschaftlichen Vermögens ab. Es entscheidet vielmehr lediglich das Ermessen des V.=Gerichts,[2]) das auch die erforderliche Art der Vermögensverwaltung berücksichtigen wird. Das Vorhandensein allein von Mobilien, eines kleineren, zinsbar belegten Kapitales oder einer zum Unterhalte des Mündels erforderlichen Rente ist keine Vermögensverwaltung.[3])

3. Auf die Berufung und die Bestellung des Gegenvormundes finden die bezüglichen für den Vormund gegebenen Bestimmungen (§§ 1776 bis 1791) Anwendung (§ 1792 Abs. 4). Auch der Gegenvormund wird daher in Gemäßheit des § 1776 berufen und nach § 1779 durch das V.=Gericht ausgewählt. Wer durch Anordnung der Eltern ausgeschlossen ist, soll nicht bestellt werden (§ 1782). Der Gegenvormund ist wie der Vormund zu bestellen, mit einer Bestallung zu versehen (§§ 1789, 1791) und durch Ordnungsstrafen zur Übernahme der Vormundschaft anzuhalten (§ 1788). Die das Ablehnungsrecht und die Folgen der grundlosen Ablehnung betreffenden Bestimmungen (§§ 1786, 1787) gelten auch für ihn. Daß Jemand mit dem Vormunde verwandt ist, steht seiner Bestellung zum Gegenvormunde gesetzlich nicht entgegen.[4]) Doch wird die Bestellung einer mit dem Vormunde verwandten Person zum Gegenvormunde meistens nicht angemessen sein.

4. Bei Pflegschaften ist die Bestellung eines Gegenvormundes nach § 1915 nicht erforderlich, jedoch zulässig. Der neben dem Vormunde bestellte Gegenvormund tritt aber nicht ohne weiteres, wie nach § 31 Abs. 1 der pr. V. O., an die Seite auch eines für den verhinderten Vormund bestellten Pflegers. Er kann zwar neben diesem bestellt, muß aber neu bestellt werden.[5])

5. Ist von mehreren Vormündern die Vormundschaft nicht gemeinschaftlich zu führen (vgl. § 27 Nr. 6) und fällt damit die durch die Abhängigkeit des einen Vormundes von der Zustimmung des anderen gegebene Garantie (§ 1797 Abs. 1) fort, so kann der eine Vormund zum Gegenvormunde des anderen bestellt werden.[6]) Dies braucht aber nicht zu geschehen;

---

[1]) vgl. S. .

[2]) Niemals des Prozeßgerichts. R. G.=CS. S. XX S. 227; XXXIV S. 416.

[3]) M. zur pr. V.=O. (bei Wachler S. 91 Abs. 4); vgl. andererseits hinsichtlich kleinerer zinsbar belegter Kapitalien Dernburg S. 92 Abs. 1.

[4]) vgl. Dernburg S. 93 Abs. 2; Wachler § 26 Anm. 10 Abs. 4.

[5]) M. S. 1270 Abs. 2.

[6]) pr. V.=O. § 26 Abs. 3 und dazu M. S. 1082 Abs. 2.

beim Vorliegen der gesetzlichen Voraussetzungen (§ 1792 Abs. 2) ist dann jedem der mehreren Vormünder ein Gegenvormund zu bestellen.

6. Einem Vormunde darf nur ein Gegenvormund bestellt werden, wie der Regel nach auch nur ein Vormund zu bestellen ist. Sind durch letztwillige Verfügung der Eltern mehrere Personen als Gegenvormünder eines Vormundes berufen, so hat das Gericht gleichwohl nur einen Gegenvormund zu bestellen. Und zwar wird gemäß der zu vermutenden Absicht des Berufenden zunächst der an erster Stelle Berufene zu bestellen, der weiter Berufene aber als Ersatzmann für denselben anzusehen sein.[1])

7. Der Vater und die eheliche Mutter können beim Vorliegen der Voraussetzungen des § 1777 (vgl. S. 24), wenn sie einen Vormund benennen, die Bestellung eines Gegenvormundes ausschließen (§§ 1852, 1855, 1856). Dasselbe gilt bei der Pflegschaft (§ 1915 Abs. 1). — Neben den zu Vormündern ihrer volljährigen Kinder bestellten Eltern sind Gegenvormünder nicht zu bestellen (§§ 1903 Abs. 1 Satz 1, 1904 Satz 1; die Ausnahmen hiervon in §§ 1903 Abs. 2, 1904 Satz 2).

8. Nach E. G. Art. 136 bleiben die landesgesetzlichen Vorschriften unberührt, nach welchen dem Vorstand einer öffentlichen Erziehungs- ꝛc. Anstalt als gesetzlichem Vormunde der in der Anstalt erzogenen Minderjährigen ein Gegenvormund nicht zu bestellen ist. In diesem Falle darf ein Gegenvormund nicht bestellt werden.

9. Über die Rechte und Pflichten des Gegenvormundes, die Folgen seiner Nichtmitwirkung, seine Entlassung und seinen Tod vgl. §§ 1799, 1810, 1812, 1826, 1833, 1835, 1836, 1837, 1839, 1842, 1847, 1854, Abs. 3, 1859, 1891, 1892 Abs. 2, 1895.

10. Gegen die Übergehung des Berufenen und die die Ablehnung des ausgewählten Gegenvormundes zurückweisende Verfügung steht diesem die sofortige Beschwerde zu.[2])

III.

Die Führung der Vormundschaft.

§§ 1793, 1794; I §§ 1648, 1649, 1650; II §§ 1673, 1674; III §§ 1769, 1770 M. S. 1082 bis 1088; Pr. S. 755/56 Nr. IV; pr. V.-O. § 27.

§ 20. Die Thätigkeit des Vormundes im Allgemeinen.

1. Das A. L.-R. hatte den Vormund so sehr unter die stete Kontrole des V.-Gerichts gestellt,[3]) daß man dieses mit Recht den „Vormund des Vormundes" genannt hat. Denn, wie einerseits dem Vormund

[1]) So Dernburg S. 93 Abs. 3; A. A. Fuchs S. 100/101 Nr. 4, unter Berufung auf § 1792 Abs. 4. Allein, wenn nach § 1775 schon die Bestellung mehrerer Vormünder nur aus besonderen Gründen eintreten soll, so wird man die Bestellung mehrerer Gegenvormünder gegenüber einem Vormunde als ausgeschlossen anzusehen haben. Vgl. übrigens auch Schultzenstein § 1792 Anm. 2.

[2]) § 60 Nr. 1 und 2 G.-F.

[3]) vgl. u. a. A. L.-R. II Tit. 18 § 237.

eine weitgehende Anzeigepflicht oblag, so hatte das Gericht andererseits durch Anweisungen eine ständige Aufsicht über jenen zu führen. Außerdem hatte das V.-Gericht einen erheblichen Teil der vormundschaftlichen Thätigkeit unmittelbar und allein auszuüben.[1]) Mit diesem System, das die selbständige Thätigkeit des Vormundes in unnötiger Weise beschränkte und die Gerichte übermäßig belastete, hat die pr. V. O. gebrochen (vgl. S. 1 Nr. 2). Sie folgt den Grundsätzen des gemeinen Rechts, nach welchen der Vormund die Verwaltung selbständig und unter eigener Verantwortung zu führen hat, und dem V.-Gericht außer dem Rechte der ständigen Aufsicht nur einzelne bestimmte Handlungen, insbesondere die Genehmigung von Rechtsgeschäften, namentlich von Veräußerungen, des Vormundes zugewiesen sind. Auch in dieser Beziehung hat sich ihm das B. G. durchaus angeschlossen.[2])

2. Der § 1793 („Der Vormund hat das Recht und die Pflicht") spricht das Prinzip aus, daß der Vormund selbständig für die Person und das Vermögen des Mündels zu sorgen, insbesondere denselben zu vertreten hat.[3])

Diese Verpflichtung ist eine öffentlichrechtliche, die bei einem Widerstreite mit dem Privatinteresse des Vormundes diesem vorzugehen hat.[4])

In persönlicher wie in vermögensrechtlicher Beziehung gebührt dem Vormunde die Initiative und die Ausführung. Das V.-Gericht ist zur unmittelbaren Vertretung des Mündels weder berechtigt noch verpflichtet und deshalb auch nicht befugt, auf dem Umwege der Ausübung des Aufsichtsrechts unmittelbar in die Verwaltung einzugreifen. „Der Richter, welcher selbst die Vormundschaft verwaltet, steigt von der ihm zugewiesenen Stufe herunter und vereitelt den eigentlichen Zweck der Obervormundschaft, die Oberaufsicht." (M. zur pr. V. O.)

3. Daß der Vormund hinsichtlich gewisser Handlungen der Genehmigung (vgl. §§ 1810, 1812) bezw. der Mitwirkung (vgl. §§ 1842, 1854 Abs. 3) des Gegenvormundes bedarf und der ständigen Aufsicht desselben unterliegt, ist eine gesetzliche Beschränkung des vormundschaftlichen A m t e s. Es ergiebt sich daraus aber, ebensowenig, wie aus der zur Rechtsgültigkeit anderer seiner Handlungen erforderlichen Genehmigung des V.-Gerichts, eine Unselbständigkeit der Stellung des Vormundes in dem oben bezeichneten Sinne.

Der Grundsatz der Selbständigkeit des Vormundes wird auch dadurch nicht berührt, daß dem V.-Gericht in einzelnen Fällen eine unmittelbare vormundschaftliche Thätigkeit übertragen ist. Dahin gehören die Fälle der §§ 1838 (Unterbringung des Mündels zum Zwecke der Erziehung in einer Familie oder Erziehungsanstalt; vgl. S. 53) und 1801 (Ent-

---

[1]) vgl. das auf S. 1 bemerkte Reskript des preußischen Justizministers.

[2]) M. S. 1024 Abs. 3.

[3]) Ebenso für die e. G. §§ 1627, 1630 Abs. 1 (vgl. § 1800; M. S. 1082 Abs. 3 und S. 750 Abs. 1.

[4]) R. G.-St. S. XXX S. 192/93.

ziehung der Sorge für die religiöse Erziehung; vgl. S. 52 Anm. 4), 1846 (Anordnung der erforderlichen Maßregeln an Stelle des verhinderten Vormundes; vgl. § 34); §§ 1797, 1798 (Entscheidung von Meinungsverschiedenheiten verschiedener Vormünder (vgl. § 27 Nr. 2). In der Natur der Sache endlich liegt es und berührt die Stellung des Vormundes als solche nicht, wenn dieser in Angelegenheiten höchst persönlicher Natur, wie Verlobung, Verheiratung, Scheidung und Anfechtung der Ehe, Annahme an Kindesstatt, den Mündel nicht vertreten kann, sondern mit ihm zusammenwirken muß.

4. Auf diejenigen Angelegenheiten, für welche dem Mündel ein Pfleger bestellt ist, erstreckt sich die Fürsorge des Vormundes weder in persönlicher noch in vermögensrechtlicher Beziehung (§ 1794).[1])

5. Der Vormund kann sich zur Besorgung einzelner vormundschaftlicher Geschäfte einen Stellvertreter bestellen. Dagegen kann er nicht die vormundschaftliche Verwaltung *als solche* aus der Hand geben.[2]) Auch ist die Bestellung eines Vertreters hinsichtlich solcher Geschäfte ausgeschlossen, die, wie die Einwilligung zur Eheschließung, persönliche Erledigung erfordern.

Für den von ihm bestellten Vertreter haftet der Vormund gemäß § 1833.

6. Anlangend das *persönliche Verhältnis zwischen Vormund und Mündel*, so ist hervorzuheben, daß der § 37 des Gesetzes über die Beurkundung des Personenstandes durch Art. 46 Nr. 1 aufgehoben, die Eheschließung des Mündels mit dem Vormund oder einem seiner Verwandten in grader Linie während der Dauer der Vormundschaft daher nicht mehr unzulässig ist.[3]) Dasselbe gilt hinsichtlich des Verhältnisses zwischen Pfleger und Pflegebefohlenem (§ 1915). Zu der Annahme des Mündels an Kindesstatt durch den Vormund soll das V.-Gericht nach § 1752 die Genehmigung nicht erteilen, solange der Vormund im Amt ist. Die Annahme an Kindesstatt eines früheren Mündels durch den Vormund soll erst nach erfolgter Rechnungslegung und Nachweisung des Vermögens erfolgen. Das Gleiche gilt hinsichtlich eines zur *Vermögensverwaltung* bestellten Pflegers.

---

[1]) Jedoch ist eine dem § 1638 Abs. 1 entsprechende Bestimmung, wonach der Gewalthaber von der Verwaltung desjenigen Vermögens *ausgeschlossen* ist, welches dem Kinde mit der Bestimmung zugewendet ist, daß der Gewalthaber von der Verwaltung ausgeschlossen werde, in das Vormundschaftsrecht nicht aufgenommen worden. Dies aus dem Grunde nicht, weil es zweckmäßig erschien, jenes Vermögen erst mit der Bestellung eines Pflegers von der Verwaltung des Vormundes auszuschließen (vgl. M.).

[2]) Im Übrigen kann er sich zur Besorgung eines mehr oder minder großen Kreises von Geschäften, deren Natur dies verträgt, einen Bevollmächtigten auf seine Gefahr und Kosten bestellen (vgl. Schultzenstein § 1793 Anm. 2 (Dernburg S. 78 Abs. 4 u. Anm. 8).

[3]) vgl. § 1310 ff.

§ 21. Die Sorge des Vormundes für die Person des Mündels.

§§ 1793, 1794, 1800, 1801; I §§ 1648, 1649, 1650, 1655; II §§ 1673, 1674, 1680, 1681; III §§ 1769, 1770, 1776, 1777; M. S. 1082 und 1083, S. 1087/88, 1096 bis 1098 u. S. 1099 Abs. 1; Pr. S. 755/56 Nr. IV und S. 757 Nr. VIII, S. 865 bis 878; R.-T.-K. S. 161 zu § 1777; pr. V.-O. §§ 27, 28 Abs. 2.

1. Nach römischem Rechte lag dem Staate (der Obrigkeit) die Erziehung des Mündels ob. Dieselbe wurde aber von alters her auf die Vormünder übertragen. Seit der R. P. O. von 1577 Tit XXXII § 3 ist solche Übertragung gemeinrechtlich.[1]) Dem entspricht der § 1793, welcher dem Vormunde die Sorge für die Person des Mündels überträgt. Letztere ist derjenigen für das Vermögen vorangestellt und damit ausgedrückt, daß jene dieser vorzugehen hat.[2])

2. Das vormundschaftliche Recht in Bezug auf die Person des Mündels besteht gemäß §§ 1631 Abs. 1 und 1632 (vgl. § 1800) in dem Erziehungsrechte, dem Aufsichtsrecht und in dem Rechte zur Bestimmung des Aufenthaltsortes des Mündels.

a) das Erziehungsrecht giebt dem Vormunde das Recht, alle Mittel, die zur geistigen, moralischen und körperlichen Ausbildung des Mündels nach den vorliegenden Umständen erforderlich erscheinen, in Anwendung zu bringen. Es enthält das Recht, den Beruf des Mündels zu bestimmen und die zur Ausbildung desselben erforderlichen Erziehungsmaßregeln zu bestimmen. —

Die Festsetzung der Kosten des Unterhaltes und der Erziehung des Mündels ist Sache des Vormundes, nicht des V.-Gerichts.[3]) Ebenso die Beschaffung der dazu erforderlichen Mittel. Zu diesem Behufe darf er nötigenfalls das Kapitalvermögen des Mündels angreifen (vgl. pr. V. O. § 37), Vermögensstücke desselben veräußern und Grundstücke desselben belasten. Andererseits ist er verpflichtet, die zum Unterhalte des Mündels verpflichteten Personen, insbesondere den unehelichen Vater, und den zur Unterstützung des Mündels verpflichteten Armenverband, zur Erfüllung ihrer bezüglichen Pflichten anzuhalten, auch die Feststellung der Vaterschaft zu veranlassen.

Zu allen diesen Maßnahmen bedarf der Vormund der Genehmigung des V.-Gerichts nur insoweit, als sie für einzelne von dem Vormunde zu ergreifende Maßregeln, wie für die Veräußerung und Belastung von Grundstücken, gesetzlich speziell vorgeschrieben ist.

Erscheinen die von dem Vormunde für die fraglichen Zwecke gemachten Aufwendungen nach den vorliegenden Umständen, insbesondere den Vermögensverhältnissen des Mündels, zu hoch, so hat das V.-Gericht den Vormund bei der Rechnungslegung darauf hinzuweisen. Die Nichtbefolgung seiner Anweisungen kann für das Gericht Veranlassung werden,

---

[1]) Böhlau § 110; Kr. II S. 126 ff.

[2]) vgl. Wachler § 27 Anm. 2 und den dort angeführten Entwurf der pr. V.-O. von 1870.

[3]) vgl. Böhlau S. 241; Dernburg S. 167 Abs. 4.

im Aufsichtswege gegen den Vormund einzuschreiten (§ 1837) und denselben geeigneten Falles zur Sicherheitsleistung anzuhalten (§ 1844). Dem Mündel gegenüber macht der Vormund sich durch übermäßige und unangemessene Aufwendungen für den Unterhalt und die Erziehung desselben verantwortlich (§ 1833).

Dem Vormunde steht nach § 1631 Abs. 2 das Recht zu, angemessene Zuchtmittel gegen den Mündel in Anwendung zu bringen. Er hat daher auch das Recht der körperlichen Züchtigung desselben.[1]) Die Auswahl geeigneter Zuchtmittel bleibt dem Ermessen des Vormundes überlassen. Die Befugnis, den Mündel auf Grund des § 1631 Abs. 2 auch außerhalb der Grenzen des Art. 135 und der auf Grund desselben in Kraft bleibenden oder neu erlassenen Landesgesetze in einer Erziehungs- oder Besserungsanstalt unterzubringen, ist dem Vormunde nicht gegeben, muß vielmehr bei der schwerwiegenden Bedeutung dieser Maßregel und angesichts der dem V.-Gerichte durch § 1838 gegebenen bezüglichen Befugnis (vgl. S. 53) als ausgeschlossen angesehen werden.[2]) Gegen mißbräuchliche Anwendung von Zuchtmitteln hat das V.-Gericht im Aufsichtswege einzuschreiten.

Dem Erziehungsrechte des Vormundes entspricht endlich die Verpflichtung desselben, den Mündel bis zur Bekenntnismündigkeit in den Lehren derjenigen Religionsgemeinschaft, in der er geboren ist, unterweisen zu lassen.[3]) Nach Art. 134 bleiben die landesgesetzlichen Vorschriften über die religiöse Erziehung der Kinder, also auch der Mündel (§ 1800), unberührt.[4])

Einzelne Vorschriften zur Erreichung des Erziehungszweckes giebt das Gesetz nicht. Der Vormund ist daher darauf angewiesen, nach der Gesammtheit der vorliegenden Umstände, bei Berücksichtigung insbesondere der Persönlichkeit des Mündels, die erforderlichen Maßnahmen zu ergreifen. Dabei hat er auf die Anlagen, die Familien- und Vermögensverhältnisse des Mündels und die etwa zu Tage getretenen Wünsche der Eltern desselben Rücksicht zu nehmen. Er ist zwar niemals verpflichtet, die Erziehung des Mündels selbst zu übernehmen; vielmehr hat er hinsichtlich derselben der Regel nach nur eine leitende und beaufsichtigende Stellung.[5]) Er ist andererseits aber nicht verhindert, wo dies dem Interesse des Mündels ent-

---

[1]) Kr. I S. 293 ff.

[2]) Übereinstimmend Schultzenstein § 1793 Anm. 3 Abs. 1. — A. A. für die pr. V.-O. Dernburg S. 168 Abs. 4.

[3]) Kr. II S. 131; Böhlau S. 240 Abs. 3.

[4]) vgl. für Preußen: die Deklaration vom 21. November 1803 (dazu Jastrow Nr. 538—544), die durch Kabinetsorder vom 17. August 1825 auf Rheinland und Westfalen übertragen ist; für Sachsen: Gesetz vom 1. November 1836; Elsaß-Lothringen A.G. §§ 119—122; für Mecklenburg-Schwerin insbesondere V.O.O. vom 25. Januar 1811 und vom 31. März 1853 (vgl. Langfeld S. 188).

Gemäß § 1801 kann dem Vormunde die religiöse Erziehung des Mündels entzogen werden, wenn der Vormund nicht dem Bekenntnis angehört, in dem der Mündel nach den Landesgesetzen zu erziehen ist (vgl. § 1779 Abs. 2 Satz 2; M. S. 1099 Abs. 1; R.-T.-K. S. 166

[5]) vgl. Böhlau S. 238/39.

spricht, die Erziehung desselben unmittelbar zu führen und denselben zu diesem Behufe in seine häusliche Gemeinschaft aufzunehmen.[1])

Nach denselben Gesichtspunkten hat der Vormund die Dauer der Erziehung zu bemessen. Wie eine Vernachlässigung der Erziehung, so macht andererseits eine den Umständen nicht entsprechende Ausdehnung derselben den Vormund verantwortlich.

Das V.-Gericht hat den Vormund auf seinen Antrag bei Ausübung seines Erziehungsrechts durch Anwendung geeigneter Zuchtmittel zu unterstützen (§ 1631 Abs. 2).

Nach § 1838 (vgl. § 1666 Abs. 1 Satz 2) kann dasselbe anordnen, „daß der Mündel zum Zwecke der Erziehung in einer geeigneten Familie oder in einer Erziehungs- oder Besserungs-Anstalt untergebracht wird." Steht dem Vater oder der Mutter die Sorge für die Person des Mündels zu,[2]) so ist eine solche Anordnung nur unter den Voraussetzungen des § 1666 (Gefährdung des geistigen oder leiblichen Wohles des Kindes durch Mißbrauch oder Vernachlässigung der Sorge für die Person des Kindes seitens der Eltern; ehrloses oder unsittliches Verhalten derselben) zulässig. Von letzterem Fall abgesehen, hängt die Unterbringung des Mündels in einer Erziehungs-rc.-Anstalt lediglich von dem Ermessen des V.-Gerichts ab.[3])

Die Vorschriften der Landesgesetzgebung bleiben gemäß Art. 135 nur für die außerhalb des § 1838 liegenden Fälle der Zwangserziehung verwahrloster Kinder und die §§ 55 (vgl. Art. 34 Nr. II) und 56 Str. G. B. unberührt.[4]) Kann daher im Falle des § 1838 das Ermessen des V.-Gerichts landesgesetzlich nicht eingeengt werden, so finden andererseits die in Kraft gebliebenen Landesgesetze über die Zwangserziehung verwahrloster Kinder selbstverständlich auch auf solche Kinder Anwendung, welche bevormundet sind.

Darüber, durch wen und wie die Unterbringung des Mündels in einer Familie oder Erziehungs-rc.-Anstalt zur Ausführung zu bringen ist, besagt so wenig das G. B. als das G. F. etwas. Die Bemerkung in den M.,[5]) „daß es im öffentlichen Interesse liege, den Vormundschaftsrichter zur Verhütung sittlicher Verwahrlosung des Mündels zu energischem Eingreifen zu ermächtigen", in Verbindung mit dem Ausdrucke des Gesetzes, daß die Unterbringung „in einer geeigneten Familie" angeordnet werden kann, weist auf die Ausführung der Anordnung unmittelbar durch das V.-Gericht hin.[6]) Andererseits stehen weder die Worte des

---

[1]) Kr. II S. 130; Stobbe IV S. 496 Abs. 2.

[2]) Siehe diese Fälle in §§ 1676 Abs. 2, 1696, 1697, 1698, 1702 Abs. 2 u. 3, 1707, 1738, 1765.

[3]) Nicht davon, daß der Vormund seine Erziehungspflicht vernachlässigt hat.

[4]) vgl. pr. Gesetz v. 13. März 1878; meckl. VO. v. 19. April 1899; Elsaß-Lothringen A. G. § 123—127; Oldenburg A. G. § 27—34; Sachsen-A. A. G. § 109—121; Anhalt Gesetz v. 21. März 1899.

[5]) S. 1156.

[6]) So Köhne in Rassow-Küntzel Band 40 S. 610 Abs. 3; übereinstimmend Fuchs S. 161 Abs. 1.

Gesetzes noch die gesetzgeberische Absicht entgegen,[1]) wenn das V.-Gericht sich auf den Erlaß einer mehr oder minder umfassenden Anordnung beschränkt und die Ausführung derselben dem Vormunde überträgt.

Jedenfalls aber liegt dem V.-Gerichte die Überwachung der Ausführung seiner Anordnung ob. Eine Änderung (z. B. durch Bestimmung einer anderen Erziehungsanstalt) oder Ergänzung derselben kann es jederzeit vornehmen.

Die Kosten der Ausführung der fraglichen Anordnung sind regelmäßig aus dem Mündelvermögen zu bestreiten.[2]) —

Die von dem V.-Gerichte nötigenfalls gegen den Mündel zur Anwendung zu bringenden Zuchtmittel außer der Zwangserziehung und die Art ihrer Anwendung sind der besonderen reichs- oder landesgesetzlichen Regelung überlassen worden.[3]) Bisher ist solche Regelung weder reichs- noch landesgesetzlich erfolgt.

Trotz des „hat" im § 1631 Abs. 2 ist das V.-Gericht weder unbedingt verpflichtet noch unbedingt berechtigt, dem Antrage des Vormundes auf Anwendung von Zuchtmitteln zu entsprechen. Es hat vielmehr auch seinerseits, wie dies seinem Recht auf Beaufsichtigung des Vormundes entspricht, zu prüfen, ob dieselben den vorliegenden Umständen nach angemessen erscheinen und sie gegebenen Falles abzulehnen. Beantragt der Vormund die Aufhebung der zur Anwendung gebrachten Zuchtmittel, so hat das V.-Gericht dieselben aufzuheben, da es den Vormund nur auf seinen Antrag durch Anwendung von Zuchtmitteln zu unterstützen hat.

Gegen die Anordnung, die Ablehnung und die Wiederaufhebung der im § 1838 angeordneten Maßregel ist die Beschwerde nach Maßgabe des § 57 Nr. 9 und letzter Absatz G. F. gegeben.

Daß der Vormund auf das Erziehungsrecht nicht verzichten kann, ergiebt sich aus der öffentlichrechtlichen Natur des vormundschaftlichen Amtes. Verträge mit Dritten, die dem widersprechen, sind als gegen die guten Sitten verstoßend nichtig (§ 138).[4]) Dagegen steht nichts entgegen, daß der Vormund die Erziehung des Mündels durch Vertrag ganz oder teilweise auf einen anderen überträgt. Nur dürfen solche Verträge nicht die eigene Ausübung des Erziehungsrechts durch den Vormund neben dem Dritten und die jederzeitige Zurücknahme des erteilten Auftrages ausschließen. Soweit dies der Fall ist, kann der Dritte Rechte aus dem Vertrage nicht ableiten. Gegen willkürlichen Widerruf des ihm erteilten Auftrages steht es diesem frei, gemäß § 1837 das Einschreiten des V.-Gerichts zu veranlassen, und wird sein Anspruch auf die vertragsmäßigen Leistungen aus dem Erziehungsvertrage durch die vorzeitige Auflösung desselben selbstverständlich nicht berührt.

---

[1]) vgl. Köhne a. a. O.

[2]) M. S. 1156 Abs. 4; vgl. jedoch Art. 135 Abs. 2.

[3]) M. S. 752 Abs. 1.

[4]) vgl. R.G. C.-S. X Nr. 32 und XVII Nr. 31.

b) Das dem Vormunde zustehende Recht, den Mündel „zu beaufsichtigen", besteht selbständig neben dem Erziehungsrechte. Von der entsprechenden Aufsichtspflicht wird der Vormund dadurch nicht befreit, daß er die Erziehung des Mündels auf einen Anderen überträgt.

Durch Vernachlässigung der Aufsichtspflicht macht sich der Vormund denjenigen verantwortlich, welchen der Mündel widerrechtlich Schaden zugefügt hat (§ 832 vgl. § 29 Nr. 2. a.)

c) Die dem Vormunde zustehende Fürsorge für die Person des Mündels schließt das Recht ein, den Aufenthalt desselben zu bestimmen.[1]) Dem Vormund ist damit ein klagbarer Anspruch auf Herausgabe des Mündels gegen Jedermann gegeben, der ihm denselben widerrechtlich vorenthält.[2]) Während das römische interdictum de liberis exhibendis et ducendis nur dem Inhaber der patria potestas zustand[3]) entspricht jetzt dem gleichen Rechte des Inhabers der e. G. und des Vormundes hinsichtlich der Person des Kindes, bezw. des Mündels die gleiche Berechtigung beider auf Herausgabe des Kindes bezw. Mündels. Der Klage auf Herausgabe kann sowenig daraus, daß ein Erziehungsvertrag die Rückforderung des Mündels zur Zeit ausschließe, als daraus, daß die für Erziehung und Unterhalt desselben zu gewährenden Gegenleistungen nicht erfüllt seien, eine Einrede entgegengesetzt werden. Hinsichtlich der ersteren vgl. S. 54; die letztere wird durch den Charakter der Klage ausgeschlossen, die Einreden vermögensrechtlicher Art nicht zuläßt.[4])

Über die Beweislast im Falle der Erhebung von Einwendungen gegen die Herausgabe des Kindes vgl. M. S. 753/54.

Die Bestimmung in E. I. § 1505 Abs. 2, wonach zum Zwecke der Zurückführung eines flüchtigen Kindes (Mündels) polizeiliche Hülfe in Anspruch genommen werden konnte, ist als dem öffentlichen Recht angehörig in das Gesetz nicht aufgenommen.[5]) Die Landesgesetze, denen darnach die Entscheidung über die Zulässigkeit der fraglichen Hülfe überlassen ist, werden diese kaum irgendwo ausschließen. Wo dies aber nicht der Fall ist, wird dem Vormunde die polizeiliche Hülfe zu dem beregten Zweck um so weniger zu versagen sein, als dieselbe aus dem Gesichtspunkte der Wohlfahrtspolizei wohl zu rechtfertigen und das Bedürfnis nach rascher polizeilicher Hülfe in dem fraglichen Falle zweifellos vorliegt.[6])

3. Daß der Vormund rücksichtlich der Sorge für die Person des Mündels an letztwillige Verfügungen der Eltern desselben gebunden ist,[7]) besagt

---

[1]) Und zwar ohne Mitwirkung des V.-Gerichts (vgl. Schultzenstein § 1793 Anm. 3 Abs. 2 und die dort angeführten Entscheidungen des O.-V.-G.)

[2]) § 1632; Seuffert Bd. 52 S. 156.

[3]) M. S. 753, R. G.E.S. XVII S. 130 Abs. 2.

[4]) Seuffert I S. 89.

[5]) Pr. S. 547 Nr. VII.

[6]) A. A. Schultzenstein § 1793 Anm. 3 Abs. 2 unter Berufung auf das Rheinische Archiv für Civil- und Kriminalrecht, Band 28 S. 548. Die Anwendung unmittelbarer Zwangsmaßregeln gestattet bayrisches A.G. Art. 130.

[7]) vgl. Böhlau S. 240.

das Gesetz nicht. Es hat in dieser Beziehung den die Verhältnisse der Gegenwart besser als die Eltern übersehenden Vormund nicht binden und nicht ohne Grund in die Selbständigkeit des letzteren eingreifen wollen.[1]) Der Natur der Sache entsprechend werden Anordnungen der Eltern von dem Vormund indes aufrecht zu erhalten sein, wenn und soweit sie nicht dem Interesse des Mündels widerstreiten.

4. Einer Beschränkung unterliegt das Recht des Vormundes, für die Person des Mündels zu sorgen, insofern, als in den gemäß §§ 1676, 1696, 1698, 1702 Abs. 2 und 3, 1738 eintretenden Fällen des Ruhens bezw. der Verwirkung, der Entziehung und des Verlustes der e. G. dem Vater bezw. der ehelichen Mutter die Fürsorge für die Person des Mündels **neben** dem Vormund zusteht. Verliert gemäß § 1697 die Mutter die e. G. durch Eingehung einer neuen Ehe, so steht ihr die Sorge für die Person des Kindes neben dem Vormunde zu.[2]) Dieser hat neben der Mutter die Stellung eines Beistandes (§ 1696 Satz 2).

Auch die uneheliche Mutter hat nach § 1707 das Recht und die Pflicht, neben dem Vormunde für die Person des Kindes zu sorgen.

Die Sorge für die Person des verheirateten weiblichen Mündels beschränkt sich auf die Vertretung in den die Person betreffenden Angelegenheiten (§§ 1633, 1800).

Durch andere Personen als die Eltern bezw. den Ehemann des Mündels wird der Vormund in der Sorge für die Person des Mündels nicht beschränkt.[3])

5. Bei der Fürsorge für die Person des Mündels hat der Gemeindewaisenrat mitzuwirken (vgl. § 1850).

6. Nach § 59 des G. F. kann ein unter Vormundschaft stehender Mündel in allen seine Person betreffenden Angelegenheiten **ohne Mitwirkung seines gesetzlichen Vertreters das Beschwerderecht ausüben**, wenn er geschäftsfähig ist und das vierzehnte Lebensjahr vollendet hat.

Gegen eine Verfügung, die eine Entscheidung über eine die Sorge für die Person des Kindes oder des Mündels betreffende Angelegenheit enthält, steht nach § 57 Nr. 9 daselbst Jedem, der ein berechtigtes Interesse hat, diese Angelegenheit wahrzunehmen, die Beschwerde zu. Diese Vorschrift findet nach § 57 Abs. 2 daselbst auf die **sofortige** Beschwerde keine Anwendung.[4])

---

[1]) M. S. 1097 Nr. 3, S. 1103 und 1104.

[2]) Die Mutter verliert durch Eingehung einer zweiten Ehe nicht mehr, wie nach römischem Rechte, das Erziehungsrecht.

[3]) Über einzelne Verpflichtungen bezw. Befugnisse des Vormundes in Bezug auf die Person des Mündels vgl. §§ 31—33 des R.-Militärgesetzes (Anmeldung zur Stammrolle); §§ 12 und 14 des Impfgesetzes v. 8. April 1874 (Verpflichtung, die Impfung des Mündels nachzuweisen); § 65 Abs. 2 R.St. G.B. (Recht auf Stellung des Strafantrags).

[4]) d. h. soweit **sofortige** Beschwerde, keine Beschwerde aus § 57 Nr. 9.

§ 22. Die Vertretung des Mündels durch den Vormund.

1. Nach Beseitigung des Unterschiedes zwischen impubertas und minor aetas und damit zwischen auctoritatis interpositio tutoris und consensus curatoris durch die Bestimmungen der Reichspolizeiordnungen (1548 Tit 31 § 1; 1577 Tit 32 § 1) wurde nach gemeinem Rechte die Persönlichkeit der Handlungsunfähigen und der beschränkt Handlungsfähigen ebenmäßig durch die stellvertretende Thätigkeit des Vormundes ergänzt. Das B. G. hat sich dem gemeinen Recht angeschlossen, indem es im § 1793 den Vormund allgemein berechtigt und verpflichtet, den Mündel in allen seine Person und sein Vermögen betreffenden Rechtsangelegenheiten zu vertreten, d. h. mit Rechtswirksamkeit statt seiner zu handeln.

2. Wie die Vertretung zu erfolgen hat, ergiebt sich aus den Bestimmungen über die Geschäftsunfähigkeit und die beschränkte Geschäftsfähigkeit in den §§ 104—114; wann sie zu erfolgen hat, sowohl hieraus als aus den einzelnen, die Genehmigung des Vormundes zu Rechtsgeschäften des Mündels betreffenden Bestimmungen.

3. Geschäftsunfähige haben rechtlich keinen Willen, ihre Willenserklärungen sind nichtig (§ 105 Abs. 1). Für sie kann in allen Fällen mit Rechtswirksamkeit nur ihr gesetzlicher Vertreter handeln.

Minderjährige, die das siebente Lebensjahr vollendet haben, bedürfen zu Willenserklärungen, durch die sie nicht lediglich einen Vorteil erlangen, der Einwilligung (Genehmigung, Ermächtigung) ihres gesetzlichen Vertreters. Diese Einwilligung für bevormundete Minderjährige zu erteilen, ist Sache des Vormundes. Derselbe ist aber hierauf nicht beschränkt, sondern gemäß § 1793 auch in diesem Falle allgemein befugt, in persönlicher und vermögensrechtlicher Beziehung Rechtsgeschäfte anstatt des Mündels für diesen abzuschließen. Thut er dies, so sind gemäß § 166 Abs. 1 Willensmängel — Irrtum, Täuschung, Drohung — sowie die Kenntnis oder das Kennenmüssen gewisser Umstände, welche auf die rechtlichen Folgen einer Willenserklärung von Einfluß sind, aus seiner Person zu beurteilen. Sein Irrtum, seine Kenntnis entscheidet. Die Person des Vertretenen kommt in dieser Beziehung nicht in Betracht.

Über die rechtlichen Folgen der Abgabe von Willenserklärungen ohne die erforderliche Einwilligung vgl. §§ 108—111 u. § 25 Nr. 5. c.).[1])

4. Darüber, ob der Vormund im eigenen oder im Namen des Mündels (vgl. pr. VO. § 29), für diesen zu handeln hat, sagt das Gesetz nichts. Es geht in dieser Beziehung davon aus einerseits, daß der Vormund wirksam nicht verpflichtet werden kann, im Namen des Mündels zu handeln, andererseits, daß derselbe durch seine Verantwortlichkeit und die zu mannigfachen Rechtsgeschäften erforderliche Genehmigung des V.-Gerichts hinlänglich gebunden ist. Der Vormund hat auch in der fraglichen Beziehung nach seinem pflichtmäßigen Ermessen zu handeln. Schließt er

---

[1]) M. I S. 133 ff.

im eigenen Namen für Rechnung des Mündels Rechtsgeschäfte ab, so hat er die Berechtigungen daraus auf denselben zu übertragen, wie er andererseits Abnahme der ihm daraus erwachsenen Verpflichtungen und Ersatz seiner Aufwendungen verlangen kann, wenn das Geschäft im Interesse des Mündels liegt.[1]) Der Beweis, daß er ein im eigenen Namen abgeschlossenes Geschäft für Rechnung des Mündels abgeschlossen habe, liegt dem Vormund ob.

5. Die Vertretungsmacht des Vormundes erstreckt sich nicht auf solche Angelegenheiten des Mündels,

a) die als rein persönliche nur von jenem selbst,[2]) falls er nicht geschäftsunfähig ist, besorgt werden sollen.

Dahin gehören die Fälle der §§: 1307 (Einwilligung des Mündels in die Ehe seiner Kinder); 1336 (Anfechtung der Ehe; 1337 (Bestätigung einer anfechtbaren Ehe); 1358 (Zustimmung des Mannes zu einem auf persönliche Leistungen gerichteten Vertrage seiner Frau bezw. die Kündigung eines solchen); 1516 (Zustimmung eines Ehegatten zu der letztwilligen Verfügung des anderen in den Fällen der §§ 1511—1515); 1595 (Anfechtung der Ehelichkeit); 1598 (Anerkennung der Ehelichkeit); vgl. weiter: §§ 1599; 1728; 1748, 1750, 1770, 2229; 2064 und 2274 (Testamente und Erbverträge); 2347 Abs. 2 u. a. m.

b) In anderen Fällen ist gleichfalls die Vertretungsmacht des Vormundes ausgeschlossen; derselbe hat aber die Einwilligung bezw. Genehmigung zu Handlungen des Mündels zu erteilen.

Fälle der letzteren Art enthalten die §§: 1304 Abs. 1 (Einwilligung in die Eheschließung); [3]) 1337 (Genehmigung einer anfechtbaren Ehe; 1437 (Zustimmung zur Vereinbarung und Aufhebung der allgemeinen Gütergemeinschaft durch Ehevertrag); 1729 Abs. 1 und 2 (Zustimmung des Vormundes zu der Ehelichkeitserklärung eines Kindes durch den bevormundeten Vater und bezw. zur Einwilligung des Kindes in die Ehelichkeitserklärung; 1751 Abs. 1 und 2 (Zustimmung zur Annahme an Kindesstatt); 1770 (Zustimmung zur Aufhebung der Annahme an Kindesstatt); 2257 Abs. 2 (Zustimmung zum Abschluß eines Erbvertrages mit einem Ehegatten).

c) Klagen auf Ehescheidung und Wiederherstellung des ehelichen Lebens

---

[1]) vgl. Dernburg S. 176 Abs. 2.

[2]) Eidesstattliche Erklärungen im Sinne des § 2356 Abs. 2 kann der Vormund für den Mündel abgeben; von dem eidesfähigen Mündel können aber diese Erklärungen selbst gefordert werden (vgl. Schultzenstein § 1793 Anm. 6 Abs. 4 und das dort bemerkte Urteil).

[3]) Des weiblichen Mündels. Ein Mann darf (abgesehen von den Mitgliedern der landesherrlichen und der diesen gleichstehenden Familien (Art. 57; § 72 Abs. 3) des Gesetzes betr. Beurkundung des Personenstandes vor dem Eintritte der Volljährigkeit keine Ehe eingehen. Die nach § 1304 für den weiblichen Mündel erforderliche Genehmigung seines gesetzlichen Vertreters kann auf den Antrag des insoweit geschäftsfähigen Mündels selbst durch das V.-Gericht ersetzt werden. (Vgl. über die Zuständigkeit §§ 35, 36, 43; über das Beschwerderecht § 20; über den Beginn der Wirksamkeit der Verfügung des V.-Gerichts § 53 G.-F.)

kann der Vormund nicht für den Mündel erheben. Er kann ihn aber in der Führung von Rechtsstreitigkeiten darüber vertreten.[1]) Er kann auch erhobene Ehescheidungsklagen für den Mündel weiterführen[2]) und für einen geschäftsunfähigen Mündel dessen Ehe mit Genehmigung des V.-Gerichts anfechten.

Der in der Geschäftsfähigkeit beschränkte Ehegatte ist zur Prozeßführung in Ehesachen fähig (C. P. O. § 612). Die Anfechtung seiner Ehe kann nicht durch einen Vertreter erfolgen, und bedarf er zu der Anfechtung nicht der Zustimmung seines gesetzlichen Vertreters (§ 1336 Abs. 1).

d) Die Vertretungsmacht des Vormundes erstreckt sich endlich nicht auf solche Angelegenheiten des Mündels, für die ein Pfleger bestellt ist (§ 1794), und auf diejenigen, die bei Verteilung der Geschäfte unter mehrere Vormünder einem derselben überwiesen sind (§ 1797 Abs. 2 Satz 2).

§ 23. Ausschluß der Vertretungsmacht des Vormundes.

§§ 1795, 1796; I § 1651 Nr. 1—4; II §§ 1675, 1676; III §§ 1771, 1772; M. S. 1088—1093; Pr. S. 756, 877, 878; pr. V.-O. § 86 Abs. 1.

I. Die Vertretungsmacht des Vormundes ist in einer Reihe von Fällen ausgeschlossen, in denen ein Widerstreit zwischen den persönlichen Interessen des Vormundes und denjenigen des Mündels zu befürchten ist. Dies ist angenommen und „kann der Vormund den Mündel nicht vertreten" (§ 1795):

1. bei Rechtsgeschäften zwischen seinem Ehegatten oder einem seiner Verwandten in grader Linie einerseits und dem Mündel andererseits, es sei denn, daß das Rechtsgeschäft ausschließlich in der Erfüllung einer Verbindlichkeit besteht;

2. bei einem Rechtsgeschäfte, das die Übertragung oder Belastung einer durch Pfandrecht, Hypothek oder Bürgschaft gesicherten Forderung des Mündels gegen den Vormund oder die Aufhebung oder die Minderung dieser Sicherheit zum Gegenstande hat oder die Verpflichtung des Mündels zu einer solchen Übertragung, Belastung, Aufhebung oder Minderung begründet;

3. bei einem Rechtsstreite zwischen den unter Nr. 1 bezeichneten Personen sowie bei einem Rechtsstreit über eine Angelegenheit der in Nr. 2 bezeichneten Art.

Die Vorschrift des § 181 bleibt unberührt.

II. Zu 1—3.

1. Allgemeines.

a) Das römische Recht stellt — L. I. pr. D. 26, 8

[1]) R.G. C.S. VI S. 157; IX S. 219; Rassow-Küntzel Bd. 37 S. 413; Dernburg S. 258 Abs. 2 und Anm. 6 und 7.

[2]) Rassow-Küntzel Band 32 S. 1031.

— den Satz auf: „in rem suam auctorem tutorem fieri non posse“, beschränkt sich im übrigen aber darauf, einzelne Fälle hervorzuheben, in denen es die Gefahr eines Widerstreites zwischen den Pflichten des Vormundes und den Privatinteressen desselben als besonders nahe liegend ansieht. So kann der Vormund, von einer Ausnahme abgesehen, Mündelsachen nicht durch Kauf erwerben (L. 5 § 2. D. 26, 8), und die Nov. 72 c. 5 verbietet die Übertragung einer Forderung gegen den Mündel auf den Vormund bei Strafe des Verlustes der Forderung.

Auch verschiedene Landesgesetzgebungen beschränken sich darauf, einzelne Rechtsgeschäfte zwischen Vormund und Mündel zu verbieten (u. a. Lübecker Vorm. O. § 53, Bremer §§ 64 und 72). Die pr. V. O. sieht von Einzelbestimmungen ab und bestimmt im § 86 Abs. 1, daß „die in väterlicher Gewalt oder unter Vormundschaft stehenden Personen einen Pfleger erhalten für Angelegenheiten, bei welchen die Ausübung der väterlichen oder vormundschaftlichen Rechte erforderlich ist, aber aus thatsächlichen oder rechtlichen Gründen nicht stattfinden kann.“

Das B. G. schließt die Vertretungsmacht des Vormundes in bestimmten, unter 1—3 vorstehend aufgeführten Fällen aus und giebt daneben im § 1796 dem V.-Gerichte die Befugnis, dem Vormunde die Vertretung in geringerem oder größerem Umfange zu entziehen, wenn das Interesse des Mündels zu dem Interesse des Vormundes oder eines von diesem vertretenen Dritten oder einer der in § 1795 Nr. 1 bezeichneten Personen in erheblichem Gegensatze steht.

b) Für diejenigen Angelegenheiten, an deren Besorgung der Vormund demgemäß verhindert ist, erhält der Mündel regelmäßig nach § 1909 einen Pfleger. In manchen Fällen wird es aber nur darauf ankommen, daß dem Vormunde die Vertretung für eine einzelne Angelegenheit gemäß § 1796 *entzogen* wird, ohne daß es der Bestellung eines Pflegers bedarf[1])

c) *Diejenigen Geschäfte, die der Vormund im Namen des Mündels abgeschlossen hat, ohne daß er denselben vertreten konnte, sind nichtig.*

Es kam in der zweiten Kommission zur Frage, ob Nichtigkeit anzunehmen sei oder ob auf den Vormund als gesetzlichen Vertreter des Mündels die im E. I. §§ 123—126 für den Vertreter ohne Vertretungsmacht gegebenen Bestimmungen anzuwenden seien.[2]) Die M. S. 1088 Abs. 2 heben hervor, daß die Anwendung dieser Grundsätze praktisch unbedenklich und hinsichtlich mancher Fälle (vgl. E. I. § 126 Satz 2) günstiger für den Mündel sei als die Nichtigkeit der fraglichen Rechtsgeschäfte. Die Kommission hat sich anscheinend dieser Auffassung angeschlossen. Aus dem Gebrauche der Worte: „*kann* nicht“ (E. I. § 1651: „ist ausgeschlossen“), die im B. G. stets die rechtliche Unwirksamkeit der Geschäfte bezeichnen, in Bezug auf welche sie gebraucht sind,[3]) in Verbindung mit

[1]) So mit Recht Schultzenstein § 1796 Anm. 1.
[2]) Pr. S. 756 Nr. 5.
[3]) Planck S. 25 unter b.

der Aufnahme des im § 181 (E. II. § 149) ausgesprochenen verwandten Grundsatzes (siehe unten zu § 1795 Abs. 2), muß aber geschlossen werden, daß die Verletzung der Vorschriften des § 1795 Nichtigkeit zur Folge hat.[1])

d) Hat der Vormund als solcher mit sich selbst oder als Vertreter eines Dritten ein Geschäft abgeschlossen, das lediglich in der Erfüllung einer Verbindlichkeit besteht, fehlt ihm aber die Vertretungsmacht, so kommen die Grundsätze der §§ 177—180 zur Anwendung.[2])

Daß der Vormund, soweit ihm die Vertretungsmacht entzogen ist, auch seine Einwilligung bezw. Genehmigung zu Rechtsgeschäften nicht geben kann, ist selbstverständlich.

e) Die Verfügung, durch welche dem Vormunde für einzelne Angelegenheiten die Vertretungsmacht durch das V.-Gericht entzogen ist, bleibt solange wirksam, bis sie im Wege der Beschwerde (§ 19 G. F.) beseitigt worden ist.

II. Im Einzelnen ist zu bemerken:

1. Zu Nr. 1. Um die Erfüllung einer Verbindlichkeit handelt es sich, mag diese nun auf seiten des Mündels gegenüber den in Nr. 1 bezeichneten Personen oder auf seiten dieser gegenüber dem Mündel bestehen. Nur muß es sich lediglich um Erfüllung einer Verbindlichkeit handeln. Das etwa damit verbundene anderweitige Rechtsgeschäft fällt unter die Regel des § 1795 Nr. 1. Die Ausnahme weist zurück auf die Bestimmung des römischen Rechts, wonach der Vormund als Gläubiger des Mündels an sich selbst mit Rechtswirkung Zahlung leisten kann.[3])

Bleibt in dem Falle des § 1795 Nr. 1 die Vertretungsmacht des Vormundes bei Bestand, so ist die Genehmigung des Gegenvormundes bezw. des V.-Gerichts zu den von dem Vormunde abgeschlossenen Geschäften wie sonst erforderlich, wenn das Gesetz eine solche vorschreibt.

2. Zu Nr. 2. Nur solche Rechtsgeschäfte des Vormundes mit Dritten[4]) die durch Pfandrecht gesicherte oder verpflichtungsgemäß zu sichernde Forderungen des Mündels gegen den Vormund betreffen, unterliegen der Vertretungsmacht des letzteren nicht. Der Vormund kann solche gegen ihn selbst bestehende Forderungen nicht an Dritte abtreten oder sonst darüber verfügen. Die Vorschrift des § 1795 Nr. 2 ist besonders zu beachten, wenn zwischen Vormund und Mündel eine Vermögensauseinandersetzung stattgefunden hat, durch welche ersterer Schuldner des letzteren geworden ist, wie bei Wiederverheiratung des Vormundes (vgl. § 1845).

Andere als die bezeichneten Forderungen fallen nicht unter die fragl.

---

[1]) Planck § 18 Anm. 2; A. A. Fuchs S. 81 Abs. 3; Schultzenstein § 1795 Anm. 2; Fischer-Henle § 1795 Anm. 1.

[2]) Planck a. O.

[3]) vgl. L. 9 § 5 D. 26, 7; Sächs. G.-B. § 1919.

[4]) Schließt der Vormund mit sich selbst ab, so kommt § 181 zur Anwendung.

Vorschrift; diese Forderungen sind durch die nach § 1812 erforderliche Genehmigung des Gegenvormundes hinlänglich gesichert.

Über „Rechtsstreitigkeiten zwischen dem Mündel und einer anderen von dem Vormunde vertretenen Person" (E. I. § 1651 Nr. 2) besagt das Gesetz nichts. Eine bezügliche Vorschrift war als Ergänzung des § 181 der C. P. O. vorbehalten worden, ist hier aber nicht erfolgt. Es kommen deshalb nach § 51 C. P. O. („Die Vertretung nicht prozeßfähiger Parteien durch gesetzliche Vertreter bestimmt sich nach den Vorschriften des bürgerlichen Rechts") die Grundsätze des B. G. zur Anwendung. Nach diesen aber erscheint die Prozeßführung eines Vormundes als solchen gegen sich selbst oder in Vertretung einer anderen Person, also auch eines anderen Mündels, nach Analogie des § 181 unzulässig. Mit dem R. G. (C.S. VII S. 404/5) ist davon auszugehen, daß sich aus dem Begriffe des Rechtsstreites Folgerungen ergeben, die es ausschließen, daß dieselbe Person Vertreterin beider Parteien in einem Rechtsstreite sei oder als Vertreter mit sich selbst prozessiere.[1])

3. Zu Abs. 2. Das Gesetz hat im Gegensatze zum E. I (vgl. §§ 45 Satz 1, 1651 Nr. 1) im § 181 den Satz aufgestellt,[2]) daß „ein Vertreter, soweit nicht ein anderes ihm gestattet ist, im Namen des Vertretenen mit sich im eigenen Namen oder als Vertreter eines Dritten ein Rechtsgeschäft nicht vornehmen kann, es sei denn, daß das Rechtsgeschäft ausschließlich in der Erfüllung einer Verbindlichkeit besteht". Diese Bestimmung, die im E. I § 1651 Nr. 1 und 2 als Ausnahme von dem darin enthaltenen gegenteiligen Grundsatze für das Vormundschaftsrecht besonders auszusprechen war, brauchte im Vormundschaftsrechte des B. G., da sie dem Grundsatze des § 181 entspricht, nur als unberührt bleibend bezeichnet zu werden.

Die nach den M. S. 1091 Abs. 2 in Aussicht genommene allgemeine Bestimmung, daß das Grundbuchamt Erklärungen, deren Gültigkeit davon abhängt, daß ein Vertreter mit sich selbst im eigenen Namen oder als Vertreter eins Dritten Rechtsgeschäfte abschließen kann, auch dann nicht zu berücksichtigen habe, wenn es sich lediglich um die Erfüllung von Rechtsverbindlichkeiten handelt, ist in der G. B. O. nicht erfolgt. Es bewendet daher in dieser Beziehung bei den allgemeinen Grundsätzen, und darf das Grundbuchamt Erklärungen, die den Bestimmungen des B. G. zuwiderlaufen, nicht berücksichtigen.

Der Erwerb von Forderungen Dritter gegen den Mündel seitens des Vormundes[3]) ist ein Rechtsgeschäft zwischen diesem und dem Dritten, und fällt daher nicht unter den § 1795. Erscheint das Interesse des Mündels durch solchen Erwerb gefährdet, so hat das V.-Gericht gemäß § 1796 dem Vormunde die Vertretung in Bezug auf die fragliche Forderung zu entziehen.

---

[1]) vgl. Seuffert, C.-P.-O. § 50 Anm. 4 Abs. 3.
[2]) Planck § 181 Anm. 1.
[3]) vgl. Nov. 72 c. 5.

Die pr. V. O. bestimmt im § 40 Abs. 2, daß der Vormund eine auf einem Grundstücke des Vormundes ruhende Hypothek oder Grundschuld für den Mündel nicht erwerben darf. Eine solche Bestimmung enthält das B. G. nicht. Da es sich auch in diesem Fall um ein Rechtsgeschäft zwischen dem Vormund und einem Dritten handelt, steht das Gesetz dem fraglichen Erwerbe nicht entgegen. Auch hier hat indes nötigenfalls das V.-Gericht auf Grund des § 1796 einzuschreiten.

Der gemeinrechtlich regelmäßig verbotene[1]) käufliche Erwerb von Mündelsachen durch den Vormund ist als solcher nicht unstatthaft. Nur dann würde er unter den § 1795 fallen, wenn er zwischen dem Vormund als solchem und dem Vormund im eigenen Namen oder als Vertreter eines Dritten abgeschlossen wäre.

§ 24. Die Sorge für das Vermögen des Mündels.

1. Die Verzeichnung des Mündelvermögens.

§ 1802; I § 1659; II § 1682; III § 1778; M. S. 1099 bis 1102; Pr. S. 758 bis 760; pr. V.-O. § 35.

a) Die Grundlage für die Verwaltung des Mündelvermögens, die Rechnungslegung und die Herausgabe des Vermögens durch den Vormund, für die Kontrole des Gegenvormundes und für die Beaufsichtigung der Vermögensverwaltung durch das V.-Gericht bildet das von dem Vormund aufzunehmende Verzeichnis des Mündelvermögens.

Die Verpflichtung des Vormundes in Bezug auf dasselbe entspricht ihrem Umfange nach der gemeinrechtlichen Inventarisationspflicht.[2])

Auf die Erfüllung derselben hat das V.-Gericht im Aufsichtswege hinzuwirken. Bei schuldvoller Verabsäumung derselben macht sich der Vormund dem Mündel für allen diesem daraus erwachsenen Schaden verantwortlich (§ 1833). Der Schätzungseid (vgl. L. 7 pr. D. 26, 7; L. ult. C. 5, 51) steht dem Mündel aber zur Bestimmung seines Schadens nicht mehr zu.[3])

b) Der Vormund hat das bei Anordnung der Vormundschaft vorhandene und das später[4]) dem Mündel angefallene Vermögen, daher auch eine demselben angefallene Erbschaft bei Angabe der Miterben, zu verzeichnen. Das Verzeichnis muß das gesammte bewegliche und unbewegliche Vermögen des Mündels,[5]) mag dasselbe im In- oder Auslande belegen sein, Forderungen und Schulden, selbstverständlich auch solche des Vormundes und

---

[1]) R.-G. E.S. VI S. 15.

[2]) R.-P. O.O. von 1548 Tit. 31 § 3, von 1577 Tit. 32 § 3; Kr. II S. 119 ff.

[3]) vgl. C.-P.-O. § 287 Abs. 2.

[4]) vgl. Dernburg S. 210 Abs. 4; Schultzenstein § 1802 Anm. 2; a. A. Fischer-Henle § 1802. Anm. 1.

[5]) Daher auch Miteigentum, nicht aber bloße Anwartschaften, z. B. auf Fideikommissarische Erbschaften (vgl. Jastrow, Nr. 550 Anm. 1).

des Mündels gegen einander, enthalten. An die Nichtverzeichnung eigener Forderungen des Vormundes gegen den Mündel und des letzteren gegen den ersteren hat jedoch das Gesetz die Rechtsnachteile des römischen Rechts (Nov. 72 cap IV), Verlust der Forderung, bezw. Nichtbefreiung durch Zahlung, nicht geknüpft.[1]) Es bewendet daher in dieser Beziehung, wie bei sonstigen Mängeln des Verzeichnisses, bei den dem V.-Gerichte nach §§ 1837 bezw. § 1886 zu Gebote stehenden Mitteln. Daneben besteht die Haftbarkeit des Vormundes nach § 1833.

c) Tritt an die Stelle des bisherigen Vormundes ein anderer und hat der gewesene Vormund die Errichtung eines Vermögensverzeichnisses verabsäumt, so liegt dem neuen Vormunde die Aufnahme eines solchen ob.[2]) Gegebenen Falles hat der Nachfolger das Verzeichnis zu vervollständigen und das während seiner Amtsführung dem Mündel angefallene Vermögen zu verzeichnen.

d) Die gemeinrechtlich für die Aufnahme des Inventars vorgeschriebene Form, öffentliche Errichtung (R. P. O. O. Tit. 31 bezw. 32 § 3), verlangt das B. G. nicht. Ebensowenig eine eidliche Bekräftigung durch Vormund und Gegenvormund. Es schreibt nur vor, daß, wenn ein Gegenvormund vorhanden ist, dieser von dem Vormunde bei der Aufnahme des Verzeichnisses zuzuziehen ist und letzteres mit der Versicherung der Richtigkeit und Vollständigkeit[3]) zu versehen hat.

Der Gegenvormund ist „zuzuziehen", d. h. zur Mitwirkung bei der Aufnahme des Vermögensverzeichnisses aufzufordern. Seine Abwesenheit hindert dieselben weder, noch macht sie sie ungültig.[4]) Es ist nicht ausgeschlossen, daß der Gegenvormund sich bei der Vermögensaufnahme vertreten läßt; er thut dies aber auf eigene Gefahr und Kosten.[5]) Jedenfalls hat er das Verzeichnis mit der vorgeschriebenen Versicherung zu versehen und ist nötigenfalls durch Ordnungsstrafen vom V.-Gerichte dazu anzuhalten. Für die Vollständigkeit und Richtigkeit des Verzeichnisses steht der Gegenvormund neben dem Vormunde ein.

Ein Antrag, wonach dem Vormunde die Führung eines Buches auferlegt werden sollte, in welchem er alle Einnahmen und Ausgaben alsbald, nachdem sie beschafft, zu verzeichnen, und welches er dem Gegenvormund auf dessen Verlangen jederzeit vorzulegen habe, wurde abgelehnt.[6])

e) Eine Frist für die Aufnahme des Vermögensverzeichnisses ist nicht gesetzt. Man ist davon ausgegangen,

---

[1]) M. S. 1102.

[2]) vgl. Dernburg S. 210/11; a. A. Wachler § 35 Anm. 6. Ein von dem früheren Vormunde bereits eingereichtes Vermögensverzeichnis braucht der neue Vormund natürlich nicht zu wiederholen (vgl. Fuchs S. 198 Abs. 2).

[3]) Nicht an Eidesstatt.

[4]) vgl. Dernburg S. 94 Nr. 4.

[5]) vgl. Dernburg S. 210 Abs. 3.

[6]) Pr. S. 759/60.

daß dieselbe je nach den Umständen verschieden zu bemessen und ihre Dauer dem richterlichen Ermessen anheimzustellen sei. Aus der Pflicht des Vormundes, für das Vermögen des Mündels zu sorgen, ergiebt sich aber, daß er dasselbe ungesäumt nach seiner Bestellung bezw. nach dem Erwerbe des dem Mündel während der Vormundschaft zugefallenen Vermögens aufzunehmen und, sobald es sachlich abgeschlossen und in eine angemessene, insbesondere übersichtliche Form gebracht ist, dem V.-Gerichte zu überreichen hat. Dieses hat im Aufsichtswege auf die Innehaltung angemessener Fristen hinzuwirken.

f) Einer Angabe des Wertes bedarf es in dem Verzeichnis weder rücksichtlich des Gesammtvermögens noch hinsichtlich einzelner Vermögensstücke.[1] Insbesondere wird weder für Grundstücke noch für zusammenhängende größere Vermögensmassen, Handelsgeschäfte und dergl., eine Schätzung oder ein besonderes, in bestimmten Formen aufzunehmendes Vermögensverzeichnis erfordert. Ob und wie weit eine Schätzung etwa in Rücksicht auf die Beschaffenheit und die Solvenz des Mündelvermögens, bezw. hinsichtlich einzelner dazu gehöriger Vermögensstücke wünschenswert und aus diesem Grunde vorzunehmen ist, bleibt der pflichtmäßigen Sorge des Vormundes für das Mündelvermögen, bezw. der im Aufsichtswege zu erlassenden Anordnung des V.-Gerichts überlassen.[2]

g) Die gemeinrechtliche Streitfrage, ob und wie weit durch letztwillige Anordnung die Verzeichnung des Mündelvermögens erlassen werden kann,[3] ist im B.-G. nicht ausdrücklich entschieden worden. In Beihalt der Bestimmungen in den §§ 1803 und 1852--1854 ist aber aus dem Schweigen des Gesetzes mit Sicherheit die Unzulässigkeit solcher Befreiung zu folgern. Denn die Annahme ist unabweislich, daß der Befreiung des Vormundes in der fraglichen Hinsicht in jenen — von der Befolgung letztwilliger Anordnungen und den Bestimmungen Dritter in Bezug auf das Mündelvermögen, bezw. von den zulässigen Befreiungen des Vormundes handelnden — Bestimmungen des Gesetzes als zulässig Erwähnung gethan wäre, wenn sie nicht stillschweigend hätte ausgeschlossen werden sollen. Für diese Annahme spricht auch, daß eine Befreiung von der durch § 1890 angeordneten Rechnungslegung unzulässig,[4] eine ordnungsmäßige Rechnungslegung ohne Vermögensverzeichnis aber nicht wohl möglich ist.[5]

Das Verbot der Offenlegung des Vermögensverzeichnisses durch letztwillige Verfügung (E. I § 1695; vgl. pr. V.-O. § 35 Abs. 3) ist

---

[1] A. A. — hinsichtlich der beweglichen Gegenstände — Dernburg S. 211 Abs. 2; Schultzenstein § 1802 Anm. 1 Abs. 2. Uebereinstimmend Fischer-Henle.
[2] M. S. 1101 Abs. 2 und 3.
[3] vgl. Kr. II S. 121, 122; Dernburg, Pand. III § 51 Anm. 4; Böhlau S. 206 ff.
[4] M. S. 1186 Abs. 2.
[5] vgl. Dernburg S. 212 Abs. 2.

unwirksam; die 2. Kommission hat den § 1695 gestrichen.[1]) Auch die bezüglichen Verhandlungen derselben bestätigen, daß eine Befreiung von der Aufmachung eines Vermögensverzeichnisses in keinem Fall eintreten soll.

h) Wenn der Vormund das Vermögensverzeichnis ohne Förmlichkeiten und sachverständige Hülfe allein aufzunehmen befugt ist, so ist ihm andererseits freigelassen, sich bei der Aufnahme desselben der Hülfe eines Beamten, eines Notars oder eines anderen Sachverständigen zu bedienen (§ 1802 Abs. 2). Er wird sich derselben freilich der Kosten wegen nur bei erheblicheren oder schwierigeren Vermögensverhältnissen zu bedienen haben.[2]) Ist Mündelvermögen im Auslande belegen, so kann sich der Vormund außer der Hülfe der auswärtigen Gerichte und Notare auch derjenigen der Reichskonsuln bedienen. Die durch die Zuziehung von Beamten rc. entstandenen Kosten hat der Mündel zu tragen.

Welche Beamte außer den Notaren zur Aufnahme der Vermögensverzeichnisse zuständig sind, bestimmen in Ermangelung einer desfallsigen Vorschrift in dem G. F. die Landesgesetze (vgl. § 200 G.-F.).

i) Die 2. Kommission hat es für nötig erachtet, daß eine ausdrückliche Bestimmung über die Befugnis des V.-Gerichts, die Aufnahme des Vermögensverzeichnisses durch eine Behörde rc. anzuordnen, in das Gesetz aufgenommen werde.[3])

Demgemäß ist im § 1802 Abs. 3 bestimmt, daß das V.-Gericht, wenn das eingereichte Vermögensverzeichnis ungenügend, namentlich also unvollständig ist, anordnen kann, daß dasselbe durch eine zuständige Behörde, einen zuständigen Beamten oder einen Notar aufgenommen werde. Auch von dieser Bestimmung ist ein vorsichtiger Gebrauch zu machen.[4]) Es wird regelmäßig zunächst zu versuchen sein, von dem Vormunde selbst, nötigenfalls unter Anwendung von Zwangsmitteln (§ 1837), ein ordnungsmäßiges und vollständiges Vermögensverzeichnis zu erlangen.

k) Die Verpflichtung zur Aufnahme des Vermögensverzeichnisses ist eine öffentlichrechtliche. Dem Mündel steht ein privatrechtlich zu verfolgender Anspruch sowenig auf Aufmachung des Verzeichnisses als auf Bekräftigung desselben durch den Offenbarungseid (§ 260) zu.

l) Das Vermögensverzeichnis ist eine Privaturkunde (§ 416 C. P. O.), die in dem Verhältnis zwischen Vormund und Mündel beweist, daß die darin verzeichneten Vermögensstücke zum Mündelvermögen gehören,[5]) doch ist weder dem Vormunde der Beweis der irrtümlichen Verzeichnung von Vermögensstücken noch dem Mündel der Beweis der nicht vollständigen Verzeichnung seines Vermögens abgeschnitten.[6]) Bei

---

[1]) Pr. S. 815 und 816 Nr. VIII.
[2]) M. S. 1100 Abs. 2; Pr. S. 759 Abs. 3.
[3]) Pr. S. 759 Abs. 3; vgl. M. S. 1100 Abs. 2.
[4]) Pr. a. O.
[5]) vgl. L. 13 C. 5, 51.
[6]) vgl. Dernburg S. 214 Abs. 1 und 2.

der Rechenschaftsablegung und der Herausgabe seines Vermögens (§ 1890) kann der Mündel gemäß §§ 259 und 260 von dem Vormunde den Offenbarungseid verlangen.

m) Das Vermögensverzeichnis bleibt bei den Akten des V.=Gerichts.

2. Die Verwaltung des Mündelvermögens im Allgemeinen.

a) Das V.=G. stellt keine allgemeinen Grundsätze über die Verwaltung des Mündelvermögens auf. Es beschränkt sich darauf, dem Vormunde die Sorge für dieses Vermögen zu übertragen und die zur Sicherung desselben praktisch wichtigsten Vorschriften, wie diejenigen über die Anlegung von Mündelgeld und die Genehmigung des V.=Gerichts zu Rechtsgeschäften, zu geben.

b) Die dem Vormunde obliegende Fürsorge ist eine allgemeine und selbständige, beschränkt nur durch die Aufsicht, bezw. Mitwirkung des Gegenvormundes (vgl. §§ 1812, 1813), bezw. die Aufsicht und Genehmigung des V.=Gerichts (vgl. § 1821 ff.).

Innerhalb der so gezogenen Grenzen verwaltet der Vormund das Vermögen des Mündels frei und ohne genötigt zu sein, Anweisungen des V.=Gerichts zu beantragen oder abzuwarten. Die Verwaltung soll in seiner Hand einheitlich zusammengefaßt und das V.=Gericht nicht befugt sein, in die regelmäßige Verwaltung durch Anweisungen einzugreifen.[1])

Die Thätigkeit des Vormundes in Bezug auf das Mündelvermögen hat sich zwar wesentlich darauf zu richten, dasselbe zu erhalten und nutzbringend anzulegen. Das Gesetz hat es aber im Interesse der Bewegungsfreiheit des Vormundes und der davon zu erwartenden Vorteile vermieden, seiner Verwaltung andere als die bereits angegebenen Grenzen zu ziehen.[2])

Dafür, daß die vormundschaftliche Vermögensverwaltung eine allgemeine, das gesammte Vermögen umfassende ist, spricht die Vermutung. Der Vormund ist, im Gegensatze zum Pfleger, der „allgemeine Repräsentant des Mündels."[3]) Sache des Gegners ist es, die Ausscheidung einzelner Befugnisse aus der vormundschaftlichen Ermächtigung zur Vermögensverwaltung darzuthun und zu beweisen.

c) Der Beginn der Vermögensverwaltung des Vormundes kann dadurch hinausgeschoben werden, daß an dem Mündelvermögen Rechte Dritter bestehen, die seine Verwaltung ausschließen. Dies ist z. B. der Fall, solange der von dem Erblasser des Mündels ernannte Testamentsvollstrecker den Nachlaß verwaltet (§ 2205 ff.) oder sich das Mündelvermögen im Nießbrauch eines Dritten, z. B. der Mutter, befindet. Solange und soweit dies der Fall ist, beschränkt sich die Thätigkeit des Vormundes hinsichtlich des Mündelvermögens darauf, daß er die Rechte des Mündels daran wahrt, diese nötigenfalls im Klagewege feststellen läßt, die erforderlichen Sicherheitsleistungen und sonstigen Sicherungs=

---

1) M. S. 1025 Abs. 1 und 2.
2) M. S. 1085.
3) M. S. 1044 Abs. 2.

maßregeln veranlaßt und die zu Rechtsgeschäften des Mündels nötigen Erklärungen abgiebt.

d) Wie der Vormund den Zweck vormundschaftlicher Vermögensverwaltung, nämlich das Vermögen des Mündels zu erhalten und thunlichst zu verbessern, am besten erreicht, ist seinem pflichtmäßigen Ermessen überlassen. Das Gesetz hat es, der pr. V.-O. folgend, vermieden, den Vormund durch Einzelbestimmungen zu sehr einzuengen und vorgezogen, ihm nur die gesetzlichen Schranken seiner Befugnisse zu bezeichnen (M. z. pr. V.-O.).

Es überträgt dem Vormund aber nur die „Sorge für das Vermögen", d. h. die zur Erhaltung und zu einer den geschäftlichen Anschauungen entsprechenden Nutzbarmachung desselben erforderlichen Verwaltungsmaßregeln. Nicht gestattet es ihm Verfügungen über das Mündelvermögen, die über den angegebenen Zweck hinausgehen. Der Vormund kann daher keine Schenkungen aus dem Mündelvermögen machen (vgl. § 25 Nr. 2), keine letztwilligen Verfügungen irgend einer Art an Stelle des Mündels treffen,[1]) keine Fideikommisse oder Familienstiftungen errichten und für den Mündel als Erblasser keine Erbverträge schließen.[2]) Da es sich aber nur um die Unzulässigkeit letztwilliger Verfügungen des Vormundes über Mündelvermögen handelt, so kann derselbe Erbverträge, durch die dem Mündel lediglich Zuwendungen gemacht werden, für diesen abschließen.

e) Für die bemerkten Zwecke der vormundschaftlichen Verwaltung kann es erforderlich werden, die von dem Vormund in dem Mündelvermögen vorgefundenen Werte in andere umzusetzen, Grundstücke zu veräußern und dafür Wertpapiere zu erwerben, Sachen, die nach Lage des Vermögens nutzlos für den Mündel sind, zu verkaufen. Wertpapiere, die dem Mündel durch Erbschaft zugefallen sind, kann der Vormund der Regel nach ohne Rücksicht auf die Art der Papiere (Inhaberpapiere, Aktien und andere Papiere, die Kursschwankungen unterworfen sind) für den Mündel behalten. (vgl. § 24 Nr. 3, c). Gewähren die Papiere aber keine ausreichende Sicherheit, so hat er sie bald- und bestmöglichst zu veräußern und den Erlös gemäß § 1807 zu belegen.[3]) Ausstehende Forderungen hat er einzuziehen und Schulden zu berichtigen. Wenn es zweckmäßig oder erforderlich ist, kann bezw. muß der Vormund zu letzterem Zweck auch das Kapitalvermögen des Mündels angreifen. Im übrigen sind, entsprechend den wechselnden und mannigfaltigen Interessen, wie sie bei der vormundschaftlichen Verwaltung vorkommen, die zur Erreichung des angegebenen Zieles führenden Mittel und Wege so mannigfaltige, daß sie erschöpfend nicht dargestellt werden können. Bei ihrer Auswahl ist sorgfältig zu prüfen, ob sie auch wirklich zu jenem Ziel und nicht etwa auf Nebenwegen darüber hinausführen.

---

[1]) vgl. § 2229 Abs. 1 und 2.
[2]) vgl. § 2274.
[3]) M. S. 1116; vgl. §§ 276, 1833.

f) Auch den Vorschriften des B.-G. gegenüber ist als Regel der Standpunkt des gemeinen Rechts festzuhalten, daß eine eigentliche erwerbende Thätigkeit außerhalb der vormundschaftlichen Verwaltung liegt.

Zwar ist der entgeltliche Erwerb eines Erwerbsgeschäftes, die Eingehung eines Gesellschaftsvertrages zum Betriebe eines Erwerbsgeschäftes und ein Pachtvertrag über ein Landgut oder einen gewerblichen Betrieb mit Genehmigung des V.-Gerichts zulässig. In den M. ist bemerkt, daß „es dem Vormunde nicht verwehrt sein (solle), die Mündelgelder, soweit dies nach den Verhältnissen dem Mündel vorteilhaft ist, auch in anderer Art als durch zinsbare Anlegung nutzbar zu machen, sei es durch Ankauf von Grundstücken oder durch Anlegung der Gelder in einem Handelsgewerbe oder in einem anderen gewerblichen Betriebe u. dergl., selbstverständlich unter Beobachtung der in diesen Richtungen gegebenen besonderen Vorschriften (vgl. § 1674 Nr. 5, 7, 14, § 1663)."

Das Erfordernis der Genehmigung des V.-Gerichts zu den bemerkten Geschäften im Zusammenhalte mit den M. zu § 1674 Nr. 5 7 und 14 und zu § 1515 zeigt aber, daß es sich bei der fraglichen für zulässig erklärten Anlegung von Mündelgeldern nur um ausnahmsweise mit Genehmigung des V.-Gerichts zulässige Geschäfte handelt. Als Regel ist anzusehen, daß der Vormund Mündelgelder zu Erwerbszwecken agrarischer oder industrieller Natur nicht verwenden, das V.-Gericht solche Verwendung nicht genehmigen soll.

g) Aus dem unter f Bemerkten ergiebt sich auch, daß die im römischen Rechte die Regel bildende Verwendung von Mündelkapitalien zum Ankaufe von Grundstücken für den Mündel[1]) nach den Grundsätzen des B.-G. die Ausnahme ist. Bei den völlig veränderten wirtschaftlichen Verhältnissen der Gegenwart wird in der That die Verwendung von Mündelgeld zum Erwerbe von Grundstücken nur unter besonderen Umständen (z. B. wenn die soziale Stellung des Mündels sie erheischt und reichliche Mittel dazu vorhanden sind) als dem Interesse des Mündels entsprechend erachtet werden können. Demgemäß macht das Gesetz den entgeltlichen Erwerb von Grundstücken für den Mündel von der Genehmigung des V.-Gerichts abhängig.

3. Die Anlegung von Mündelgeld.[2])

§§ 1806—1809, 1811; I §§ 1664 und 1665, 1666 Abs. 2, 1667; II §§ 1687 1688, 1689 Abs. 2, 1690; III §§ 1782—1785, 1787; M. S. 1108—1117, 1120 Pr. S. 760 bis 777; R.-T.-K. S. 162 bis 163 (zu E. III § 1783); pr. V.-O. § 39

a) Nach den heutigen wirtschaftlichen Verhältnissen erscheint die zinsbare Anlegung von Mündelgeld in sicheren Wertpapieren als die

---

[1]) L. 5 pr. D. 26. 7. vgl. auch Nov. 72 cap. VI—VIII (Belegung von Mündelgeld, wenn die Zinsen zum Unterhalte des Mündels erforderlich sind).

[2]) Die Vorschriften über die Anlegung von Mündelgeld gelten auch für die Anlegung des der Verfügung des Ehemannes und des der Verwaltung des Vaters

dem Mündel vorteilhafteste. Demgemäß bestimmt § 1806, daß der Vormund das zum Vermögen des Mündels gehörende Geld verzinslich anzulegen hat, soweit es nicht zur Bestreitung von Ausgaben bereit zu halten ist. Der Vormund hat daher zu berechnen, wie viel Geld zur Bestreitung des Unterhaltes für den Mündel, der Verwaltungs- und der sonstigen Kosten erforderlich ist, den zur Deckung dieser Kosten nötigen Betrag zurückzubehalten und den Rest des vorhandenen Kapitals verzinslich anzulegen. Dies schließt nicht aus, daß er vorläufig auch das zu seiner Verfügung zu haltende Geld belegt und unter Umständen zu belegen verpflichtet ist.[1])

b) Die Anlegung der verfügbaren Kapitalien soll nur in der in §§ 1807 Nris 1—5, 1808 vorgeschriebenen Weise erfolgen. Jedoch ermächtigt der § 1811, abweichend von § 39 der pr. V.-O., das V.-Gericht, „aus besonderen Gründen" dem Vormund eine andere als die dort vorgeschriebene Anlegung zu gestatten. Dies ist zugelassen, um den Mündel nicht durch zu strenge Beobachtung der Anlegungsregeln der Möglichkeit zu berauben, durch eine anderweitige Anlegung seiner Kapitalien sein oder seiner nächsten Angehörigen Vermögen zu erhalten oder zu vermehren. Es müssen jedoch „besondere", d. h. außergewöhnliche und schwerwiegende Gründe vorliegen, um das V.-Gericht zu veranlassen, eine Abweichung von der regelmäßigen Anlegung des Mündelgeldes zu gestatten.

c) Daß verfügbare Kapitalien nicht notwendig zur Erwerbung von Wertpapieren verwandt werden müssen, ist bereits hervorgehoben (vgl. S. 69, f.) Werden sie aber dazu verwandt, so müssen sie in der vorgeschriebenen Weise angelegt werden.

Auf Wertpapiere, die beim Beginne der Vormundschaft im Mündelvermögen bereits vorhanden waren, beziehen sich die Vorschriften des § 1807 nicht (vgl. S. 68, e).[2])

d) Welche der zugelassenen Belegungsarten der Vormund als die den Umständen des Falles entsprechendste wählen zu sollen glaubt, ist seinem Ermessen überlassen. Das Gesetz schreibt eine Reihenfolge der von ihm zugelassenen Anlegungsarten nicht vor, wie es den Vormund nicht auf eine bestimmte Anlegungsart beschränkt.[3])

e) Die Anlegung soll erfolgen:

1, in Forderungen, für die eine sichere Hypothek

---

unterliegenden Geldes der Ehefrau, bezw. des Kindes (vgl. §§ 1377 Abs. 2 und 1642). Wie Mündelgeld anzulegen sind ferner die in §§ 1079, 1288, 2119 des B.G., § 40 des Krankenversicherungsgesetzes vom 15. Juni 1883, § 76 des Unfallversicherungsgesetzes vom 6. Juli 1884, § 129 des Invaliditäts-Gesetzes vom 22. Juli 1889 bezeichneten Gelder. Da auch die Gelder der Kirchen, Stiftungen, Gemeinden, Sparkassen, Unterrichtsanstalten pp. mündelsicher belegt werden müssen (vgl. u. a. A.-G.G. von Braunschweig § 103, Sachsen-Weimar § 16), so sind die Vorschriften der §§ 1806 bis 1808 weit tragende.

[1]) vgl. Dernburg S. 199/200.

[2]) vgl. Jastrow Nr. 552.

[3]) M. S. 1116 Abs. 3.

an einem inländischen Grundstücke besteht, oder in sicheren Grundschulden oder Rentenschulden an inländischen Grundstücken" (vgl. §§ 1113, 1191, 1199).

Nur inländische Hypotheken u. s. w. sind zugelassen. Die Anlegung in ausländischen Werten der bezeichneten Art kann gemäß § 1811 nur aus besonderen Gründen gestattet werden.

Welche Hypotheken rc. als sicher anzusehen sind, bestimmt das B. G. nicht. Die Mehrheit der 2. Kommission vermochte sich nicht zu entschließen, reichsrechtliche Bestimmungen über die Sicherheit der Mündelhypotheken zu treffen.[1]) Nach eingehender Erwägung der Gründe für und gegen solche Bestimmungen hat man sich dazu entschlossen, der Landesgesetzgebung die Entscheidung zu überlassen.[2]) Demgemäß bestimmt § 1807 Abs. 2, daß „die Landesgesetze für die innerhalb halb ihres Geltungsbereichs belegenen Grundstücke die Grundsätze bestimmen können, nach denen die Sicherheit einer Hypothek rc. festzustellen ist. Die Vorschrift des E. I § 1664 Abs. 3 Satz 1 über die Sicherheit einer Hypothek oder einer Grundschuld ist jener Bestimmung gegenüber in Wegfall gekommen.

Demzufolge haben zu § 1807 Abs. 2 und in Verbindung damit zu Art. 212 über die Mündelsicherheit bestimmt:

I.

Preußen.

A. G. Artikel 73.

§ 1. Eine Hypothek, eine Grundschuld oder eine Rentenschuld an einem in Preußen belegenen Grundstück ist für die Anlegung von Mündelgeld als sicher anzusehen, wenn sie innerhalb des Fünfzehnfachen[3]) oder, sofern ihr kein anderes der Eintragung bedürfendes Recht im Range vorgeht oder gleichsteht,[4]) innerhalb des Zwanzigfachen des staatlich ermittelten Grundsteuerreinertrags oder bei einem ländlichen Grundstück innerhalb der ersten zwei Drittel, bei einem städtischen Grundstück innerhalb der ersten Hälfte des Wertes[5]) zu stehen kommt.

Der Wert ist bei ländlichen Grundstücken durch Taxe einer Preußischen öffentlichen Kreditanstalt, die durch Vereinigung von Grundbesitzern gebildet ist und durch staatliche Verleihung Rechtsfähigkeit erlangt hat, oder durch Taxe einer Preußischen provinzial-(kommunal-)ständischen öffentlichen Grundkreditanstalt[6]) oder durch gericht-

---

[1]) Anders E. I § 1664 Abs. 3 Satz 1 und pr. V.-O. § 39 Abs. 3. Vgl. „Bemerkungen" S. 118 ff. Nr. III.

[2]) Pr. S. 766—773.

[3]) Dieses Vielfache ist allgemein und ohne weitere Voraussetzung bei allen Grundstücken beleihungsfähig.

[4]) Dann ist ein Verlust des Gläubigers am Kapitale nach dem Gesetz über die Z.-V. ausgeschlossen und deshalb eine höhere Beleihungsgrenze zulässig.

[5]) Die Beleihung nach dem durch eine Taxe ermittelten Wert entspricht dem bisherigen Rechte.

[6]) Das Gesetz schließt die Taxen nicht öffentlicher Kreditanstalten der bezeichneten Art, z. B. einer nicht öffentlichen landschaftlichen Kreditanstalt, aus, umfaßt aber andererseits öffentliche Kreditanstalten der bezeichneten Art, die nicht zu den landschaftlichen oder ritterschaftlichen gehören, z. B. das Berliner Pfandbriefinstitut

liche Taxe[1]) bei städtischen Grundstücken in gleicher Weise oder durch Taxe einer öffentlichen Feuerversicherungsanstalt[2]) festzustellen.

§ 2. Statt des Zwanzigfachen des Grundsteuerreinertrags ist bei Grundstücken, die von einer Kreditanstalt der im § 1 Abs. 2 bezeichneten Art satzungsgemäß ohne besondere Ermittelungen bis zu einem größeren Vielfachen beliehen werden können, das größere Vielfache, sofern es jedoch den dreißigfachen Betrag übersteigt, dieser Betrag maßgebend.[3])

Für einzelne Bezirke kann durch Königliche Verordnung statt des Zwanzigfachen des Grundsteuerreinertags ein das Vierzigfache nicht übersteigendes größeres Vielfaches bestimmt werden.[4])

Artikel 74.

Zur Anlegung von Mündelgeld sind außer den im § 1807 des Bürgerlichen Gesetzbuchs bezeichneten Forderungen und Wertpapieren geeignet:

1. die Rentenbriefe der zur Vermittelung der Ablösung von Renten in Preußen bestehenden Rentenbanken;
2. die Schuldverschreibungen, welche von einer Deutschen kommunalen Körperschaft oder von der Kreditanstalt einer solchen Körperschaft oder mit Genehmigung der staatlichen Aufsichtsbehörde von einer Kirchengemeinde oder einem kirchlichen Verband ausgestellt[5]) und entweder von seiten der Inhaber kündbar sind oder einer regelmäßigen Tilgung unterliegen;
3. die mit staatlicher Genehmigung ausgegebenen Pfandbriefe und gleichartigen Schuldverschreibungen einer Kreditanstalt, der im Artikel 73 § 1 Abs. 2 bezeichneten Art.[6])[7])
4. Die auf den Inhaber lautenden Schuldverschreibungen, welche von einer Preußischen Hypotheken-Aktien-Bank auf Grund von Darlehen an Preußische Körperschaften des öffentlichen Rechtes, oder von Darlehen,

---

[1]) Für diese bewendet es zunächst und bis zu der im Gange befindlichen Neuregelung bei den bestehenden Vorschriften.

[2]) Entspricht dem bisherigen Recht. Auch die Taxen kommunaler Anstalten sind zulässig, nicht aber diejenigen nicht öffentlicher Anstalten. Diese Taxe bezieht sich nur auf städtische Grundstücke.

[3]) Dies in Rücksicht auf den in einzelnen Landesteilen über das Zwanzigfache des Grundsteuerreinertrages hinausgehenden Wert der Grundstücke. Die Kreditanstalten, deren Beleihungsgrundsätze maßgebend sind, sind die im § 1 Abs. 2 bezeichneten. Die Beleihungsgrundsätze derselben bedürfen der königlichen Genehmigung und können deshalb grundleglich gemacht werden.

[4]) Das Vierzigfache ist das auch durch königl. V.-O. nicht zu überschreitende Vielfache.

[5]) Eine Ergänzung des bisherigen Rechts zwecks Ermöglichung der Beteiligung an Anleihen von Kirchengemeinden und kirchlichen Verbänden, deren Anleihen von der staatlichen Aufsichtsbehörde genehmigt werden müssen, denen aber bisher die Möglichkeit fehlte, mündelsichere Papiere auszugeben.

[6]) Daß die in Nr. 3 bemerkten Kreditanstalten nach ihren Statuten die Beleihung von Grundstücken auf den im § 39 Abs. 3 pr. G.-O. bestimmten Teil des Wertes zu beschränken haben, wird bei der erforderlichen staatlichen Genehmigung ihrer Satzungen nicht mehr erfordert.

[7]) Die Art. 73 und 74 treten nach Art. 90 Abs. 2 mit der Verkündung in Kraft.

für welche eine solche Körperschaft die Gewährleistung übernommen hat, ausgegeben sind.[1])

Artikel 75.

§ 1. Eine in Preußen bestehende öffentliche Sparkasse kann durch den Regierungspräsidenten im Einvernehmen mit dem Landgerichtspräsidenten zur Anlegung von Mündelgeld für geeignet erklärt werden. Die Erklärung kann zurückgenommen werden.[2])

Die Erklärung und die Rücknahme sind durch das Amtsblatt bekannt zu machen.

§ 2. Ist vor dem Inkrafttreten des Bürgerlichen Gesetzbuchs ein Sparkassenbuch außer Kurs gesetzt, so ist zur Erhebung des Geldes die Genehmigung des Gegenvormundes oder des Vormundschaftsgerichts erforderlich.[3])

Artikel 76.

Im Falle des § 1808 des Bürgerlichen Gesetzbuchs kann die Anlegung von Mündelgeld bei der Preußischen Centralgenossenschaftskasse oder einer sonstigen Preußischen öffentlichen Bankanstalt (Landesbank, landschaftlichen, ritterschaftlichen Darlehnskasse usw.) und, wenn die von einer Preußischen Privatbank ausgestellten Wertpapiere durch den Bundesrat zur Anlegung von Mündelgeld für geeignet erklärt sind oder eine Preußische Privatbank nach Maßgabe des Artikel 85[4]) für die Hinterlegung von Wertpapieren als Hinterlegungsstelle bestimmt ist, bei einer solchen Privatbank erfolgen.

Die Anlegung bei den ordentlichen Hinterlegungsstellen (Hinterlegungsordnung v. 14. März 1879 Gesetz-Samml. S. 249) findet nicht statt.[5])

II.

Bayern.

A. G. Artikel 92.

Für die Anlegung von Mündelgeld ist eine Hypothek, eine Grundschuld oder eine Rentenschuld als sicher nur zu erachten, wenn sie innerhalb der ersten Hälfte des Wertes des Grundstücks zu stehen kommt.[6])

---

[1]) Zusatz des Abgeordnetenhauses (Antrag Gamp) vgl. Stenographische Berichte des Abgeordnetenhauses 1899, 85. Sitzung, S. 2665—2682.

[2]) In Rücksicht auf eine mögliche Änderung der Verhältnisse.

[3]) Eine zur Abschneidung von Zweifeln über die Bedeutung der vor dem 1. Januar 1900 geschehenen Außerkurssetzung gegebene Bestimmung, vgl. Art. 99.

[4]) Art. 85 lautet: Für die Hinterlegung von Wertpapieren in den Fällen der §§ 1082, 1392, 1667, 1814, 1818, 2116 des Bürgerlichen Gesetzbuches können durch Anordnung der zuständigen Minister auch die Seehandlung, die preußische Central-Genossenschafts-Kasse oder eine sonstige Preußische öffentliche Bankanstalt (Landesbank, landschaftliche, ritterschaftliche Darlehnskasse u. s. w.) sowie die von Kreditanstalten der im Artikel 17 § 2 Abs. 2 bezeichneten Art eingerichteten Verwahrungs- oder Verwaltungsstellen und im Falle des Bedürfnisses geeignete Preußische Privatbanken als Hinterlegungsstellen bestimmt werden.

[5]) Das Gesetz macht von der Freilassung des Art. 144 Satz 2 E.-G. Gebrauch, da ein Bedürfnis zur Anlegung von Mündelgeld bei den Hinterlegungsstellen nicht besteht.

[6]) Von weiteren Bestimmungen ist abgesehen (M. zu Art. 82). Als Grundstückswert gilt der Verkehrswert, den das Grundstück nach seiner dauernden Beschaffenheit beständig hat. Für die Ermittelung des Wertes sind die nach Art. 87 Abs. 2. von den Staatsministerien der Justiz und des Innern zu bestimmenden Grundsätze maßgebend.

Gesetz betr. die Uebergangsvorschriften zum B. G.

Artikel 32.

Zur Anlegung von Mündelgeld sind auch nach dem Inkrafttreten des Bürgerlichen Gesetzbuchs die Schuldverschreibungen bayerischer Gemeinden und diejenigen von Kreditanstalten ausgegebenen Wertpapiere, insbesondere Pfandbriefe, geeignet, in welchen bisher nach den vom Staatsministerium der Justiz getroffenen Bestimmungen Mündelgeld angelegt werden durfte.

Die Zulassung zur Anlegung von Mündelgeld kann vom Staatsministerium der Justiz jederzeit widerrufen werden.[1])

III.

K. Sachsen.

A. G. § 36.

Zur Anlegung von Mündelgeld sind im Sinne des § 1807 Abs. 1 Nr. 5 des Bürgerlichen Gesetzbuches geeignet die öffentlichen Sparkassen, deren Regulativ von dem Ministerium des Inneren genehmigt worden ist. Das Gleiche gilt von der Sparbank der landständischen Bank des Königlich Sächsischen Markgraftums Oberlausitz.

Wird das Regulativ einer öffentlichen Sparkasse von dem Ministerium künftig genehmigt, so ist damit zugleich die Sparkasse zur Anlegung von Mündelgeld für geeignet erklärt.

Das Ministerium des Inneren kann die Anerkennung der Mündelsicherheit jederzeit zurücknehmen.

IV.

Württemberg.

A. G. Art. 68.

Eine Hypothek, eine Grundbuchschuld oder eine Rentenschuld an einem in Württemberg gelegenen Grundstück ist nur dann als sicher im Sinne des § 1807 Abs. 1 Nr. 1 des Bürgerlichen Gesetzbuches anzusehen, wenn sie innerhalb der ersten Hälfte des Werts des Grundstücks zu stehen kommt.

Vorgehende Rechte sind in doppeltem Betrage in Abzug zu bringen.

Die Ermittelung des Werts des Grundstückes hat durch amtliche Schätzung des Gemeinderats oder einer Abteilung desselben zu geschehen. (Art. 39).[2])

Artikel 69.

Die zuständige Behörde im Sinne des § 1807 Abs. 1 Nr. 5 des Bürgerlichen Gesetzbuches ist das Justizministerium, dasselbe hat vor der von ihm zu treffenden Entscheidung das Oberlandesgericht zu hören.

---

[1]) „Den Wertpapieren, welche zur Zeit des Inkrafttretens des B. G. als mündelsicher gelten, soll diese Eigenschaft, soweit sie sie nicht schon nach Reichsgesetz haben, erhalten werden. Die Zulassung muß jederzeit widerrufen werden können" (M.)

Die Bestimmungen des Justizministeriums sind enthalten in den Entschließungen desselben vom 13. November 1888, 11. Mai 1897 und (für die Pfalz) vom 15. December 1888 und 11. Mai 1897. Zu den darin für mündelsicher erklärten Wertpapieren gehören u. a.: die Schuldbriefe der Bayerischen Landwirtschaftsbank für Gemeindedarlehen und die Kommunalobligationen der Pfälzischen Hypothekenbank.

[2]) Gemäß Art. 146 Abs. 2 findet eine Anlegung von Mündelgeld bei den Hinterlegungsstellen nicht statt.

Artikel 70.

Außer den in § 1807 des Bürgerlichen Gesetzbuchs bezeichneten Forderungen und Wertpapieren sind Schuldverschreibungen, welche von einer württembergischen kommunalen Körperschaft ausgestellt und entweder seitens der Inhaber kündbar sind oder einer regelmäßigen Tilgung unterliegen, zur Anlegung von Mündelgeld geeignet.[1]) — Schuldverschreibungen oder Pfandbriefe württembergischer Kreditanstalten können von dem Zeitpunkte der Verkündung dieses Gesetzes an bis zum Inkrafttreten des bürgerlichen Gesetzbuches durch das Justizministerium nach Anhörung des Oberlandesgerichts als zur Anlegung von Mündelgeld geeignet erklärt werden. Die Zurücknahme der Zulassung bleibt dem Justizministerium nach Anhörung des Oberlandesgerichts vorbehalten.

V.

Mecklenburg-Schwerin.

A. V.-O. § 227.[2])

Zur Anlegung von Mündelgeld sind außer den im § 1807 des Bürgerlichen Gesetzbuchs bezeichneten Forderungen und Wertpapieren geeignet:

1. Pfandbriefe des Mecklenburgischen ritterschaftlichen Kreditvereins;
2. sichere Schuldverschreibungen, welche von Mecklenburgischen Städten ausgestellt und entweder seitens der Inhaber kündbar sind oder einer regelmäßigen allmählichen Tilgung unterliegen.
3. Pfandbriefe einer Mecklenburg-Schweriner Hypothekenbank, welche von dem Großherzoglichen Justizministerium zur Anlegung von Mündelgeld für geeignet erklärt sind.[3])

§ 228.[4])

Eine Hypothek, Grundschuld oder Rentenschuld, welche an einem im Großherzogtum belegenen Grundstück besteht, ist zur Anlegung von Mündelgeld geeignet, wenn sie innerhalb der gesetzlichen Beleihungsgrenze des Grundstücks zu stehen kommt. Für den Betrag einer Rentenschuld ist die Ablösungssumme maßgebend.

§ 229.[5])

Die gesetzliche Beleihungsgrenze beträgt:

1. bei ritterschaftlichen Landgütern,[6]) wenn auf die katastrierte Hufe von 600 bonitierten Scheffeln höchstens entfallen:

---

[1]) vgl. Pr. V. O. § 39 Abs. 1. Schuldverschreibungen, deren Verzinsung seitens der Körperschaften garantiert sind, genügen nicht.

[2]) Tritt nach § 391 Abs. 3 mit der Verkündung der V. O. in Kraft und bezieht sich daher auf die anhängigen und bis zum 1. Januar 1900 anhängig werdenden Vormundschaften. Vom 1. Januar 1900 an findet der §, von Abs. 1 abgesehen als eine dem Art. 212 entsprechende landesgesetzliche Bestimmung Anwendung. Die bis dahin über die Mündelsicherheit geltenden Vorschriften, insbesondere die V. O. vom 25. Jan. 1834, sind durch § 227 aufgehoben.

[3]) Das Großherzogl. Justizministerium hat bisher Pfandbriefe einer Hypothekenbank als mündelsicher nicht anerkannt, und in einem Rescript ausgesprochen, daß es zu solcher Anerkennung zur Zeit keine Veranlassung finde.

[4]) Gemäß § 1807 Abs. 2 B. G. werden in den §§ 228—230 die Grundsätze bestimmt, nach denen die Sicherheit einer Hypothek, Grundschuld oder Rentenschuld zu bestimmen ist.

[5]) Setzt die gesetzliche Beleihungsgrenze fest.

[6]) Die Beleihungsgrenze bei ritterschaftlichen Landgütern hängt damit zu-

a. 200 ha (= 92257 □Ruten),
zweiundsiebenzigtausend Mark für die Hufe oder 120 Mark für den Scheffel;

b. 220 ha (= 101481 □Ruten),
sechzigtausend Mark für die Hufe oder 100 Mark für den Scheffel;

c. 240 ha (= 110707 □Ruten),
fünfundvierzigtausend Mk. für die Hufe oder 75 Mk. für den Scheffel;

d. über 240 ha (= 110707 □Ruten),
dreißigtausend Mark für die Hufe oder 50 Mark für den Scheffel;

2. bei Hausgrundstücken in den Städten die Hälfte des Versicherungswerts, wenn aber der Verkaufswert niedriger ist, die Hälfte des Verkaufswerts;[1])
3. bei Erbpachtgrundstücken zwei Fünftel, bei allen übrigen Grundstücken, insbesondere bei Eigentumsparzellen, städtischen Aeckern, Wiesen, Gärten rc. die Hälfte des Verkaufswerts.

In Ansehung der vor dem 1. Januar 1900 erfolgten Anlage von Mündelgeld bleiben die bisherigen Grundsätze maßgebend.[2])

§ 230.

Das Großherzogliche Justiz-Ministerium kann die Grundsätze bestimmen, nach denen der Verkaufswert und der Versicherungswert des Grundstücks festzustellen sind.

§ 231.[3])

Als verbriefte Forderungen gegen das Großherzogtum (Bürgerliches Gesetzbuch § 1807 Abs. 1 Nr. 2) sind auch die Forderungen aus Schuldverschreibungen, welche von der Schuldentilgungs-Kommission oder dem Landkasten ausgestellt worden sind, anzusehen.

§ 232.[4])

Ob und inwieweit eine inländische öffentliche Sparkasse zur Anlegung von Mündelgeld geeignet ist, bestimmt das Großherzogliche Justiz-Ministerium nach Benehmen mit dem Großherzoglichen Ministerium des Innern. Das Gleiche gilt von der Bestimmung einer zur Anlegung von Mündelgeld in den Fällen des § 1808 des Bürgerlichen Gesetzbuchs geeigneten inländischen Bank.

Die Anlegung bei den Hinterlegungsstellen findet nicht statt.

---

sammen, daß die Hufenzahl eines ritterschaftlichen Gutes sich nicht nach dem Flächeninhalte, sondern nach der Benutzungsfähigkeit desselben richtet. 600 bonitirte Scheffel Einsaat bilden eine ritterschaftliche Hufe. Demgemäß ist die Beleihungsgrenze für die einzelnen Güter verschieden.

[1]) Den Verkaufs- und Versicherungswert hat der Vormund bezw. das V.-Gericht zu ermitteln. Nach § 74 der A.-V. z. G.-F. haben die Ortsobrigkeiten dem V.-Gericht auf dessen Ersuchen über den Wert eines Grundstückes Mitteilung zu machen. Nach § 73 daselbst kann der Eigentümer eines Grundstückes den Wert desselben durch Sachverständige feststellen lassen.

[2]) Bis zum 1. Januar 1900 gilt die bisherige Beleihungsgrenze. Pupillarisch sicher sind Hypotheken auf städtische Grundstücke innerhalb der Hälfte der Schoßtaxe oder des Brandkassenwertes, bei ritterschaftlichen Gütern bis zu 60 000 M. für die katastrierte Hufe, außerdem die Schuldverschreibungen „anerkannt sicherer öffentlicher und kommunaler Kassen". vgl. über die Beleihungsgrundsätze im Übrigen Böhlau S. 272 ff. und Langfeld 230 unter b.

[3]) Tritt nach § 391 Abs. 3 mit der Verkündung der V.O. in Kraft.

[4]) vgl. §§ 1807 Abs. 1 Nr. 5 und 1808 B. G.

VI.
Oldenburg.

A.-G. § 21.

Zur Anlegung von Mündelgeld sind außer den in § 1807 des Bürgerlichen Gesetzbuchs bezeichneten Forderungen und Wertpapieren geeignet die Schuldverschreibungen, welche von Oldenburgischen Gemeinden und staatlich geregelten Genossenschaften ausgestellt und entweder seitens der Inhaber kündbar sind, oder einer regelmäßigen Tilgung unterliegen.[1])

§ 22.

Eine Hypothek, Grundschuld oder Rentenschuld, die an einem im Herzogtum Oldenburg belegenen Grundstücke besteht, ist zur Anlegung von Mündelgeld geeignet, wenn dieselbe

1. bei Gebäuden in Städten 1. Klasse in guter Lage die ersten zwei Drittel der Summe, zu der sie bei der Brandkasse versichert sind, bei anderen städtischen Gebäuden die Hälfte dieser Summe;
2. bei liegenden Gründen den zwanzigfachen Katastralreinertrag unter Berücksichtigung der vorhandenen Belastungen

nicht übersteigt.

Durch Verordnung kann zu Ziffer 2 für einzelne Bezirke eine höhere, jedoch den dreißigfachen Katastralreinertrag nicht übersteigende Beleihungsgrenze bestimmt werden.[2])

Wenn jedoch der etwa bekannte Kaufpreis die genannten Schätzungen nicht erreicht, so dürfen die Beträge zwei Drittel dieses Kaufpreises nicht übersteigen.

§ 23.

Eine im Herzogtum Oldenburg bestehende öffentliche Sparkasse kann vom Staatsministerium zur Anlegung von Mündelgeld für geeignet erklärt werden. Die Erklärung kann in gleicher Weise zurückgenommen werden.

Die Erklärung und die Rücknahme sind durch die Gesetzsammlung bekannt zu machen.

VII.
Braunschweig.

A.-G. § 101.

Mündelgeld soll außer nach § 1807 des Bürgerlichen Gesetzbuchs nur

1. soweit dies nicht schon nach den dortigen Vorschriften gestattet ist, in Landes-, Leihhauslandes- oder Kammerschuldverschreibungen, sowie bei den Leihhaussparkassen;
2. in Schuldverschreibungen, die ein Kreis-Kommunalverband oder eine Stadt des Herzogtums ausgegeben hat;
3. in Schuldverschreibungen des ritterschaftlichen Kreditvereins

verzinslich angelegt werden.

§ 102.

Herzogliches Staats-Ministerium kann unter Zustimmung des Ausschusses der

---

[1]) vgl. S. 75 Anm. 1. — Eine Anlegung von Mündelgeld bei den Hinterlegungsstellen findet nicht statt. (A. G. § 39).

[2]) In Rücksicht auf den höheren Wert der Grundstücke in diesen Bezirken.

[3]) Ueber die Hinterlegung von Wertpapieren und Kostbarkeiten der Mündel siehe Gesetz über das Hinterlegungswesen vom 12. Juni 1899 §§ 41, ff.

Landesversammlung eine öffentliche Sparkasse, die im Herzogtum ihren Sitz hat, und für den Fall des § 1808 des Bürgerlichen Gesetzbuchs eine Bank, die im Herzogtume ihren Sitz hat, zur Anlegung von Mündelgeld für geeignet erklären.

VIII.
Sachsen-Altenburg.
A. G. § 123.

Zur Anlegung von Mündelgeld sind auch geeignet Wertpapiere, welche von einer deutschen kommunalen Körperschaft oder von Kreditanstalten solcher Körperschaften oder mit Genehmigung der Aufsichtsbehörde von einer Kirchen- oder Schulgemeinde ausgestellt und entweder von Seiten des Inhabers kündbar sind oder einer regelmäßigen Tilgung unterliegen.[1])

Diese Vorschrift tritt sofort in Kraft.

§ 124.

Eine Hypothek, Grundschuld oder Rentenschuld gilt als sicher, wenn sie bei einem im Herzogtume liegenden landwirtschaftlichen Grundstück innerhalb der ersten zwei Dritteile, bei einem anderen im Herzogtume liegenden Grundstück innerhalb der ersten Hälfte des Wertes zu stehen kommt.

Das Gesamtministerium ist ermächtigt, im Verordnungswege Grundsätze aufzustellen, welche für die Wertsermittelung von mit Mündelgeldern zu beleihenden Grnndstücken maßgebend zu sein haben. Bis zum Erlaß einer solchen Verordnung soll die Wertsermittelung durch die Ortsgerichtspersonen [2]) oder erforderlichenfalls durch besondere vereidigte fachmännische Sachverständige erfolgen.

§ 125.

Durch Verordnung des Gesamtministeriums können öffentliche Sparkassen, welche im Herzogtum ihren Sitz haben, sowie für den Fall des § 1808 des Bürgerlichen Gesetzbuches inländische Privatbanken zur Anlegung von Mündelgeld für geeignet erklärt werden. Die getroffene Entscheidung ist widerruflich.

IX.
Elsaß-Lothringen.
A.-G. § 141.

Zur Anlegung von Mündelgeld sind außer den im § 1807 des Bürgerlichen Gesetzbuchs bezeichneten Forderungen und Wertpapieren geeignet:

1. Schuldverschreibungen, welche von deutschen kommunalen Körperschaften (Provinzen, Bezirken, Kreisen, Gemeinden u. s. w.) oder deren Kreditanstalten ausgestellt und entweder seitens der Inhaber kündbar sind oder einer regelmäßigen Amortisation unterliegen, sowie Kommunalobligationen und Pfandbriefe der Aktiengesellschaft für Boden- und Kommunalkredit in Elsaß-Lothringen;
2. die öffentlichen Sparkassen in Elsaß-Lothringen.

§ 142.

Eine Hypothek, eine Grundschuld oder eine Rentenschuld an einem in Elsaß-Lothringen gelegenen Grundstücke ist nur dann als sicher anzusehen, wenn sie die Hälfte des Wertes des Grundstücks nicht übersteigt. Für die Höhe einer Rentenschuld ist die Ablösungssumme maßgebend.

---

[1]) Die Anlegung von Mündelgeld bei den Hinterlegungsstellen findet nicht statt (A. G. § 25).

[2]) vgl. § 142 A. G.

2. „in verbrieften Forderungen gegen das Reich oder einen Bundesstaat sowie in Forderungen, die in das Reichsschuldbuch oder in das Schuldbuch eines Bundesstaates eingetragen sind.“[1])

„Verbriefte Forderungen“ im Sinne der Nr. 2—4 sind nicht bloß Wertpapiere im engeren Sinne,[2]) d. h. für den Umlauf bestimmte Urkunden, die als solche Vermögenswerte darstellen (Inhaber-, Orderpapiere) und nicht bloß Beweisurkunden sind, sondern auch einfache Schuldverschreibungen. Die Kommission 2. Lesung hat den Ausdruck „Schuldverschreibungen“ in § 1664 Nr. 4 des E. I in diesem Sinne ausgelegt und statt „Schuldverschreibungen“ den Ausdruck „verbriefte Forderungen“ vorgeschlagen.[3]) Unter diesen begreift sie Wertpapiere im engeren Sinn und einfache Schuldverschreibungen. Aus der Zusammenstellung von „Wertpapieren“ und „verbrieften Forderungen“ in § 1807 Nr. 4 Zeile 5—6 ergiebt sich denn auch, daß unter letzteren nicht blos Wertpapiere im engeren Sinne verstanden sind.

Die Buchforderungen gegen das Reich [R.-Ges. v. 31. Mai 1891 (R.-G.-B. S. 321)] oder einen Bundesstaat sind von der 2. Kommission in Rücksicht auf die Sicherheit, welche sie gewähren, hinzugefügt.

Nach Art. 97 E. G. bleiben die Vorschriften der Landesgesetze über die Schuldbücher der Einzelstaaten unberührt.

Als Bundesstaat gilt auch Elsaß-Lothringen (E. G. Art. 5).

3. „in verbrieften Forderungen, deren Verzinsung von dem Reich oder einem Bundesstaate gewährleistet ist.“

Dazu gehören auch Eisenbahnprioritäten. Eisenbahn-Stamm-Aktien und Eisenbahn-Prioritäts-Aktien sind Anteilscheine und deshalb ausgeschlossen.[4])

Daß die in Nr. 3 bezeichneten Papiere mit gesetzlicher Ermächtigung ausgestellt sind (pr. V.-O § 39), ist als selbstverständlich vorausgesetzt. Ebenso eine dauernde und unbedingte Verzinsung.[5]) Kündbarkeit von seiten der Gläubiger oder regelmäßige Tilgung der fraglichen Forderungen ist entgegen dem E. I § 1664 Nr. 4 und II, § 1687 Nr. 4 nicht zur Voraussetzung der Mündelsicherheit der unter Nr. 3 aufgeführten Wertpapiere erhoben worden.

4. „in Wertpapieren, insbesondere Pfandbriefen, sowie in verbrieften Forderungen jeder Art gegen eine kommunale Körperschaft, sofern die Wertpapiere oder die Forderungen von dem Bundesrate zur Anlegung von Mündelgeld für geeignet erklärt sind.“

Der Begriff der „Kommunalen Körperschaft“ ist dem Staatsrechte

---

[1]) vgl. R.-Gesetz v. 23. Mai 1873 betr. den Reichs-Invalidenfonds (§§ 2 b, 1—4; § 39 pr. VO; § 232 Abs. 1. Unterabs. 5).

[2]) vgl. Dernburg S. 196, 197; Schultzenstein S. 1807 Anm. 13.

[3]) Pr. S. 764/65.

[4]) Dernburg S. 196 Nr. 2; Wachler § 39, Anm. 18.

[5]) Bericht der Kommission des pr. Abgeordnetenhauses. S. 9/10.

des in Betracht kommenden Bundesstaats zu entnehmen. Von irgend welcher Aufzählung der fraglichen Körperschaften — vgl. pr. V.=O. § 39 Abs. 1 — ist Abstand genommen, da ein auch nur einigermaßen vollständiges Verzeichnis derselben nicht gegeben werden konnte.[1])

Ein Antrag der bezweckte, Schuldverschreibungen „öffentlicher Grundkreditinstitute" auch ohne Beschluß des Bundesrates für mündelsicher zu erklären, wurde in der 2. Kommission abgelehnt.[2]) Ebenso in der R. T. K. ein Antrag, dem § 1783 E. III (jetzt 1807) als letzten Absatz hinzuzufügen:

„Sicheren Hypotheken stehen im Sinne dieser Vorschriften die mit staatlicher Genehmigung ausgegebenen Pfandbriefe solcher Grundbesitzervereine gleich, welche durch staatliche Verleihung Rechtsfähigkeit erlangt haben und nach ihren Satzungen die Beleihung von Grundstücken auf die nach Maßgabe des vorhergehenden Absatzes landesgesetzlich als sicher anerkannten Teile des Wertes derselben zu beschränken haben."

Auch der Antrag, in die Nr. 4 des § 1783 E. III, welche lautet:

„in verbrieften Forderungen gegen eine inländische kommunale Körperschaft oder die Kreditanstalt einer solchen Körperschaft, wenn die Forderungen von seiten des Gläubigers kündbar sind oder einer regelmäßigen Tilgung unterliegen",

hinter den Anfangsworten „in verbrieften Forderungen" einzuschalten:

„gegen eine inländische landschaftliche oder ritterschaftliche Kreditanstalt" fiel.

Nur in die Nr. 5 des § 1783 E. III, die von Wertpapieren handelt, die durch Beschluß des Bundesrates für mündelsicher erklärt sind, wurde hinter „in Wertpapieren" eingeschaltet:

„insbesondere Pfandbriefe"[3]) (§ 1807 Nr. 4).

Demgemäß können Pfandbriefe der bemerkten Kredit=Vereine für das **Reichsgebiet** nur durch Bundesratsbeschluß für mündelsicher erklärt werden. „Die Anerkennung der Pfandbriefe bestehender landschaftlicher oder ritterschaftlicher Kreditinstitute als mündelsicherer Papiere, soweit sie landesrechtlich ausgesprochen ist, bleibt aber bestehen und wird durch Art. 211 (212) E. G. gewahrt." Ebenso ist durch Art 217 (218) den betreffenden Kreditinstituten die Möglichkeit gewahrt, die Einrichtung ihres Pfandbriefwesens zu verändern, ohne die landesgesetzlich ausgesprochene Mündelsicherheit ihrer Pfandbriefe zu beeinträchtigen.[4])

5. „**Bei einer inländischen öffentlichen Sparkasse, wenn sie von der zuständigen Behörde des Bundesstaats, in welchem sie ihren Sitz** hat, zur Anlegung von Mündelgeld für geeignet erklärt ist."

Welche Sparkassen als „öffentliche" (im Gegensatze zu solchen mit beschränkter Mitgliederzahl, genossenschaftlichen Darlehnskassen ꝛc.) anzusehen sind, entscheidet das Landrecht (vgl. Art. 99 E.G.) Einer „obrigkeit-

---

[1]) Es gehören dahin Kreise, Landschaften, Städte.
[2]) Pr. S. 762 Abs. 5.
[3]) R.=T.=K. S. 162.
[4]) R.=T.=K. a. O.

lichen Bestätigung", wie sie E. I mit § 39 Abs. 2 der pr. V.=O. für die fraglichen Sparkassen forderte, bedarf es nicht.[1])

Die Anlegung von Mündelgeld bei den für geeignet erklärten Sparkassen darf nicht erst, wie nach pr. V.=O. § 39 Abs. 2, dann erfolgen, wenn sie den Umständen nach nicht in der im § 1807 unter 1—4 vorgeschriebenen Weise erfolgen kann. Der Gesetzgeber ist vielmehr davon ausgegangen, daß den Vormündern die öffentlichen Sparkassen zur Anlegung von Mündelgeldern unbedingt zur Verfügung stehen müssen.

Es wird zwar regelmäßig der pflichtmäßigen Sorge des Vormundes für das Mündelvermögen entsprechen, größere Kapitalien in Wertpapieren anzulegen, die höhere Zinsen tragen, als Sparkassen zu geben pflegen. Ein Vormund, der dies schuldvoller Weise verabsäumt, macht sich dem Mündel nach § 1833 verantwortlich.[2]) Auch würde in einem solchen Falle, wenn die Umstände es erheischen, das V.=Gericht im Aufsichtswege einschreiten können. Immerhin wird dies nur aus zwingenden Gründen zu geschehen haben. Denn § 1807 Nr. 5 gestattet die dauernde zinsbare Anlegung des Mündelgeldes bei öffentlichen Sparkassen unbeschränkt. Die M.[3]) erklären die Anlegung des Mündelgeldes bei denselben in vielen Fällen, namentlich wenn das Kapitalvermögen des Mündels nicht erheblich ist und voraussichtlich im Laufe der Vormundschaft zum Zwecke des Unterhaltes nach und nach aufgebraucht werden muß, für die einfachste und bequemste Art der Anlegung.

f) Zu Art. 211 E. III (jetzt Art. 212), nach welchem die landesgesetzlichen Vorschriften über die Mündelsicherheit von Wertpapieren in Kraft bleiben, wurde seitens des Staatssekretärs des Reichs=Justizamtes anerkannt, daß die Stellung dieses Artikels unter den „Übergangsbestimmungen" nicht die Bedeutung habe, daß die landesgesetzlich ausgesprochene Mündelsicherheit etwa nur vorübergehend sein solle. Andererseits wurde von demselben darauf hingewiesen, daß nach dem Inkrafttreten des B. G. der Landesgesetzgebung nicht mehr die Befugnis zustehe, für ihr Gebiet neue Wertpapiere als zur Anlegung von Mündelgeldern geeignet zu erklären. Vielmehr habe der Bundesrat über die Anerkennung neuer mündelsicherer Papiere zu beschließen.[4])

g) Durch die Anlegung des Mündelgeldes nach den Vorschriften des § 1807 wendet der Vormund nicht jede Verantwortlichkeit von sich ab. Denn selbst bei solcher Anlegung kann ihn eine schuldvolle Pflichtverletzung treffen, die ihn dem Mündel gegenüber verantwortlich macht.[5]) Dies würde z. B. der Fall sein, wenn der Vormund Mündelgeld bei einer

---

[1]) Pr. S. 762/63; in Preußen bedürfen aber die Sparkassen als solche der Bestätigung durch den Oberpräsidenten. (Pr. G.=S. S. 237).

[2]) vgl. M. S. 1119 Abs. 1; Pr. S. 778. Abs. 3; Böhlau S. 273 Anm. 28; Jastrow Nr. 553 unter b.

[3]) S. 1113/14.

[4]) R.=T.=K. S. 163. vgl. Habicht S. 472.

[5]) M. S. 1109.

für geeignet erklärten Kreditanstalt einer kommunalen Körperschaft belegen würde, obgleich ihm deren Kreditunwürdigkeit bekannt war.

Anwendungen finden die Vorschriften des § 1807 auch, wenn es sich um die Änderung der Sicherheit für eine dem Mündel gehörige Forderung handelt.[1])

h) Ist der Vormund, abgesehen von dem Falle des § 1811, von der im § 1807 vorgeschriebenen Anlegung von Mündelgeld abgewichen, so ist er im Aufsichtswege zur Einziehung des anderweitig angelegten Geldes und zur vorschriftsmäßigen Anlegung desselben anzuhalten. Ob und wieweit er sich durch die vorschriftswidrige Anlegung des Geldes dem Mündel gegenüber schadenersatzpflichtig gemacht hat, ist nach § 1833 zu beurteilen. Die M.[2]) heben hervor, daß der Mündel die Annahme der vom Vormunde gegen die gesetzlichen Vorschriften belegten Kapitalien nicht ablehnen dürfe, da der § 1807 nur eine Ordnungsvorschrift enthalte.[3]) Liegt aber in der gesetzwidrigen Anlage der Kapitalien ein Nachteil für den Mündel, so kann dieser die Einziehung der betr. Kapitalien gegen Abtretung der darüber ausgestellten Wertpapiere und eine dem Gesetz entsprechende Anlegung derselben verlangen.[4])

Die Verantwortlichkeit des Vormundes erstreckt sich auch darauf, daß die verbrieften Forderungen und Wertpapiere, in denen er Mündelgeld angelegt hat, in einer dem Gesetz entsprechenden Weise zu stande gekommen sind. Er hat also zu prüfen, ob die fraglichen Schuldverschreibungen mit gesetzlicher Ermächtigung (staatlicher Genehmigung; vgl. z. B. § 795) und unter den vom Gesetz aufgestellten Bedingungen ausgegeben und daher gültig sind. Die Verpflichtung zur Prüfung der Gültigkeit der Schuldurkunden 2c. ist (anders als in § 39 pr. VO.) als selbstverständlich vorausgesetzt.[5])

i) Für den Fall, daß die Anlegung von Mündelgeldern den Umständen nach nicht auf die im § 1807 bezeichnete Weise erfolgen kann, schreibt § 1808 die Anlegung derselben bei der Reichsbank, bei einer Staatsbank oder bei einer anderen durch Landesgesetz dazu für geeignet erklärten inländischen Bank oder einer Hinterlegungsstelle vor.

Die Motive[6]) gehen davon aus, daß es sich im § 1665 (1808) um eine vorübergehende Belegung handele. Damit in Übereinstimmung steht § 39 Abs. 2 der pr. V.-O., der im Gegensatze zu dem in Abs. 1 daselbst gebrauchten Ausdruck „anlegen" von einer „Belegung", also einer einstweiligen Unterbringung spricht.[7])

---

[1]) R.G. C.S. XXXIII S. 211/12.
[2]) S. 1109 Abs. 1 a. E.
[3]) vgl. R.G. C.S. XVII Nr. 47.
[4]) vgl. § 249. R.G. C.S. XI Nr. 70 und XVI Nr. 47.
[5]) M. S. 1112/13.
[6]) S. 1116/17.
[7]) vgl. Wachler S. 39 Anm. 15.

Die 2. Kommission war dagegen einig in der Auffassung, daß die Bemerkung der M., es handele sich im § 1665 (1808), um eine nicht dauernde Anlegung in dem Sinne aufzufassen sei, daß nur die „Umstände", welche verhinderten, daß die dem § 1664 (§ 1807) entsprechende Art der Anlegung eintrete, regelmäßig vorübergehende sein würden. Dieser Auffassung entsprechend ist der im § 1665 E. I zum Ausdruck gebrachte Gegensatz zwischen „anlegen" und „belegen" im § 1784 E. III in Wegfall gebracht.[1])

Nach diesen Verhandlungen ist anzunehmen, daß § 1808 die dauernde Anlegung desjenigen Mündelgeldes bezielt, dessen Anlegung in Gemäßheit des § 1807 den Umständen nach nicht möglich ist.

Nachdem der von der vorübergehenden Belegung von Mündelgeld handelnde § 1668 E. I (1691 E. II) gestrichen ist, enthält das B. G. nur no chVorschriften über die dauernde Anlegung verfügbaren Mündelgeldes.

k) In welcher Weise der Vormund bei den im § 1808 bezeichneten Banken[2]) oder Hinterlegungsstellen und verschiedenen sich ihm darbietenden Möglichkeiten das Mündelgeld belegen will, ist seinem Ermessen überlassen. Davon hängt es auch ab, ob und wie er die zur Bestreitung der laufenden Ausgaben erforderlichen Gelder vorübergehend belegen will.

Die Bedingungen für die Anlegung von Mündelgeld bei den bezeichneten Banken ergeben sich aus den für diese geltenden Gesetzen[3]) bezw. Satzungen.

Dagegen, daß dem Mündel durch die Anlegung seines Vermögens in Inhaber- oder Legitimationspapieren (§§ 793, 808) keine Nachteile erwachsen, ist durch die §§ 1809 und 1810 Vorkehr getroffen (vgl. § 25, 4 a).

Die Anlegung von Mündelgeld bei Privatbanken darf erst erfolgen, nachdem diese durch Landesgesetz dazu für geeignet erklärt sind. Soweit dies bereits geschehen ist, bleiben die bezüglichen Vorschriften der Landesgesetze in Kraft; bezügliche neue landesgesetzliche Vorschriften können erlassen werden. (Art. 3). Die Landesgesetzgebung kann ihre bezügliche Befugnis auf die Regierung übertragen; wo diese die Befugnis bereits hat, bleibt es dabei.[4])

Die Landesgesetze können endlich nach E. G. Art. 144 Satz 2 die Anlegung von Mündelgeld bei den Hinterlegungsstellen des Bundesstaats ausschließen. Diese Vorschrift steht damit im Zusammenhange, daß der Landesgesetzgebung die Einsetzung und Organisation der öffentlichen Hinterlegungsstellen zugewiesen ist.[5])

[1]) Pr. S. 774 Abs. 2.

[2]) Nach Bekanntmachung v. 3. Dez. 1878 nimmt die Reichsbank zur Zeit Mündelgelder zur Belegung nicht an.

[3]) vgl. zB. pr. Reichsbankgesetz v. 14. März 1895.

[4]) Pr. S. 777 Abs. 1.

[5]) M. II. S. 92 und 97. Die Hinterlegungsstellen sind landesgesetzlich vielfach von der Annahme von Mündelgeld ausgeschlossen (vgl. die A. G. G. I—IX vorstehend).

l) Eine Frist zur Anlegung verfügbaren Mündelgeldes hat das B. G. dem Vormunde nicht gesetzt. Ebensowenig schreibt es (vgl. pr. V.O. § 39 Abs. 5) vor, daß derselbe denjenigen Betrag, den er anzulegen verzögert hat, nach einem bestimmten Zinsfuße zu verzinsen hat. Es bewendet daher in dieser Beziehung bei der Verpflichtung des Vormundes (§ 1833 Abs. 1), dem Mündel den ihm durch seine Schuld erwachsenen Schaden zu ersetzen. Der Ersatz wird regelmäßig in der Verzinsung der anzulegenden Summe nach dem derzeit üblichen Zinsfuß bestehen. (vgl. §§ 668, 698)

§ 25. Die Schranken der vormundschaftlichen Vermögensverwaltung.

1. Das Verbot der Verwendung von Mündelvermögen in den eigenen Nutzen des Vormundes.

1805; I § 1662; II § 1685; III § 1781; M. S. 1107 und 1108; Pr. S. 760, Nr. XIII; pr. V.-O. § 40.

1. Der Vormund darf keinerlei „Vermögensgegenstände" (E. I) des Mündels für sich verwenden; das Vermögen des letzteren soll von demjenigen des ersteren vollständig getrennt gehalten werden.

Der in E. I und II enthaltene Ausdruck „in eigenem Nutzen verwenden" ist in dem Gesetz durch „für sich verwenden" ersetzt worden, um ganz allgemein jeden eigennützigen Gebrauch zu treffen und die Auslegung zu verhüten, daß es sich nur um die Verwendung von Geld oder anderen vertretbaren Sachen in den Nutzen des Vormundes handele.[1])

Eine Verwendung von Vermögensstücken „für sich" seitens des Vormundes liegt dann nicht vor, wenn dieser Sachen des Mündels lediglich im Interesse des letzteren benutzt, z. B. auf einem Grundstücke wohnt, um dasselbe für jenen zu bewirtschaften, oder ein Haus des Mündels benutzt, um dasselbe vor dem Verfalle zu bewahren.

Bei der ganz allgemeinen Fassung des § 1805 ist dem Vormunde die Verwendung von Mündelgeld für sich auch als Darlehen nicht gestattet;[2]) dies auch nicht gegen Eintragung der Darlehnsforderung auf Grundstücke des Vormundes.[3]) Dagegen hat demselben der Erwerb einer auf seinem Grundstücke lastenden Hypothek oder Grundschuld für den Mündel nicht — wie im § 40 Abs. 2 pr. V.-O. — verboten werden sollen.[4])

2. Durch die Verwendung von Mündelvermögen für sich macht sich der Vormund dem Mündel wegen des diesem dadurch erwachsenen Schadens nach § 1833 verantwortlich. Der Mündel kann ferner Herausgabe nicht bloß seiner im Besitze des Vormundes befindlichen Sachen, sondern auch der Bereicherung verlangen, die der Vormund durch die unerlaubte Verwendung erlangt hat (§ 812). — Außerdem ist gegen diesen im

---

[1]) Selbst unentgeltliche Dienste des Mündels für den Vormund, die nach den Umständen bereits anderweitig verwertet werden können, fallen unter das Verbot (vgl. Schultzenstein § 1805 Anm. 1).

[2]) Das römische Recht (L. 9 § 7 D. 26, 7) gestattete solche Verwendung.

[3]) vgl. Buchka und Budde V S. 366.

[4]) M. S. 1092 Abs. 3.

Aufsichtswege einzuschreiten und nötigenfalls seine Absetzung anzuordnen (§§ 1837, 1886).

Verwendet der Vormund in dieser oder jener Form Mündel g e l d für sich, so hat er dasselbe, vorbehaltlich der Geltendmachung eines größeren Schadens, nach § 1834 von der Zeit der Verwendung an bis zur Erstattung, und zwar gemäß § 246 mit vier vom Hundert für das Jahr, zu verzinsen. Der Lauf dieser Zinsen hört mit der Beendigung der Vormundschaft nicht auf, da das Gesetz das Ende der Zinspflicht mit jenem Zeitpunkte nicht vorschreibt, nach allgemeinen Grundsätzen aber Forderungen bis zu ihrer Berichtigung zu verzinsen sind.

Von der Zeit ab, wo der Vormund aus seinem Vermögen Vorschüsse für den Mündel gemacht hat, mindert sich die zu verzinsende Summe um den Betrag des Vorschusses, da anzunehmen ist, daß der Vormund soweit seine Schuld hat tilgen wollen.

2. Das Verbot von Schenkungen aus dem Mündelvermögen.

§ 1804; I § 1661; II § 1684; III § 1780; M. S. 1106 und 1107; Pr. S. 760, XIII; pr. V.-O. § 38.

1. Der Begriff der Schenkung ist in den §§ 516 und 517 bestimmt. Der § 1804[1]) beschränkt sich auf Schenkungen in dem dort bezeichneten Sinn[2]) Er umfaßt daher nur unentgeltliche Zuwendungen aus dem Vermögen des Mündels, durch die ein Anderer bereichert wird, nicht Freigebigkeiten im weiteren Sinne.[3]) Die Unterlassung eines Vermögenserwerbes zum Vorteil eines Anderen, die Ausschlagung eines angetragenen, aber noch nicht gemachten Erwerbes, z. B. einer angefallenen, noch nicht erworbenen Erbschaft, eines Vermächtnisses (vgl. § 517), die Aufhebung eines Erbvertrages, ein Erbverzicht, die Bestellung einer Sicherheit für ein Recht und die Aufgabe oder Verringerung einer für ein Recht bestellten Sicherheit (vgl. E. I § 439), ein gerichtlicher oder außergerichtlicher Vergleich fallen nicht unter § 1804. Ob ein Verzicht sich als Schenkung darstellt, ist nach der Absicht des Verzichtenden und dem dem Verzichte zu Grunde liegenden Rechtsverhältnis zu beurteilen. Im übrigen ist hier auf die Lehre von der Schenkung zu verweisen.

Dagegen, daß der Vormund aus dem Vermögen des Mündels zu dessen Nachteile nicht Schenkungen im weiteren Sinne macht, die nicht unter § 1804 fallen, wird der Mündel durch die in den meisten Fällen zu denselben erforderliche Genehmigung des V.-Gerichts hinlänglich gesichert (vgl. §§ 1822 Nr. 1, 12 und 13; 2290 Abs. 3, 2347).

2. Der Vormund k a n n Schenkungen aus dem Mündelvermögen nicht machen; macht er sie, so sind sie unwirksam. Das Geschenkte kann zurückgefordert werden.[4]) Ausgenommen sind solche Schenkungen, durch

---

[1]) vgl. § 1641.

[2]) M. S. 1106 Abs. 5.

[3]) Anders § 38 pr. V.-O., der auch Liberalitäten im weiteren Sinne befaßt; vgl. Dernburg S. 177 Nr. 2; R.G. C.S. XXXIII Nr. 44.

[4]) R.G. C.S. III S. 307, vgl. §§ 932, 986, 812, 816 über die Grenzen des Rückforderungsrechts.

die einer sittlichen Pflicht oder einer auf den Anstand zu nehmenden Rücksicht entsprochen wird. Welche Schenkungen dahin gehören, ist nach dem persönlichen Verhältnis des Mündels zu dem zu Beschenkenden und den Standes- und Familienverhältnissen des ersteren, in Beihalt der beiderseitigen Vermögensverhältnisse, zu ermessen. Zu den erlaubten Geschenken gehören die üblichen Festgeschenke an Dienstboten, Tagelöhner und Personen, die sich in ähnlicher Lebensstellung befinden, Gratifikationen, wie sie nach allgemeiner Sitte an Ärzte, Prediger u. a. m. gemacht zu werden pflegen. Als erlaubt sind insbesondere auch anzusehen Beiträge zu Zwecken, die dem Allgemeinwohl oder dem Interesse desjenigen Standes dienen, welchem der Mündel angehört, wenn die Vermögensverhältnisse des letzteren sie gestatten.[1])

3. Das zulässige Maß an sich erlaubter Schenkungen bestimmt sich nach den Vermögensverhältnissen des Mündels und der Üblichkeit.

4. Aus dem Ausschluß der Vertretungsmacht des Vormundes in Beziehung auf Schenkungen ergiebt sich, daß auch die Genehmigung des Vormundes zu einer von dem Mündel selbst gemachten Schenkung diese nicht wirksam macht.[2])

3. Die Verwaltung von Zuwendungen unter Lebenden und von Todeswegen nach den Anordnungen der Zuwender.

§ 1803; I § 1660; II § 1683; III § 1779; M. S. 1102 bis 1106 Abs. 2; S. 169 ff., 761; Pr. S. 760 Nr. XII; pr. V.-O. § 36.

1. Das G.-B. legt, in wesentlicher Übereinstimmung mit dem gemeinen Rechte[3]), den Anordnungen, welche bei letztwilligen Verfügungen der Erblasser, bei unentgeltlichen Zuwendungen unter Lebenden der Zuwender hinsichtlich der Verwaltung der von ihm gemachten Zuwendungen getroffen hat, in verschiedenen Rechtsverhältnissen rechtliche Wirksamkeit bei (vgl. §§ 1369, 1638, 1651 Nr. 2 hinsichtlich des ehelichen Güterrechts, bezw. des Verwaltungsrechts des Vaters am Vermögen des Kindes und hinsichtlich des freien Vermögen des Kindes).[4])

2. Für das Gebiet des Vormundschaftsrechts bestimmt § 1803: „was der Mündel von Todeswegen erwirbt, oder was ihm unter Lebenden von einem Dritten unentgeltlich zugewendet wird, hat der Vormund nach den Anordnungen des Erblassers oder des Dritten zu verwalten, wenn die Anordnungen von dem Erblasser durch letztwillige Verfügung, von dem Dritten bei der Zuwendung getroffen sind." Der Grund dieser Bestimmung ist, daß es im Interesse des Mündels wünschenswert erscheint, jene auf die Förderung seines Wohles, insbesondere die Sicherung seiner Vermögensverhältnisse gerichteten und dazu meistens auch geeigneten

---

[1]) vgl. die Mecklenb. V.-O. vom 18. Juli 1818, die die Zahlung s. g. freiwilliger Anlagen, die auf den Landtagen zur Unterstützung Bedürftiger bewilligt werden, aus dem Vermögen minderjähriger Landstände unter jener Voraussetzung gestattet.

[2]) vgl. I § 1661: „oder von dem Mündel mit Einwilligung des Vormundes" und dazu M. S. 1106 Abs. 4.

[3]) Nov. 117 cap. I; Seuffert: V Nr. 186; XXIII Nr. 37; XII Nr. 43.

[4]) M. S. 168—170; S. 760—762.

Anordnungen aufrecht zu erhalten. Derselbe rechtfertigt eine gewisse Einschränkung der öffentlichrechtlichen Verwaltungsbefugnis des Vormundes. Denn um eine solche Einschränkung, nicht um eine der letztwilligen Verfügung oder der Zuwendung unter Lebenden als solcher hinzugefügte Bedingung, Voraussetzung oder Auflage (vgl. §§ 448, 820, 1940, 2078) handelt es sich. Wirkliche Bedingungen 2c. sind nach allgemeinen Grundsätzen zu beurteilen.

3. Voraussetzung der Gültigkeit der fraglichen Anordnungen ist, daß sie durch letztwillige Verfügung, bezw. bei der Zuwendung getroffen worden sind. Hinsichtlich der ersteren finden die allgemeinen Vorschriften über letztwillige Verfügungen und die Form der Anfechtbarkeit derselben Anwendung (vgl. S. 24). Für die Zuwendung unter Lebenden wird nur verlangt, daß die Anordnung bei der Zuwendung, d. h. gleichzeitig und in erkennbarem Zusammenhange mit dem die Zuwendung vermittelnden Rechtsgeschäfte erfolgt.[1]) Im Übrigen gelten die für die gewählte Art der Zuwendung gegebenen materiellen und formellen Vorschriften.

Ob der letztwillig Bedachte auf das ihm Zugewendete einen gesetzlichen Anspruch hatte, ob die letztwillige Verfügung sich insbesondere auf den Pflichtteil des Bedachten bezieht, ist für die in Rede stehende Anordnung gleichgültig. Denn diese berührt nicht das Pflichtteilsrecht des Bedachten, sondern nur die Verwaltungsbefugnis des Vormundes.

4. Die fraglichen Anordnungen haben aber nur soweit Gültigkeit, als sie sich auf das Zugewendete beziehen. Anordnungen hinsichtlich der Verwaltung des Mündelvermögens ohne Zuwendung an dasselbe kennt das Gesetz nicht. Es hat insbesondere den Eltern des Mündels als solchen die fragliche Befugnis nicht zugestanden. Andererseits hat es diese nicht mit der pr. V. O. auf den Erblasser des Mündels beschränkt.

5. Die Anordnungen, die der Erblasser 2c. hinsichtlich der von ihm gemachten Zuwendung treffen kann, beziehen sich nur auf die Verwaltung[2]) derselben, nicht auf andere Gebiete des Vormundschaftsrechts. Der Erblasser 2c. als solcher kann z. B. durch seine Anordnungen auf die Berufung, Bestellung, Befreiung, Entlassung 2c. des Vormundes keinen Einfluß üben. Dagegen ist er in Bezug auf Verwaltungsmaßregeln nur soweit beschränkt, als dieselben den allgemeinen gesetzlichen Beschränkungen unterliegen. Er kann Veräußerungen gebieten und verbieten, die Anlegung von Kapitalien in anderer als der in den §§ 1807 und 1808 vorgeschriebenen Art vorschreiben, die Fortsetzung oder den Erwerb eines Erwerbsgeschäftes anordnen 2c. Aber die von ihm verfügten Maßnahmen unterliegen der Genehmigung des Gegenvormundes, bezw. des V.-Gerichts, wo diese gesetzlich vorgeschrieben ist.

6. Eine wesentliche Abschwächung erleiden die fraglichen Anordnungen

---

[1]) M. S. 170: „Durch eine mit der Zuwendung selbst zu verbindende Willenserklärung".

[2]) Natürlich auch auf die Veräußerung der dazu gehörigen Gegenstände.

durch die Bestimmung des § 1803 Abs. 2. Darnach darf der Vormund mit Genehmigung des V.-Gerichts von denselben abweichen, wenn ihre Befolgung das Interesse des Mündels gefährden würde. Ob dies der Fall ist, hat in erster Linie der Vormund zu ermessen, dem es anheimgegeben ist, mit behufigen Anträgen bei dem V.-Gerichte[1]) hervorzugehen, und der, wo das Interesse des Mündels es fordert, zur Vermeidung eigener Verantwortlichkeit damit hervorgehen muß. Im Übrigen liegt nicht in jeder mit der Befolgung der Anordnung für den Mündel verbundenen Vermögensaufwendung oder dem Entgehen eines Vermögensgewinnes eine Gefährdung des Interesses desselben.[2])

Daß von den Anordnungen des Erblassers 2c. gegebenen Falles auch teilweise, nämlich soweit sie das Interesse des Mündels gefährden, abgewichen werden und dieselben, soweit sie dies nicht thun, aufrechterhalten werden können, ist selbstverständlich. Auch für einen einzelnen Fall kann von der Anordnung abgewichen, dieselbe im Übrigen aber aufrecht erhalten werden.[3])

7. Bei Zuwendungen unter Lebenden kann indes von den Anordnungen des Zuwenders, solange dieser lebt, nur mit Zustimmung dieses abgewichen werden (§ 1803 Abs. 3). Die Zustimmung desselben zu der Abweichung genügt aber auch, und bedarf es der Genehmigung des V.-Gerichts dazu nicht. Nur, wenn der Dritte dauernd außer stande ist, eine Erklärung abzugeben oder sein Aufenthalt dauernd unbekannt ist, tritt wieder die Genehmigung des V.-Gerichts an die Stelle der Erklärung des Dritten.[4])

8. Bei Abweichungen des Vormundes von den fraglichen Anordnungen macht derselbe sich dem Mündel verantwortlich, und hat das V.-Gericht im Aufsichtswege gegen den Vormund einzuschreiten.

9. Dritte, mit denen der Vormund in Überschreitung der ihm durch die fraglichen Anordnungen auferlegten Beschränkung seiner Verwaltungsbefugnisse Rechtsgeschäfte für den Mündel abgeschlossen hat, werden dadurch in keiner Weise berührt. Die Vertretungsmacht des Vormundes nach außen wird durch die Anordnungen nicht beschränkt[5]) und kommt es daher auch auf den guten Glauben des Dritten nicht an.[6])

4. Das Genehmigungsrecht des Gegenvormundes.

a) Bei Anlegung und Erhebung von Mündelgeld.

§§ 1809 und 1810; I § 1666; II § 1689; III §§ 1785 und 1786. M. S. 1117 bis 1120; Pr. S. 777 bis 779 Abs. 3; pr. V.-O. § 39 Abs. 1.

1. Der Vormund soll die in den §§ 1806—1808 vorgeschriebene Anlegung von Mündelgeld nur mit Genehmigung des Gegenvormundes

---

[1]) Welches nach Anhörung des Gegenvormundes zu entscheiden hat (§ 1826).

[2]) M. S. 1105 Abs. 4.

[3]) M. S. 1106 Abs. 2.

[4]) vgl. § 1305 Abs. 2. Andere Gründe kommen nicht in Betracht; eine Zurückweisung der Zuwendung aber (Fischer-Henle, § 1803 Anm. 8) braucht niemals einzutreten.

[5]) M. S. 1104; Dernburg S. 89 Abs. 2.

[6]) A. A. hinsichtlich der Bereicherungsklage Schultzenstein, § 1803 Anm. 4 Abs. 2.

bewirken. In dieser Genehmigung sieht das Gesetz die Hauptgewähr für eine gesetzmäßige und den Interessen des Mündels entsprechende Anlegung des Mündelgeldes. Es fordert deshalb, abweichend von E. I § 1666 Satz 1, die Genehmigung auch in den Fällen der Anlegung von Mündelgeld bei einer öffentlichen Sparkasse (§ 1807 Nr. 5) und des § 1808. Die Ausdehnung auf diese Fälle war umsomehr geboten, als es sich auch in ihnen um eine dauernde Anlegung von Mündelgeld handelt (vgl. § 24, 3 i).[1])

2. Ist ein Gegenvormund zur Zeit der Anlegung des Mündelgeldes nicht vorhanden, so soll die Anlegung nur mit Genehmigung des Vormundschaftsgerichts erfolgen, es sei denn, daß die Vormundschaft von mehreren Vormündern gemeinschaftlich geführt wird.

Ob ein Gegenvormund überhaupt nicht bestellt, oder ob er zwar bestellt, demnächst aber wieder weggefallen ist, macht keinen Unterschied.[2]) In beiden Fällen ist er nicht vorhanden, und nur darauf kommt es an.

3. Im Falle, daß ein Gegenvormund zwar vorhanden ist, derselbe sich aber mit dem Vormund über die Art der Anlegung des Mündelgeldes nicht einigen kann, oder daß die Genehmigung des Gegenvormundes aus einem anderen Grunde nicht zu erlangen oder ihre Einholung verabsäumt ist, wird dieselbe durch diejenige des V.-Gerichts „ersetzt."

Der § 1812 Abs. 2 schreibt (allgemeiner als § 41 Abs. 2 pr. V.-O.) vor, daß die Genehmigung des Gegenvormundes durch diejenige des V.-Gerichts „ersetzt wird." Darnach und nach der anzunehmenden Absicht des Gesetzes[3]), die Genehmigung auf dem kürzesten Wege herbeizuführen, ist davon auszugehen, daß die Genehmigung des V.-Gerichts auch dann ohne weiteres eintreten kann, wenn der Gegenvormund die seinige ohne stichhaltigen Grund verweigert. Es erscheint daher als durch § 1812 Abs. 2 ausgeschlossen, vor weiterem den Gegenvormund durch Ordnungsstrafen zur Erteilung seiner Genehmigung anzuhalten.[4]) Dadurch wird natürlich nicht ausgeschlossen, daß das V.-Gericht gegebenen Falls im Aufsichtswege gegen den Gegenvormund einschreiten kann. Vor Erteilung der Genehmigung des V.-Gerichts ist gemäß § 1826 der Gegenvormund zu hören, wenn seine Anhörung thunlich ist.

4. Die Folge der Anlegung von Mündelgeld ohne die Genehmigung des Gegenvormundes oder des V.-Gerichts ist nicht Nichtigkeit der Anlegung. Der § 1810 enthält nur eine Ordnungsvorschrift.[5]) Der Vormund, welcher sie nicht beachtet, macht sich aber einer Pflichtverletzung

---

[1]) vgl. Pr. S. 788 Abs. 3.

[2]) vgl. Pr. S. 778/79 und dazu M. S. 1118 Abs. 2.

[3]) M. S. 1127 Abs. 5.

[4]) Übereinstimmend Fuchs S. 113 Abs. 3; Schultzenstein § 1812 Anm. 7. Für nicht ausgeschlossen hält die Erkennung von O.-Strafen gegen den Gegenvormund Hesse.

[5]) M. S. 1117/18; pr. V.O. § 39 Abs. 1: „im Einverständnisse mit dem Gegenvormund."

schuldig, die eventl. zu einem Einschreiten wider ihn im Aufsichtswege führt und ihn dem Mündel verantwortlich macht.

Was von der Anlegung des Mündelgeldes gilt, gilt auch von den dieselbe vermittelnden Rechtsgeschäften, also denjenigen Rechtsgeschäften, welche die Beleihung von Mündelgeld, den Erwerb von Wertpapieren und dergl. zum Gegenstande haben.

5. Die Anlegung von Mündelgeld bei öffentlichen Sparkassen (§ 1807 Nr. 5) und bei den im § 1808 bezeichneten Banken und Hinterlegungsstellen soll der Vormund nur mit der Bestimmung bewirken, daß zur Erhebung des Geldes die Genehmigung des Gegenvormundes oder des V.-Gerichts erforderlich ist (§ 1809). Ohne diese Vorschrift würde der Vormund die Bestimmung des § 1812, wonach er über Wertpapiere des Mündels nur mit Genehmigung des Gegenvormundes verfügen kann, in Bezug auf gewisse Papiere umgehen können; denn er würde bei der Anlegung von Mündelgeld gegen Inhaber- oder Legitimationspapiere (§§ 793, 808) über diese ihrer Natur nach ohne die Genehmigung des Gegenvormundes oder des V.-Gerichts zu verfügen im stande sein. Der Möglichkeit einer solchen einseitigen Verfügung des Vormundes über Mündelgeld tritt der § 1809 entgegen (vgl. § 1814).

Hat der Vormund Mündelgeld ohne die ihm im § 1809 vorgeschriebene Bestimmung angelegt, so gilt das zu Nr. 4 Bemerkte. Er ist in dem Fall auch zur Erhebung des Geldes ohne die Genehmigung des Gegenvormundes befugt (vgl. § 25 b, Nr. 14 c).[1]

6. Der Vater und die eheliche Mutter des Mündels können gemäß §§ 1852 Abs. 2 und 1855 anordnen, daß die von ihnen benannten Vormünder den in den §§ 1809 und 1810 bestimmten Beschränkungen nicht unterliegen.

b. Genehmigung des Gegenvormundes zu Verfügungen des Vormundes über Forderungen, Rechte und Wertpapiere des Mündels.

§§ 1812, 1813; I § 1669; II §§ 1692, 1693; III §§ 1788, 1789; M. S. 1121 bis 1129; Pr. S. 781—783; pr. V.-O. § 41.

1. Die Beschränkungen, die das gemeine Recht dem Vormund in der Verfügung über das Mündelgut auferlegte — keine Veräußerung, Verpfändung und Beschwerung des Mündelgutes „ohne Vorwissen, Erkenntnis und Dekret der Obrigkeit";[2]) Kapitalzahlungen an den Vormund mit befreiender Wirkung für den Mündel nur bei vorliegendem obrigkeitlichen Dekrete — sind durch die Landesgesetzgebungen teils abgemindert (Veräußerung von Grundstücken auch im Falle bloßer Nützlichkeit), teils, und dies in überwiegender Zahl, vermehrt worden (Genehmigung des V.-Gerichts zur Abtretung und Verpfändung von Forderungen, zum Abschluß von Miet- und Pachtverträgen, zu Vergleichen und Schiedsverträgen, auch wenn letztere nicht die Veräußerung von

---

[1]) vgl. Fischer-Henle § 1809 Anm. 5.
[2]) R.-P.-O. v. 1577 Tit. 32 § 3.

Mündelgut zum Gegenstande haben, zur Aufnahme von Darlehen, zur Prozeßführung u. a. m.). Die Erteilung der Genehmigung zu den minder wichtigen dieser Geschäfte ist dann da, wo man das Institut der Gegenvormundschaft hatte, im Interesse der Entlastung der V.-Gerichte und der Erleichterung des Verkehrs vielfach von jenen auf den Gegenvormund übertragen worden.

Der § 41 der pr. VO. verlangt die Genehmigung des Gegenvormundes zur Veräußerung von Wertpapieren, zur Einziehung, Abtretung oder Verpfändung von Kapitalien, sofern dieselben nicht bei Sparkassen belegt sind, und zur Aufgabe und Minderung der für eine Forderung bestellten Sicherheit.

2. Das B. G. geht weiter, indem es die Genehmigung des Gegenvormundes außer zur Verfügung über Wertpapiere allgemein zur Verfügung über „eine Forderung oder ein anderes Recht, kraft dessen der Mündel eine Leistung verlangen kann", vorschreibt. Die Beschränkung der pr. V.-O. auf Kapitalien ist aufgegeben, und überall da, wo es sich um die Erhebung von Leistungen auf Grund eines Rechts handelt, die Genehmigung des Gegenvormundes erfordert worden. Man hat damit gleichmäßig alle diejenigen Fälle treffen wollen, wo durch die Erfüllung des Anspruches an die Stelle desselben Gegenstände treten, die, wie namentlich Geld und Wertpapiere, dem Mündel leicht entzogen werden können.

3. Welcher Natur das Rechtsgeschäft ist, auf Grund dessen die Leistung verlangt werden kann, ob es sich insbesondere um einen persönlichen oder einen dinglichen Anspruch handelt, ist gleichgültig; ebenso andererseits, ob einem Dritten ein Recht auf die im § 1812 bezeichneten Verfügungen zusteht.[1])

Unter den Ansprüchen, über die der Vormund nur mit Genehmigung des Gegenvormundes verfügen kann, waren im E. I § 1669 namentlich auch Hypotheken und Grundschulden aufgeführt. Dies wurde in der 2. Kommission mit dem Bemerken bemängelt, daß Hypotheken und Grundschulden keine Ansprüche seien, sondern solche erzeugten. Die jetzige, mit derjenigen des § 952 Abs. 2 übereinstimmende Fassung enthält aber nur eine redaktionelle Änderung.[2]) Die Verfügung über Hypotheken, Grund- und Rentenschulden fällt danach unter den § 1812; der Genehmigung des V.-Gerichts unterliegt dieselbe nicht (§ 1821 Abs. 2; vgl. § 25, Nr. 17).

4. Über bewegliche Sachen des Mündels kann der Vormund frei verfügen; es ist seinem pflichtmäßigen Ermessen überlassen, sie zu veräußern und zu verpfänden. Eine bestimmte Art der Veräußerung derselben ist ihm nicht vorgeschrieben.[3]) Es steht ihm auch frei, das Eigentum an beweglichen Sachen durch Abtretung des Anspruchs auf Herausgabe derselben (§ 931) zu übertragen und Pfandrechte daran durch

---

[1]) M. S. 1124 Abs. 3.
[2]) Pr. S. 782 Abs. 3.
[3]) M. S. 1128 Abs. 6.

Übertragung des mittelbaren Besitzes (§ 1205 Abs. 2) auf den Pfandgläubiger zu bestellen, und zwar beides ohne Genehmigung des Gegenvormundes.[1]) Denn in beiden Fällen handelt es sich nicht sowohl um die Abtretung von Ansprüchen als um die Übertragung des Eigentums bezw. die Bestellung eines Pfandrechts.

5. Der Begriff des „Verfügens" ist weiter als der der „Veräußerung oder Belastung" im § 1669 E. I. Er umfaßt alle und jede dem Rechte nach zulässigen Verfügungen.[2]) Es fallen darunter sowohl „Veräußerungen", d. h. die Übertragung von Eigentum und anderen Rechten, und „Belastungen", d. h. die Bestellung dinglicher Rechte, als auch Verfügungen irgend einer anderen Art, insbesondere Aufhebung und Veränderung von Forderungen. Zu den Verfügungen der letzteren Art gehört die Annahme geschuldeter Leistungen (vgl. jedoch § 1813 Nr. 1).

Auch die Kündigung, die zweifellos nicht unter „die Veräußerung und Belastung" des § 1669 E. I. fiel,[3]) ist als Verfügung im Sinne des § 1812 anzusehen.[4])

Der Abschluß obligatorischer Rechtsgeschäfte als solcher ist keine Verfügung über ein Recht, er begründet vielmehr erst Forderungen, über die verfügt werden kann. Die außergerichtliche Einziehung von Forderungen, und zwar auch derjenigen aus Kaufgeschäften, bei denen Zug um Zug zu erfüllen ist,[5]) ist Verfügung über eine Forderung und bedarf daher der Genehmigung des Gegenvormundes.[6])

Die Führung eines Rechtsstreites über Forderungen und Rechte des Mündels kann diese mittelbar zwar beeinflussen, ist aber keine unmittelbare Verfügung über dieselben. Es bedarf daher nicht der Genehmigung des Gegenvormundes zu derselben; nur zu der Zahlung an den Vormund wird dieselbe erfordert.[7])

6. Der E. I § 1676 bestimmte in seiner zweiten Hälfte, daß die Genehmigung des Gegenvormundes nicht erforderlich sei „zur Veräußerung oder Belastung eines Gegenstandes im Wege einer gegen den Mündel gerichteten Zwangsvollstreckung." Diese Bestimmung wurde von der zweiten Kommission als selbstverständlich und zu einer dem Entwurfe fremden Auffassung der Zwangsvollstreckung führend gestrichen.

Über den Verkauf gemeinschaftlicher Sachen siehe § 25, 5 unter 1.

7. Den Verfügungen über die im § 1812 bezeichneten Rechte sind die auf die Verpflichtung zu solchen Ver-

---

[1]) Pr. S. 782 Abs. 3.

[2]) M. I. S. 128 Abs. 3.

[3]) vgl. M. S. 1127 Abs. 1.

[4]) vgl. Pr. S. 782 Abs. 5; Planck S. 148 unter 4; Fischer-Henle § 1812 Anm. 5; vgl. auch R.G. C.S. XXVI S. 191; A. A. Fuchs S. 108 Nr. cc.; Schultzenstein § 1812 Anm. 5.

[5]) vgl. Pr. S. 783 unter D.

[6]) Nicht dagegen die Zurücknahme deponirter Wertpapiere (Schultzenstein § 1812 Anm. 5).

[7]) M. S. 1127; Dernburg S. 185 Abs. 3 und 4; Planck a. O.

fügungen gerichteten obligatorischen Verträge gleichgestellt.

8. Diejenigen Rechtshandlungen, zu denen nach den §§ 1819 bis 1822 die Genehmigung des V.-Gerichts erforderlich ist, bedürfen nicht auch noch derjenigen des Gegenvormundes.

9. Hinsichtlich der Ersetzung der Genehmigung des Gegenvormundes durch diejenige des V.-Gerichts gilt das zu § 25, 4 unter 3 Bemerkte.

10. Der Vater und die eheliche Mutter können anordnen, daß der von ihnen benannte Vormund zu den im § 1812 bezeichneten Rechtsgeschäften der Genehmigung des V.-Gerichts nicht bedürfen soll (§§ 1852 Abs. 2, 1855). Diese Anordnung ist als getroffen anzusehen, wenn der Vater die Bestellung eines Gegenvormundes ausgeschlossen hat.

Die landesgesetzlichen Vorschriften, nach denen im Fall einer nach den Vorschriften des Art. 136 Nr. 1—3 stattfindenden Bevormundung dem Vormunde die nach § 1852 zulässigen Befreiungen — also auch von der Genehmigung des Gegenvormundes und des V.-Gerichts — zustehen, bleiben unberührt (Art. 136 Nr. 4).

11. Die genehmigende Erklärung des Gegenvormundes hat gemäß §§ 1828, 1832 dem Vormunde gegenüber zu erfolgen. Dieser vertritt den Mündel; bei einer nachträglichen Genehmigung durch den Gegenvormund gewinnt das genehmigte Rechtsgeschäft erst durch die Mitteilung des Vormundes an den Dritten Wirksamkeit mit rückwirkender Kraft (vgl. § 25, b unter 1).

12. An eine Form ist die Genehmigung des Gegenvormundes im allgemeinen nicht gebunden; sie kann mündlich oder schriftlich oder auch durch s. g. stillschweigende Willenserklärung[1]) erfolgen. Die Genehmigung von Eintragungs-, Umschreibungs- und Löschungsbewilligungen zum Grundbuche hat jedoch in den in der G. B. O. vorgeschriebenen Formen (vgl. z. B. § 29 daselbst) zu erfolgen.

13. Die Folgen der Nichtgenehmigung des Gegenvormundes ergeben sich gemäß § 1832 aus den §§ 1829—1831, (vgl. § 25 c).

14. Ausnahmen von der Regel des § 1812 stellt der § 1813 für verschiedene Fälle der Annahme einer geschuldeten Leistung auf. Diese, welcher die Aufgabe eines Rechts entspricht, ist Veräußerung und daher an sich dem § 1812 unterworfen. Es soll aber der Genehmigung des Gegenvormundes nicht bedürfen:

a) wenn der Gegenstand der Leistung nicht in Geld oder Wertpapieren besteht; dies aus dem Grunde nicht, weil eine wesentliche Gefahr für den Mündel nur dann besteht, wenn der Vormund diese Gegenstände ohne die kontrolirende Genehmigung des Gegenvormundes entgegennimmt, und weil die Rücksicht auf die Vereinfachung der vormundschaftlichen Verwaltung und den Verkehr die Erleichterung wünschenswert

---

[1]) vgl. Planck, Vorbemerkung zu § 116 I, 1, c.

macht. Für die Erhebung des bei Sparkassen belegten Mündelgeldes ist, anders als im § 41 Nr. 2 pr. VO., keine Ausnahme gemacht;[1])

b) wenn der Anspruch nicht mehr als 300 Mark beträgt und bei der Anlegung des Geldes nicht ein anderes bestimmt ist;

Die Höhe des Anspruches entscheidet, nicht die der einzelnen Leistungen. Teilzahlungen unter 300 Mark bedürfen daher nur dann nicht der Genehmigung des Gegenvormundes, wenn der Anspruch nicht mehr als 300 Mark beträgt.[2])

c) wenn Geld zurückgezahlt wird, das der Vormund angelegt hat und bei der Anlegung desselben nicht ein anderes[3]) bestimmt ist.

Die Befreiung gilt nicht für die Erhebung von Geld, das nach § 1807 Abs. 1 Nr. 1—4, also dauernd in der gesetzlich bestimmten Weise angelegt ist.

Da auch die im § 1808 vorgeschriebene Anlegung nur mit Genehmigung des Gegenvormundes bewirkt werden und das darnach angelegte Geld nur mit Genehmigung desselben erhoben werden soll (§ 1809) so wäre zu erwarten gewesen, daß auch die Erhebung dieses Geldes im § 1813 von der Befreiung ausgenommen wäre. Da dies nicht geschehen ist, so kann sie, wo die Bestimmung des § 1809 nicht befolgt ist, auch ohne die Genehmigung des Gegenvormundes wirksam durch den Vormund allein erfolgen. Ob dies die Absicht des Gesetzes gewesen ist, erscheint zweifelhaft. Man hat bei der Fassung des § 1813 Abs. 2 wohl nur an die Erhebung des von dem Vormunde vorübergehend und daher ohne Genehmigung des Gegenvormundes belegten Geldes gedacht und den Fall des § 1808 als durch die Bestimmungen der §§ 1809, 1810 gedeckt angesehen. Dies ist aber nicht der Fall.

d) wenn der Anspruch zu den Nutzungen des Mündelvermögens gehört.

Nutzungen sind nach § 100 „die Früchte einer Sache oder eines Rechtes sowie die Vorteile, welche der Gebrauch der Sache oder des Rechtes gewährt."

Es entspricht der Natur der Sache, daß der Vormund zu der Erhebung dieser regelmäßig wiederkehrenden und meistens zur Bestreitung laufender Ausgaben benutzten Leistungen ohne Rücksicht auf ihren Betrag der Genehmigung des Gegenvormundes nicht bedarf;

e) wenn der Anspruch auf Erstattung von Kosten der Kündigung oder der Rechtsverfolgung oder auf sonstige Nebenleistungen[4]) gerichtet ist. Diese Bestimmung ist[5]) von der zweiten Kommission eingefügt. Der Zweck derselben ist, zu verhüten, daß die Erhebung solcher Nebenleistungen, je

---

[1]) M. S. 1126 Abs. 2.
[2]) M. a. O. Abs. 3.
[3]) Nämlich die Genehmigung des Gegenvormundes.
[4]) Zu den Nebenleistungen gehört auch die Vertragsstrafe des § 341.
[5]) vgl. Pr. S. 782/92, B.

nachdem sie Gegenstand eines besonderen Anspruches sind oder als Nebenleistung zu einem anderen Anspruche gehören, von der Genehmigung des Gegenvormundes abhängig sind oder nicht. Sind sie nämlich Teil eines anderen Anspruches, so würde, falls der Betrag des letzteren mit ihnen zusammen mehr als 300 Mk. betrüge, die Genehmigung des Gegenvormundes zu jeder, auch der kleinsten Teilzahlung, erforderlich sein, die Genehmigung dagegen fortfallen, wenn die fraglichen Leistungen Gegenstand eines selbständigen Vertrages bilden und unter 300 Mark betragen. Es würde also im einzelnen Falle die Selbständigkeit der Forderung auf die Nebenleistungen zu prüfen und je nachdem die Genehmigung des Gegenvormundes erforderlich sein oder nicht.

15. Die Ergebnisse aus dem Vorstehenden lassen sich, bezw. in Beihalt des weiter unten Auszuführenden, im wesentlichen dahin zusammenfassen: daß

a) zu Verfügungen des Vormundes über Grundstücke und über Rechte an Grundstücken (vgl. § 1821) nicht die Genehmigung des Gegenvormundes, sondern diejenige des V.-Gerichts erforderlich,

b) in Bezug auf bewegliche Sachen die Verfügung des Vormundes unbeschränkt

ist;

c) über Forderungen und Rechte jeglicher Art, ihre Abtretung, Verpfändung, Aufhebung, Abminderung der Vormund nur mit Genehmigung des Gegenvormundes verfügen kann. Er kann insbesondere nur mit solcher Genehmigung geschuldete Leistungen, also namentlich Zahlungen aus Kauf-, Pacht- und Mietsverträgen, aus Darlehns- und Hypothekenforderungen u. dergl. m. entgegennehmen.

d) Er bedarf jedoch keiner Genehmigung des Gegenvormundes zur Annahme geschuldeter Leistungen, wenn der Gegenstand derselben etwas anderes als Geld oder Wertpapiere ist; der Wert der Leistung kommt dabei nicht in Betracht. Der Vormund kann also z. B. die wertvollsten Kostbarkeiten als Gegenstand der Leistung unbeschränkt entgegennehmen.

e) Geld kann der Vormund ohne Genehmigung des Gegenvormundes erheben:

aa) wenn dasselbe nicht mehr als dreihundert Mark beträgt;

bb) ohne Rücksicht auf den Betrag, wenn dasselbe aus Nutzungen des Mündelvermögens oder aus Nebenleistungen aufgekommen ist. Der Vormund kann insbesondere also geschuldete Zinsen in jedem Betrage ohne Genehmigung erheben.

cc) wenn der Vormund das Geld selbst angelegt hat und dasselbe nicht in Hypotheken, Grund- oder Rentenschulden, verbrieften Forderungen gegen das Reich oder einen Bundesstaat, Forderungen, die in das Reichsschuldbuch oder ein Staatsschuldbuch eingetragen sind,

in verbrieften Forderungen, deren Verzinsung von dem Reich oder einem Bundesstaate gewährleistet ist, sowie endlich in den im § 1807 Nr. 4 bezeichneten Wertpapieren, sofern dieselben von dem Bundesrate zur Anlegung von Mündelgeld für geeignet erklärt sind,
angelegt ist.

dd) Geld, bei dessen Anlegung die Genehmigung des Gegenvormundes zur Erhebung bestimmt worden ist, darf ohne Rücksicht auf den Betrag nur mit dieser erhoben werden.

15. Hat der Vormund Rechtsgeschäfte, zu welchen die Genehmigung des Gegenvormundes erforderlich ist, ohne solche Genehmigung abgeschlossen, so finden die Vorschriften der §§ 1828—1831 entsprechende Anwendung (§ 1832). Die Wirksamkeit der ohne die erforderliche Genehmigung für den Mündel abgeschlossenen Verträge hängt von der nachträglichen Genehmigung des Gegenvormundes ab; einseitige, ohne die Genehmigung vorgenommene Rechtsgeschäfte sind unwirksam. (vgl. § 25, 5 c).

5. Das Genehmigungsrecht des V.-Gerichts.

a. Die Rechtsgeschäfte, zu welchen die Genehmigung erforderlich ist.

§§ 1821, 1822; I § 1674; II §§ 1701, 1702; III §§ 1797, 1798; M. S. 1136 bis 1147; Pr. S. 790 bis 795; pr. V.-O. § 42.

Rechtsgeschäfte des Vormundes für den Mündel, welche für die Vermögensverhältnisse des letzteren oder die vormundschaftliche Verwaltung von besonderer Bedeutung sind, wurden von jeher von der Genehmigung der Obervormundschaftsbehörde abhängig gemacht. Das B. G. sieht in dieser Beziehung von der Aufstellung allgemeiner Vorschriften, die sich in einer umfassenden und praktisch sicher verwertbaren Weise kaum geben lassen, ab. Es begnügt sich damit, in Erweiterung der Bestimmungen des gemeinen Rechts und im Anschluß an die weitergehenden Vorschriften der neueren Gesetzgebung, in Einschränkung andererseits der die Genehmigung im weitesten Umfange fordernden Bestimmungen des A. L.-R., diejenigen Rechtsgeschäfte, zu welchen die Genehmigung des V.-Gerichts erforderlich ist, bestimmt zu bezeichnen.[1]) In den §§ 1821 und 1822 sind diejenigen dieser Rechtsgeschäfte, welche wesentlich Vermögensrechte des Mündels betreffen und deshalb zusammen zu behandeln waren, zusammengefaßt worden. Außer diesen ist aber die Wirksamkeit der verschiedensten anderen Rechtsgeschäfte von der Genehmigung des V.-Gerichts abhängig gemacht worden (vgl. Nr. 5, a dieses § a. E.).

Nach § 1821 bedarf der Vormund der Genehmigung des V.-Gerichts:

1. zur Verfügung über ein Grundstück oder ein Recht an einem Grundstücke.

Die rechtsgeschichtliche Entwickelung der Bestimmungen über die Veräußerung von Mündelgrundstücken hat dahin geführt, daß

[1]) Eine ausdehnende Auslegung der bezüglichen Bestimmungen des B.-G. ist daher völlig ausgeschlossen, vgl. Jastrow Nr. 561.

„fast sämmtliche neuere Gesetzgebungen die Veräußerung (mit Genehmigung des V.-Gerichts) aus Nützlichkeitsgründen gestattet haben.“ (M. zur pr. V.-O.). Dies thut stillschweigend auch das B. G., indem es die Zulässigkeit der Verfügung über Mündelgrundstücke an keine andere Bedingung als die der Genehmigung des V.-Gerichts knüpft. Dieses darf die Genehmigung selbstverständlich nur dann erteilen, muß sie aber auch dann erteilen, wenn sie im Interesse des Mündels liegt. Verfügungen (vgl. § 25, 4 b Nr. 5) über Grundstücke sind außer Veräußerungen Belastungen mit Hypotheken, Grund- und Rentenschulden, Einräumung von Grunddienstbarkeiten und Reallasten (vgl. auch Nr. 3 unten).

Die Frage nach der Natur der auf Verfügungen über den Besitz von Mündelgrundstücken gerichteten Rechtsgeschäfte hat das B. G. absichtlich offen gelassen.[1])

Über die Art der Veräußerung unbeweglicher Sachen[2]) enthält das Gesetz keine Vorschriften. Auch in dieser Beziehung entscheidet das Ermessen des V.-Gerichts darüber, ob gerichtliche Versteigerung oder Veräußerung aus freier Hand eintreten soll.

Daß es zur Veräußerung von Mündelgut durch Zwangsvollstreckung nicht der Zustimmung des V.-Gerichts bedarf, wurde als zweifellos angesehen und deshalb die dies ausdrücklich vorschreibende Bestimmung des § 1676 E. I. gestrichen.[3])

Für den Fall, daß die Zwangsversteigerung zum Zwecke der Aufhebung einer zwischen dem Mündel und einem Dritten bestehenden Gemeinschaft erfolgen soll, kann der Antrag auf Zwangsversteigerung eines Grundstückes aber von dem Vormunde des Miteigentümers nur mit Genehmigung des V.-Gerichts gestellt werden.[4]) Auch im Falle der Expropriation bedarf es der Genehmigung des V.-Gerichts nicht, da hier die Veräußerung auf dem Gesetz beruht.[5])

Ansprüche Dritter auf Verfügungen über Gegenstände des unbeweglichen Mündelvermögens machen die Genehmigung des V.-Gerichts nicht entbehrlich. Man hat für diesen Fall die Genehmigung beibehalten zu sollen geglaubt, in Rücksicht namentlich auf die Notwendigkeit der Erbringung einer sicheren Legitimation für die auf den Grundbuchbetrieb bezüglichen Rechtsgeschäfte.[6])

Für das Erbbaurecht gelten nach § 1017 die sich auf Grundstücke beziehenden Vorschriften.

Gleichgestellt sind den Grundstücken „die Rechte an einem

---

[1]) vgl. M. S. 1137.

[2]) vgl. pr. V.-O. § 44.

[3]) Pr. S. 795; pr. V.-O. § 42 Nr. 5.

[4]) Gesetz über die Z.-Versteigerung und die Z.-Verwaltung v. 24. März 1897 § 181 Abs. 2 Satz 2.

[5]) vgl. Art. 109.

[6]) M. S. 1138 Abs. 3 und S. 1124 Abs. 3; vgl. Jastrow Nr. 5, 172, 270, 271.

Grundstücke.[1]) Nach § 96 gelten Rechte, die mit dem Eigentum an einem Grundstücke verbunden sind, als Bestandteile des Grundstückes. Eine selbständige Verfügung über diese Rechte findet daher nur insoweit statt, als sie von dem Grundstücke, mit dem sie verbunden sind, getrennt werden können. Grunddienstbarkeiten und Vorkaufsrechte, wenn sie zu Gunsten des jeweiligen Eigentümers eines Grundstückes bestellt sind, s. g. dingliche Vorkaufsrechte und die ebenso bestellten Reallasten können von dem Eigentum an den betreffenden Grundstücken nicht getrennt werden. (§§ 1018, 1019, 1103, 1110.)

Der Nießbrauch und die beschränkten persönlichen Dienstbarkeiten sind nach §§ 1059 und 1092 nicht übertragbar. Darnach, und da Hypotheken, Grund- und Rentenschulden nicht Rechte an einem Grundstücke im Sinne des § 1821 sind, bleiben als selbständige Rechte an Grundstücken nur die zu Gunsten einer bestimmten Person bestehenden Reallasten (§ 1111) über, soweit der Anspruch auf die einzelne Leistung übertragbar ist (§ 1111 Abs. 2).[2]) Hypotheken, Grund-, und Rentenschulden sind, obwohl ihrer Natur nach Rechte an Grundstücken, nicht zu diesen Rechten im Sinne des § 1821 gerechnet, vielmehr als vorwiegend dem Forderungsrecht angehörig davon ausgeschieden worden. (§ 1821 Abs. 2).[3])

2. zur Verfügung über eine Forderung, die auf Übertragung des Eigentums an einem Grundstück oder auf Begründung oder Übertragung eines Rechts an einem Grundstück oder auf Befreiung eines Grundstücks von einem solchen Rechte gerichtet ist.

Die Verfügung über diese Forderungen steht materiell der unmittelbaren Verfügung über Grundstücke und Rechte daran seh rnah. Die Forderungen auf die Übertragung des Eigentums an Grundstücken oder auf die Begründung oder Übertragung von Rechten daran oder auf die Befreiung eines Grundstücks von solchen Rechten sind auch im § 1551 Abs. 2 zum unbeweglichen Vermögen gerechnet worden. Die Verfügung über dieselben ist daher auch hinsichtlich der Genehmigung des V.-Gerichts der Verfügung über die Rechte selbst gleichgestellt.

Unter Verfügung über eine Forderung auf „Befreiung eines Grundstückes von einem solchen Recht" ist der Verzicht auf den Liberirungsanspruch verstanden[4]) worden.

3. zur Eingehung der Verpflichtung zu einer der in Nr. 1 und 2 bezeichneten Verfügungen.

---

[1]) Nicht die Rechte, welche ein Blatt im Grundbuch erhalten können (so M. S. 1137 Abs. 3); denn § 781 Abs. 2 E. I ist nicht in das Gesetz aufgenommen.

[2]) vgl. M. S. 551 Abs. 1; Schultzenstein § 1821 Anm. 6.

[3]) M. S. 1124. Gegen diese höchst bedenkliche Ausscheidung „Bemerkungen" S. 122, wo ausgeführt wird, daß die Einwirkung auf das Vermögen des Mündels im praktischen Ergebnis dieselbe sei, möge man demselben das Grundstück selbst oder dessen Wert entziehen.

[4]) Pr. S. 791.

Die Natur der fraglichen Verpflichtungen, die wirtschaftlich bedeutsam sind und sich den Verfügungen über Grundstücke 2c. annähern, erfordert die Genehmigung.

4. zu einem Vertrage, der auf den entgeltlichen Erwerb eines Grundstückes oder eines Rechts an einem Grundstücke gerichtet ist.[1])

5. zu einem Rechtsgeschäfte, durch das der Mündel zu einer Verfügung über sein Vermögen im ganzen oder über eine ihm angefallene Erbschaft oder über seinen künftigen gesetzlichen Erbteil oder seinen künftigen Pflichtteil verpflichtet wird, sowie zu einer Verfügung über den Anteil des Mündels an einer Erbschaft.

Den das Vermögen und die Erbschaft im ganzen betreffenden Rechtsgeschäften stehen die auf einen Bruchteil derselben gerichteten gleich.[2])

6. Zur Ausschlagung einer Erbschaft oder eines Vermächtnisses, zum Verzicht auf einen Pflichtteil sowie zu einem Erbteilungsvertrage.

Nach gemeinem Recht ist das Ermessen des Vormundes hinsichtlich der Antretung oder Ausschlagung von Erbschaften und Vermächtnissen für den Mündel nicht an die Genehmigung des V.-Gerichts gebunden. Das freie, nur durch das Interesse des Mündels zu bestimmende Ermessen des Vormundes entschied über Annahme oder Ausschlagung der Erbschaft; dem Mündel wurde gegebenen Falls Restitution erteilt. Dagegen wurde in einer Reihe von Einzelgesetzgebungen[3]) die Ausschlagung von Erbschaften 2c. von der Genehmigung der obervormundschaftlichen Behörde abhängig gemacht. Diesen Gesetzgebungen hat sich im Hinblick auf die Bedeutung der fraglichen Rechtsgeschäfte für das Vermögen des Mündels das B. G. angeschlossen.

Erfolgt die Ausschlagung der Erbschaft, des Vermächtnisses 2c. zu Gunsten eines Dritten, so ist dieselbe nicht als eine unter § 1804 fallende, auch mit Genehmigung des V.-Gerichts ungültige Schenkung anzusehen. (§ 517.)

Ob und wie eine Erbteilung zwischen dem Mündel und seinen Miterben herbeizuführen, insbesondere ob gegen diese die Erbteilungsklage zu erheben ist, überläßt das Gesetz, von der vertragsmäßigen Erbauseinandersetzung abgesehen, dem Ermessen des Vormundes.[4]) Dagegen fordert es in Übereinstimmung mit § 42 Nr. 4 der pr. V.-O.

---

[1]) Der dingliche Vertrag bedarf dann nicht weiter der Genehmigung.

[2]) vgl. Pr. S. 791. Ein Vertrag, durch den sich Jemand verpflichtet, sein künftiges Vermögen zu übertragen, ist nichtig (§ 310).

[3]) vgl. Kr. II S. 135 Anm. 24.

[4]) vgl. M. S. 1140 Abs. 5. Über die Erbauseinandersetzung durch das Nachlaßgericht vgl. G.-F. § 86 ff.

zur vertragsmäßigen Auseinandersetzung[1]) zwischen dem Mündel und seinen Miterben die Genehmigung des V.-Gerichts. Dies in Rücksicht insbesondere darauf, daß es für das V.-Gericht und die von demselben auszuübende Oberaufsicht wünschenswert ist, baldthunlichst über das Ergebnis der Erbteilung unterrichtet zu werden. Ist der Vormund Miterbe des Mündels, so kann er diesen bei der Erbauseinandersetzung nicht vertreten, muß vielmehr ein Pfleger bestellt werden (vgl. § 181 u. S. 58).

Zur Antretung der Erbschaft durch den Vormund ist die Genehmigung des V.-Gerichts nicht erforderlich,[2]) obgleich das B. G. eine dem § 50 der pr. V.-O. entsprechende Vorschrift, wonach der Mündel durch Handlungen oder Unterlassungen des Vormundes der Rechtswohlthat des Nachlaßverzeichnisses nicht verlustig wird, nicht hat. Ebensowenig zur Anerkennung eines Testaments, sofern der Pflichtteil des Mündels dadurch nicht berührt wird.

7. zu einem Vertrage, der auf den entgeltlichen Erwerb oder die Veräußerung eines Erwerbsgeschäftes gerichtet ist, sowie zu einem Gesellschaftsvertrage, der zum Betrieb eines Erwerbsgeschäftes eingegangen wird.

Es handelt sich hier um den entgeltlichen Erwerb und die — unentgeltliche oder entgeltliche — Veräußerung eines Erwerbsgeschäfts; nicht um den durch letztwillige Verfügung oder Schenkung[3]) geschehenen Erwerb eines Erwerbsgeschäftes. Der Begriff des letzteren umfaßt begrifflich nicht bloß gewerbliche, sondern alle auf Erwerb gerichtete Geschäfte. Unter denselben fallen außer dem kaufmännischen und dem gewerblichen Betrieb auch der Betrieb der Landwirtschaft (eines landwirtschaftlichen Nebengewerbes, wie einer Molkerei, einer Stärkefabrik 2c.[4])

Der ohne Genehmigung des V.-Gerichts geschehene entgeltliche Erwerb eines Erwerbsgeschäftes ist für den Mündel unverbindlich. Die Beantwortung der Frage, ob auch die Einzelgeschäfte, die der Vormund in einem ohne solche Genehmigung erworbenen Geschäfte mit gutgläubigen Dritten abgeschlossen hat, für den Mündel unverbindlich sind, hängt davon ab, eine wie weit gehende Bedeutung man der Unverbindlichkeit des Erwerbes des Erwerbsgeschäftes beimißt. In dieser Beziehung ist aber nicht anzunehmen, daß das Gesetz die einzelnen Geschäfte auch dann als unverbindlich hat angesehen wissen wollen, wenn sie für sich betrachtet verbindlich sind.[5]) Die gegenteilige Meinung hätte im Gesetz um so mehr zum Ausdruck gebracht werden

---

[1]) Ganzen oder teilweisen (Abtretung einer Nachlaßforderung an einen Miterben allein) vgl. Jastrow Nr. 562, wonach zur Abtretung einer Erbschaftsforderung an einen dritten durch sämmtliche Erben keine Genehmigung erforderlich ist.

[2]) vgl. R.G. C.S. XXIX S. 197.

[3]) vgl. M. S. 769.

[4]) vgl. Dernburg S. 115 Abs. 2; Wachler S. 224 Anm. 3. Enger faßt den Begriff des Erwerbsgeschäftes Schultzenstein § 1822 Anm. 9.

[5]) vgl. Dernburg S. 173 Anm. 9.

müssen, als es für den Verkehr nicht ohne Wichtigkeit war, über die Unverbindlichkeit der fraglichen Geschäfte unterrichtet zu werden.

8. zu einem Pachtvertrag über ein Landgut oder einen gewerblichen Betrieb.

Von der dem gemeinen Recht entsprechenden Regel, daß der Vormund beim Abschluß von Pachtverträgen an die Genehmigung des V.-Gerichts nicht gebunden ist, macht das Gesetz im § 1822 Nr. 4 und 5 Ausnahmen. Nach Nr. 4 bedarf der Vormund der Genehmigung des V.-Gerichts zu Pachtverträgen über Landgüter und gewerbliche Betriebe. Der Ausdruck „Pachtvertrag" umfaßt sowohl die für den Mündel als Verpächter als die für ihn als Pächter abgeschlossenen Pachtverträge.[1]) Der Begriff des „Landgutes" ist im B. G. nicht erläutert. Im Zusammenhalte derjenigen Bestimmungen desselben, die sich auf denselben beziehen (vgl. §§ 98 Nr. 2, 1663, 2049, 2312) ist als Landgut ein für den Betrieb der Landwirtschaft bestimmtes und diesem Zweck entsprechend mit den erforderlichen Vorrichtungen versehenes Grundstück zu verstehen. Der Zweck und die Einrichtung für den landwirtschaftlichen Betrieb entscheiden, nicht die Größe, die Art seiner Einrichtung und die Bestimmung des Grundstückes für einen speziellen Zweck.[2])

Pachtverträge über gewerbliche Betriebe sind wegen ihrer Bedeutung für die Vermögensverhältnisse des Mündels denjenigen über Landgüter gleichgestellt.

9. zu einem Miet- oder Pachtvertrage oder einem anderen Vertrage, durch den der Mündel zu wiederkehrenden Leistungen verpflichtet wird,[3]) wenn das Vertragsverhältnis länger als ein Jahr nach der Vollendung des 21. Lebensjahres des Mündels fortdauern soll (§ 1822 Nr. 5).

Verträge der bezeichneten Art, die längere Zeit über die Großjährigkeit des Mündels hinausdauern sollen, berühren nicht bloß die wirtschaftlichen Interessen des Mündels, sondern auch das Selbstbestimmungsrecht desselben hinsichtlich der Jahre nach erreichter Volljährigkeit erheblich. Sie sind deshalb, gleichviel, ob sie bewegliche oder unbewegliche Sachen zum Gegenstande haben, wenn sie über ein Jahr nach erreichter Volljährigkeit gelten sollen, von der Genehmigung des V.-Gerichts abhängig gemacht. Und zwar ist diese Bedingung für die Gültigkeit des *ganzen* Vertrages und nicht bloß soweit, als derselbe über die angegebene Zeitgrenze hinausreicht.[4]) Dies schließt nicht aus, daß die Vertragschließenden etwas anderes festsetzen können und den Vertrag *unbedingt* bis zur Vollendung des 21. Lebensjahres, von da ab *unter*

---

[1]) M. S. 1142 Abs. 1.

[2]) Planck § 98 Anm. 3; vgl. Mecklenburgische A.-V. § 7 und dazu Langfeld § 7 Anm. 1.

[3]) Versicherungs- und Altenteilsverträge.

[4]) M. S. 1142.

der Bedingung der Genehmigung des V.-Gerichts abschließen. Im Zweifel wird aber der ganze Vertrag als unter der Bedingung der Genehmigung des V.-Gerichts geschlossen gelten müssen.[1])

„Die Vollendung des 21. Lebensjahres" ist maßgebend für die Berechnung der Zeitdauer des Vertrages. Die Volljährigkeitserklärung steht ihr, wie sich aus den Worten des Gesetzes klar ergiebt, nicht gleich. Wird der Vertrag für mehrere Mündel abgeschlossen, so ist die Zeitdauer desselben für jeden einzelnen von ihnen nach der Vollendung des 21. Lebensjahres zu berechnen.

10. zu einem Lehrvertrage,[2]) der für längere Zeit als ein Jahr geschlossen wird. Diese Vorschrift ist auf den Vorschlag der 2. Kommission hinzugefügt, die davon ausging, daß ein solcher Vertrag wegen der dadurch bezielten „Ausbildung und Verwertung der Arbeitskraft" des Mündels von besonderer Bedeutung sei.[3]) Gemeint sind nach den Erklärungen in der Kommission solche „Verträge, welche auf längere als einjährige Zeit hinaus nicht einseitig durch Kündigung aufgehoben werden können." Nach § 1827 ist vor der Genehmigung des Lehrvertrages der Mündel zu hören.

11. zu einem auf die Eingehung eines Dienst- oder Arbeitsverhältnisses gerichteten Vertrage (§§ 611—630)[4]), wenn der Mündel zu persönlichen Leistungen für längere Zeit als ein Jahr verpflichtet werden soll.

Diese Vorschrift beruht gleichfalls auf dem zu Nr. 10 bemerkten Kommissionsbeschluß und den dort angegebenen Erwägungen.

12. zur Aufnahme von Geld auf den Kredit des Mündels.

Diese Vorschrift schließt sich, gegen die Bestimmungen des gemeinen Rechts, das die Gültigkeit des Darlehns nicht von der Genehmigung des V.-Gerichts abhängig macht, der neueren Gesetzgebung an (vgl. u. a. A.-L.-R. Th. II Tit. 18, § 525—527), umfaßt (weiter als § 42 Nr. 12 pr. V.-O., der nur von der Aufnahme von Darlehen spricht) nicht bloß eigentliche Darlehen, sondern erstreckt sich auf alle Rechtsgeschäfte, die die Entnahme von Geld auf den Kredit des Mündels zum Gegenstande haben; daher auch auf die Eröffnung eines Kontokurrentes bei einem Bankgeschäft auf diesen Kredit.[5]) Andere Sachen als Geld gehören nicht hierher.

13. zur Ausstellung einer Schuldverschreibung auf den Inhaber oder zur Eingehung einer Verbindlich-

---

[1]) M. a. O.; Dernburg S. 184 Anm. 15.

[2]) vgl. GO. § 126 ff; H.GB. § 76 ff.

[3]) Pr. S. 792.

[4]) Hinsichtlich des Gesindevertrages vgl. Art. 95; vgl. auch § 113 (Ermächtigung des Minderjährigen, in Dienst oder in Arbeit zu treten, durch den Vormund).

[5]) Dernburg S. 186 Abs. 7.

keit aus einem Wechsel oder einem anderen Papiere, das durch Indossament übertragen werden kann.

Nach Art. 82 der W. O. kann sich der Wechselschuldner, nach § 364 Abs. 2 H. G. B. derjenige, der aus Papieren, die durch Indossament übertragen werden können, verpflichtet ist, und nach § 796 B. G. der Aussteller einer Schuldverschreibung auf den Inhaber nur solcher Einreden bedienen, die ihm nach Maßgabe des Wechsels oder der Urkunde selbst oder gegen den jedesmaligen Kläger, bezw. den Besitzer unmittelbar zustehen, oder — bei Inhaber- und Orderpapieren — die Gültigkeit der Ausstellung oder der Erklärung in der Urkunde betreffen. Die Eingehung solcher Verbindlichkeiten ist deshalb nicht ohne Gefahr für den Mündel und daher von der Genehmigung des V.-Gerichts abhängig gemacht. Da in § 1822 Nr. 9 allgemein von Schuldverschreibungen auf den Inhaber die Rede ist, so gehören hierher auch die im § 807 bezeichneten „Karten, Marken oder ähnliche Urkunden, in denen ein Gläubiger nicht bezeichnet ist."

14. zur Übernahme einer fremden Verbindlichkeit, insbesondere zur Eingehung einer Bürgschaft.

Dahin gehört sowohl die vertragsmäßige Übernahme einer Schuld an Stelle des bisherigen Schuldners (Schuldübernahme, § 414 ff.) als die Verpflichtung, neben dem Schuldner für die Erfüllung einer Verbindlichkeit einzustehen (Bürgschaft, § 765). Ob auch Pfandbestellung für die Schuld eines anderen hierher gehört, ist nicht unzweifelhaft.[1]) Die „Sicherung einer Forderung" durch Bestellung eines Pfandrechts (§ 1204) erscheint zunächst als etwas anderes als die Übernahme einer fremden Verbindlichkeit. Wenn weiter das Gesetz es für nötig erachtet hat, neben der Übernahme einer fremden Verbindlichkeit die Bürgschaft besonders hervorzuheben, so hätte man erwarten können, daß auch der Pfandbestellung, die der Übernahme einer fremden Verbindlichkeit ferner steht als die Bürgschaft, besonders gedacht worden wäre. Überwiegende Gründe aber sprechen dafür, die materiell der Übernahme einer fremden Verbindlichkeit gleichkommende Pfandbestellung für eine solche mit der preußischen Jurisprudenz als Übernahme einer fremden Verbindlichkeit anzusehen.

Der Erwerb einer mit der Rechtswohlthat des Inventars angetretenen Erbschaft verpflichtet den Erwerber nur mit der Erbschaft, nicht persönlich. Ein solcher Erwerb enthält darnach keine Übernahme fremder Verbindlichkeiten im Sinne des § 1822 Nr. 10.[2])

15. zur Erteilung einer Prokura. Der große Umfang der in der Prokura enthaltenen Vollmacht, die sich auch auf die in § 1822 unter 8—10 bezeichneten Rechtsgeschäfte erstreckt (vgl. Art. 48—53

---

[1]) vgl. M. S. 1144 Abs. 4. Bejahend Dernburg S. 187 Abs. 3; Schultzenstein § 1822 Anm. 17; A. A. anscheinend Wachler § 42 Anm. 20.

[2]) vgl. R.-G. C. S. XXIX S. 197.

H. G. B.), machte die Genehmigung des V.-Gerichts zur Erteilung[1]) derselben erforderlich, zumal die Prokura Dritten gegenüber nicht beschränkt werden kann.

16. zu einem Vergleich[2]) oder einem Schieds-Vertrag, es sei denn, daß der Gegenstand des Streites oder der Ungewißheit in Geld schätzbar ist und den Wert von 300 Mark nicht übersteigt.

Die Erforderlichkeit der Genehmigung bildet die Regel und der mit den Worten „es sei denn" bezeichnete Ausnahmefall ist vom Gegner zu beweisen.[3])

„Der Gegenstand des Streites oder der Ungewißheit", von dessen Wert die Erforderlichkeit der Genehmigung abhängt, ist der Wert des streitigen oder ungewissen Rechts, dieser Wert, und zwar zur Zeit des Abschlusses des Vergleiches, ist entscheidend.[4]) Unschätzbar sind nichtvermögensrechtliche Ansprüche, wie das Recht zum Gebrauch eines Namens (§ 12), die Anerkennung der Ehelichkeit (§ 1591 ff.) 2c. Ob auch solche Ansprüche unschätzbar sind, deren „Verwirklichung — — — oder Höhe noch von ganz unberechenbaren Faktoren abhängt"[5]), wird nach den Umständen des einzelnen Falles zu entscheiden sein.

Falls Vergleiche oder Schiedsverträge Veräußerungen enthalten, so unterliegen dieselben nicht, wie nach gemeinem Recht[6]) immer der Genehmigung des V.-Gerichts; die Erforderlichkeit der letzteren ist vielmehr auch hier beschränkt durch den Wert des Gegenstandes. Enthalten freilich Vergleiche 2c. Veräußerungen der im § 1821 Nr. 1—3 und § 1822 Nr. 1 bezeichneten Art, so unterliegen dieselben wegen dieser Veräußerungen der Genehmigung, ohne daß es auf den Wert des Gegenstandes ankommt.

Besonderer Besprechung bedürfen die Prozeßvergleiche. Das B. G. enthält keine Bestimmungen über die Prozeßführung des Vormundes. Derselbe ist aber als gesetzlicher Vertreter des Mündels, wie nach gemeinem Recht,[7]) so nach dem B. G. zur Prozeßführung ermächtigt. Er hat, ohne an die Genehmigung des Gegenvormundes oder des V.-Gerichts gebunden zu sein, pflichtmäßig zu ermessen, ob die Prozeßführung dem Interesse des Mündels entspricht. Das V.-Gericht kann ihn weder zu derselben an- noch von derselben abhalten. — Der § 54 C.P.O. bestimmt nun, daß „einzelne Prozeßhandlungen", zu welchen nach den Vorschriften des bürgerlichen Rechts eine besondere Ermächtigung

---

[1]) Nicht auch zur Zurücknahme.

[2]) vgl. § 1714 (Vereinbarung zwischen dem Vater und dem unehelichen Kinde über den Anspruch auf Unterhalt); § 1025 C.P.-O. (Schiedsrichterliches Verfahren); auch Ablösungsrecesse in Gemeinheitsteilungssachen gehören hierher.

[3]) vgl. Fuchs S. 32 Nr. 11; M. S. 1143 Abs. 1.

[4]) Schultzenstein § 1822 Anm. 19 Abs. 2.

[5]) vgl. Dernburg S. 179 Abs. 4.

[6]) L. 4 C. 5, 71.

[7]) vgl. L. 1 § 2 ff. D. 26, 7.

erforderlich ist, ohne dieselbe gültig sind, wenn die Ermächtigung zur Prozeßführung im allgemeinen erteilt oder die Prozeßführung auch ohne eine solche Ermächtigung im allgemeinen statthaft ist. Der Vormund als gesetzlicher Vertreter des Mündels würde daher Prozeßvergleiche ohne Genehmigung des V.-Gerichts unbeschränkt abschließen können, falls zu den „einzelnen Prozeßhandlungen" des § 54 C.P.O. auch die Vergleiche zu rechnen wären. Die Frage, ob dies der Fall, ist verschieden beantwortet und vom R.G. verneint worden.[1]) Der in der 2. Kommission gestellte Antrag, in § 1674 Nr. 8 hinter „Schiedsvertrag" einzuschalten:

„einschließlich eines in einem Rechtsstreit abgeschlossenen Vergleichs- oder Schiedsvertrages",

der die Frage zum gesetzlichen Austrag bringen sollte, wurde abgelehnt, weil es nicht angemessen erschien, dieselbe im G. B. zu entscheiden.[2]) Mit Seuffert C.P.O. § 52 Anm. 3 und 4 wird anzunehmen sein, daß Vergleiche zwar zu den „einzelnen Prozeßhandlungen" gehören, daß der § 54 sich jedoch nur auf das Verhältnis zur Gegenpartei bezieht. Der Prozeßvergleich ist daher, wenn ohne Genehmigung abgeschlossen, zwar dem Gegner gegenüber verbindlich, im Verhältnis zwischen Vormund und Mündel aber ungültig,[3]) ersterer letzterem daher verantwortlich.

Auch die Frage, ob ein Zwangsvergleich im Konkursverfahren ein eigentlicher Vergleich ist und daher von der Genehmigung des V.-Gerichts abhängt, ist streitig.[4])

Im Hinblick auf die in dem § 184 ff. K. O. getroffenen Bestimmungen über die Bestätigung des Zwangsvergleiches durch das Konkursgericht und die Verkündung des Beschlusses, durch den dieses über den Vergleich „entscheidet", könnte man geneigt sein, den in so wesentlichen Punkten der Verfügung der Parteien entzogenen und der gerichtlichen Entscheidung überlassenen Zwangsvergleich als eine gerichtliche Entscheidung aufzufassen. Dennoch ist derselbe so, wie ihn die K.O. nach dem Vorbilde der pr. K.O. gestaltet hat, als **Vergleich** zwischen dem Gemeinschuldner und den nicht bevorrechtigten K.-Gläubigern anzusehen.[5]) Er bedarf also der Genehmigung des V.-Gerichts.

Anerkenntnisse und **Verzichte** sind keine Vergleiche, und unterliegen daher, von den Bestimmungen im § 1822 Nr. 1 und 2 abgesehen, nicht der Genehmigung des V.-Gerichts. Ihr rechtlicher Karakter ist nach den ihnen unterliegenden Rechtsgeschäften verschieden zu beurteilen. Sie können darnach u. a. den Karakter einer unter § 1804 fallenden Schenkung haben.

17. **zu einem Rechtsgeschäfte, durch das die für eine Forderung des Mündels bestehende Sicherheit**

---

1) R.-G. C. S. XIX S. 362.
2) Pr. S. 793/94.
3) vgl. Wach I S. 592 Nr. III.
4) M. S. 1143 Abs. 2.
5) So u. a. Stieglitz, K.-O. S. 615 ff.

aufgehoben oder gemindert oder die Verpflichtung dazu begründet wird.

Die Bestimmung bezieht sich auf Forderungen und Sicherheiten jeder Art. Die Aufhebung oder Minderung der Sicherheit, mag dieselbe nun auf Verzichtleistung, Schenkungsabsicht oder einem anderen Rechtsgrunde beruhen, soll der Vormund in keinem Fall anders als mit Genehmigung des Vormundschaftsgerichts vornehmen. Hauptsächlich ist dabei an die Rangveränderung bei Hypotheken,[1]) die Verteilung der Gesammt-Hypotheken (§ 1132 Abs. 2) und die Umwandlung von Hypotheken in Sicherheitshypotheken (§ 1186) gedacht worden. Die Bestimmung gilt auch für Hypotheken, Grund- und Rentenschulden, obwohl der Vormund zur Verfügung über dieselben im Übrigen nach § 1821 Abs. 2 nicht der Genehmigung des Vormundschaftsgerichts, sondern nach § 1812 nur derjenigen des Gegenvormundes bedarf.

Daß das V.-Gericht zu der Aufhebung rc. einer Sicherheit nur dann seine Genehmigung erteilen darf, wenn die Forderung, deren Sicherheit aufgehoben oder gemindert werden soll, trotz der Aufhebung oder der Minderung den Grundsätzen der §§ 1807, 1808 entspricht, ist selbstverständlich.[2])

Außer in den voraufgeführten Fällen bedarf es der Genehmigung des V.-Gerichts in den Fällen der §§ 1819, 1820, 1824 (S. 120,l; 120 m; S. 114 d), 1336 Abs. 2 (Anfechtung der Ehe eines geschäftsunfähigen Ehegatten); 1437 Abs. 2 (Abschluß eines Ehevertrages, durch welchen die allgemeine Gütergemeinschaft vereinbart wird); 1484 Abs. 2 (Ablehnung der Fortsetzung der ehelichen allgemeinen Gütergemeinschaft); 1492 (Aufhebung der fortgesetzten ehelichen Gütergemeinschaft); 1549 (Anordnung der für die allgemeine Gütergemeinschaft geltenden allgemeinen Vorschriften auf die Fahrnisgemeinschaft); 1714 (Vereinbarung zwischen dem Vater und seinem unehelichen Kinde über Unterhalt und Abfindung; 1728 Abs. 2 (Einwilligung in die Ehelichkeitserklärung); 1729 Abs. 1 (Genehmigung des Antrages auf Ehelichkeitserklärung bezw. der Einwilligung dazu); 1731 (Anfechtung des Antrages oder der Einwilligung auf bezw. in die Ehelichkeitserklärung); 1750, 1751 (Vertrag über die Annahme an Kindesstatt); 1770 (Aufhebung der Annahme an Kindesstatt); 2275 Abs. 2 und 3 (Abschließung eines Erbvertrages seitens eines in der Geschäftsfähigkeit beschränkten Ehegatten mit seinem Ehegatten (vgl. § 2275 Abs. 1); 2282 Abs. 2 (Anfechtung eines Erbvertrages); 2290 Abs. 3, 2291 Abs. 1, 2292 (Aufhebung eines Erbvertrages, eines durch Vertrag angeordneten Vermächtnisses und einer so angeordneten Auflage);

---

[1]) Pr. S. 794 Abs. 2.

[2]) M. S. 1145 Abs. 3. Die auf die Aufhebung rc. der für eine Forderung bestehenden Sicherheit gerichteten Rechtsgeschäfte bedürfen der Genehmigung des V.-Gerichts, — die Erhebung der nach § 1807 angelegten Gelder nur derjenigen des Gegenvormundes. Gegen den Wegfall der Genehmigung des V.-Gerichts in letzterem Falle „Bemerkungen" S. 122/23 b.

2347 u. 2351 (Abschließung und Aufhebung eines Erbverzichtes); 2352 (Verzicht auf letztwillige Zuwendungen durch Vertrag); E. G. Art. 41, II (Beantragung der Entlassung eines Mündels aus dem Staatsverbande).

b. Die Erteilung der Genehmigung. — Die allgemeine Ermächtigung.

§§ 1825 bis 1828; I §§ 1675, 1679, 1680, 1681 Abs. 1, 1657 Satz 2; II §§ 1703, 1705, 1707, 1708; III §§ 1801 bis 1804; M. S. 1147 und 1148 1151, 1152, S. 1098 und 1153 bis 1155 Abs. 2; Pr. S. 796 bis 799 Nr. IV, pr. V.-O. § 55 Abs. 2, 3, 4.

1. Die Zustimmung zu einem Rechtsgeschäft ist entweder Einwilligung (§ 183) oder Genehmigung (§ 184). Im Vormundschaftsrechte werden beide in dem Begriffe der „Genehmigung" zusammengefaßt.[1]) Die Genehmigung des V.-Gerichts erscheint als eine „obrigkeitliche Handlung", von der die Gültigkeit des betr. Rechtsgeschäftes abhängt. Sowohl die vorgängige als die nachträgliche Genehmigung ist eine zwischen dem V.-Gericht und dem Vormunde zu ordnende Angelegenheit. Während daher nach § 182 die die Zustimmung und deren Verweigerung betreffende rechtsgeschäftliche Erklärung des Vormundes sowohl dem Mündel als dem anderen Teile gegenüber abgegeben werden kann, bestimmt § 1828, daß die Genehmigung des V.-Gerichts zu einem Rechtsgeschäfte nur dem Vormunde gegenüber erklärt werden kann. Der beteiligte Dritte kann wohl dem V.-Gerichte gegenüber die Genehmigung beantragen, hat aber keinen Anspruch auf Bescheidung auf seinen Antrag.[2]) Die ihm gegenüber erfolgte Erklärung ist unwirksam. Dem entsprechend verfügt § 1829 Satz 2, daß die nachträgliche Genehmigung eines Vertrages und deren Verweigerung dem anderen Teile gegenüber erst wirksam wird, wenn sie ihm durch den Vormund mitgeteilt wird.

Die Genehmigung und die Verweigerung derselben können ausdrücklich oder stillschweigend erfolgen. Über einen besonderen Fall der stillschweigenden Verweigerung der Genehmigung s. M. I S. 136 Abs. 1 a. E.

Die vorgängige, wie die nachfolgende Genehmigung sind „gesetzliche Bedingungen" des die Genehmigung des V.-Gerichts erfordernden Rechtsgeschäftes.[3]) Sie sind daher von keiner Form abhängig, insbesondere nicht von derjenigen des zu genehmigenden Rechtsgeschäftes (vgl. § 182 Abs. 2.[4]) Es ist nicht ausgeschlossen, daß sie, anders als die römischrechtliche auctoritas (vgl. L. 8 D. 26. 8) von Bedingungen, z. B. der Baarzahlung des Kaufpreises, abhängig gemacht werden. Die hinzugefügten Bedingungen verbinden den Dritten, wenn sie ihm von dem Vormunde mitgeteilt sind.[5]) Da jedoch die erteilte Genehmigung so wenig als

---

1) Pr. S. 799 Abs. 3 und 4.
2) Pr. S. 798 Abs. 2.
3) vgl. M. I S. 135 i. M.
4) vgl. aber § 1831 und G.-B.-O. § 29.
5) Dernburg S. 53 Abs. 2.

die Verweigerung derselben ihrer Natur nach zurückgenommen werden kann,[1]) so kann sie auch nicht an eine auflösende Bedingung geknüpft werden. Die vorgängige Einwilligung dagegen kann in Gemäßheit des § 183 bis zur Vornahme des Geschäftes widerrufen werden, soweit sich nicht aus dem ihrer Erteilung zu Grunde liegenden Rechtsgeschäft ein anderes ergiebt.

Vor der Entscheidung über die zu einer Handlung des Vormundes erforderliche Genehmigung soll das V.-Gericht den Gegenvormund hören,[2]) sofern ein solcher vorhanden und die Anhörung thunlich ist (§ 1826). Die Bestimmung bezieht sich, wie aus ihrem Wortlaute klar hervorgeht, nicht bloß auf Rechtshandlungen, sondern auch auf nur thatsächliche Vornahmen des Vormundes, z. B. den Beginn oder die Auflösung eines Erwerbsgeschäftes.

Das thatsächliche Vorhandensein eines Gegenvormundes, nicht die Bestellung eines solchen entscheidet (vgl. S. 89 Nr. 2).

Die Anhörung muß „thunlich" sein, d. h. ohne erhebliche Schwierigkeiten erfolgen können, da sonst der aus der Verzögerung der Sache erwachsende Schaden leicht den Nutzen der Anhörung überwiegen könnte.

Den Mündel vor seiner Entscheidung zu hören, steht dem V.-Gericht immer frei, wo ihm dies nach der Natur des zu genehmigenden Geschäftes und dem Alter des Mündels angemessen erscheint. In einigen Fällen „soll" das Gericht jedoch den Mündel vor der Entscheidung über die Genehmigung hören. Dies hat, unabhängig von dem Alter des Mündels, zu geschehen, wenn es sich um einen Lehrvertrag oder einen auf die Eingehung eines Dienst- oder Arbeitsverhältnisses gerichteten Vertrag handelt (§ 1827 Abs. 1). Die soziale Bedeutung dieser Verträge, die häufig „den Lebensberuf des Mündels endgültig bestimmen", macht die Anhörung des letzteren erforderlich.[3])

Wenn der Mündel das vierzehnte Lebensjahr vollendet hat, so ist er auch vor der Entscheidung über seine Entlassung aus dem Staatsverbande[4]) und, wenn er das achtzehnte vollendet hat, soweit thunlich, vor der Entscheidung über die Genehmigung der im § 1821 und im § 1822 Nr. 3 bezeichneten Rechtsgeschäfte, sowie vor der Entscheidung über die Genehmigung des Beginnes oder der Auflösung eines Erwerbsgeschäftes zu hören. Die Anhörung ist vorgeschrieben wegen der Bedeutung der sich auf das unbewegliche Vermögen (§ 1821) bezw. wichtige geschäftliche Unternehmungen (§ 1822 Nr. 3) des Mündels beziehenden Rechtsgeschäfte. Die Art der Anhörung des Mündels, ob persönlich oder schriftlich, ob durch Vermittelung des Gemeindewaisenrates oder wie sonst, steht zum Ermessen des V.-Gerichts.

---

[1]) M. I S. 138 Abs. 2; Planck § 108 Anm. 4.

[2]) Erteilt das V.-Gericht an Stelle des Gegenvormundes die Genehmigung, so ist die Anhörung des Gegenvormundes nicht erforderlich.

[3]) Pr. S. 797.

[4]) vgl. Art. 41 Nr. II; § 1847 Abs. 1.

Die Vorschriften der §§ 1826 und 1827 über die Anhörung des Gegenvormundes und des Mündels sind Ordnungsvorschriften, deren Nichtbefolgung die Gültigkeit der ohne die Anhörung erteilten Genehmigung nicht berührt.[1])

2. Zur Vornahme gewisser Rechtsgeschäfte, nicht allgemein, kann dem Vormund eine „allgemeine Ermächtigung" seitens des V.-Gerichts erteilt werden. Es sind dies diejenigen Rechtsgeschäfte, zu denen nach § 1812 die Genehmigung des Gegenvormundes erforderlich ist und die im § 1822 Nr. 8—10 bezeichneten Rechtsgeschäfte. In diesen Fällen erscheint einesteils die durch die Genehmigung des Gegenvormundes gegebene Garantie soweit ausreichend, daß eine allgemeine Ermächtigung des Vormundes als genügend anzusehen ist. Anderenteils aber würde die Notwendigkeit der Einholung der Genehmigung des V.-Gerichts in jedem einzelnen Fall eine erfolgreiche geschäftliche Thätigkeit des Vormundes unter Umständen sehr erschweren, wenn nicht unmöglich machen, z. B. die Führung eines Erwerbsgeschäftes; bezüglich der Übernahme fremder Verbindlichkeiten (§ 1822 Nr. 10) vgl. § 394 H. G. B.)[2])

Ob die Erteilung einer allgemeinen Ermächtigung[3]) nach Umfang und Art des Mündelvermögens, insbesondere zum Betriebe eines etwa zu demselben gehörenden Erwerbsgeschäftes, erforderlich ist, hat das V.-Gericht eingehend zu prüfen (§ 1825 Abs. 2). Die Erteilung derselben erscheint immerhin als die Ausnahme gegenüber der Erteilung der Genehmigung im einzelnen Falle. Die erteilte Ermächtigung braucht nicht, kann jedoch in die Bestallung des Vormundes aufgenommen werden; letzteres erscheint zweckmäßig. Eine allgemeine Ermächtigung in Fällen, in denen das Gesetz eine spezielle Genehmigung erfordert, ist nicht unwirksam. Die Vorschrift des § 1825 ist nur instruktioneller Natur. Es kann dem Dritten nicht zugemutet werden, zu prüfen, ob die Genehmigung die erforderliche Spezialität hat.[4])

c. Die Folgen der mangelnden Genehmigung.

§§ 1829—1831; I § 1681; II §§ 1709—1711; III § 1805—1807. M. S. 1153 bis 1155 und M. I S. 131—139; Pr. S. 797/99; pr. V.-O. § 46.

Die ohne die erforderliche Genehmigung des V.-Gerichts abgeschlossenen Rechtsgeschäfte haben dieselbe Wirkung, wie die von einem Minderjährigen, der das siebente Lebensjahr vollendet hat, ohne die erforderliche Einwilligung des gesetzlichen Vertreters abgeschlossenen. Die Wirkungen beider sind gleichgestellt, da es sich in beiden Fällen gleichmäßig um eine Beschränkung der Verfügungsmacht des Vormundes, bezw.

---

[1]) vgl. pr. V.-O. § 55 Abs. 4.

[2]) vgl. M. S. 1147, Abs. 2.

[3]) Die alle in denjenigen Geschäftskreis, zu welchem die Ermächtigung erteilt ist, fallende Geschäfte umfaßt (vgl. Fischer-Henle § 1825 Anm. 3).

[4]) Dernburg S. 52, Abs. 1.

der Handlungsfähigkeit des Mündels handelt, und ein Grund zu abweichender Festsetzung der Wirkungen in dem einen und dem anderen Falle nicht vorlag.[1])

Es ist hier daher im Allgemeinen auf die §§ 107 bis 111 (E. I. § 65), in denen die Wirkungen der von Minderjährigen ohne die Einwilligung &c. ihrer gesetzlichen Vertreter abgeschlossenen Rechtsgeschäfte behandelt sind, zu verweisen; denselben entsprechen die §§ 1829 bis 1831. Im Einzelnen ist zu bemerken:

1. Die Vorschriften der §§ 1829 und 1830 beziehen sich nur auf Verträge; die einseitigen Rechtsgeschäfte sind im § 1831 behandelt. Erstere bedürfen grundsätzlich der Genehmigung des V.-Gerichts nur soweit, als der Mündel seinerseits zu ihrem Abschluß der Einwilligung des Vormundes bedarf. Wo diese nicht erforderlich ist, kommt auch die genehmigende Thätigkeit des V.-Gerichts nicht in Frage.

Zu Verträgen, durch die der Mündel „lediglich einen rechtlichen Vorteil erlangt" (§ 107), bedarf es daher sowenig der Einwilligung des Vormundes als der Genehmigung des V.-Gerichts. Solche Verträge sind diejenigen, durch welche der Mündel nur Rechte erlangt, nicht Gegenleistungen übernimmt, wie Schenkungsverträge, die mit Auflagen nicht beschwert sind, rein befreiende Verträge; nicht aber Verträge, die, obwohl sonst vorteilhaft, mit einer Erstattungspflicht verbunden sind, wie Leihverträge, Bestellung von Faustpfandrechten und dergl. m. Im Übrigen besteht zwischen denjenigen Verträgen, durch welche der Mündel nicht lediglich Rechte erwirbt oder von Verbindlichkeiten befreit wird, kein Unterschied.[2])

Die Wirksamkeit des nicht genehmigten Vertrages befindet sich bis zur Genehmigung oder Verweigerung derselben in der Schwebe. Während dieses Schwebezustandes ist der Mündel aus dem Vertrag insofern berechtigt, als der Vormund die Genehmigung des V.-Gerichts einholen und den Vertrag dadurch wirksam machen kann, nicht aber verpflichtet. Es hängt von dem Willen des Vormundes ab, ob der Vertrag in Wirksamkeit gesetzt werden soll oder nicht: er kann ihn auf sich beruhen lassen, er kann von ihm zurücktreten und selbst auf die dem Mündel durch den Vertrag erworbene günstige Rechtslage verzichten.[3]) Entscheidet sich der Vormund aber dafür, den Vertrag rechtswirksam werden zu lassen, indem er die Genehmigung des V.-Gerichts einholt, so wird er seinem ganzen Inhalte nach verbindlich für den Mündel. Hinsichtlich des anderen Vertragschließenden bestimmte E. I. § 1681 Abs. 4, daß derselbe, „solange der Vertrag noch wirksam werden kann, nicht berechtigt ist, von dem Vertrage zurückzutreten."

Diese Bestimmung, nach welcher der andere Teil bis zur Entscheidung des Vormundes gebunden war, ist von der 2. Kommission

---

1) vgl. M. S. 1153 Abs. 4.
2) vgl. M. I S. 137 Abs. 2.
3) M. S. 1154 Abs. 2.

als unbillig beanstandet worden. In Anlehnung an § 109 giebt nunmehr der § 1830 dem anderen Teil ein bedingtes Widerrufsrecht. Hat nämlich der Vormund diesem gegenüber der Wahrheit zuwider die Genehmigung des V.-Gerichts behauptet, so ist der andere Teil bis zur Mitteilung der nachträglichen Genehmigung[1]) des V.-Gerichts zum Widerrufe berechtigt, es sei denn, daß ihm das Fehlen der Genehmigung bei dem Abschlusse des Vertrages bekannt war. In letzterem Fall ist der Widerruf selbst dann ausgeschlossen, wenn der Vormund wahrheitswidrig die Genehmigung des V.-Gerichts behauptet hat.

Der Widerruf — und um einen solchen, nicht um ein Rücktrittsrecht (§ 346 ff.) handelt es sich bei der Rechtsunwirksamkeit des Vertrages — unterliegt den allgemeinen Grundsätzen des § 130 ff. über Willenserklärungen, kann aber nach § 109 Abs. 1, entgegen der Vorschrift des § 131 Abs. 2, auch dem Mündel gegenüber erklärt werden.[2])

Die Erteilung der Genehmigung[3]) bewirkt gemäß § 184 Abs. 1, daß, der Absicht der Parteien entsprechend, der Vertrag als von Anfang an wirksam angesehen wird (Rückwirkung); mit der Maßgabe jedoch, daß die von dem Vormunde vor der Genehmigung über den Gegenstand des Vertrages getroffenen oder im Wege der Zwangsvollstreckung oder der Arrestvollziehung oder durch den Konkursverwalter erfolgten Verfügungen nicht unwirksam werden (§ 184 Abs. 2.[4])

Durch die Verweigerung der Genehmigung und den Widerruf wird die von Anfang an bestehende Unwirksamkeit des Vertrages, hinsichtlich dessen bis dahin nur die Möglichkeit des Zustandekommens bestand, festgestellt. Der Mündel ist in diesem Falle nicht vorteilhafter gestellt als der andere Teil, und bleiben ihm keine Rechte aus dem Vertrage; der andere Teil kann dasjenige, was er auf Grund des Vertrages dem Mündel geleistet hat, gemäß § 812 zurückfordern.

Außer dem, wie angegeben, bedingten Recht des Widerrufes steht dem anderen Teile nach § 1829 Abs. 2 das Recht zu, von dem Vormund eine Erklärung darüber zu fordern, ob die Genehmigung erteilt sei. Ohne dies Recht würde der andere Teil, wenn ihm nicht der Widerruf zusteht, auf unbestimmte Zeit an den Vertrag gebunden sein. Um dies zu vermeiden, ist demselben die Befugnis eingeräumt, den Vormund zur Erklärung über die Genehmigung aufzufordern. Erfolgt die Mitteilung der Genehmigung nicht bis zum Ablaufe von zwei Wochen[5]) nach dem Empfange der Aufforderung, so gilt die Genehmigung als verweigert; nach Ablauf dieser Frist wird der andere Teil frei.

---

[1]) Mit dieser Mitteilung ist der Widerruf ausgeschlossen, der Vertrag wirksam.

[2]) Pr. S. 798 letzter Absatz.

[3]) Dieselbe kann, soweit sie einem Dritten gegenüber wirksam geworden ist, von dem V.-Gerichte nicht geändert werden. (§ 55 Abs. 1 G.-F.)

[4]) vgl. M. I S. 135/36. Auch zu Gunsten des anderen Teils nicht. Der Vormund macht sich diesem gegenüber durch freiwillige Verfügungen aber für den Schaden verantwortlich.

[5]) Berechnung der Frist gemäß §§ 187, 188.

Die Aufforderung kann nur dem Vormunde gegenüber erfolgen. Sie wird, wenn an einen abwesenden Vormund zu richten, nach § 130 von da ab wirksam, wo sie demselben zugeht, unterliegt für diesen Fall überhaupt den in jenem § aufgestellten Grundsätzen. Eine Form ist für die Aufforderung nicht vorgeschrieben.

Die Behauptung, daß der Vertrag genehmigt sei und der Vormund die Genehmigung dem anderen Teile mitgeteilt habe, hat, ebenso wie die vorausgegangene Einwilligung, derjenige zu beweisen, der sich darauf beruft. Ihr gegenüber hat der andere Teil einredeweise zu behaupten und zu beweisen, daß die Aufforderung erfolgt und seit derselben zwei Wochen verflossen seien. Die damit dargethane Vermutung der Nichtgenehmigung ist dann nur durch die Gegenbehauptung zu entkräften, daß die Genehmigung vor Ablauf der zwei Wochen erfolgt sei.

Wird der behaupteten Genehmigung gegenüber Widerruf des Vertrages behauptet, so ist zu behaupten und zu beweisen, daß dieser vor Mitteilung der Genehmigung erfolgt sei. Dem Gegner liegt dann der Beweis ob, daß dem anderen Teile bei Abschluß des Vertrages das Fehlen der Genehmigung bekannt gewesen sei. Hiergegen findet Gegenbeweis dahin statt, daß der Vormund bei Abschluß des Vertrages die Genehmigung des V.-Gerichts behauptet habe.[1])

Ist der Mündel volljährig geworden (vgl. § 108 Abs. 3 und E. I. § 1681 Abs. 5), so tritt s e i n e Genehmigung an die Stelle derjenigen des V.-Gerichts (§ 1829 Abs. 3). Die v o r jenem Zeitpunkt an den Vormund gerichtete Aufforderung bleibt in Kraft. N a ch demselben aber kann die Genehmigung nur von dem volljährig gewordenen[2]) Mündel, und zwar, da die Vormundschaft mit der Volljährigkeit erlischt, dem anderen Teile gegenüber erteilt werden; die Aufforderung zur Mitteilung aus § 1829 Abs. 2 kann nach jenem Zeitpunkte nur an den Mündel gerichtet werden.

Die von dem volljährig gewordenen Mündel erteilte Genehmigung steht in jeder Beziehung derjenigen des V.-Gerichts gleich, macht daher den Vertrag mit Rückwirkung auf die Zeit des Abschlusses wirksam. Auch die an denselben gerichtete Aufforderung hat dieselbe Wirkung, wie die an den Vormund gerichtete.

Hat der Vormund dem anderen Teile gegenüber wider besseres Wissen die Genehmigung des V.-Gerichts behauptet oder absichtlich oder fahrlässig verschwiegen, so ist er dem anderen Teile nach dessen Wahl zur Erfüllung oder zum Schadenersatze verpflichtet, wenn das V.-Gericht, bezw. der volljährig gewordene Mündel die Genehmigung des Vertrages verweigert (§ 179 Abs. 1). Hat der Vertreter den Mangel seiner Vertretungsmacht nicht gekannt, so ist er nur zum Ersatze desjenigen Schadens verpflichtet, welchen der andere Teil dadurch erleidet, daß er auf die Vertretungsmacht vertraut hat,

---

1) Planck § 108 Anm. 7 und § 109 Anm. 2.

2) Oder für volljährig erklärten.

jedoch nicht über den Betrag des Interesses hinaus, welchen der andere Teil an der Wirksamkeit des Vertrages hat. [s. g. negatives Vertragsinteresse (§ 179 Abs. 2)]. Der Vertreter haftet nicht, wenn der andere Teil den Mangel der Vertretungsmacht kannte oder kennen mußte (§ 179 Abs. 3 Satz 1).

2. Ein einseitiges Rechtsgeschäft, das der Vormund ohne die erforderliche Genehmigung des V.-Gerichts vornimmt, ist unwirksam. Das B. G. giebt keine Begriffsbestimmung der Rechtsgeschäfte.[1]) Entsprechend der rechtswissenschaftlichen Feststellung dieses Begriffes und den im B. G. vorkommenden Fällen einseitiger Rechtsgeschäfte sind diese als die Willenserklärungen einer Person zu bezeichnen, die auf Herbeiführung eines rechtlich zugelassenen Erfolges gerichtet sind.

Solche einseitige Rechtsgeschäfte kommen teils lediglich durch die einseitige Willenserklärung einer Person zu stande. Dahin gehören die Antretung (§ 1943), und Ausschlagung der Erbschaft (§ 1945), die (öffentlich bekannt gemachte) Auslobung (§ 657) und (unter Umständen) die Annahme der Vertragsannahme. Meist jedoch haben auch die einseitigen Willenserklärungen, um einen rechtlichen Erfolg herbeizuführen, einer bestimmten Person oder Behörde gegenüber zu geschehen. Dies ist der Fall bei der Kündigung,[2]) der Mahnung, der Löschungserklärung (§ 875 Abs. 1) u. a. m.

Solche einseitige Rechtsgeschäfte sind, wenn ohne die erforderliche Genehmigung des V.-Gerichts vorgenommen und nicht lediglich dem Mündel vorteilhaft,[3]) unwirksam. Sie können niemals wirksam werden.[4]) Von jeglicher Unterscheidung ist dabei im Interesse der Rechtssicherheit Abstand genommen worden.[5])

Das Gesetz ist aber nicht dabei stehen geblieben, das ohne Genehmigung abgeschlossene einseitige Rechtsgeschäft für unwirksam zu erklären, sondern hat auch das mit dieser Genehmigung einem Anderen gegenüber vorgenommene einseitige Rechtsgeschäft für unwirksam erklärt, wenn der Vormund die Genehmigung nicht in schriftlicher Form vorlegt und der Andere das Rechtsgeschäft aus diesem Grunde unverzüglich zurückweist. Diese zwecks urkundlicher Vergewisserung des anderen Teiles über das Vorliegen der Genehmigung gegebene Vorschrift des § 1831 Satz 2 bezieht sich — anders als die allgemeinere des Satz 1 — nur auf die anderen Personen gegenüber vorzunehmenden s. g. empfangsbedürftigen Rechtsgeschäfte.

---

[1]) M. I S. 126.

[2]) Über den Fall der Kündigung einer Hypothek im Falle des § 1819 vgl. Fischer-Henle § 1831 Anm. 4.

[3]) Ein lediglich vorteilhaftes einseitiges Rechtsgeschäft s. in § 958 (Aneignung).

[4]) vgl. Planck S. 145 Nr. VII, 1. Die nachträglich zu demselben erteilte Genehmigung kann sich als im Voraus erteilte Genehmigung zu einem neuen Rechtsgeschäfte darstellen.

[5]) M. I S. 133 Abs. 3.

Die Wirksamkeit dieser Rechtsgeschäfte hängt also davon ab, daß ihre Genehmigung in schriftlicher Form (§ 126) vorgelegt wird. Ist dies nicht der Fall, so kann der Andere aus diesem Grunde das Rechtsgeschäft zurückweisen. Derselbe muß sich aber „unverzüglich", d. h. „ohne schuldhaftes Zögern" (§ 121) erklären, widrigenfalls das Geschäft wirksam wird. Bis zu dieser Erklärung steht es dahin, ob dasselbe unwirksam wird. Das mit Genehmigung des V.-Gerichts abgeschlossene einseitige Rechtsgeschäft ist zwar sofort mit allen seinen Folgen wirksam, wird jedoch mit den in der Zwischenzeit eingetretenen Wirkungen (vgl. § 161 Abs. 2) unwirksam, wenn der Dritte dasselbe aus dem Grunde des Nichtvorliegens der schriftlichen Genehmigung unverzüglich zurückweist. Seine Wirksamkeit ist also davon abhängig, daß dieser Umstand nicht eintritt. Aus diesem Grunde wird in diesem Falle, wie in ähnlichen Fällen, gesagt: „Das Rechtsgeschäft ist — nicht wird — unwirksam."[1])

Anlangend den Beweis, so ist zur Begründung der Wirksamkeit des Rechtsgeschäftes das Vorliegen der Genehmigung des V.-Gerichts darzuthun; wer sich dem gegenüber darauf beruft, daß das Geschäft unwirksam geworden sei, hat seinerseits nachzuweisen, daß die Genehmigung des V.-Gerichts nicht in urkundlicher Form vorgelegen, und daß er aus diesem Grunde das Geschäft unverzüglich zurückgewiesen habe.[2])

3. Gegen die Verweigerung der Genehmigung des V.-Gerichts ist in den §§ 57 und 60 G. F. eine besondere Beschwerde nicht gegeben. Es findet deshalb die Beschwerde aus §§ 19, 20 des gedachten Gesetzes statt, die Jedem zusteht, dessen Recht durch die anzufechtende Verfügung beeinträchtigt ist. Sie steht daher nur dem Mündel zu, für den sie der Vormund ausübt, nicht dem bei dem Rechtsgeschäfte beteiligten Dritten. Denn die Rechte jenes können durch die Nichtgenehmigung beeinträchtigt sein, dieser ist aus dem nicht genehmigten Rechtsgeschäft nicht berechtigt.

b. Besondere Vorschriften.

1. Genehmigung des V.-Gerichts zur Überlassung von Gegenständen an den Mündel zwecks Erfüllung von Verträgen oder zu freier Verfügung.

§ 1824; I § 1677; II § 1704 Abs. 1; III § 1800; M. S. 1149 und 767/68; Pr. S. 796.

Nach § 110 gilt ein von dem Minderjährigen ohne Zustimmung des gesetzlichen Vertreters geschlossener Vertrag als von Anfang an wirksam, wenn der Minderjährige die vertragsmäßige Leistung mit Mitteln bewirkt, die ihm zu diesem Zweck oder zu freier Verfügung von seinem gesetzlichen Vertreter oder mit dessen Zustimmung von einem Dritten überlassen sind. Um nun dem Zweifel zu begegnen, ob der Vormund auch diejenigen Gegenstände, über die er sonst nur mit Genehmigung des Gegenvormundes oder des V.-Gerichts verfügen darf, dem Mündel zu

---

[1]) vgl. Planck S. 144 Nr. 6.
[2]) Planck a. O.

dem bemerkten Zweck ohne Genehmigung des V.-Gerichts überlassen könne, ist die diese Frage verneinende Bestimmung des § 1824 getroffen.[1])

Überläßt der Vormund solche Gegenstände dem Mündel ohne die Genehmigung des V.-Gerichts, so überläßt er sie dem Mündel nicht „rechtsgültig" (E. I. § 69) und die im § 110 bestimmten Wirkungen treten nicht ein. Die Überlassung an den Mündel ist rechtsunwirksam („kann nicht"). Andererseits ergiebt sich aus dem Zusammenhalte der §§ 110 und 1824, daß der Vormund dem Mündel Gegenstände, über die der Vormund ohne Genehmigung des V.-Gerichts verfügen darf, überlassen kann, ohne daß die in dieser Überlassung liegende allgemeine Ermächtigung des Mündels zum selbständigen Abschluß der betr. Rechtsgeschäfte die Überlassung als mit der regelmäßig erforderlichen speziellen Einwilligung (§ 107) in Widerspruch stehend, unwirksam erscheinen ließe.[2])

2. Beginn eines neuen und Auflösung eines bestehenden Erwerbsgeschäftes.

§ 1823; I § 1663; II § 1686; III § 1799; M. S. 1108 und 768; Pr. S. 760, Nr. XIII; pr. VO. § 42 Nr. 9.

Dem Beginn eines neuen Erwerbsgeschäftes im Namen des Mündels und der Auflösung eines bestehenden Erwerbsgeschäftes ist nicht eine für die Verhältnisse des Mündels so wesentliche Bedeutung beigelegt worden, daß die Wirksamkeit jener Akte[3]) von der Genehmigung des V.-Gerichts abhängig gemacht worden wäre. Immerhin sind jene Akte für die Verhältnisse des Mündels bedeutungsvoll genug erschienen, um den Vormund durch die Ordnungsvorschrift des § 1823 zu verpflichten, dieselben nicht ohne Genehmigung des V.-Gerichts vorzunehmen.

Die Umgestaltung eines bestehenden Erwerbsgeschäftes kann eine so vollständige sein, daß sie sich als eine Neubegründung desselben darstellt[4]) und als solche unter die beregte Vorschrift fällt. Eine bloße Änderung im Betriebe des Geschäftes unterliegt derselben aber so wenig als die Fortsetzung eines bestehenden Geschäftes.

Ob ein solches nach dem Gesetz — z. B. durch den Tod oder den Konkurs eines Gesellschafters (H.G.B. § 131 Nr. 4, 5) — oder durch Vertrag aufgelöst ist, hat das V.-Gericht nach den vorliegenden rechtlichen und thatsächlichen Verhältnissen zu erwägen. Vor der Entscheidung hat dasselbe den über 18 Jahre alten Mündel zu hören. (§ 1827 Abs. 2.)

3. Die Hinterlegung von Wertpapieren und Kostbarkeiten und die Umschreibung von Inhaberpapieren.

§§ 1814 bis 1820; I §§ 1670 bis 1673; II §§ 1694 bis 1700; III §§ 1790 bis 1796; M. S. 1129 bis 1135; Pr. S. 783 bis 790; pr. V.-O. § 60.

a) Während die pr. V.-O. es in das Ermessen des V.-Gerichts stellt („kann anordnen"), die Hinterlegung der Inhaberpapiere und der-

---

[1]) vgl. § 1644.
[2]) vgl. M. S. 768 i. A.
[3]) vgl. § 42 Nr. 9 pr. V.-O. und § 1822 Nr. 3 und 4 B. G.
[4]) vgl. Dernburg S. 173 Anm. 8.

jenigen Papiere, die an den Inhaber gezahlt werden können, sowie von Kostbarkeiten anzuordnen, schreibt das B. G. die Hinterlegung von Inhaberpapieren nebst den Erneuerungsscheinen und von Orderpapieren, die mit Blancoindossament versehen sind, vor. Die damit für das Vermögen des Mündels getroffene Sicherheitsmaßregel war in Rücksicht namentlich auf die nur ausnahmsweise eintretende Verpflichtung des Vormundes zur Sicherheitsleistung und den Wegfall des Pfandrechts am Vermögen desselben geboten.

Hinterlegt werden sollen: Inhaberpapiere (§§ 793—808) Staatspapiere, Aktien, Pfandbriefe, Rentenbriefe &c.), d. h. Schuldverschreibungen, in welchen der Aussteller dem jeweiligen Inhaber der die Schuldverschreibung enthaltenden Urkunde eine Leistung verspricht. Ob dieselben Zinsen tragen oder Anspruch auf Dividende gewähren, macht keinen Unterschied. Mit denselben sind die dazu gehörigen Erneuerungsscheine (Talons) zu hinterlegen.

Gleichgestellt sind den Inhaberpapieren die gleichfalls leicht begebbaren Orderpapiere, d. h. die dem Handels- und Wechselrecht — das B. G. hat keine Bestimmungen über sie — angehörenden (§ 363 H. G. B.) an Order lautenden und durch Indossament übertragbaren Wertpapiere, wenn sie mit Blancoindossament versehen sind, also den Berechtigten nicht bezeichnen. Dahin gehören Wechsel, kaufmännische Anweisungen, Verpflichtungsscheine, Konnossemente, Ladescheine &c.

Nicht hinterlegt zu werden brauchen die s. g. unvollkommenen Inhaberpapiere (§ 808), deren Inhaber nicht berechtigt ist, die Leistung zu verlangen, während der Schuldner mit befreiender Wirkung an denselben leisten kann. Dahin gehören Sparkassenbücher, Leihbankscheine &c. und Reichsbankscheine; hinsichtlich solcher Papiere ist der Mündel durch die Vorschriften der §§ 1809, 1812 gesichert.

Nicht gefordert wird weiter die Hinterlegung derjenigen Inhaberpapiere, die nach § 92 zu den verbrauchbaren Sachen gehören, „deren bestimmungsmäßiger Gebrauch in dem Verbrauch oder in der Veräußerung besteht." Zu solchen Inhaberpapieren gehören Banknoten, Wechsel, die mit Blancoindossament versehen und zum Umlaufe bestimmt sind, (nicht auch Kautionswechsel) und solche Inhaber- und Orderpapiere, in denen der Vormund Mündelgeld, das er in Bereitschaft halten muß, einstweilen angelegt hat, und die deshalb zur alsbaldigen Veräußerung bestimmt sind.[1]) Nicht vorgeschrieben endlich (ohne richterliche Anordnung) ist die Hinterlegung von Zins-, Renten- und Gewinnanteilscheinen sowie von Kostbarkeiten (pr. V.-O. § 60) und baarem Gelde. Hinsichtlich des letzteren kommen die Vorschriften der §§ 1806—1808 zur Anwendung.[2])

Die Hinterlegung hat stattzufinden bei einer Hinterlegungsstelle, die zu bestimmen gemäß Art. 144 E. G. Sache der Landesgesetzgebung

[1]) Pr. S. 785 Abs. 2.
[2]) Pr. S. 785/86.

ist (vgl. S. 83, k), oder bei der Reichsbank.[1]) Sie hat mit der Bestimmung zu geschehen, daß die Herausgabe der Papiere nur mit Genehmigung des V.-Gerichts verlangt werden kann, eine Bestimmung, ohne die die Verpflichtung zur Hinterlegung wertlos sein würde.

b) Statt die Inhaberpapiere und die ihnen gleichstehenden Orderpapiere zu hinterlegen, kann der Vormund dieselben auf den Namen des Mündels umschreiben lassen, mit der Bestimmung, daß der Vormund nur mit Genehmigung des V.-Gerichts über dieselben verfügen[2]) könne. Dieselbe Sicherheit, wie durch diese Maßregel, wird dem Mündel hinsichtlich der von dem Reich oder einem Bundesstaat ausgestellten Papiere gewährt durch die Umwandlung der bezüglichen Forderungen in Buchforderungen gegen das Reich oder einen Bundesstaat mit derselben Verfügungsbeschränkung des Vormundes. Dieser kann die Papiere daher, statt sie zu hinterlegen, in dieser Weise umwandeln lassen. Wenn Inhaberpapiere zu hinterlegen sind, die in Buchforderungen gegen das Reich oder einen Bundesstaat umgewandelt werden können, so kann das V.-Gericht diese Umwandlung in Gemäßheit des § 1815 Abs. 1 anordnen.[3]) Voraussetzung für diese Anordnung ist, daß eine Verpflichtung zur Hinterlegung der Inhaberpapiere besteht.

c) Eine notwendige Folge der Bestimmung, daß die Umschreibung und die Umwandlung der Inhaberpapiere nur mit der vorberegten Verfügungsbeschränkung des Vormundes geschehen kann, (§ 1815) enthält § 1816. Hier wird bestimmt, daß, wenn bei Anordnung der Vormundschaft Buchforderungen gegen das Reich oder einen Bundesstaat zu dem Vermögen des Mündels gehören oder dieser später solche Forderungen erwirbt, der Vormund in das Schuldbuch den Vermerk eintragen zu lassen hat, daß er über die Forderungen nur mit Genehmigung des V.-Gerichts verfügen könne. Ohne diese Bestimmung würde ein Teil der gleichen Forderungen des Mündels des Schutzes durch die Genehmigung des V.-Gerichts teilhaftig sein, ein anderer desselben entbehren können.

d) Eine Außerkurssetzung der Inhaberpapiere an Stelle der Hinterlegung derselben gestattet das Gesetz nicht, wie ihm überhaupt eine Außerkurssetzung unbekannt ist (vgl. § 806).

e. Nach § 1817 kann das V.-Gericht den Vormund von der Verpflichtung entbinden, die Inhaberpapiere 2c. zu hinterlegen und rück-

---

[1]) Die Reichsbank nimmt die Inhaberpapiere in s. g. offenes Depot, übernimmt volle Garantie für sichere Aufbewahrung und besorgt die Einlösung der Zins- und Dividendenscheine. (Reichsbankgesetz v. 14. März 1875 § 13 Nr. 8 und Bekanntmachung des B.-Direktoriums über die Hinterlegung bei der R.-B.)

[2]) Ueber den Begriff des Verfügens vgl. S. 92 Nr. 5.

[3]) vgl. § 23 Abs. 2 des R.-Gesetzes betr. das Reichsschuldbuch vom 31. Mai 1891; § 24 des preuß. Gesetzes v. 20. Juli 1883 betr. das preuß. Schuldbuch. — Die Verfügungsbeschränkung des Vormundes muß, um wirksam zu werden, auf dem Papier, bezw. im Schuldbuch vermerkt werden. Vgl. zu beiden Gesetzen die „amtlichen Nachrichten über das deutsche Reichsschuldbuch“ und die „amtlichen Nachrichten über das Preußische Staatsschuldbuch“.

sichtlich der bereits hinterlegten eintragen zu lassen, daß er über die Forderungen nur mit Genehmigung des V.-Gerichts verfügen könne. Dieselbe Befugnis haben nach §§ 1853, 1855 der Vater und die eheliche Mutter hinsichtlich des von ihnen benannten Vormundes. — Die Befreiung des Vormundes von den fraglichen Verpflichtungen durch das Gericht darf jedoch nur „aus besonderen Gründen", d. h. ausnahmsweise und aus gewichtigen Gründen stattfinden. Solche können z. B. in der Sicherheit liegen, welche die Persönlichkeit und die Vermögensverhältnisse des Vormundes und seine zur Aufbewahrung von Wertpapieren geeigneten Einrichtungen gewähren. Einen zu weit gehenden Gebrauch von der ausnahmsweise zugelassenen Freilassung des § 1817 hat das V.-Gericht zur Vermeidung eigener Verantwortlichkeit zu unterlassen.[1])

f) Andererseits kann das Gericht gemäß § 1818, aber gleichfalls nur „aus besonderen Gründen", anordnen, daß der Vormund auch solche zu dem Vermögen des Mündels gehörende Wertpapiere, zu deren Hinterlegung er nach § 1814 nicht verpflichtet ist, sowie Kostbarkeiten[2]) desselben in der im § 1814 bezeichneten Weise[3]) zu hinterlegen hat. Zweifel an der Zuverlässigkeit des Vormundes oder der Sicherheit seiner Vermögensverhältnisse, oder das Fehlen eines geeigneten Aufbewahrungsortes u. dergl. m. können diese Anordnung notwendig machen.[4]) Auch an die so angeordnete Hinterlegung knüpfen sich die Folgen des § 1819 (vgl. S. 120 oben).

g) Eine Verpflichtung des V.-Gerichts, auf Antrag des Vormundes die Hinterlegung in allen Fällen anzuordnen, wie sie die pr. V.-O. im § 60 Abs. 3 anerkannt hat, besteht nicht. Die Aufnahme dieser bereits bei der Beratung der pr. V.-O. als zwecklos bezeichneten Verpflichtung in das B. G. würde bei den mannigfachen Mitteln und Wegen, die dasselbe zur Sicherung der Wertpapiere 2c. des Mündels bietet, in der That überflüssig gewesen sein. Doch läßt das Gesetz es im § 1818 Satz 2 zu, daß auf Antrag des Vormundes die Hinterlegung von Zins-, Renten- und Gewinnanteilscheinen von dem V.-Gericht auch ohne das Vorliegen besonderer Gründe, also nach allgemeiner Erwägung der Zweckmäßigkeit der Hinterlegung, angeordnet werden kann.[5])

h) Ob und wieweit der Vormund im Übrigen in den Fällen, in denen eine gesetzliche Pflicht zur Hinterlegung nicht besteht, diese, die Umschreibung der Inhaberpapiere auf den

---

[1]) Pr. S. 786/87.

[2]) vgl. über den Begriff derselben R.-G. C.S. XIII S. 38.

[3]) Also mit der Verfügungsbeschränkung des Vormundes.

[4]) Die Anordnung hängt lediglich von dem Ermessen des V.-Gerichts ab, und steht dem Vormunde daher gegen dieselbe keine Beschwerde zu.

[5]) Auch in diesem Falle hat die Hinterlegung in der im § 1804 bezeichneten Weise zu geschehen. Dies ist zwar nicht ausdrücklich gesagt, ergiebt sich aber aus dem Zusammenhange.

Namen des Mündels oder die Umwandlung derselben in Buchforderungen vornehmen und die Wertpapiere des Mündels bei einem Dritten hinterlegen kann, bestimmt sich nach allgemeinen Grundsätzen. Die Bestimmungen des § 1814 ff. finden auf die desfallsigen Maßnahmen des Vormundes keine Anwendung. — Man hat dem Vormunde weder ausdrücklich die Berechtigung zu solchen Maßnahmen zusprechen noch ihm dieselbe a b sprechen wollen. Die zweite Kommission hat deshalb den § 1672 E. I, der dem Vormund allgemein die Berechtigung zur Hinterlegung und Umschreibung zusprach und ihn für die Auswahl des Dritten, bei dem er die Hinterlegung bewirke, nach den Grundsätzen des § 1696 E. I, (§ 1833) haften ließ, gestrichen.[1]) Darnach ist es Sache des Vormundes, im einzelnen Falle zu ermessen, ob die bemerkten Maßnahmen den Vermögensverhältnissen des Mündels und einer sachgemäßen Verwaltung seines Vermögens entsprechen. Für die von ihm ergriffenen Maßregeln haftet er nach § 1833. Von einer Vermittelung der Hinterlegung durch das V.-Gericht in dem fraglichen Falle[2]) kann nach Streichung des § 1672 E. I nicht mehr die Rede sein. Eine bezügliche Vorschrift ist auch in keinem der bisher publizirten A.-Gesetze erlassen worden.

i) Die Kosten der Hinterlegung, Umschreibung und Umwandlung fallen als Verwaltungskosten dem Mündel zur Last. Dies ist als selbstverständlich erachtet, und deshalb, und um nicht für andere Rechtsverhältnisse nicht beabsichtigte Schlußfolgerungen zuzulassen, der die Verpflichtung ausdrücklich festsetzende § 1673 E. I gestrichen worden.[3])

k) Unterläßt oder verzögert der Vormund schuldvoller Weise die ihm nach § 1814 obliegende Hinterlegung der Inhaberpapiere rc., so ist er dem Mündel nach allgemeinen Grundsätzen (§ 1833) für allen aus dieser Pflichtverletzung entstehenden Schaden, insbesondere für den zufälligen Untergang derselben und die Entwendung der Papiere, verantwortlich. Außerdem ist er im Aufsichtswege, nötigenfalls durch Ordnungsstrafen, zur Erfüllung seiner die Hinterlegung und deren gesetzmäßige Ausführung betreffenden Verpflichtung, insbesondere soweit sie sich auf die Verfügungsbeschränkung bezieht, anzuhalten.

l) Trotz der Hinterlegung bleiben die hinterlegten Gegenstände in der Verwaltung des Vormundes. Ihm liegt es ob, die Zinsen auf die Papiere einzuziehen, Renten- und Gewinnanteilscheine in Geld umzusetzen, diese Scheine eventuell erneuern zu lassen, auf die Auslosung der Wertpapiere zu achten, die Beträge der ausgelosten Papiere zu erheben und dergl. mehr. Darüber, ob und wie weit er diese Verrichtungen auf einen Beauftragten übertragen kann, vgl. S. 50 Nr. 5).

Da Zweifel darüber bestanden, ob nicht der Vormund, bezw. mit Genehmigung des Gegenvormundes, zur Verfügung über die hinter-

[1]) Pr. S. 789/90.
[2]) vgl. M. S. 1133 Abs. 2.
[3]) vgl. Pr. S. 790 Abs. 1 und 5; vgl. auch § 1835.

legten Gegenstände berechtigt bleibe,[1]) eine solche Berechtigung aber den Zweck der Hinterlegung leicht vereiteln könnte, so bestimmt § 1819, daß der Vormund, solange die hinterlegten Wertpapiere pp. nicht zurückgenommen sind, zur Verfügung[2]) über dieselben der Genehmigung des V.-Gerichts bedarf. Diese ist zur Verfügung über alle gemäß §§ 1814, 1818 hinterlegten Gegenstände erforderlich, mag die Hinterlegung auf richterliche Anordnung oder ohne dieselbe, auf Antrag des Vormundes oder ohne denselben erfolgt sein. Auch in Fällen, wo die Hinterlegung, gegen die Vorschrift des § 1814, ohne die Bestimmung erfolgt ist, daß die Herausgabe nur mit Zustimmung des V.-Gerichts verlangt werden könne, darf die Herausgabe, da sie eine Verfügung enthält, nur mit Zustimmung des V.-Gerichts erfolgen.

m) Der Verfügung über die hinterlegten Papiere ꝛc. ist gleichgestellt und mußte, wenn der Sicherungszweck erreicht werden sollte, gleichgestellt werden die Eingehung der Verpflichtung zu einer Verfügung über dieselben. Diese Gleichstellung bezieht sich sowohl auf die nach §§ 1814 und 1818 hinterlegten Gegenstände, als auf die Verpflichtung zu einer Verfügung über die nach § 1815 auf den Namen des Mündels umgeschriebenen und die in Buchforderungen umgewandelten Inhaberpapiere, als endlich auf Buchforderungen, hinsichtlich welcher der Vermerk aus § 1816 eingetragen ist. Zu demselben Zweck ist für den Fall, daß Hypotheken-, Grundschuld- oder Rentenschuldbriefe hinterlegt sind, bestimmt, daß auch zu der Verfügung über die denselben entsprechenden Rechte die Genehmigung des V.-Gerichts erforderlich ist.

n) Über den beregten Zweck hinaus aber würde es gehen und den Verkehr gefährden, wenn diese Genehmigung über die Zeit der geschehenen Zurücknahme der hinterlegten Gegenstände hinaus erfordert würde. Ist der Vormund, wenn auch ohne Zustimmung des V.-Gerichts, wieder in den Besitz der hinterlegten Gegenstände gelangt, so kann er von da ab über dieselben wieder ganz so verfügen — selbstverständlich auch mit denselben Beschränkungen (vgl. § 1812) — wie vor der Hinterlegung. Die Beschränkung der Verfügungsmacht des Vormundes auf die Zeit bis zur Zurücknahme der Papiere ꝛc. war erforderlich, da einerseits der dem gutgläubigen Erwerber nach den Grundsätzen des B. G. sonst in erheblichem Umfange gewährte Schutz — vgl. z. B. §§ 932—934, 1155, 892 Abs. 1 Satz 2, 1192 — dem Erwerber nicht zu gute kommt, wo es sich, wie vorliegend, um eine Beschränkung der Vertretungsmacht handelt, andererseits aber dem Inhaber der ohne Genehmigung des V.-Gerichts veräußerten Inhaberpapiere die §§ 796 und 935 Abs. 2 zur Seite stehen.

o) Soweit der Vormund zur Verfügung über die hinterlegten Gegenstände der Genehmigung des V.-Gerichts bedarf, finden auf die

---

[1]) M. S. 1133 Abs. 3.

[2]) vgl. darüber S.

ohne diese getroffenen Verfügungen die Bestimmungen der §§ 1828—1831 Anwendung (vgl. S. 109 ff.).

§ 26. Die befreite Vormundschaft.

§ 1852—1857; I §§ 1690—1694; II §§ 1726—1731; III §§ 1828—1833; M. S. 1162—1175. Pr. S. 805—814; D. S. S. 235; pr. VO. §§ 26, Abs. 6, 57, 59, 60, 68.

1. Rechte und Pflichten des vormundschaftlichen Amtes gehören dem öffentlichen Recht an und unterliegen daher der Privatverfügung nicht. Die meisten Rechtssysteme lassen aber in größerem oder geringerem Umfange eine Befreiung des Vormundes, von den im Interesse des Mündels vorgeschriebenen Sicherungsmaßregeln, insbesondere von der Aufsicht des Gegenvormundes und des V.-Gerichts, durch Verfügungen gewisser Personen zu. Das gemeine Recht erkennt Befreiungen des Vormundes von den regelmäßigen Pflichten seines Amtes grundsätzlich nicht an[1]) und läßt dieselben nur in einzelnen Fällen zu. So konnte der Erblasser die Verzeichnung des dem Mündel hinterlassenen Vermögens letztwillig erlassen und die obervormundschaftliche Genehmigung zur Veräußerung von ihm herstammender Sachen durch seine Erlaubnis ersetzen.[2])

2. Trotz der selbständigen Stellung, die das B. G. dem Vormund einräumt, hat dasselbe mit der pr. V.-O. Befreiungen des Vormundes in sehr weitem Umfange zugelassen. Allerdings erkennt dasselbe gesetzliche, d. h. kraft Gesetzes ohne Weiteres eintretende Befreiungsgründe für die Vormundschaft über Minderjährige (vgl. hinsichtlich der Vormundschaft über Volljährige §§ 1903 und 1904) nicht an.[3]) Es läßt vielmehr nur Befreiungen durch letztwillige Verfügungen des Vaters und der ehelichen Mutter, die einen Vormund ernennen, zu (§§ 1852, 1855.[4])

Anderen Personen steht das Befreiungsrecht nicht zu.

Auf die Anordnungen der Eltern finden die Vorschriften des § 1777 Anwendung; der die Befreiung anordnende Elternteil muß daher namentlich zur Zeit seines Todes die e. G. über das Kind gehabt haben. [(§ 1856) vgl. S. 24]. Die Befreiung bezieht sich aber nicht bloß auf das dem Mündel von demselben hinterlassene Vermögen, sondern auf das gesammte Mündelvermögen.

3. Befreit kann der Vormund werden:

a) davon, daß ihm ein Gegenvormund an die Seite gesetzt wird. Diese Befreiung bezieht sich nur auf den bestimmten von den Eltern benannten Vormund, nicht auf die fragliche Vormundschaft überhaupt. Für diese Auslegung des § 52 Abs. 1 spricht die Fassung desselben („wenn er einen Vormund ernennt"), die wesentlich von derjenigen des § 26 Abs. 6 pr. V.-O. abweicht.[5])

---

1) vgl. L. 5 § 7 u. 8 D. 26, 7. L. 1 u. 3 C. 5, 72.

2) L. 1 § 2, L. 14 D. 27, 9.

3) M. S. 1163—1167.

4) M. S. 1167/68.

5) Uebereinstimmend Schultzenstein § 1852 Anm. 2. A. A. Fuchs S. 212 Nr. 7.

b) von der im § 1809 bestimmten Beschränkung bei der Anlegung von Geld.

Der Vormund braucht also, wenn ihm diese Befreiung gewährt ist, das bei einer inländischen öffentlichen Sparkasse, bei der Reichsbank oder einer anderen zugelassenen inländischen Bank zu belegende Geld nicht mit der Bestimmung anzulegen, daß zur Erhebung des Geldes die Genehmigung des Gegenvormundes oder des V.-Gerichts erforderlich ist.

c) von der Genehmigung des Gegenvormundes oder des V.-Gerichts zu der in den §§ 1806—1808 vorgeschriebenen Anlegung von Geld.

d) von der Genehmigung des Gegenvormundes oder des V.-Gerichts zu den im § 1812 bezeichneten Rechtsgeschäften, also zur Verfügung über Forderungen, andere auf eine Leistung gerichtete Rechte und Wertpapiere des Mündels sowie zur Eingehung der Verpflichtung zu solchen Verfügungen.

Die Anordnungen unter b—d sind als getroffen anzusehen, wenn die Eltern die Bestellung eines Gegenvormundes ausgeschlossen haben (§ 1852 Abs. 2 Satz 2). Dies entspricht dem mutmaßlichen Willen derselben, da anzunehmen ist, daß sie die Mitwirkung eines Gegenvormundes oder des an die Stelle desselben tretenden V.-Gerichts auch zu einzelnen Rechtsgeschäften nicht gewollt haben, wenn sie die Bestellung eines Gegenvormundes überhaupt ausgeschlossen haben.[1])

Weitere als die vorstehenden Befreiungen des Vormundes von der Genehmigung des Gegenvormundes und des V.-Gerichts läßt das Gesetz nicht zu.[2])

e) von der Verpflichtung, Inhaber- und Order-Papiere zu hinterlegen und, wenn Buchforderungen gegen das Reich oder einen Bundesstaat zum Mündelvermögen gehören, in das Reichs- oder Staatsschuldbuch den Vermerk eintragen zu lassen, daß er über die Forderungen nur mit Genehmigung des V.-Gerichts verfügen kann. (§§ 1853, 1816.)

Eine Befreiung des Vormundes auch von der Pflicht zur Hinterlegung von Wertpapieren und Kostbarkeiten, die „aus besonderen Gründen" von dem V.-Gericht angeordnet werden kann, ist unzulässig. Sie würde sowohl mit § 1818 als mit § 1857 in Widerspruch treten, wonach das V.-Gericht im Interesse des Mündels gegen die gesetzliche Regel, bezw. gegen den Willen der Eltern besondere Maßnahmen anordnen kann.

Bei Hinterlegung, bezw. Eintragungen, die der Vormund trotz seiner Befreiung vorgenommen, bezw. hat vornehmen lassen, treten die sich aus den §§ 1814, 1816, 1818—20 ergebenden Rechtsfolgen nicht ein.[3])

f) von der Verpflichtung, während der Dauer seines Amtes Rechnung zu legen (§ 1854 Abs. 1).

---

1) vgl. M. S. 1168 Abs. 3.
2) M. S. 1170 Abs. 3; weitergehend pr. VO. § 47 Abs. 1.
3) M. S. 1172 Abs. 2.

Auch diese Befreiung bezieht sich auf das gesammte Mündelvermögen.

4) Um der durch dieselbe für das Mündelvermögen herbeigeführten Gefahr[1]) thunlichst zu begegnen, ordnet das Gesetz (§ 1854 Abs. 2) an, daß der Vormund im Falle dieser Befreiung nach dem Ablaufe von zwei Jahren dem V.-Gericht eine Übersicht über den Bestand des seiner Verwaltung unterliegenden Vermögens einzureichen hat. Das V.-Gericht kann anordnen, daß die Übersicht in längeren, höchstens fünfjährigen Zwischenräumen einzureichen ist. Von der Einreichung solcher Vermögensübersichten können sowenig die Eltern als das V.-Gericht befreien.[2])

Wenn der schwache Schutz, der dem Mündel durch die Vermögensübersichten überall nur gewährt werden kann und der wesentlich in der dem V.-Gerichte dadurch ermöglichten Kontrole[3]) besteht, erreicht werden soll, so wird mit Strenge darauf zu halten sein, daß dieselben in thunlichst vollständiger Weise gegeben werden, die regelmäßige Frist pünktlich innegehalten und ohne besondere Gründe nicht erweitert wird. Die Übersichten sind zweckmäßig wesentlich in derselben Form zu geben, wie die Vermögensverzeichnisse.

Der Vormund „hat" die Übersicht von sich aus und ohne vorherige Aufforderung des V.-Gerichts einzureichen.

Ist ein Gegenvormund vorhanden oder zu bestellen, so hat ihm der Vormund die Übersicht unter Nachweisung des Vermögensbestandes vorzulegen. Der Gegenvormund hat die Übersicht mit den Bemerkungen zu versehen, zu denen die Prüfung ihm Anlaß giebt. (§ 1854 Abs. 2 vgl. § 1842 und S. 154, 3 Nr. 4).

In der dem Gegenvormunde zu gebenden Nachweisung des Vermögensbestandes liegt der Schwerpunkt der durch die Vermögensübersichten auszuübenden Kontrole. Da die Bestellung eines Gegenvormundes aber häufig ausgeschlossen sein wird, so hat das V.-Gericht namentlich bei so befreiten Vormundschaften besonderen Grund, die Vermögensübersicht seinerseits zu einer wirksamen Kontrole über das Mündelvermögen zu benutzen. Ergeben sich ihm daraus Verdachtsgründe, daß das verzeichnete Vermögen nicht oder nicht vollständig vorhanden ist, so hat es im Aufsichtswege einzuschreiten. Es steht dem V.-Gericht aber auch die Befugnis zu, die befreienden Anordnungen des Vaters oder der Mutter außer Kraft zu setzen, wenn ihre Befolgung das Interesse des Mündels gefährden würde. (§ 1857). Die Außerkraftsetzung derselben braucht indeß nur soweit zu erfolgen, als eine Gefährdung vorliegt. Vor ihrer Anordnung sind angemessen Verwandte oder Verschwägerte des Mündels zu hören. (§ 1847.)

Die fragliche Befugnis empfiehlt sich als Mittel zur Verhütung häufigerer Entlassung von Vormündern (vgl. §§ 1778 Abs. 1, 1886).[4])

---

[1]) M. S. 1171 Abs. 1; Pr. S. 810 Abs. 3.
[2]) vgl. E. I § 1691 Abs. 2 Halbs. 2; Pr. S. 811 Abs. 1.
[3]) Pr. S. 811 Abs. 3.
[4]) M. S. 1173 Abs. 1.

Wird aber weiter erwogen, daß zwischen den Anordnungen der Eltern und der Zeit ihres Inkrafttretens regelmäßig ein längerer Zeitraum liegt, während dessen sich die Voraussetzungen, von denen die Eltern bei ihren Anordnungen ausgegangen sind, vollständig verändert haben können, so wird das V.-Gericht von der Befugnis des § 1857 zwar einen vorsichtigen, andererseits aber im Interesse des Mündels keinen zu ängstlichen Gebrauch zu machen haben.

5. Verfügungen der Eltern, durch welche die Befreiung des Vormundes allgemein, soweit dieselbe gesetzlich zulässig ist, angeordnet wird, sind als wirksam anzusehen, sofern sie den Willen des Verfügenden mit genügender Sicherheit erkennen lassen.[1])

6. Die Befreiungen des Vormundes treten mit der dieselben anordnenden elterlichen Verfügung, nicht erst, wie nach § 47 Abs. 2 pr. V.-O., mit einer auf die Anordnung hin von dem V.-Gerichte zu erteilenden Ermächtigung in Kraft. Die Wirksamkeit der Befreiungen hängt daher von derjenigen der letztwilligen Verfügung ab, in welcher dieselben angeordnet sind. Über die Gültigkeit dieser Verfügung ist nötigenfalls im Rechtswege zu entscheiden.

7. Haben die Eltern mehrere Vormünder zu ungeteilter Verwaltung berufen, davon aber nur einzelnen Befreiungen zu teil werden lassen, so kann, da die Verwaltung eine gemeinschaftliche ist, die Befreiung einzelner Vormünder keine Wirksamkeit äußern.[2]) Ist dagegen die Vormundschaft unter die einzelnen Vormünder nach bestimmten Wirkungskreisen geteilt, so treten die für die einzelnen Vormünder angeordneten Befreiungen für jeden einzelnen in Kraft.

8. Der § 1695 E. I, welcher hinsichtlich gewisser Teile des Mündelvermögens das Verbot der Offenlegung des Vermögensverzeichnisses und dementsprechend die Befreiung des Vormundes von der Verpflichtung zur Rechnungslegung, bezw. Einreichung einer Vermögensübersicht zuließ, ist von der 2. Kommission gestrichen. Die mit der Geheimhaltung des Vermögensverzeichnisses verbundenen großen Gefahren sind mit Recht als die in einzelnen Richtungen etwa möglichen Vorteile derselben überwiegend erachtet worden.

9. Nach Art. 136 Nr. 4 bleiben die landesgesetzlichen Vorschriften unberührt, wonach im Fall einer Bevormundung durch den Vorstand einer staatlichen Erziehungs-2c.-Anstalt dem Vormunde die nach § 1852 zulässigen Befreiungen zustehen.

10. Die Befreiungen des Vormundes werden zweckmäßig in die Bestellung aufgenommen; vorgeschrieben ist dies nicht.

§ 27. Die Führung der Vormundschaft durch mehrere Vormünder.

§ 1797, I § 1652; II § 1677; III § 1773; M. S. 1093 bis 1095 Abs. 3; Pr. S. 756 und 757 Abs. 1; pr. V.-O. § 30.

1. Die Regel des alten deutschen Rechts, daß nur einer die Vormund-

---

[1]) Dernburg S. 84/85.
[2]) vgl. Schultzenstein § 1854, Anm. 2, Abs. 2.

schaft führt, ist später durchbrochen worden.[1]) Das spätere deutsche Recht gestattet, wie das römische, mehrere Vormünder, von denen, soweit nicht besondere Anordnungen zur Wahrung der notwendigen Einheitlichkeit der Vormundschaftsführung getroffen sind, jeder sein Amt selbständig führt; der Widerspruch des einen Vormundes gegen eine von dem anderen beabsichtigte vormundschaftliche Maßnahme verhindert diese.

2. Das B. G. läßt nach dem Vorgange des A. L.-R. (II, 18, §§ 115 bis 117, 288) und der pr. V. O. mehrere Vormünder zu, wie aus Zweckmäßigkeitsgründen auch notwendig ist. Es berechtigt und verpflichtet die mehreren Vormünder aber, „die Vormundschaft gemeinschaftlich zu führen." Diese gemeinschaftliche Führung bezieht sich auf alle den Vormündern in Bezug auf die Person und das Vermögen des Mündels zustehenden Befugnisse, nicht blos, wie nach § 30 pr. V. O. („verwalten gemeinschaftlich"), auf die Vermögensverwaltung.

Der gemeinschaftlichen Führung der Vormundschaft ist aber dadurch eine Schranke gesetzt, daß der Widerspruch des einen Vormundes Maßnahmen des anderen nicht verhindern soll. Denn bei Meinungsverschiedenheit zwischen den Vormündern entscheidet das V.-Gericht, sofern nicht bei der Bestellung ein anderes bestimmt ist. Und zwar tritt diese von den Vormündern, gegebenen Falles von dem Gegenvormunde durch Anzeige oder Beschwerde herbeizuführende Entscheidung nicht erst, wie nach der pr. V. O., ein, wenn ein Mehrheitsbeschluß der Vormünder nicht zu erzielen, sondern schon dann, wenn eine Meinungsverschiedenheit nicht zu heben gewesen ist.

Das das V.-Gericht sich der einen oder der anderen der von den Vormündern vertretenen Meinungen anzuschließen habe und gegebenen Falles nur im Aufsichtswege (§ 1837) eine davon abweichende Anordnung erlassen könne,[2]) wie die M. S. 1094 Abs. 2 wollen, ist in dem Gesetz nicht zum Ausdruck gebracht. Das V.-Gericht wird sich der Regel nach zwar darauf zu beschränken haben, die zwischen den Vormündern streitige Frage grundsätzlich zu entscheiden, und von Anordnungen im Aufsichtswege bei Gelegenheit dieser Entscheidung nur da Gebrauch machen, wo diese geboten erscheinen. Die grundsätzliche Entscheidung der streitigen Frage aber in einem von der Meinung der mehreren Vormünder abweichenden Sinne zu geben, ist ihm unverwehrt.[3])

3. Die im § 1797 Abs. 1 vorgesehene „andere Bestimmung" über die Entscheidung von Meinungsverschiedenheiten unter den Vormündern und die Verteilung der Geschäfte unter dieselben wird von dem V.-Gericht auf Grund einer entweder von ihm selbst bei der Bestellung des Vormundes oder einer von dem Vater oder der ehelichen Mutter in Gemäßheit des § 1777 (vgl. S. 24) letztwillig getroffenen Bestimmung erlassen. Letere tritt nicht kraft Gesetzes, sondern kraft richterlicher Anord-

---

[1]) Kr. I § 24 S. 224.
[2]) So u. a. Schultzenstein § 1797 Anm. 3; Fuchs S. 93 Abs. 3.
[3]) vgl. Wachler § 30 Anm. 4.

nung in Wirksamkeit.[1]) Der Richter aber „hat" sie zu befolgen, sofern sie nicht das Interesse des Mündels gefährdet.[2])

4. Die Verteilung der vormundschaftlichen Geschäfte unter die mehreren Vormünder nach bestimmten Wirkungskreisen erfolgt durch Anordnung des V.-Gerichts; die von den Vormündern selbst vorgenommene Teilung der Geschäfte unter sich ist rechtsunwirksam.[3])

Die Art der Verteilung der vormundschaftlichen Geschäfte ist Sache des richterlichen Ermessens. Sie kann daher ganz, wie im gemeinen Recht, erfolgen und nach örtlich geschiedenen Bezirken oder sachlich abgegrenzten Geschäftskreisen vorgenommen werden (tutela regionibus, tut. per partes divisa).[4])

Ersteres empfiehlt sich, wenn Mündelvermögen, insbesondere Grundstücke, in verschiedenen Bezirken belegen ist, letzteres bei umfangreichen Verwaltungen. So förderlich eine Teilung der vormundschaftlichen Geschäfte für das Beste des Mündels sein kann, so wird der V.-Richter doch immer zu erwägen haben, ob der Nutzen derselben nicht durch die Aufhebung der Einheitlichkeit der vormundschaftlichen Verwaltung aufgewogen wird.

5. Führen mehrere Vormünder die Vormundschaft gemeinschaftlich, so berechtigt und verpflichtet nur ihr übereinstimmender Wille den Mündel. Bei der Bestimmung des § 1797 Abs. 1 Satz 1 ist aber davon ausgegangen, daß beim Wegfall eines Vormundes die übrigbleibenden die Geschäfte allein zu führen haben.[5])

Letztere haben den Tod (§ 1894 Abs. 2) oder den sonstigen Abgang eines Mitvormundes — Auswanderung, Verschollenheit — unverzüglich dem V.-Gericht anzuzeigen. Von dem Ermessen des letzteren oder der Bestimmung der Eltern hängt es ab, ob an Stelle des weggefallenen ein anderer Vormund zu bestellen ist.

Mehrere Vormünder haben gemeinschaftlich Rechnung zu legen (vgl. pr. V. O. § 56 Abs. 2).

Da nach § 421 die Einrede der Teilung bei Gesammtschuldverhältnissen überhaupt ausgeschlossen ist, so findet dieselbe auch in dem Verhältnis mehrerer Mitvormünder zu einander nicht statt.[6])

Jeder der die Vormundschaft gemeinschaftlich führenden Vormünder kann selbständig das Beschwerderecht für den Mündel ausüben. Diese Vorschrift findet in dem Falle des § 1798 entsprechende Anwendung.[7])

---

[1]) M. S. 1095.

[2]) Weiter geht die pr. V.-O. § 30 Abs. 4, nach welcher das Gericht auch ohne vorliegende Gefährdung des Interesses des Mündels andere Bestimmungen treffen kann. Vgl. Dernburg S. 82 Abs. 1; Wachler § 30 Anm. 7; A. A. Hesse § 30 Anm. 6.

[3]) M. S. 1094 Abs. 3; Dernburg S. 81 Abs. 2.

[4]) vgl. Böhlau S. 212 ff.

[5]) vgl. M. S. 1094 Abs. 1; pr. V.-O. § 65 Abs. 2.

[6]) M. S. 1178 Abs. 3.

[7]) G.-F. § 58.

6. Ist die Führung der Vormundschaft geteilt, so führt jeder Vormund innerhalb des ihm zugewiesenen Geschäftskreises die Vormundschaft selbständig. Er unterliegt innerhalb des ihm zugewiesenen Gebietes nicht einmal der Kontrole der Mitvormünder, und hat hinsichtlich der ihm allein unterstellten Vermögensverwaltung allein Rechnung zu legen.

7. Für den Fall, daß die Sorge für die Person und diejenige für das Vermögen des Mündels in verschiedenen Händen liegen,[1] war zu besorgen, daß diese Trennung zu einer das Interesse des Mündels gefährdenden Behandlung führe, wenn es sich um eine sowohl die Person als das Vermögen des Mündels betreffende Angelegenheit (z. B. die Wahl des Berufes) handelt. Damit in diesem Falle nicht durch den Widerspruch des einen oder des anderen Vormundes eine dem Gebiete beider angehörige, dem Mündel förderliche Maßnahme verhindert werde, bestimmt der § 1798, daß bei Meinungsverschiedenheiten der Vormünder das V.-Gericht zu entscheiden hat. Auch in diesem Falle braucht dieses sich nicht der Meinung des einen oder des anderen Vormundes anzuschließen (vgl. S. 125, Nr. 2).

§ 28. Die Thätigkeit des Gegenvormundes im Allgemeinen.

§ 1799; I § 1654; II § 1679; III § 1775; Pr. S. 757; M. S. 1095 Abs. 4 und S. 1028 ff.; Pr. S. 757; pr. V.-O. § 31.

1. Über die Voraussetzungen der Bestellung eines Gegenvormundes vgl. S. 46 ff.

2. Der Gefahr, die dem Mündel aus der selbständigen Stellung des Vormundes erwachsen kann, soll gegebenen Falles durch die Bestellung eines Gegenvormundes begegnet werden. Die stetige Kontrole, die über die Führung der Vormundschaft zu üben, dem V.-Gerichte der Natur der Sache nach unmöglich ist, soll der Gegenvormund üben. Und zwar hat sich diese Kontrole nicht blos, wie nach der pr. V. O., auf die Vermögensverwaltung, sondern auf die ganze Führung der Vormundschaft zu erstrecken.[2] Die „pflichtmäßige Führung" derselben durch den Vormund ist Gegenstand seiner Aufsicht. Es ist insbesondere nicht für ausreichend erachtet, die Beaufsichtigung des Vormundes hinsichtlich der persönlichen Verhältnisse des Mündels dem Gemeindewaisenrate zu überlassen.[3]

3. Damit der Gegenvormund in die Lage versetzt wird, die ihm obliegende Beaufsichtigung wirksam zu führen und nötigenfalls dem V.-Gericht Anzeige zu machen, ist der Vormund verpflichtet, dem Gegenvormund auf dessen Verlangen über die Führung der Vormundschaft Auskunft zu geben und ihm die Einsicht der sich auf die Vormundschaft beziehenden Papiere zu gestatten. Ein Antrag, nach welchem

---

[1]) vgl. M. S. 1084 Abs. 2 und darüber „Bemerkungen" S. 116 u. S. 98/99.

[2]) Auf den etwa neben dem Vormunde bestellten Pfleger erstreckt sich die Aufsicht des Gegenvormundes nicht (vgl. S. 47 Nr. 4).

[3]) vgl. § 1850; M. S. 1034 Abs. 2.

der Vormund verpflichtet werden sollte, dem Gegenvormunde „von allen wichtigen, das Interesse des Mündels berührenden Angelegenheiten thunlichst bald Mitteilung zu machen", wurde von der zweiten Kommission als die Stellung beider Vormünder zu einander verschiebend und zu Mißverständnissen führend abgelehnt.[1]) Abgesehen von der ihm von dem Vormunde zu erteilenden Auskunft, wird der Gegenvormund durch die ihm gesetzlich obliegende Mitwirkung bei mannigfachen Handlungen der vormundschaftlichen Verwaltung in den Stand gesetzt, die Aufsicht über diese mit Erfolg zu üben.[2])

4. Auf Grund der so erlangten Kenntnis von den Verhältnissen der Vormundschaft hat der Gegenvormund die Führung derselben zu überwachen und von ihm wahrgenommene Pflichtwidrigkeiten des Vormundes unverzüglich dem V.-Gericht anzuzeigen, damit dieses in den Stand gesetzt wird, einzuschreiten. Er hat dem Gericht ferner von solchen Fällen Anzeige zu machen, wo, ohne daß eine Pflichtwidrigkeit vorliegt, eine Verletzung der Interessen des Mündels eingetreten oder zu befürchten und das Gericht zum Einschreiten berufen ist. Ein solcher Fall liegt z. B. vor, wenn sich Gründe ergeben, aus denen der Vormund zur Leistung einer Sicherheit für das seiner Verwaltung unterliegende Vermögen, bezw. zur Erhöhung einer solchen Sicherheit anzuhalten ist (§ 1844 Abs. 1).

Insbesondere hat der Gegenvormund solche Umstände zur Kenntnis des V.-Gerichts zu bringen, durch welche das Amt des Vormundes beendigt wird (§ 1885), oder welche die Entlassung des Vormundes aus seinem Amt erforderlich machen. In letzterer Hinsicht kommen hauptsächlich die im Interesse des Mündels aufgestellten Entlassungsgründe des § 1886 in Betracht.[3]) Aber auch die Entlassung des Vormundes aus den Gründen der §§ 1887 und 1888 kann im Interesse des Mündels liegen.

5. Aus der Thätigkeit des Gegenvormundes als einer beaufsichtigenden ergiebt sich, daß Meinungsverschiedenheiten, wie sie zwischen mehreren die Vormundschaft gemeinschaftlich führenden Vormündern entstehen können, zwischen ihm und dem Vormunde nicht vorkommen können. Denn ein Recht auf Teilnahme an der Führung der Vormundschaft steht ihm nicht zu. Nur im Wege der Anzeige an das V.-Gericht und nötigenfalls der Beschwerde kann der Gegenvormund darauf hinwirken, daß Maßregeln, die er als das Interesse des Mündels verletzend oder gefährdend erachtet, beseitigt werden. Das schließt selbstverständlich nicht aus, daß er zuvor eine gütliche Verständigung mit dem Vormunde zu erzielen sucht.

6. Verweigert der Vormund dem Gegenvormunde die diesem nach § 1799 Abs. 2 zu erteilende Auskunft, oder zieht er ihn zu denjenigen

---

[1]) Pr. S. 757 Nr. VII.

[2]) vgl. §§ 1802 Abs. 1 Satz 2; 1809, 1810, 1812, 1826, 1836 Abs. 2, 1842, 1847, 1854 Abs. 3, 1859, 1873, 1891, 1892.

[3]) vgl. § 57 Nr. 6 G.-F. über die Beschwerde des Vormundes in den fraglichen Fällen.

Handlungen, zu denen er ihn gesetzlich zuzuziehen hat, nicht zu, so hat der Gegenvormund wegen solcher Pflichtwidrigkeiten das Einschreiten des V.-Gerichts gemäß § 1837 zu veranlassen. Dasselbe hat zu geschehen, wenn die Vormund es schuldhafter Weise unterläßt, die Genehmigung des Gegenvormundes zu denjenigen Rechtsgeschäften einzuholen, für die dieselbe gesetzlich vorgeschrieben ist. Daß im § 1832 die gesetzlichen Folgen der Nichtgenehmigung bestimmt sind, schließt eine Ordnungswidrigkeit auf seiten des Vormundes nicht aus, der es vorsätzlich oder fahrlässig unterläßt, die erforderliche Genehmigung des Gegenvormundes einzuholen.

7. Dem Gegenvormunde steht neben der allgemeinen Beschwerde aus § 19 G. F. gegen eine Verfügung, durch die sein Antrag, gegen den gesetzlichen Vertreter wegen pflichtwidrigen Verhaltens einzuschreiten oder den Vormund oder den Pfleger aus einem der im § 1886 bezeichneten Gründe zu entlassen, abgelehnt wird, die besondere Beschwerde aus § 57 Nr. 6 daselbst zu. Nach § 57 Nr. 7 daselbst steht ihm dieselbe gegen eine Verfügung zu, durch die dem Vormund oder dem Pfleger eine Vergütung bewilligt wird.

IV.

Die gegenseitigen Rechte und Pflichten des Vormundes und des Mündels aus der Führung der Vormundschaft.

§ 29. Die Haftung des Vormundes und des Gegenvormundes 1. dem Mündel gegenüber.

§ 1833; I § 1696; II § 1732; III § 1809; M. S. 1175 bis 1180; Pr. S. 816/17; pr. V.-O. § 32.

1. Nach gemeinem Rechte haftet der Vormund dem Mündel aus seiner Geschäftsführung außer wegen dolus und culpa lata nur wegen diligentia quam in suis (L. 53 § 3 D. 47, 2; L. 1 pr. D. 27, 3; Nov. 72 cap. 8). Der Beweis des Fehlens der letzteren, der s. g. culpa in concreto, war bei der Schwierigkeit, die geschäftlichen Gepflogenheiten des Vormundes in eigenen Angelegenheiten nachzuweisen, oft nur mit großer Mühe zu erbringen. Außerdem bestanden Meinungsverschiedenheiten über die Beweis l a st hinsichtlich der culpa in concreto.

Bei Erwägung dieser Übelstände und im Hinblick auf die mannigfachen Klassen von Beamten, die für j e g l i c h e s Verschulden einzustehen haben, ist in den meisten neueren Gesetzen die Haftung des Vormundes für die Sorgfalt eines ordentlichen Hausvaters ausgesprochen worden. Das A.-L.-R. (§ 275 II Tit. 18), der code (Art. 450 und 1137) und die pr. V.-O. (§ 32) machen den Vormund für jedes Verschulden verantwortlich. Das B. G. teilt den Standpunkt dieser Gesetzgebungen. Es hat denselben um so mehr eingenommen, als die wesentlich gesteigerte Selbständigkeit des Vormundes eine vermehrte Verantwortlichkeit desselben bedingt.[1]) Die Fassung des § 1696 Abs. 1 E. I, wonach der Vormund „für die Anwendung der Sorgfalt eines ordent-

[1]) M. S. 1176 Abs. 1.

lichen Hausvaters" einzustehen hatte, ist zwar im § 1833 Abs. 1 B. G. dahin abgeändert worden, daß „der Vormund dem Mündel für den aus einer Pflichtverletzung entstehenden Schaden verantwortlich ist, wenn ihm ein Verschulden zur Last fällt." Der § 1833 entspricht so den Vorschriften des B. G. über die Fahrlässigkeit.[1]) Die Änderung ist keine die Sache betreffende und wesentlich deshalb vorgenommen, um die Bedenken zu beseitigen, die aus dem Ausdruck „ordentlicher Hausvater" etwa hergeleitet werden könnten.[2])

2. Das Verschulden beruht nach dem B. G. auf Vorsatz oder Fahrlässigkeit. Beide machen nur dann verantwortlich, wenn ein Verschulden vorhanden ist. Ein solches ist regelmäßig schon dann anzunehmen, wenn ein Verstoß gegen gesetzliche Vorschriften vorliegt.

Vorsatz ist die auf die Vornahme einer Handlung oder die Herbeiführung eines Erfolges gerichtete Willensbestimmung, „vorsätzlich" gleichbedeutend mit „wissentlich" und „willentlich." „Fahrlässig handelt, wer die im Verkehr erforderliche Sorgfalt außer Acht läßt" (§ 276 Abs. 1 Satz 2).

Eine allgemeine Begriffbestimmung des Verschuldens giebt das Gesetz nicht, es spricht vielmehr nur für die Schuldverhältnisse (1 Titel: „Verpflichtung zur Leistung") im § 276 aus, daß der Schuldner Vorsatz und Fahrlässigkeit zu vertreten habe, sofern nicht ein anderes bestimmt ist. Mit Planck S. 36 Abs. 2, S. 37 Abs. 6 ist aber in der dort gegebenen Begriffsbestimmung des Verschuldens ein allgemeines Prinzip zu erblicken, das auf alle anderen Rechtsverhältnisse entsprechende Anwendung zu finden hat.

3. Die vorsätzliche Verletzung der vormundschaftlichen Pflichten bedarf weiterer Darlegung nicht. Fahrlässig verletzt seine Pflichten derjenige Vormund, welcher nach den im Verkehrsleben herrschenden Anschauungen die durch diese, und zwar allgemein, nicht für den einzelnen Fall, erforderte Sorgfalt außer Acht läßt. Darnach entscheidet über das Maß der erforderlichen Sorgfalt die allgemeine im Rechtsverkehr herrschende Sitte, nicht die Anschauung und Gepflogenheit Einzelner.[3]) Für dieses Maß von Sorgfalt hat Jeder einzustehen, ohne daß es darauf ankommt, ob er dasselbe nach seiner Persönlichkeit zu leisten im stande ist.

Die Haftpflicht des Vormundes erstreckt sich nicht bloß auf die Vermögensverhältnisse, sondern auch auf die Sorge für die Person des Mündels; sie bezieht sich weiter auf jeden demselben durch die Schuld des Vormundes erwachsenen Schaden.

4. Die in den §§ 827 und 828 aufgestellten Grundsätze über diejenigen Umstände, welche die Verantwortlichkeit ausschließen (Bewußtlosigkeit, krankhafte Störung der Geistesthätigkeit, Nichtvollendung des siebenten

[1]) vgl. § 276 und E. I § 144 Abs. 1.
[2]) vgl. Planck S. 36 Abs. 4; M. I S. 28 Abs. 2.
[3]) vgl. Windhorst, Archiv für civ. Praxis, Band 87 S. 422.

Lebensjahres ꝛc.) finden auch auf das Verhältnis zwischen Vormund und Mündel Anwendung.[1]) Die Genehmigung des Gegenvormundes oder des V.=Gerichts kann ein Verschulden des Vormundes ausschließen; bleibt trotz derselben ein Verschulden desselben bestehen, so haftet er dafür. Die pr. V.=O. § 49 spricht dies ausdrücklich aus; in das B. G. ist eine solche Bestimmung, weil sie als selbstverständlich erachtet wurde, nicht aufgenommen worden. Bedient sich der Vormund zur Ausrichtung einzelner vormundschaftlicher Geschäfte (vgl. S. 50 Nr. 5) der Hülfe Dritter, so haftet er für das Verschulden dieser, wie für sein eigenes (vgl. § 278).

5. Die Erben des Vormundes haften, wie dieser, nicht bloß, wie nach gemeinem Rechte, für Arglist und grobe Fahrlässigkeit. Der Grundsatz, aus dem dies unmittelbar abzuleiten war, nämlich der, daß das Schuldverhältnis durch den Tod des Gläubigers oder Schuldners nicht erlischt, war im § 292 E. I. ausdrücklich ausgesprochen. Dieser § ist von der 2. Kommission als selbstverständlich gestrichen. Der Grundsatz selbst und die daraus abzuleitenden Folgerungen sind nicht beseitigt worden.

6. „Sind für den Schaden Mehrere nebeneinander verantwortlich, so haften sie (wie nach gemeinem Recht) als Gesammtschuldner" (§ 1833 Abs. 2).[2])

Das Gesetz geht davon aus, daß im Verhältnis zu dem Mündel die mehreren Vormünder (Gegenvormünder, Vormund und Gegenvormund; Pfleger), seien sie nun verwaltende oder nur Aufsicht führende, für denjenigen Schaden, wegen dessen sie mit verantwortlich sind, nach den Bestimmungen der §§ 420 ff. als Gesammtschuldner zu haften haben. Nur derjenige Vormund aber ist mitverhaftet, der den Schaden, gleichviel in welchem Maße, mitverschuldet hat (§ 1833 Abs. 2 Satz 1); allein aus dem Grunde, daß er Mitvormund ꝛc. ist, hat der Vormund nicht für einen Schaden miteinzustehen, der nur durch das Verschulden seines Mitvormundes herbeigeführt ist.

Die sog. subsidiäre Haftbarkeit des gemeinen Rechts, wonach in erster Linie der schuldige Vormund und erst im Falle des Unvermögens dieses der Mitvormund (Gegenvormund) haftet, der die ihm obliegende Aufsichtspflicht verletzt hat[3]), ist dem B. G. fremd.[4])

In ihrem Verhältnis zu einander dagegen haften diejenigen Vormünder oder Gegenvormünder, die in Bezug auf einen Schaden, der durch die Schuld eines Mitvormundes verursacht worden ist, nur ihre Aufsichtspflicht verletzt haben, überhaupt nicht (§ 1833 Abs. 2 Satz 2), d. h. sie können auf den schuldigen Vormund zurückgreifen.

Den als Gesamtschuldnern haftenden Vormündern steht ebensowenig wie Gesammtschuldnern überhaupt (§ 421), die Einrede der Teilung zu. Der Ersatzanspruch des Vormundes, der als Gesammtschuldner mehr ge-

---

[1]) vgl. Planck S. 37/38.
[2]) vgl. pr. V.=O. § 32 Abs. 4.
[3]) vgl. Windscheid II, § 443.
[4]) Ebenso der p. V.=O.; vgl. aber Dernburg S. 346 Abs. 3.

leistet hat, als ihm nach § 426 im Verhältnis zu den Mitvormündern zu leisten oblag, richtet sich nach der Vorschrift dieses Paragraphen.[1])

Die Ausgleichung unter den mehreren als Gesamtschuldner haftenden Vormündern findet auch dann statt, wenn dieselben für Schadensersatz wegen einer widerrechtlichen Handlung haften. Die gegenteilige Bestimmung des § 338 E. I ist von der 2. Kommission, als den heutigen Anschauungen nicht entsprechend, gestrichen worden.

Die Verantwortlichkeit des Vormundes beginnt mit seiner Bestellung (vgl. 41/42).[2])

7. Während die gemeinrechtlichen actiones tutelae erst nach Beendigung der Vormundschaft geltend gemacht werden konnten,[3]) bestimmt das B. G. (§ 1843 Abs. 2), daß Ansprüche, die zwischen dem Mündel und dem Vormunde streitig bleiben, schon vor Beendigung des Vormundschaftsverhältnisses im Rechtswege geltend gemacht werden können. Diese Bestimmung ist im Interesse des Mündels, um die Verdunkelung der bezüglichen Rechtsverhältnisse zu verhüten, getroffen worden.[4]) Die Klage ist von einem dem Mündel zu bestellenden Pfleger, bezw. gegen einen solchen zu erheben (§ 1909).

8. Die Verjährungsfrist für die Klage des Mündels gegen den Vormund (Gegenvormund, Pfleger) und dieses gegen den Mündel ist die regelmäßige von 30 Jahren (§195);[5]) der Schadensersatzanspruch wegen unerlaubter Handlungen verjährt in drei Jahren (§ 852).

Hervorzuheben ist, daß nach § 204 die Verjährung von Ansprüchen zwischen dem Vormund und dem Mündel während der Dauer des Vormundschaftsverhältnisses gehemmt ist, so daß also die Verjährung erst nach Beendigung der Vormundschaft beginnt (vgl. § 205). Bei der allgemeinen Fassung des § 204 Satz 2 ist mit Planck, Anm. 4 zu diesem Paragraphen anzunehmen, daß es hinsichtlich der Hemmung der Verjährung belanglos ist, ob der Mündel neben dem in Anspruch zu nehmenden Vormunde einen zweiten Vormund hat, dem nach der Verteilung der vormundschaftlichen Geschäfte die Geltendmachung der zur Frage stehenden Ansprüche zugewiesen ist; auch in diesem Falle ist es angemessen, daß der zweite Vormund nicht zur Klage gegen den Mitvormund genötigt wird.

9. Auf den sich aus allgemeinen Grundsätzen ergebenden[6]) Anspruch des Mündels gegen den Vormund aus dem diesem zur Last fallenden Verschulden finden die allgemeinen für die Schadensersatzpflicht geltenden Bestimmungen der §§ 249 bis 254 insoweit Anwendung, als nicht besondere Bestimmungen Platz greifen. Zu letzteren gehören in erster Linie die §§ 823 ff., durch welche der Ersatz des durch unerlaubte Handlungen

---

1) vgl. Planck § 428 Anm. 1 und 2.
2) vgl. M. S. 1177 Abs. 2.
3) L. 1 § 24; L. 4 pr. D. 27, 3; Kr. II S. 158.
4) M. S. 1161 Abs. 1.
5) vgl. Fuchs S. 118 Abs. 3; Schultzenstein § 1833 Anm. 3.
6) vgl. M. S. 1177 Abs. 3.

verursachten Schadens geregelt wird.[1]) Weitere besondere Vorschriften über Schadensersatz enthalten die §§ 280, 283, 286 Abs. 1, 325 Abs. 1 Satz 1, 557, 42, 122, 597, 912 Abs. 2, 917 Abs. 2 u. a. m.

Aus den Grundsätzen der §§ 249 und 251 ergiebt sich insbesondere, daß durch den Schadensersatz eine vollständige, sowohl den unmittelbaren als den mittelbaren Schaden, den positiven Nachteil und den entgangenen Gewinn umfassende Ausgleichung der durch das schädigende Ereignis in dem Vermögen des Beschädigten herbeigeführten Veränderung bewirkt werden soll.

Für den Fall, daß der Vormund der Bestimmung des § 1805 zuwider Geld des Mündels für sich verwendet hat, regelt der § 1834 den Schadensersatz dahin, daß der Vormund solches Geld von der Zeit der Verwendung an zu verzinsen hat.[2]) Die Zinsen betragen nach § 246 vier v. H. Diese Bestimmung schließt die Geltendmachung eines weiter gehenden Entschädigungsanspruches nicht aus[3]) und findet selbstverständlich keine Anwendung, soweit der Vormund dem Mündel gegenüber im Vorschuß ist. Andererseits endigt die Zinspflicht nicht mit der Vormundschaft, sondern besteht bis zur Zahlung. Auf andere Vermögensgegenstände als Geld findet die durch § 1834 bestimmte Zinspflicht keine Anwendung.[4])

10. Die Forderungen des Mündels gegen den Vormund sind nicht mehr durch ein gesetzliches Pfandrecht[5]) des ersteren am Vermögen des letzteren gesichert. Durch die Vormundschaft entsteht weder ein Pfandrecht an dem Vermögen des Vormundes noch ein Titel zu solchem Pfandrecht.[6]) Einem allgemeinen gesetzlichen Pfandrecht standen die Grundsätze des Konkursrechts[7]) und die im B. G. anerkannten Grundsätze der Publicität der Hypotheken und der Entstehung von Pfandrechten an beweglichen Sachen nur durch Besitzübertragung (§§ 873, 1205) entgegen. Dagegen hat der § 54 Nr. 5 K. O. den „Pflegebefohlenen[8]) des Gemeinschuldners in Ansehung ihres gesetzlich der Verwaltung desselben unterworfenen Vermögens" ein Vorrecht vor anderen Konkursgläubigern nach Maßgabe der dort bezeichneten Rangordnung eingeräumt. Das Vorrecht der K.-O. steht den Pflegebefohlenen aber

a) nur „in Ansehung ihres gesetzlich der Verwaltung (des Gemeinschuldners) unterworfenen Vermögens" zu. Es findet daher auch nur gegen den gültig bestellten Vormund statt.[9]) Der Grund der vormundschaftlichen Verwaltung ist das Gesetz, und dieses sichert daher auch nur die

---

[1]) Auch die Bestimmung über die Verjährung des Schadenersatzanspruches wegen unerlaubter Handlungen in § 852 gehört hierher.
[2]) vgl. §§ 668, 698.
[3]) vgl. E. I § 1697 Abs. 2; III § 1810 Abs. 2.
[4]) vgl. E. I § 1697 Abs. 1 Satz 2.
[5]) vgl. L. 7 §§ 5 und 6 C. 5, 70; L. un. C. 4, 53.
[6]) vgl. pr. V.-O. § 32 Abs. 6.
[7]) vgl. § 11 E. G. zur K.-O. und M. zur K.-O. S. 1568.
[8]) d. h. Mündeln und Pflegebefohlenen im Sinne des B.-G.
[9]) vgl. M. z. K.-O. S. 1478.

ordnungsmäßige Führung der auf ihm beruhenden Verwaltung. Ob der Vormund in dieser oder jener Beziehung von der Aufsicht des Gegenvormundes oder des V.-Gerichts befreit ist oder nicht, ist belanglos. Andererseits steht dem Mündel das Vorzugsrecht wegen aller ihm aus der Verwaltung des Vormundes gegen diesen erwachsenen Forderungen, nicht etwa bloß wegen Schadensersatzforderungen, zu.

b) Das Vorrecht steht den Pflegebefohlenen nicht zu, wenn die Forderung nicht binnen zwei Jahren nach Beendigung der Vermögensverwaltung gerichtlich geltend gemacht und bis zur Eröffnung des Verfahrens verfolgt worden ist.[1]) Es erlischt aber nicht ohne weiteres mit dem Ende der vormundschaftlichen Verwaltung; wäre dies der Fall, so würde es gerade für die wichtigsten Fälle, nämlich die, wo die Forderungen des Mündels sich erst nach Beendigung der Vormundschaft herausstellten, versagen. Dagegen mußte der Geltendmachung der Forderungen des Mündels und ihres Vorrechts zeitlich eine Grenze gesetzt werden, um nicht andere Gläubiger unnötig zu schädigen. „Läßt der gewesene Pflegebefohlene eine längere (als die im Gesetz bestimmte) Frist verstreichen, ehe er sein Recht auf Herausgabe gerichtlich ausübt, so kreditiert (er) dem Vormund und (darf) nicht anders behandelt werden, als die übrigen Gläubiger des Gemeinschuldners.[2]) Die im § 54 Nr. 5 K.-O. bestimmte Verjährung bezieht sich selbstverständlich nicht auf Aussonderungsrechte an den in dem Vermögen des Gemeinschuldners in Natur befindlichen Sachen des Mündels.

11. Daß Pflichtverletzungen des Vormundes denselben nicht bloß dem Mündel verantwortlich machen, sondern auch ein Einschreiten des V.-Gerichts wider den Vormund zur Folge haben, ergiebt sich aus den §§ 1837, 1886.

Der Gegenvormund steht hinsichtlich der Verantwortlichkeit dem Vormunde gleich (§ 1833 Abs. 1, Satz 2).

2. Die Haftbarkeit des Vormundes Dritten gegenüber.

a. aus unerlaubten Handlungen des Mündels.

§§ 832, 840; I §§ 710, 713; II §§ 755, 764 Abs. 2; III §§ 816, 825 Abs. 2 M. II S. 734 bis 736 und S. 737/38. Pr. S. 593—596; S. 605 u. 606.

Der § 832 bestimmt, daß derjenige, welcher kraft Gesetzes zur Führung der Aufsicht über eine Person verpflichtet ist, die wegen ihrer Minderjährigkeit oder wegen ihres geistigen oder körperlichen Zustandes der Beaufsichtigung bedarf, zum Ersatze des Schadens verpflichtet ist, den

---

[1]) Die Forderung des Mündels besteht natürlich auch nach dem Erlöschen des Vorrechts fort. Ihre Verjährung richtet sich nach den Vorschriften der §§ 204, 206.

[2]) M. z. K.-O. S. 1478.

[3]) vgl. im übrigen hinsichtlich der den Landesgesetzgebungen nachgelassenen Erweiterung des Vorrechts § 13 E. G. zu K.-O.

diese Person einem Dritten widerrechtlich zufügt. Die Ersatzpflicht tritt nicht ein, wenn der Aufsichtspflichtige seiner Aufsichtspflicht genügt hat, oder wenn der Schaden auch bei gehöriger Aufsichtsführung entstanden wäre. Anknüpfend an Bestimmungen des römischen Rechts, wie L. 27 D. 9, 2 und die neuere Gesetzgebung (vgl. A.=L.=R. I, 6 §§ 57 und 65), spricht das B. G. in der angeführten Bestimmung die Verantwortlichkeit des Aufsichtspflichtigen für unerlaubte Handlungen des seiner Aufsicht Unterworfenen aus. Daß der Vormund gesetzlich die Aufsicht über den Mündel zu führen hat, ergiebt sich aus der ihm durch § 1793 übertragenen Sorge für die Person desselben.

Ob er seiner Aufsichtspflicht gehörig genügt hat, ist nach den Umständen, insbesondere dem Alter des Mündels, zu entscheiden.

Ausgeschlossen wird die Verantwortlichkeit des Vormundes, auch wenn er es an der nötigen Aufsicht hat fehlen lassen, dadurch, daß der Schaden auch bei gehöriger Aufsichtsführung entstanden sein würde.

Zur Begründung seines Schadensanspruches hat der Beschädigte darzuthun, daß ihm durch eine unerlaubte Handlung des Mündels ein Schaden zugefügt sei, und daß der Vormund es schuldvoller Weise an der erforderlichen Aufsicht habe fehlen lassen. Nach den M.[1]) soll es dem Beschädigten weiter obliegen, zu beweisen, daß der Schaden bei ordnungsmäßiger Führung der Aufsicht nicht eingetreten wäre.[2]) Diese, die Beweislast des Ersatzberechtigten erheblich erschwerende Annahme scheint auf eine zu weite Ausdehnung des Erfordernisses des Kausalzusammenhanges hinzuweisen. Es wird vielmehr dem Beklagten obliegen, einredeweise darzuthun, daß der Schaden auch bei gehöriger Ausübung des Aufsichtsrechts eingetreten sein würde.

Die gleiche Verantwortlichkeit, wie den Vormund, trifft denjenigen, welcher durch Vertrag mit jenem die Führung der Aufsicht über den Mündel übernommen hat (§ 832 Abs. 2). Dahin gehören Erzieher, Wärter, Krankenanstalten u. dgl. m.

Ist der Mündel für den von ihm verursachten Schaden verantwortlich (§ 828 Abs. 2), so haften der Vormund und er dem Beschädigten der Regel nach als Gesammtschuldner; in ihrem Verhältnis zu einander ist der Mündel allein verhaftet. Eine Haftung des Vormundes erst nach dem Mündel kennt das Gesetz nicht. Ist der Mündel für den von ihm angerichteten Schaden nicht verantwortlich, so haftet der Vormund allein.

In allen diesen Beziehungen steht derjenige, welcher durch Vertrag die Aufsicht über den Mündel übernommen hat, dem Vormunde gleich.

b. wegen mangelnder Vertretungsmacht.

Der Vormund ist Vertreter des Mündels im Sinne der §§ 164 ff. („Vertretung. Vollmacht"). Nach den dort getroffenen Bestimmungen

---

[1]) M. II. S. 735.

[2]) So auf Fischer=Henle § 832 Anm. 6.

haftet er in seinem rechtsgeschäftlichen Verkehr mit Dritten dafür, daß er Vollmacht zum Abschluß der von ihm für den Mündel abgeschlossenen Verträge gehabt hat (§ 179).

Ob Jemand, ohne Vormund zu sein, als solcher auftritt, oder ob der wirkliche Vormund außerhalb der Grenzen seiner Vertretungsmacht handelt, wie namentlich bei der Teilung der vormundschaftlichen Verwaltung unter mehrere Vormünder vorkommen kann, gilt gleich. In beiden Fällen hat der Vertreter für das Vorhandensein der ausdrücklich oder stillschweigend von ihm behaupteten Vollmacht zum Abschluß von Verträgen in Gemäßheit der im § 179 aufgestellten Grundsätze einzustehen.[1])

§ 30. Die Ansprüche des Vormundes und des Gegenvormundes aus der Führung der Vormundschaft und zwar

1. auf Ersatz der für den Mündel gemachten Aufwendungen.

§ 1835; I 1698; II § 1734: III § 1811; M. S. 1181; M. II S. 541; Pr. S. 817; pr. V. O. § 33 Abs. 2.

1. Wie der Vormund durch die innerhalb seiner Vertretungsmacht für den Mündel abgeschlossenen Rechtsgeschäfte diesen berechtigt und verpflichtet, so kann er andererseits gemäß den für den Auftrag geltenden Grundsätzen Ersatz der von ihm bei Ausrichtung jener Geschäfte für den Mündel gemachten Aufwendungen beanspruchen.[2]) Überhaupt aber finden auf die Erstattung der von dem Vormunde zum Zwecke der Führung der Vormundschaft" gemachten Aufwendungen die Bestimmungen der §§ 669, 670 über die Ersatzansprüche des Beauftragten gegen den Auftraggeber Anwendung. Darnach hat der Mündel[3]) (§ 670) dem Vormunde diejenigen Aufwendungen zu erstatten, die dieser den Umständen nach „für erforderlich halten durfte." Diese Erstattungspflicht entspricht im wesentlichen den gemeinrechtlichen Grundsätzen.[4]) Nach diesen soll, abgesehen von der Notwendigkeit der Aufwendungen, die Pflicht zum Ersatze derselben davon abhängen, ob dieselben „probabili ratione, bona fide" gemacht sind.[5])

Nach § 670 ist entscheidend, ob der Vormund nach den im Verkehr geltenden Anschauungen die Aufwendungen für angemessen „halten durfte". Dadurch ist ausgedrückt, daß nicht bloß diejenigen Aufwendungen zu erstatten sind, die, objektiv betrachtet, erforderlich waren, sondern auch diejenigen, die der Vormund nach der allgemeinen Anschauung der in Betracht kommenden Kreise dafür halten durfte, mögen sie nun den

---

[1]) Auch der vorgebliche Vertreter wird im B. G. als Vertreter bezeichnet (vgl. § 177).

[2]) Niemals aus der Staatskasse (vgl. u. a. Jastrow Nr. 554).

[3]) besteht der Erstattungsanspruch, wie bei Prozeßauslagen, in erster Linie einem Dritten gegenüber, so hat der Vormund sich zunächst an diesen zu halten.

[4]) vgl. Dernburg, Band III § 52, 2, a.

[5]) vgl. L. 27 § 4 D. 17, 1; L. 4 C. 4, 35.

beabsichtigten Erfolg gehabt haben oder nicht.[1]) Es ergiebt sich weiter daraus, daß, ohne Unterschied zwischen notwendigen und nützlichen Aufwendungen, das vernünftige Ermessen des Vormundes über die Erforderlichkeit derselben entscheidet. Neben dem Anspruch auf Ersatz seiner Aufwendung verbleiben dem Vormunde selbstverständlich die ihm aus anderen Gründen, z. B. aus Bereicherung, gegen den Mündel zustehenden Ansprüche.

2. Als Aufwendungen des Vormundes gelten nach § 1835 Abs. 2 auch solche Dienste desselben, die zu seinem Gewerbe oder Berufe gehören.[2]) Nicht dafür also soll dem Vormund Ersatz werden, daß er überhaupt Zeit und Mühe für den Mündel aufgewendet hat, sondern dafür, daß er ihm Dienste geleistet hat, die in den Beruf des Vormundes einschlagen, und zu deren Leistung sonst ein anderer Fachmann von ihm hätte herangezogen werden müssen.[3]) Daß auch ein Arbeiter oder ein in ähnlicher Berufsstellung Befindlicher Entschädigung für die der Führung der Vormundschaft gewidmete Zeit beanspruchen kann, ist nicht wohl zu bezweifeln. Auch er aber bekommt die aufgewendete Zeit nur deshalb bezahlt, weil die Verwendung der Zeit als solcher gegen Entgelt seinem Beruf entspricht.[4]) — Im § 1835 Abs. 2 wird gleichfalls vorausgesetzt, daß der Vormund die von ihm geleisteten Dienste für die Zwecke der Vormundschaft erforderlich halten durfte. — Die Höhe der für die Dienste zu zahlenden Beträge richtet sich nach den gesetzlichen Gebührenordnungen (Rechtsanwälte und Notare), wo solche fehlen, nach der Üblichkeit (Banquiers, Makler 2c.), im Streitfall ist im Wege des Prozesses darüber zu entscheiden.[5])

Für zufällige Beschädigungen, die der Vormund bei Ausübung seines Amtes erlitten hat, kann er keine Entschädigung beanspruchen.[6])

3. Ueber dasjenige Maß hinaus, welches ihm durch Weisungen des V.-Gerichts, letztwillige Verfügungen oder durch Bestimmungen desjenigen, welcher dem Mündel unter Lebenden Zuwendungen gemacht hat (vgl. § 1803), in rechtsgültiger Weise gesetzt ist, kann der Vormund selbstverständlich keine Ersatzansprüche wegen Aufwendungen geltend machen.[7])

Nach § 256 kann der Ersatzberechtigte Verzinsung des aufgewendeten Betrages oder, wenn andere Gegenstände als Geld aufgewendet worden sind, des als Ersatz ihres Wertes zu zahlenden Betrages von der Zeit der Aufwendung an beanspruchen. Diese Vorschrift (mit der im Satz 2 enthaltenen Einschränkung) findet auf den Vormund Anwendung. Die Zinsen sind die gesetzlichen des § 246.

---

[1]) „etsi eventum adversum habuit quod gestum est" (L. 3 § 7 D. 27, 4).

[2]) vgl. § 33 Abs. 3 pr. V.-O.

[3]) Daher kann ein Vormund, der Rechtsanwalt ist, für Geld, welches er als Vormund erhoben und abgeliefert hat, keine Gebühr von dem Mündel beanspruchen (vgl. Schultzenstein § 1835 Anm. 8; Fuchs S. 193 Anm. 2).

[4]) vgl. R.-G.-CS. XXI, S. 353.

[5]) vgl. Jastrow Nr. 555.

[6]) M. II. S. 541. E, Reatz, I S. 308, Anm. 5; Dernburg S. 202 Abs. 2.

[7]) vgl. M. II S. 541 Abs. 1.

4. Die in den EE. I und II (§§ 595 Abs. 3, bezw. 601 Abs. 3) ausgesprochene Verpflichtung des Auftraggebers, den Beauftragten von den zum Zwecke der Ausführung des Auftrages übernommenen Verbindlichkeiten zu befreien, hat keine Aufnahme in das Gesetz gefunden. Es fragt sich, ob auch in Ermangelung einer solchen Vorschrift der Beauftragte und der Vormund dies Recht haben. In den M.[1]) ist die dem gemeinen Recht entsprechende[2]) Pflicht zur Befreiung der gedachten Personen von den fraglichen Verbindlichkeiten „als ein Unterfall der Verpflichtung des Auftraggebers zum Ersatze der Verwendungen" angesehen. Dieser der Sache entsprechenden Auffassung wird beizutreten und anzunehmen sein, daß die Verpflichtung zur Befreiung als selbstverständlich nicht in das Gesetz aufgenommen ist. Auch die mit der Hauptbestimmung fortgefallenen Einzelvorschriften der §§ 595 Abs. 3, bezw. 601 Abs. 3 EE. I und II über die Sicherheitsleistung an Stelle der Befreiung und das Recht des Ersatzberechtigten, bei fälligen Geldschulden die zur Erfüllung der Verbindlichkeit erforderliche Geldsumme zu verlangen, sind als sich aus allgemeinen Grundsätzen ergebend erachtet und aus diesem Grunde fortlassen.[3]) Sie sind daher auch in dem Verhältnis des Vormundes zum Mündel zur Anwendung zu bringen.

5. Für die zum Zwecke der Führung der Vormundschaft von ihm zu machenden Aufwendungen kann der Vormund einen Vorschuß verlangen (vgl. § 669); er kann denselben aus dem Mündelvermögen entnehmen. Das Recht auf Erstattung seiner über den Betrag desselben hinausgehenden Aufwendungen bleibt ihm selbstverständlich neben demselben.

6. Entsteht Streit über die von dem Vormund gemachten Aufwendungen, bemängelt z. B. der Mündel oder das V.-Gericht die Erforderlichkeit oder die Höhe der Aufwendungen, so sind die Streitigkeiten im Wege Rechtens zum Austrag zu bringen.[4]) Daß das V.-Gericht die Aufwendungen für erstattungsfähig erklärt hat, bindet den Mündel so wenig als das Prozeßgericht. Die Erklärung des V.-Gerichts besagt nur, daß dieses die Aufwendungen bei der Prüfung der Rechnung nicht beanstanden werde.

7. Wie der Mündel seine Ansprüche gegen den Vormund, soweit sie während bestehender Vormundschaft entstanden sind, schon während dieser geltend machen kann (vgl. S. 132 Nr. 7), so auch der Vormund gegenüber dem Mündel. Der Vormund ist auch berechtigt, bei Bendigung der Vormundschaft einen Teil des Mündelvermögens zur Deckung seiner Ansprüche zurück zu behalten (vgl. § 273, Abs. 1).

Rücksichtlich der Verjährung der Ansprüche des Vormundes gilt das S. 132 Nr. 8 Gesagte.

---

[1]) M. II S. 542 Abs. 2.
[2]) vgl. L. 45 pr. D. 17, 1; L. 6 D. 27, 4.
[3]) vgl. M. II S. 542 Abs. 2.
[4]) vgl. Kr. II S. 158; Dernburg 94 Nr. 1.

Dem Gegenvormunde steht in Bezug auf den Ersatz seiner Aufwendungen rc. das gleiche Recht zu, wie dem Vormunde. (§ 1835 Abs. 1, Satz 2 und Abs. 2).

2. auf eine Vergütung für die Geschäftsführung.

§ 1836; I § 1699; II § 1735; III § 1812; M. S. 1181—1184; Pr. S. 817 bis 819; pr. V.O. §§ 33 Abs. 1, 34.

1. Nach älterm deutschen Recht verblieben dem Vormund vielfach die Nutzungen des Mündelvermögens (tutela fructuaria). Davon erhielt sich später regelmäßig nur ein Anspruch des Vormundes auf ein Honorar.

An die Stelle des deutschen Rechts trat mit der Reception des römischen der als gemeinrechtlich anzusehende Satz[1]), daß die Vormundschaft regelmäßig unentgeltlich zu führen ist. Ausnahmen wurden dahin zugelassen, daß der Vater des Mündels in seinem Testament eine Vergütung für den Vormund festsetzen konnte und die Obrigkeit und die Mitvormünder[2]) eine solche zubilligen durften. Die Landesgesetzgebungen verblieben meistens, bei der Regel des deutschen Rechts, daß der Vormund einen Anspruch auf Zubilligung eines Honorars hat.

2. Das B. G. folgt im wesentlichen dem gemeinen Recht: es giebt dem Vormund keinen gesetzlichen Anspruch auf eine Vergütung, ermächtigt jedoch das V.-Gericht, ihm „eine angemessene Vergütung zu bewilligen". (§ 1836).

Ein in der 2. Kommission gestellter Antrag, durch welchen der dem § 1836 vorangestellte Satz: „Die Vormundschaft wird unentgeltlich geführt" beseitigt werden sollte, wurde abgelehnt. Ist sonach als Regel festgehalten, daß das Amt des Vormundes ein unentgeltlich zu verwaltendes ist, so hat andererseits das V.-Gericht von Amtswegen oder auf Antrag zu prüfen, ob es nach den Vermögensverhältnissen des Mündels sowie nach Umfang und Bedeutung der vormundschaftlichen Geschäfte gerechtfertigt ist, dem Vormund eine Vergütung zuzubilligen. Die Zubilligung einer solchen lediglich von dem Umfange der Vermögensverwaltung des Vormundes abhängig zu machen, wie die pr. V.-O. § 34 Abs. 2 thut, ist mit Recht nicht für angemessen erachtet.

„Die Bewilligung soll nur erfolgen", wenn sie nach den angegebenen Umständen gerechtfertigt erscheint. Innerhalb der ihm durch diese Vorschrift gesteckten Grenzen entscheidet das freie Ermessen des V.-Gerichts, welches dabei auch andere, als die gesetzlich hervorgehobenen Umstände berücksichtigen wird, z. B. die Vermögensverhältnisse des Vormundes und sein etwaiges Verwandtschaftsverhältnis zu dem Mündel. Die Bewilligung einer Vergütung kann nur während bestehender Vormundschaft, nicht noch nach Beendigung derselben für die Führung derselben erfolgen,

---

[1]) vgl. Kr. II S. 81 ff.

[2]) vgl. L. 33 § 3 D. 26, 7; L. 1 § 6. D. 27, 3.

denn nach Beendigung der Vormundschaft giebt es ein für die Bewilligung zuständiges V.-Gericht im Sinne des § 30 des GF. nicht mehr.[1])

3. Dem Gegenvormunde, dem nach § 34 Abs. 5 pr. V.-O. ein Honorar nicht zugebilligt werden darf, kann nach dem B.-G. nur „aus besonderen Gründen" eine Vergütung zugebilligt werden. Während die pr. V.-O. davon ausgeht, daß die Thätigkeit des Gegenvormundes regelmäßig eine sehr viel geringere ist als die des Vormundes, und daß der Gegenvormund auch persönlich möglichst unintereſſirt an der Vormundschaft bleiben müsse, stellen die M. zum B.-G. den Gesichtspunkt voran, daß der Gegenvormund begrifflich Vormund sei und deshalb die Möglichkeit gewahrt bleiben müsse, ihm eine Vergütung zuzubilligen. Immerhin wird demselben eine solche nur ausnahmsweise, z. B. bei großen Verwaltungen, die eingehende Prüfung der Vormundschaftsrechnungen bedingen (§ 1842), aus erheblichen Gründen zuzubilligen sein.

4. Sind mehrere Vormünder vorhanden, so kann ihnen gemeinschaftlich eine Vergütung zugebilligt, sie kann aber auch für jeden einzeln festgesetzt werden. Im ersteren Falle haben sie dieselbe gleichmäßig unter sich zu teilen. Es wird sich aber empfehlen, die Vergütung auch da, wo die Vormundschaft nicht nach verschiedenen Geschäftskreisen geteilt und schon aus diesem Grunde die Bestimmung der Vergütung für jeden Vormund besonders angezeigt ist, in dieser Weise festzusetzen. Durch letztwillige Verfügungen und Bestimmungen derjenigen, die dem Mündel unter Lebenden etwas zugewendet haben (§ 1803), kann, wie für den Vormund, so auch für den Gegenvormund eine Vergütung festgesetzt werden. Den Eltern als solchen steht die Bewilligung einer solchen nicht zu.[2])

5. Vor der Bewilligung soll der Vormund und, wenn ein Gegenvormund vorhanden oder zu bestellen ist, auch dieser gehört werden (§ 1836 Abs. 2). Wenn kein Gegenvormund vorhanden oder zu bestellen ist (§ 1792 Abs. 2), so ist entweder mit der Vormundschaft eine Vermögensverwaltung nicht verbunden oder es wird die Vormundschaft von mehreren Vormündern gemeinschaftlich geführt. In beiden Fällen genügt die Anhörung des Vormundes zur Sicherung der Interessen des Mündels.

6. Hinsichtlich des Maßes der Vergütung enthält das Gesetz in Uebereinstimmung mit der pr. Vo. keine Bestimmungen. Eine Beschränkung der Vergütung auf höchstens zwei vom Tausend des Vermögenstandes für das Jahr, die in der 2. Kommission beantragt war, wurde abgelehnt. Das Gesetz überläßt es dem richterlichen Ermessen, eine „angemessene", d. h. eine dem Stande des Mündelvermögens und dem Umfange und der Bedeutung der Arbeit des Vormundes oder Gegenvormundes entsprechende Vergütung zu bestimmen. Angemessen ist dieselbe aber nur dann, wenn bei ihrer Festsetzung auch den berechtigten Ansprüchen des Vormundes

---

[1]) vgl. Pr. S. 820 Abs. 1; Kammergericht bei Jastrow VII S. 38; Fuchs S. 195 Abs. 4 u. Anm. 9.

[2]) M. S. 1184.

Rechnung getragen wird. Denn der Gesetzgeber ist davon ausgegangen, daß eine der Arbeit des Vormundes wirklich entsprechende Vergütung sowohl in der Billigkeit als im richtig verstandenen Interesse des Mündels liege.[1])

Daß die Vergütung auch für eine bestimmte Zeit und für einzelne Arbeiten bewilligt und von Bedingungen abhängig gemacht werden kann, ergiebt sich aus der allgemeinen Fassung des Gesetzes.[2])

7. Das Gericht billigt dem Vormunde die Vergütung kraft seines Amtes, nicht als Vertrter des Mündels, zu.[3]) Durch die Zubilligung der Vergütung erlangt der Vormund das Recht, sich, solange dieselbe in Kraft ist, wegen der Vergütung aus dem Mündelvermögen zu befriedigen und dieselbe, nötigenfalls im Wege des Prozesses, gegen den Mündel geltend zu machen.[4])

Im Hinblick auf die Wandelbarkeit der Vermögensverhältnisse des Mündels ist dem Vormund aber nicht ein für die Zukunft unentziehbares Recht auf die ihm bewilligte Vergütung eingeräumt worden. „Vielmehr kann die Vergütung jederzeit für die Zukunft geändert oder entzogen werden.“ Darnach ist die gänzliche oder teilweise Entziehung und die Abänderung der Vergütung, ihre Fortbewilligung nur für bestimmte Zeiten und Zwecke, sowie ihre bedingte Aufhebung in das Ermessen des V.-Gerichts gestellt. Mit dem Ablaufe der Zeit, für welche die Vergütung zugebilligt ist, und dem Eintritt der auflösenden Bedingung, von welcher dieselbe abhängig gemacht ist, erlöschen die Wirkungen der Bewilligung für die Zukunft von selbst. Entziehung und Abänderung können sich natürlich nur auf die Zukunft beziehen und die dem Vormunde für die Vergangenheit bereits erworbenen Rechte nicht berühren.

Daß die Entziehung ꝛc. der einmal bewilligten Vergütung nur aus erheblichen Gründen geschehen darf, ergiebt sich aus den gesetzgeberischen Gründen für die Zulassung einer Vergütung.[5]) Solche Gründe können in wesentlicher Veränderung der Vermögensverhältnisse des Mündels und erheblicher Vereinfachung der Verwaltung des Mündelvermögens liegen.

Auch vor der Bewilligung, Änderung oder Entziehung der Vergütung soll der Vormund und, wenn ein Gegenvormund vorhanden oder zu bestellen ist, dieser gehört werden.

8. Gegen die Verfügung des V.-Gerichts, durch welche eine von dem Vormund oder Gegenvormund beantragte Vergütung abgeschlagen oder zu niedrig bemessen oder die Vergütung für die Zukunft abgeändert oder entzogen wird, steht dem Vormund oder dem Gegenvormund Beschwerde nach § 19 G. F. zu (vgl. M. S. 1183 Abs. 1). Gegen eine Ver-

---

1) M. S. 1182 Abs. 3.
2) vgl. Dernburg S. 203.
3) vgl. M. S. 1183; andererseits Dernburg a. O.
4) Nicht etwa einen vollstreckbaren Schuldtitel auf die Vergütung.
5) vgl. u. a. M. S. 1182 Abs. 3.

fügung, durch die dem Vormund eine Vergütung bewilligt ist, hat nach § 57 Nr. 7 desselben Gesetzes der Gegenvormund die Beschwerde.

V.

Die beaufsichtigende Thätigkeit des V.-Gerichts.

§ 31. Das Aufsichtsrecht desselben im Allgemeinen.

§§ 1837—1839; I §§ 1684—1686; II §§ 1714—1716; III §§ 1813—1815; M. S. 1155/56 (zu I § 1684) u. S. 1026—1028 Abs. 1; Pr. S. 800—802, VII, VIII, IX; pr. V.O. § 51,

1. Der Schutz, den die Vormundschaft den Minderjährigen gewähren soll, würde ein mangelhafter sein, wenn nicht der Vormund selbst einer regelmäßigen Aufsicht unterstellt wäre. Es steht deshalb den Obrigkeiten zu, „in dem gebührlich und billig Einsehens zu haben, damit die Pupillen und minderjährigen Kinder unvernachteilt — bleiben."[1]) Demgemäß hat der Staat von jeher als einen Teil seiner oberaufsehenden Gewalt die Obervormundschaft in Anspruch genommen und durch seine Organe ausgeübt. Seit lange geschieht dies durch die Gerichte.

Diesem gemeinrechtlichen Standpunkt entspricht es, wenn der § 1837 Abs. 1 vorschreibt, daß das V.-Gericht „über die gesammte Thätigkeit des Vormundes und Gegenvormundes die Aufsicht zu führen hat."

2. V.-Gerichte sind die Amtsgerichte (§ 35 G. F.) Diese Regel erfährt aber insoweit Einschränkungen, als, wenn ein Familienrat eingesetzt ist, dieser die Rechte und Pflichten des V.-Gerichts hat (§ 1872) und als andererseits nach Art. 147 die landesgesetzlichen Vorschriften unberührt bleiben, nach welchen für die dem V.-Gericht oder dem Nachlaßgericht obliegenden Verrichtungen andere als gerichtliche Behörden zuständig sind.[2]) Falls solche Behörden zuständig sind, so gelten die im ersten Abschnitt des G. F. für die Gerichte gegebenen Vorschriften auch für jene Behörden (§ 194 G. F.; Ausnahmen siehe in §§ 195 und 196 daselbst).

Die örtliche Zuständigkeit der Amtsgerichte als V.-Gerichte ist in den §§ 35—46 G. F. geregelt. Ist darnach die Zuständigkeit des V.-Gerichts

---

[1]) R. P. O. v. 1577, Tit. 32, § 1.

[2]) In Preußen sind in Vormundschaftssachen ausschließlich die Amtsgerichte zuständig. (Hinsichtlich der zur Sicherung eines Nachlasses 2c. gemäß § 1960 zuständigen Behörden vgl. Art. 104 ff des pr. A. G. z. G. F.) Auch Bayern und Sachsen und, soweit bis jetzt ersichtlich, die überwiegende Zahl der übrigen Bundesstaaten haben für Vorm.-Sachen keine von der Norm des § 35 G. F. abweichenden Bestimmungen getroffen. Württemberg hat im Art. 41 ff besondere V.-Gerichte, und zwar für jede Gemeinde eins, angeordnet.

In Mecklenburg sind die dem V.Gericht und dem Nachlaßgericht obliegenden Verrichtungen für die Städte und deren Gebiet den Magistraten und den aus denselben verordneten Waisengerichten und Deputationen, für das Gebiet der drei Landesklöster den Klosteramtsgerichten, für das Gebiet der Ritterschaft den Eigentümern und Nutzeigentümern der ritterschaftlichen Landgüter übertragen (§§ 22, 33 A.V. z. G.F.).

begründet, so bleibt die einmal begründete Zuständigkeit auch dann bestehen, wenn die die Zuständigkeit begründenden Umstände sich später geändert haben (vgl. aber § 46 G. F.)[1])

3. Die Aufsicht des V.-Gerichts über den Vormund ist, anders als diejenige über den Inhaber der e. G., eine regelmäßige und umfassende, nicht bloß eine aus besondere Veranlassung eintretende oder sich nur auf einzelne Teile der vormundschaftlichen Verwaltung erstreckende. Vielmehr hat das V.-Gericht überall da durch geeignete Gebote und Verbote einzuschreiten, wo es wahrnimmt, daß der Vormund eine ihm ausdrücklich durch das Gesetz gebotene (vgl. z. B. § 1802) oder eine gemäß der ihm obliegenden Sorge für die Person und das Vermögen des Mündels durch die Umstände erforderte Handlung unterläßt oder endlich eine ihm durch das Gesetz (vgl. z. B. § 1804) oder die Umstände verbotene Handlung vornimmt.[2]) Auch dann handelt der Vormund pflichtwidrig, wenn er gültige Anordnungen des Erblassers des Mündels oder Dritter hinsichtlich der Verwaltung des dem Mündel letztwillig oder unter Lebenden von ihnen zugewendeten Vermögens (§ 1803 Abs. 1) nicht befolgt.

Selbst dann, wenn der Vormund zwar den gesetzlichen Vorschriften äußerlich genügt, aber von dem ihm nach denselben zustehenden Ermessen nicht den pflichtmäßigen Gebrauch macht, k a n n eine Pflichtverletzung vorliegen, welche ein Einschreiten des V.-Gerichts erfordert.[3]) So z. B., wenn er gemäß § 1807 Ziff. 5 größere Summen bei einer Sparkasse zu niedrigem Zinsfuß anlegt, während er dieselben nach Ziff. 1—4 daselbst zu höherem Zinsfuß anlegen kann (vgl. S. 81 Nr. 5).[4])

Von selbst endlich versteht sich, daß der Vormund die ihm seitens des V.-Gerichts innerhalb der Grenzen seines Aufsichtsrechts gegebenen Anweisungen nicht ohne Verletzung seiner Pflicht unbefolgt lassen darf.

4. Ergiebt sich demgemäß für das Aufsichtsrecht des V.-Gerichts ein weiter Spielraum und hat demselben gesetzlich auch ein solcher eingeräumt werden sollen[5]), so ist andererseits daran festzuhalten, daß es sich um ein Aufsichtsrecht handelt, und daß das V.-Gericht nur gegen P f l i c h t w i d r i g k e i t e n einzuschreiten hat.

Zu § 1684 E. I (jetzt 1837) war der Antrag gestellt, vor „Aufsicht" einzuschalten: „die Verwaltung des Amtes nicht beschränkende." Die 2. Kommission hat diesen Antrag zwar abgelehnt, sich in der Sache aber

---

[1]) Die Konsulargerichtsbarkeit wird durch das G.F. nicht geändert (Art. 32). Die Zuständigkeit der Konsuln in Vormundschaftssachen wird daher nach wie vor durch die Gesetze vom 8. November 1867 und vom 10. Juli 1879 geregelt.

Hinsichtlich der freiwilligen Gerichtsbarkeit über Militärpersonen vgl. Reichsmilitärgesetz vom 3. Mai 1874 § 39 Abs. 3; § 184 GF. und Art 44 EG.

[2]) vgl. Jastrow Nr. 569 Abs. 1.

[3]) vgl. Schultzenstein § 1837 Anm. 2 Abs. 4 Satz 2.

[4]) Obwohl das V.Gericht dem Vormund eine bestimmte Anlegung des Mündelgeldes nicht verschreiben kann (vgl. Jastrow Nr. 570)

[5]) vgl. M. S. 1026 Abs. 2.

damit einverstanden erklärt.[1]) In der That geht auch sowohl aus den Bestimmungen des B.-G. selbst als aus den Vorarbeiten dazu mit voller Bestimmtheit hervor, daß die Verwaltung des vormundschaftlichen Amtes dem Vormund allein obliegt. An dieser hat das V.-Gericht keinen Teil und sich des Eingreifens in dieselbe durch Erteilung von Anweisungen an den Vormund oder in sonstiger Weise zu enthalten.[2]) Der Vormund allein ist es, der nach seinem Ermessen die zur Förderung der persönlichen und der vermögensrechtlichen Interessen des Mündels erforderlichen Maßregeln zu ergreifen hat.[3]) In diese darf das V.-Gericht nicht schon aus dem Grunde eingreifen, weil es die von dem Vormunde getroffenen für nicht zweckentsprechend erachtet.[4])

5. Um dem V.-Gerichte selbst stets die Möglichkeit eines Einblicks in die Verhältnisse der Vormundschaft zu gewähren und ihm so die Wahrnehmung etwaiger Pflichtwidrigkeiten zu ermöglichen, schreibt das Gesetz im § 1839 vor, daß „der Vormund sowie der Gegenvormund dem V.-Gericht auf Verlangen jederzeit über die Führung der Vormundschaft und über die persönlichen Verhältnisse des Mündels Auskunft zu erteilen haben".

Das Recht der Auskunftserteilung besteht darin, daß das V.-Gericht jederzeit mündlichen oder schriftlichen Bericht über die Verhältnisse der Vormundschaft verlangen kann, und zwar über die gesammten oder über einzelne Verhältnisse derselben. Es schließt das Recht ein, von allen Angelegenheiten der Vormundschaft Kenntnis zu nehmen. Das V.-Gericht kann daher Vorlegung des im Besitze des Vormundes befindlichen Mündelvermögens, also namentlich der Wertpapiere und Wertsachen, sowie der sich auf die Vormundschaft beziehenden Papiere (vgl. § 1799 Abs. 2) verlangen;[5]) dies selbst dann, wenn der Vormund den Gewahrsam an diesen Gegenständen nicht hat, sich dieselben aber, z. B. durch Zurücknahme der Papiere von der Hinterlegungsstelle, verschaffen kann.

6. Gegen wahrgenommene Pflichtwidrigkeiten des Vormundes schreitet das V.-Gericht durch „geeignete Gebote und Verbote ein". Bei pflichtwidrigen Unterlassungen, z. B. der Nichthinterlegung von Inhaberpapieren (§ 1814), der Nichtverzeichnung des Mündelvermögens (§ 1802), hat das V.-Gericht dem Vormunde die Nachholung der gebotenen Handlungen aufzugeben. Bei pflichtwidrig von ihm vorgenommenen Handlungen, Ver-

---

[1]) Pr. S. 800 Nr. VI.

[2]) DS. S. 243 Nr. 2.

[3]) Aus dem Aufsichtsrecht folgt nicht: die Befugnis des V.Gerichts, den Mündel zu vertreten (Jastrow Nr. 567); Beschwerde für denselben gemäß §§ 19, 20 G.F. einzulegen (A. A. Schultzenstein § 1837 Anm. 2 Abs. 3); den Mündel ohne Zuziehung des Vormundes unterzubringen (Jastrow Nr. 568, 569); den Vormund zur Anerkennung einer Schuld oder zur Führung eines Prozesses anzuhalten. Dagegen kann das V.Gericht den Vormund zur Bezahlung von Nachlaßschulden anhalten (vgl. Schultzenstein a. O.)

[4]) vgl. D. S. S. 233 Nr. 2 Abs. 2; Dernburg S. 40.

[5]) vgl. M. S. 1160 Abs. 1.

ausgabung zu großer Beträge für die Erziehung des Mündels, der Verwendung von Mündelvermögen für den Vormund u. dergl. m. hat es solche Handlungen, bezw. deren Wiederholung zu verbieten und die Rückgängigmachung der verbotswidrigen Geschäfte anzuordnen. Wo das Gericht lediglich unzweckmäßige Maßnahmen des Vormundes in der Fürsorge für die Person oder das Vermögen des Mündels wahrnimmt, kann es den Vormund darauf aufmerksam machen und ihn auf seine gegebenenfalls eintretende Verantwortlichkeit hinweisen. Eine Pflicht zum Einschreiten gegen bloß unzweckmäßige Maßregeln des Vormundes liegt dem V.-Gericht aber nicht ob.[1])

7. Zur Erzwingung der Befolgung der von ihm getroffenen Anordnungen stehen dem V.-Gericht in erster Linie Ordnungsstrafen zu Gebote (vgl. S. 35, 36). Zweck derselben ist lediglich der bemerkte, niemals die Bestrafung des Vormundes wegen einer begangenen Pflichtverletzung. Strafbare Handlungen sind vom Strafrichter zu ahnden, Entschädigungsansprüche des Mündels gegen den Vormund im Wege des Prozesses geltend zu machen. Ordnungsstrafen dürfen auch nicht zu dem Zwecke verhängt werden, um dem V.-Gerichte durch sie eine ihm nicht zustehende Mitwirkung an der vormundschaftlichen Verwaltung zu verschaffen.[2])

Das V.-Gericht ist aber nicht auf die Verhängung von Ordnungsstrafen beschränkt. Unterläßt der Vormund die Einholung der Genehmigung des Gegenvormundes oder des V.-Gerichts, so kann dieses die Genehmigung des Gegenvormundes durch seine eigene Genehmigung ersetzen (§ 1812 Abs. 2); giebt die Führung der Vormundschaft zu erheblichen Bedenken Veranlassung, erheben sich namentlich Zweifel darüber, ob der Vormund den etwaigen Erstattungsansprüchen des Mündels werde gerecht werden können, so kann das V.-Gericht den Vormund „aus besonderen Gründen" zur Leistung einer Sicherheit anhalten (§ 1844, vgl. S. 157 ff.).

Erscheint endlich das Verhalten des Vormundes als ein derart pflichtwidriges, daß die Fortführung der Vormundschaft durch ihn das Interesse des Mündels gefährden würde, so hat ihn das V.-Gericht zu entlassen (§ 1886). Das regelmäßige Mittel, den Befehlen des V.-Gerichts Achtung zu verschaffen, sind aber die Ordnungsstrafen, denen gegenüber die Entlassung als eine nur in äußersten Fällen anzuwendende Ausnahmemaßregel erscheint.[3])

8. Während das V.-Gericht so dem Vormunde gegenüber die Befolgung seiner Anordnungen direkt erzwingen und auch dem Mündel gegenüber unmittelbar wirksame Verfügungen erlassen kann (vgl. u. a. § 1846), sind seine Entscheidungen Dritten gegenüber nur soweit wirksam, als durch dieselben die dem Gesetz entsprechenden Voraussetzungen für die Wirksamkeit von Rechtsgeschäften hergestellt werden. Die durch die Bestellung von Vormündern und Gegenvormündern, die gesetzlich erforder-

[1]) Schultzenstein § 1837 Anm. 2 Nr. 4.
[2]) vgl. Dernburg S. 46 Abs. 1.
[3]) M. S. 1151 Abs. 5.

liche Genehmigung von Rechtsgeschäften u. s. w. geschaffene Rechtslage übt ihre Wirksamkeit gegen Jedermann; das dem Gesetz nach zu genehmigende, aber nicht genehmigte Rechtsgeschäft ist Jedem gegenüber unverbindlich.

Selbständige, seiner Erwägung anheimgegebene Entscheidungen des V.-Gerichts, wie insbesondere diejenigen auf dem ihm übertragenen Gebiete der Fürsorge und Aufsicht, haben dagegen Dritten gegenüber keine Wirksamkeit. Sie können diese nur dadurch erlangen, daß sie dem Dritten gegenüber im Wege des Rechtsstreites geltend gemacht werden und in diesem ein vollstreckbarer Titel gegen den Dritten erlangt wird.[1])

9. Eine besondere Form ist für die Verfügungen des V.-Gerichts nicht vorgeschrieben; sie ergehen in der Form der gerichtlichen Beschlüsse überhaupt, demgemäß sind sie schriftlich festzustellen und, wenn Beschwerde stattfindet, mit Gründen zu versehen. Ihre Bekanntmachung erfolgt nach den Vorschriften des § 16 Abs. 2 G. F.

10. Nach § 19 G. F. findet gegen die Verfügungen des Gerichts erster Instanz, also auch des Amtsgerichts als V.-Gerichts (§ 35 daselbst), die Beschwerde statt. Sind gemäß Art. 147 die dem V.-Gericht obliegenden Verrichtungen durch die Landesgesetzgebung anderen Behörden als den Amtsgerichten übertragen, so kann jene auch bestimmen, daß die Abänderung einer Entscheidung einer solchen Behörde bei dem Amtsgerichte nachzusuchen ist, in dessen Bezirk die Behörde ihren Sitz hat (§ 195 G. F.). In diesem Falle finden auf das Verfahren die Vorschriften der §§ 20—25 daselbst entsprechende Anwendung. Gegen die Entscheidung des Amtsgerichts findet die Beschwerde statt (§ 19 G. F.).

Die Beschwerde steht nach § 20 daselbst Jedem zu, dessen Recht durch die Verfügung beeinträchtigt ist. Soweit indes eine Verfügung nur auf Antrag erlassen werden kann und der Antrag zurückgewiesen ist, steht die Beschwerde nur dem Antragsteller zu[1]).

Der Beschwerde unterliegen alle Verfügungen des V.-Gerichts, mögen dieselben nun eine positive Anordnung oder die Ablehnung einer zu seiner Zuständigkeit stehenden Handlung enthalten. Wo es sich dagegen um eine Verfehlung gegen den Geschäftsbetrieb als solchen, pflichtwidrige Unterlassungen, Verzögerungen u. dergl. handelt, ist die Dienstaufsichtsbehörde anzurufen.

Die Beschwerde des § 19 steht Jedem zu, dessen privates Recht durch die Verfügung beeinträchtigt ist[2]), nicht, wie der § 10 pr. V.-O. vielfach

---

[1]) vgl. R.G. C.S. XXIII S. 385 ff; XXVI. s. 350/51.

[2]) vgl. über die Beschwerde in Vormundschaftssachen Hinrichs im Arch. für civil. Pr., Band 75 S. 119 ff.

[3]) vgl. Dernburg S. 56 Abs. 5 u. 6. — Es genügt nicht „daß die Verfügung auf die rechtlichen Beziehungen des Beschwerdeführers von Einfluß ist." (DS.)

ausgelegt ist[3]), überhaupt Jedem, „der im Interesse des Mündels oder seinem eigenen handelt."

Für den Mündel erhebt regelmäßig der Vormund, der denselben vertritt, die Beschwerde. Bei Verhinderung desselben ist dem Mündel auf Antrag des Vormundes oder einer sonst als genügend interessiert anzusehenden Person oder von Amts wegen ein Pfleger zu bestellen. Jedoch kann der Mündel in allen seine Person betreffenden Angelegenheiten und in denjenigen Angelegenheiten, in denen er vor einer Entscheidung des V.=Gerichts gehört werden soll (§ 1827), ohne Mitwirkung seines gesetzlichen Vertreters das Beschwerderecht ausüben, wenn er geschäftsfähig ist und das 14. Lebensjahr vollendet hat (§ 59 G. F.).

Neben der allgemeinen Beschwerde des § 19 giebt der § 57 G. F. bestimmten Personen für gewisse Angelegenheiten das Beschwerderecht. Derselbe erweitert aus Zweckmäßigkeitsgründen für die von ihm bezeichneten Fälle den Kreis der Beschwerdeberechtigten. — Nach § 57 Nr. 9 steht gegen eine Verfügung, die eine Entscheidung über eine die Sorge für die Person des Mündels betreffende Angelegenheit enthält, die Beschwerde Jedem zu, der ein berechtigtes Interesse hat, diese Angelegenheit wahrzunehmen. Es handelt sich hier gewissermaßen um eine im Interesse des Mündels von jedem Befugten (Mitglied des Waisenrates, Armenpfleger 2c.) anzustellende Popularklage.

Die Fälle der sofortigen Beschwerde sind im § 60 G. F. enthalten. Sie steht den daselbst unter 1—5 angeführten Personen zu, aber nur, wenn sie selbst durch eine Verfügung beeinträchtigt sind. Soweit es sich in den Fällen des § 60 um eine die Person des Mündels betreffende Angelegenheit handelt, die nach § 57 Nr. 9 des bemerkten Gesetzes an sich von Jedem verfolgt werden kann, der ein berechtigtes Interesse daran hat, kann die sofortige Beschwerde nur von Jemand erhoben werden, dessen eigene Rechte durch die anzufechtende Verfügung mit verletzt sind.

Die Vorschriften über das Beschwerdeverfahren sind in den §§ 21—26 und 30, diejenigen über die „weitere Beschwerde" in den §§ 27—29 G. F. enthalten; eine besondere, von derjenigen des § 22 Abs. 1 abweichende Frist für die Einlegung der sofortigen Beschwerde in § 60 Abs. 2 daselbst.

Ueber den Eintritt der Wirksamkeit der Verfügungen des V.=Gerichts §§ 51—53 daselbst.

Ueber die Beschwerde gegen die Verhängung von Ordnungsstrafen s. S. 36.

Aus dem Aufsichtsrecht des V.=Gerichts ergeben sich, abgesehen von der bereits (vgl. S. 53) besprochenen Befugnis desselben, den Mündel zum Zwecke der Erziehung in einer Erziehungs= oder Besserungsanstalt

---

[1]) vgl. Wachler, § 10 Anm. Abs. 3.

unterzubringen, die nachstehenden Befugnisse desselben, und zwar zunächst in Bezug auf die Rechnungslegung des Vormundes.

§ 32. Die periodische Rechnungslegung des Vormundes.

1. Voraussetzungen und Inhalt der Verpflichtung zur Rechnungslegung.

§§ 1840—1843; I §§ 1687 u. 1688; II §§ 1718—1721; III §§ 1816—1819; M. S. 1157—1161; Pr. S. 802—804, IX u. X; pr. VO. §§ 56 u. 57.

1. Die R.-P.-O. von 1577 Tit. 31 § 3 verlangt von dem Vormunde, daß er „jährlich nit allein auf Erforderung der Obrigkeit, sondern auch selbst, vermöge seines anbefohlenen Ampts, auch geleisteter Pflicht und Eyds gebührlichen Rechenschaft anbieten und thun" solle.

Während der Vormund nach römischem Recht erst nach Beendigung der Vormundschaft Rechnung zu legen hatte, und die R.-P.-O. v. 1548 nur dann eine jährliche Rechnungsablegung von ihm verlangte, wenn die Obrigkeit sie forderte[1]), ist derselbe nach der gemeinrechtlich gewordenen[2]) Vorschrift der R.-P.-O. v. 1578 verpflichtet, auch ohne obrigkeitliches Erfordern jährlich Rechnung zu legen. Die Vorschriften des B. G. über die Rechnungslegung des Vormundes entsprechen durchaus dem gemeinen Rechte.[3]) Darnach „hat" der Vormund dem V.-Gerichte kraft Gesetzes, also ohne zuvorige Aufforderung, über seine Vermögensverwaltung jährlich Rechnung zu legen (§ 1840. Abs. 1 u. 2).

2. Die M. gehen davon aus[4]), daß diese Verpflichtung nicht bloß eine dem Aufsichtsrechte des V.-Gerichts entsprechende öffentlichrechtliche, sondern zugleich eine privatrechtliche sei, die von dem Mündel nötigenfalls im Rechtswege erzwungen werden könne. Dem ist nicht beizutreten.

Denn das Gesetz führt die Verpflichtung des Vormundes zur Rechnungslegung nicht bloß unter den Vorschriften über die „Fürsorge und Aufsicht des Vormundschaftsgerichtes" auf, sondern spricht im § 1840 Abs. 1 auch geradezu aus, daß der Vormund dem Vormundschaftsgerichte Rechnung zu legen habe. Im Gegensatze hierzu schreibt es im § 1890 Satz 1 vor, daß nach Beendigung seines Amtes der Vormund dem Mündel Rechenschaft abzulegen habe. Aus der im § 1790 Satz 2 gestatteten Bezugnahme auf die dem Gerichte gelegten Rechnungen in der dem Mündel abzulegenden Rechnung kann nicht mit den M. ein Schluß auf ein dem Mündel zustehendes Recht auf Rechnungslegung auch während bestehender Vormundschaft gezogen werden.

Es ergiebt sich endlich aus den Vorschriften des gemeinen Rechts, auf welchen diejenigen des B. G. beruhen[5]), ein privatrechtlicher Anspruch

---

[1]) vgl. Böhlau S. 223 Nr. 1.
[2]) vgl. Kr. II S. 152 Abs. 1.
[3]) Ebenso § 56 pr. VO. (vgl. Dernburg S. 215 Abs. 2).
[4]) S. 1157 Abs. 4.
[5]) M. S. 1157 Abs. 3 a. E.

des Mündels auf Rechnungslegung während bestehender Vormundschaft nicht. Verschiedene Landesgesetzgebungen erwähnen zwar des Rechts der Blutsfreunde des Mündels auf Zuziehung zu der Rechnungslegung, nicht aber eines Anspruches des Mündels selbst darauf.[1]) Die M. stützen ihre Annahme denn auch nur auf eine Bestimmung des hessischen Entwurfes einer V.=O.

Nach alle dem ist anzunehmen, daß das B. G., wenn es den fraglichen, seinem Werte nach sehr zweifelhaften Anspruch hätte anerkennen wollen, dies ausdrücklich gethan haben würde. Darauf aber, daß es jenen Anspruch nicht hat anerkennen wollen, weisen auch die Vorschriften des Gesetzes über die Rechnungslegung im Einzelnen hin, die nur das öffentlich=rechtliche Verhältnis zwischen V.=Gericht und Vormund berühren[3]).

3. Das V.=Gericht bestimmt das Rechnungsjahr (§ 1840 Abs. 2), d. h. die jährliche Frist, innerhalb welcher ihm regelmäßig die Rechnung zu legen ist[4]); dabei ist es an das Kalenderjahr nicht gebunden.

Das V.=Gericht kann, nachdem die Rechnung für das erste Jahr gelegt worden ist, anordnen, daß die Rechnung für längere, höchstens aber dreijährige Zeitabschnitte zu legen ist (§ 1840 Abs. 3). Diese Anordnung darf deshalb erst nach Legung der ersten Rechnung getroffen werden, weil anzunehmen ist, daß erst dann der Vermögensstand voll zu übersehen ist. Durch diese Zulassung längerer Zeitabschnitte für die Rechnungslegung ist in Uebereinstimmung mit zahlreichen Landesgesetzen[5]) Vorkehr dagegen getroffen, daß nicht bei unbedeutenden Mündelvermögen durch zu häufige Rechnungslegungen unnötige Mühe und Kosten verursacht werden. Bei der fraglichen Anordnung wird „nicht bloß die Höhe des Vermögens, sondern auch die Art und Weise seiner Anlage in Betracht zu ziehen" sein[1]). Ob überhaupt eine „Vermögensverwaltung" (vgl. S. 47 oben) stattfindet, oder ob mangels einer solchen eine Rechnungslegung nicht eintritt, hat das V.=Gericht nach den Umständen zu ermessen.

Eine Vorschrift, wie die des § 57 Abs. 2 pr. V.=O., wonach in Fällen, in denen zwar Vermögen, aber kein zu verwaltendes vorhanden ist und deshalb keine Rechnungslegung eintritt, der Vormund auf Erfordern des V.=Gerichts alle zwei Jahre oder in längeren Zwischenräumen „eine Uebersicht des Vermögensbestandes" einzureichen hat, ist in das Gesetz nicht aufgenommen.

4. Mehrere Vormünder, die die Vormundschaft gemäß § 1797 Abs. 1

---

[1]) vgl. Kr. II S. 152 Anm. 2.

[2]) Den M. folgen in der fraglichen Beziehung u. a. Schultzenstein § 1840 Anm. 4 Abs. 2; Fischer=Henle § 1840 Anm. 1; Fuchs S. 204 Abs 1.

[3]) Die Aufnahme dieser Frist in die Bestallung ist zur Vermeidung von Aufforderungen zur Rechnungslegung wünschenswert.

[4]) vgl. Kr. II S. 153 Anm. 4.

[5]) Dernburg S. 215 Abs. 3.

gemeinschaftlich führen, haben auch die Rechnung gemeinschaftlich zu legen[2]). Ist die Vormundschaft unter dieselben nach bestimmten Wirkungskreisen verteilt, so führt jeder Vormund in seinem Wirkungskreise die Vormundschaft selbständig (§ 1797 Abs. 2), muß daher auch die Rechnung selbständig legen. Diese selbständige Verpflichtung wird sachlich dadurch nicht verändert, daß einem der Mitvormünder, wie dies zulässig ist[3]), die Gesammtleitung der Vormundschaft übertragen ist. Dieser wird zwar die von den einzelnen Vormündern für ihre Wirkungskreise aufgestellten Rechnungen zu einer Hauptrechnung zu vereinigen haben[4]), die Verantwortlichkeit der einzelnen Vormünder für die hinsichtlich ihrer Wirkungskreise gelegten Rechnungen wird dadurch aber nicht berührt.

5. Unterläßt oder verzögert der Vormund schuldvoller Weise die Rechnungslegung, so hat er nach gemeinem Rechte dem Mündel für den dadurch verursachten Schaden aufzukommen[5]). Nach Landesrecht wurde er vielfach schon durch Strafandrohungen zu rechtzeitiger Rechnungslegung angehalten. Gemäß § 1837 Abs. 2 ist der Vormund durch Ordnungsstrafen dazu anzuhalten, unbeschadet seiner Verpflichtung, dem Mündel den durch die unterlassene oder verzögerte Rechnungslegung erwachsenen Schaden zu ersetzen (§ 1833)[6]).

Ueber die Befreiung von der Verpflichtung zur periodischen Rechnungslegung s. S. 122 f, über die nach Beendigung seines Amtes von dem Vormunde zu legende Schlußrechnung § 1890.

2. Die Art der Rechnungslegung.

1. Ueber die Art der Rechnungslegung enthält der § 1841 nur wenige Vorschriften. Daraus ergiebt sich, daß das Gesetz nur einige für notwendig erachtete Grundsätze hat aufstellen, im übrigen aber die formelle Gestaltung der Rechnung dem Ermessen des Vormundes hat überlassen wollen, der dabei die Umstände des Einzelfalles zu erwägen hat.

Nach den Umständen hat der Vormund auch zu ermessen, ob er die Rechnung allein anzufertigen hat oder sich dazu der sachverständigen Hülfe eines Dritten bedienen darf. Dabei ist insbesondere auch die Art der Anlegung und Verwaltung des Mündelvermögens zu berücksichtigen. Die Verhältnisse eines großen Mündelvermögens können so einfache und übersichtliche sein, daß die Rechnungslegung keine nennenswerten Schwierigkeiten bietet, während sich bei einem erheblich kleineren, aber Grundstücke oder Erwerbsgeschäfte in sich schließenden Vermögen, die Verwaltung so schwierig gestalten kann, daß dem Vormunde billigermaßen nicht zuzumuten ist, die Rechnung ohne die Hülfe eines Sachverständigen aufzumachen.

---

1) pr. VO. § 56 Abs. 2.
2) vgl. Schultzenstein § 1797 Anm. 6.
3) vgl. Dernburg S. 216 Abs. 2.
4) Kr. II S. 156 Abs. 2.
5) M. S. 1157 Abs. 3.

Bei der Auswahl eines solchen hat er aber unnötige Kosten zu vermeiden. Soweit die Hülfe eines Dritten zu einer geeigneten Rechnungslegung erforderlich erscheint, hat der Mündel die Kosten derselben nach den gesetzlichen Taxen, und wenn solche nicht vorhanden sind, nach der Ueblichkeit zu erstatten (§ 1835)[1].

2. „Die Rechnung soll eine geordnete Zusammenstellung der Einnahmen und Ausgaben enthalten und über den Ab- und Zugang des Vermögens Auskunft geben" (§ 1841 Abs. 1). Darnach sind die Einnahmen und die Ausgaben unter fortlaufenden Daten gesondert zu verzeichnen, demnächst einander gegenüberzustellen und ist so der Barbestand des Vermögens zu ermitteln.

Die Vermehrung des Vermögens, bei Angabe der hinzugekommenen Vermögensgegenstände, und die Verminderung desselben bei Angabe der fortgefallenen, ist anzugeben. Nötigenfalls sind auch die Gründe des Fortfallens und des Hinzukommens von Vermögensgegenständen zu bemerken. Als zuverlässig kann eine demgemäß aufgestellte Rechnung nur dann gelten, wenn sie in Grundlage des Vermögensverzeichnisses (§ 1802 vgl. S. 64 ff.) aufgestellt ist, welches zum Erweise der Richtigkeit von Einnahmen und Ausgaben jedenfalls in der ersten Rechnung in Bezug zu nehmen ist. Denn nur auf Grund des Vermögensverzeichnisses läßt sich beurteilen, ob die Einnahmen aus erhobenen Kapitalien, hierauf vereinnahmten Zinsen ꝛc. richtig gebucht und der Ab- und Zugang des Vermögens, d. h. Fortfall und Ersatz von Vermögensstücken, der Wirklichkeit entsprechend angegeben sind. Nach Legung der ersten Rechnungen wird sich allerdings in den meisten Fällen die Grundlage der weiteren Rechnungen aus jenen ergeben. Dies aber nur unter der Voraussetzung der Vollständigkeit und Uebersichtlichkeit der ersten Rechnungen. Um eine solche thunlichst zu fördern und dem V.-Gerichte durch vollständige Rechnungen das Zurückgreifen auf das Vermögensverzeichnis bezw. frühere Rechnungen zu ersparen, wäre es in hohem Maße wünschenswert gewesen, wenigstens für größere Vormundschaften eine Uebersicht über den Stand des gegenwärtigen Mündelvermögens gesetzlich zu verlangen. Erst eine solche Uebersicht gewährt dem V.-Gericht ein vollständiges Bild von Umfang und Verwaltung des Mündelvermögens.[2])

Trotzdem ist von dem Erfordernis einer solchen Vermögensübersicht Abstand genommen, um den Vormund nicht zu sehr zu belasten.[3]) Es erscheint aber mindestens sehr zweifelhaft, ob nicht die dem Vormunde durch Anfertigung der Uebersicht erwachsende Mehrarbeit durch die gewonnene vollständige Uebersicht über die Vermögensverhältnisse der Vormundschaft reichlich aufgewogen würde. Wenn daher die Aufnahme einer

---

[1]) M. S. 1157 Abs. 3.
[2]) vgl. „Bemerkungen" S. 123 Nr. III.
[3]) M. S. 1158 Abs. 4.

Vermögensübersicht in die Rechnung gesetzlich nicht ausgeschlossen ist, so wird es sich aus den angegebenen Gründen empfehlen, in die Rechnungen über größere Vormundschaftsverwaltungen Uebersichten über den gegenwärtigen Stand des Vermögens aufzunehmen.

Bei kleineren Vermögen kann die Rechnungslegung zu Protokoll des Gerichts[1]) und unbedenklich auch des Gerichtsschreibers erfolgen.

3. Hinsichtlich der Rechnung sowohl als des Nachweises des Ab- und Zuganges des Vermögens sind im allgemeinen an den Vormund diejenigen Anforderungen zu stellen, welche der Auftraggeber von dem Beauftragten fordern kann.[2]) Insbesondere sind hinsichtlich des Ab- und Zuganges des Vermögens nicht mehr Nachweisungen von ihm zu verlangen, als dem im Verkehr üblichen Maß entsprechen. Da, wo zu der vormundschaftlichen Verwaltung die Bewirtschaftung größerer Grundstücke gehört, ist die über diese zu führende besondere Rechnung (Gutsrechnung) der Vormundschaftsrechnung anzuschließen und hierin über den Zu- und Abgang landwirtschaftlicher Produkte ein thunlichst genauer Nachweis zu geben.[3]) Gehört zu dem Mündelvermögen ein Erwerbsgeschäft (vgl. S. 100 Nr. 7) mit kaufmännischer Buchführung, so genügt hinsichtlich desselben als Rechnung eine aus den Büchern gezogene Bilanz (§ 39 H. G. B.). Dabei wird vorausgesetzt, daß sich aus den kaufmännisch geführten Büchern eine ordnungsmäßige Bilanz ziehen läßt. Diese wird Teil der Vormundschaftsrechnung und ist, wie diese, vom Vormunde zu vertreten.[4])

Die Einnahmen und Ausgaben der Rechnung hat der Vormund regelmäßig durch Belege, d. h. durch schriftliche Bescheinigungen, nachzuweisen. Auch in dieser Beziehung aber geht seine Verpflichtung nicht über das im Verkehr übliche Maß hinaus. Es erscheint z. B. nicht erforderlich, daß er der Ueblichkeit entsprechende Anstandsausgaben oder regelmäßig wiederkehrende Geldgeschenke belegt. Das V.-Gericht kann jedoch kraft seines Aufsichtsrechts jederzeit die Beibringung von Belegen, bezw. von weiteren Belegen und die Vorlegung der Vormundschaftspapiere verlangen. Hinsichtlich der zum Vormundschaftsvermögen gehörenden Erwerbsgeschäfte mit kaufmännischer Buchführung kann es statt der Bilanz die Vorlegung der Bücher und der zugehörigen Belege verlangen (§ 1841, Absatz 2 Satz 2).

Einen Bericht über die persönlichen Verhältnisse, insbesondere die Erziehung des Mündels, in der Rechnung fordert das Gesetz nicht, da nach § 1839 das V.-Gericht jederzeit über diese Verhältnisse Auskunft verlangen kann. Zur Vermeidung besonderer Anweisungen und zur Rechtfertigung der für die Person des Mündels gemachten Ausgaben erscheint

[1]) Pr. 802. Abs. 3.

[2]) vgl. §§ 666 und 259. Abs. 1; M. S. 1158 Abs. 4.

[3]) Die Rechnung wird zweckmäßig in eine Korn-, eine Vieh- und eine Gutsgeldrechnung eingeteilt und die so geführte „Gutsrechnung" der Gesamtvormundschaftsrechnung angeschlossen. (Vgl. Böhlau S. 224 Anm. 139.)

[4]) M. S. 1159 Abs. 2.

es indes zweckmäßig, mit der Rechnung einen Bericht über die persönlichen Verhältnisse des Mündels zu verbinden.

Eine Versicherung der Vollständigkeit der Rechnung unter derselben ist nicht vorgeschrieben[1]). Da die periodische Rechnungslegung nur eine dem V.-Gerichte gegenüber bestehende öffentlichrechtliche Pflicht ist, so besteht eine Verpflichtung des Vormundes zur Leistung des Offenbarungseides (§ 259 Abs. 2) während des Bestehens seines Amtes nicht[2]).

3. Die Prüfung der Rechnung durch den Gegenvormund.

1. „Ist ein Gegenvormund vorhanden oder zu bestellen, so hat ihm der Vormund die Rechnung unter Nachweisung des Vermögensbestandes vorzulegen" (§ 1842 Satz 1).

Ein Antrag, nach welchem die Rechnung dem Gegenvormunde nur dann vorzulegen war, wenn ein solcher vorhanden, wurde abgelehnt[3]), weil es für bedenklich erachtet wurde, von dem Vermögensnachweise abzusehen, wenn ein Gegenvormund nicht vorhanden, aber zu bestellen ist. Ist daher ein Gegenvormund noch nicht bestellt oder zwar bestellt, aber vor der Rechnungsprüfung wieder fortgefallen, so kann die Prüfung nicht ohne weiteres durch das Gericht erfolgen, ist vielmehr ein Gegenvormund zu bestellen und diesem die Rechnung vorzulegen.

2. Der Gegenvormund ist wegen der bei ihm vorauszusetzenden Kenntnis von den Verhältnissen der Vormundschaft besonders berufen, eine Vorprüfung der Rechnung vorzunehmen. Dies namentlich auch in sachlicher Beziehung, da er, den Verhältnissen der Vormundschaft und des Mündels näher stehend als das V.-Gericht, insbesondere die Angemessenheit der Ausgaben vielfach besser beurteilen kann oder durch behufige Erkundigungen wird feststellen können als jenes[4]). Die Prüfung der Rechnung soll dem Gegenvormunde Gelegenheit geben, sein Aufsichtsrecht zu Gunsten des Mündels in ergiebiger Weise auszuüben.

Daß der Vormund dem Gegenvormunde mit der Rechnung auch die Belege vorzulegen hat, sagt das Gesetz nicht, ist aber als selbstverständlich anzusehen, da sie zu der Rechnung gehören und zu deren Prüfung notwendig sind.

3. Der Vormund ist weiter verpflichtet, dem Gegenvormund bei der Vorlegung der Rechnung den V e r m ö g e n s b e s t a n d, nicht etwa bloß den Kassenbestand, nachzuweisen (§ 1842 Satz 1), und der Gegenvormund seinerseits verpflichtet, sich jenen nachweisen zu lassen. Dazu gehört in erster Linie, daß er sich von dem Vorhandensein des Kapitalbestandes der Vormundschaft überzeugt und zu diesem Behufe die derselben gehörenden

---

[1]) vgl. pr. VO. § 56 Abs. 3 Satz 2 u. M. S. 1158/59.

[2]) vgl. hinsichtlich der Nichtverpflichtung des Vormundes zur Ableistung des Offenbarungseides gegenüber dem V e r m ö g e n s v e r z e i c h n i s (§ 1802) M. S 1099 u. dazu Planck § 259 Anm. 4.

[3]) Pr. S. 802 unter 2 b.

[4]) M. z. pr. VO.

Wertpapiere oder doch die Scheine über die dem Gesetz entsprechende Hinterlegung derselben sowie den vorhandenen Kassenvorrat vorlegen läßt. Einzelvorschriften darüber, wie der Vermögensbestand nachzuweisen ist, giebt das Gesetz nicht. Es überläßt es dem pflichtmäßigen Ermessen des Gegenvormundes, sich in zuverlässiger Weise die Ueberzeugung von dem Vorhandensein des Vermögens zu verschaffen. Er soll sich dasselbe „nachweisen lassen" und darf sich daher nicht an bloßen Darlegungen und Bescheinigungen des Vormundes genügen lassen. Andererseits aber würde es zu weit gehen, wenn man verlangte, daß der Gegenvormund sich das gesammte Vermögen seinen einzelnen Beständen nach vorweisen lasse. Eine solche Vorweisung des Vermögens würde, abgesehen von den bei großen Vermögen damit verknüpften Schwierigkeiten, auch zu Vermögensverlusten des Mündels führen können. Auch der § 56 Abs. 4 pr. V.-O., welcher der entsprechenden Bestimmung des § 1842 zum Vorbilde gedient hat, ist anscheinend von der preußischen Jurisprudenz dahin aufgefaßt worden, daß der Gegenvormund zwar gründlich zu prüfen habe, ob der Vermögensbestand nachgewiesen sei, sich aber nicht das gesammte Vermögen vorlegen zu lassen brauche[1]).

4. „Der Gegenvormund hat die Rechnung mit den Bemerkungen zu versehen, zu denen die Prüfung ihm Anlaß giebt", und so der Prüfung derselben durch das V.-Gericht vorzuarbeiten. Er ist dem Mündel sowohl für die Prüfung der Rechnung als dafür verantwortlich, daß er sich den Vermögensbestand ordnungsmäßig nachweisen läßt.

4. Die Prüfung der Rechnung durch das V.-Gericht.

1. Das V.-Gericht hat die Rechnung rechnungsmäßig zu prüfen und die Ansätze derselben mit den Belegen zu vergleichen. Es hat die Aufklärung bezw. Beseitigung wahrgenommener Unrichtigkeiten und Unvollständigkeiten zu veranlassen und fehlende, für erforderlich erachtete Belege einzufordern. Es kann, wie überhaupt, so auch zwecks Prüfung der Rechnung, jederzeit die Vorlegung der Papiere, insbesondere der Wertpapiere, verlangen, und ist, wenn die Sachlage es fordert, verpflichtet, sich dieselben vorlegen zu lassen. Es ist aber nicht verpflichtet, sich die Wertpapiere regelmäßig bei der Rechnungslegung vorlegen zu lassen.[2]) Der in der 2. Kommission gestellte Antrag, das V.-Gericht zu verpflichten, „behufs Vornahme der Rechnungsprüfung die Vorlegung der Schuldurkunden und Wertpapiere, soweit die letzteren nicht nach Maßgabe des § 1670 hinterlegt sind, anzuordnen", wurde im Hinblick auf den dem Gegenvormunde zu gebenden Vermögensnachweis und die Seltenheit der Fälle, in denen dieser Nachweis nicht stattfinden werde, abgelehnt.[3])

---

[1]) vgl. Dernburg S. 217. Abs. 3; Wachler § 56 Anm. 10 Abs. 2.
[2]) M. S. 1160 Abs. 1.
[3]) Pr. S. 804 Abs. 3.

Ist das V.-Gericht aber nicht verpflichtet, sich bei der Rechnungsprüfung regelmäßig die Wertpapiere der Vormundschaft vorlegen zu lassen, so kann es auch nicht verpflichtet sein, dieselben regelmäßig darauf zu prüfen, ob ihre Sicherheit den gesetzlichen Vorschriften entspricht. Auch hier versteht sich indes von selbst, daß eine solche Prüfung stattzufinden hat, wo immer sich ein Anlaß dazu ergiebt, da die Ueberwachung einer dem Gesetz entsprechenden Anlegung der Mündelkapitalien, wie ohne weiteres klar ist, eine der wesentlichsten Pflichten des V.-Gerichts bildet. Ein Anlaß zur Prüfung der Sicherheit wird sich aber bei der Prüfung der Rechnung in den meisten Fällen schon daraus ergeben, daß dieselbe zum Mündelvermögen gehörige Wertpapiere und deren Sicherheit in dieser oder jener Weise berührt.

Das Gericht ist auch nicht verpflichtet, sich bei der Rechnungsprüfung regelmäßig den Vermögensbestand nachweisen zu lassen. Als selbstverständlich ist es aber erachtet, daß, falls die Bestellung eines Gegenvormundes erst zu erfolgen hat, das V.-Gericht anordnen kann, daß der Vermögensbestand dem Gegenvormunde nachträglich nachgewiesen wird.[1])

Daß das V.-Gericht kraft seines allgemeinen Aufsichtsrechts so berechtigt, wie verpflichtet ist, sich den Vermögensbestand nachweisen zu lassen, falls sich ein Anlaß dazu ergiebt, ist selbstverständlich.

2. Die sachliche Prüfung der Rechnung seitens des V.-Gerichts hat sich vor allem auf die Angemessenheit der darin enthaltenen Einnahme- und Ausgabeposten zu erstrecken. Dabei ist von einer Gesammtprüfung der Vermögenslage des Mündels auszugehen und, unter Berücksichtigung der für Mündelkapitalien gesetzlich erforderten Sicherheit, zu erwägen, ob die Einnahme aus dem Vermögen eine den Verhältnissen angemessene ist. Gemäß der Vermögenslage und den Standes- und Familienverhältnissen des Mündels ist weiter zu prüfen, ob die für denselben gemachten Aufwendungen, insbesondere diejenigen für den Unterhalt und die Erziehung, den Verhältnissen entsprechen.

3. Ergeben sich nach der einen oder anderen Seite Anstände, so hat das V.-Gericht die zur Beseitigung derselben geeigneten Weisungen an den Vormund zu erlassen.

Dabei ist festzuhalten, daß das Gericht nicht in die vormundschaftliche Verwaltung eingreifen soll, andererseits aber kraft seines Aufsichtsrechts berechtigt und verpflichtet ist, die für die Verwaltung des Mündelvermögens erforderlich erscheinenden Grundsätze aufzustellen und ihre Innehaltung zu überwachen und ihnen, soweit erforderlich, durch spezielle Anweisungen Geltung zu verschaffen.

4. Wo das V.-Gericht aus der Rechnung vorgekommene Pflichtwidrigkeiten, z. B. die Nichterhebung fälliger Kapitalien, Zinsen und

---

[1]) Pr. S. 804 Abs. 3.

Renten u. dergl., ersieht, hat es gegen dieselben durch geeignete Verfügungen einzuschreiten und die Befolgung der letzteren durch Ordnungsstrafen zu erzwingen.

Die Befolgung anderer als der sich auf Pflichtwidrigkeiten beziehenden Anordnungen kann dasselbe durch Ordnungsstrafen nur soweit erzwingen, als es sich um die Erledigung formeller Auflagen in Bezug auf die Rechnung handelt. Es kann die Ergänzung von Unvollständigkeiten, die Beibringung von Belegen, die Einstellung eines Postens in Einnahme u. dgl., die formelle Richtigstellung der Rechnung betreffende Vornahmen begehren und durch Ordnungsstrafen erzwingen. Es hat aber kein Mittel, den Vormund zur Befriedigung der aus der Rechnung sich ergebenden materiellen Ansprüche des Mündels anzuhalten. In dieser Beziehung geht das Gesetz mit dem gemeinen Rechte davon aus, daß die materielle Erledigung der sich aus der Rechnung ergebenden gegenseitigen Ansprüche des Vormundes und des Mündels nicht durch das V.-Gericht, sondern gegebenen Falls im Wege des Rechtsstreites zu erfolgen hat[1]).

Demgemäß bestimmte E. I § 1688 Abs. 2 ausdrücklich, daß „über unerledigt bleibende Ansprüche des Vormundes oder Mündels im Rechtswege zu entscheiden" sei. Diese noch in der 2. Kommission zur Vermeidung von Zweifeln für wünschenswert gehaltene Bestimmung[2]) ist, weil selbstverständlich, nicht in das Gesetz aufgenommen worden.

Die Thätigkeit des V.-Gerichts bei der Erledigung materieller Streitigkeiten, abgesehen von der im Interesse des Mündels zunächst zu versuchenden gütlichen Beilegung derselben, beschränkt sich auf die Bestellung eines Pflegers zur gerichtlichen Geltendmachung der Ansprüche des Mündels gegen den Vormund (§ 1909); diese, wie die Ansprüche des Vormundes gegen den Mündel, können schon während bestehender Vormundschaft geltend gemacht werden (§ 1843 Abs. 2). Selbst die Erfüllung der von dem Vormund anerkannten Ansprüche aber kann das V.-Gericht von demselben nicht erzwingen[3]).

Wenn darnach das V.-Gericht vielfach nicht in der Lage ist, die Befolgung der von ihm zu der Rechnung gestellten Erinnerungen zu erzwingen, so behalten die letzteren doch auch dann, wenn dies der Fall ist, insofern ihre Bedeutung, als sie die Aufmerksamkeit des Vormundes auf die von dem Gerichte beanstandeten Punkte hinlenken und ihn im Falle der Nichtbeseitigung der erhobenen Bedenken verantwortlich machen können.

5. Eine Entlastung oder vorläufige Entlastung des Vormundes seitens des V.-Gerichts oder die Erteilung einer Quittung an denselben findet nicht statt. Der Beweis, daß der Vormund Rechnung gelegt hat, ergiebt

---

[1]) M. S. 1160 Abs. 2 und 3.
[2]) Pr. S. 804 Abs. 5.
[3]) M. S. 1160 Abs. 2.

sich aus dem ihm auf dieselbe regelmäßig zugehenden Bescheide des V.-Gerichts und kann nötigenfalls durch eine ihm seitens desselben zu erteilende Bescheinigung erbracht werden[1]).

Eine dem Vormunde seitens des V.-Gerichts wegen der Rechnung dennoch erteilte Entlastung steht der demnächstigen Geltendmachung von Ansprüchen aus der Rechnung seitens des Mündels so wenig entgegen als eine Anerkennung der Richtigkeit der Rechnung durch das V.-Gericht. Erst nach Beendigung der Vormundschaft findet ein die Entlastung des Vormundes durch den Mündel bezweckendes Verfahren statt (§ 1892 Abs. 2).

Eine Ladung des Vormundes zur Erklärung über die aus der Rechnung sich ergebenden Mängel unter dem Rechtsnachteile der Anerkennung ist dem Gesetz sowohl hinsichtlich der periodischen Rechnungslegung[2]) als hinsichtlich der Schlußrechnung unbekannt.

6. Stellt sich nach dem Bemerkten die periodische Rechnungslegung im wesentlichen als eine im Interesse des Mündels getroffene, zunächst aber den Zwecken der richterlichen Aufsicht dienende Maßregel dar, so hat dieselbe andererseits doch für den Mündel insofern eine unmittelbare Wirkung, als nach § 1890 Satz 2 in der Schlußrechnung auf die früher gelegten Rechnungen Bezug genommen werden kann. Die periodischen Rechnungen sind insoweit als auch dem Mündel abgelegt anzusehen[3])

7. Die abgelegten Rechnungen nebst den denselben beigefügten Belegen werden Teile der Vormundschaftsakten[4]). Eine Zurückgabe der Belege hat das Gesetz nicht vorgeschrieben, dieselbe vielmehr dem richterlichen Ermessen überlassen[5]). Da dieselben die Ansätze der Rechnung rechtfertigen, sind sie der Regel nach bei den Akten zu behalten und nur ausnahmsweise zurückzugeben.

Die Erteilung von Abschriften der Rechnung richtet sich nach den bezüglichen allgemeinen Vorschriften (M. S. 1161 Abs. 2 vgl. § 34 G. F.). G. freies G.).

Die Anordnung einer Sicherheitsleistung des Vormundes.

§ 1844 I § 1689; II § 1722; III § 1820; M. S. 1161/62; 1010, 1039 bis 1043. Pr. S. 804 Nr. XI; pr. VO. §§ 58 und 59.

1. Die Reichspolizeiordnungen fordern, weitergehend als das römische und ältere deutsche Recht:

---

1) M. S. 1161 Abs. 3.
2) M. S. 1160 Abs. 2.
3) vgl. M. S. 1184 Abs. 3.
4) Dernburg S. 218 Abs. 2.
5) M. S. 1161 Abs. 2; anders pr. VO. § 56 Abs. 5.

„daß er (nämlich ein jeder Vormünder, er sei gleich in Testamentsweiß verordnet, oder durch das Recht oder den Richter gegeben) nach befohlener Verwaltung — — — rechtmäßige genugsame Caution und Versicherung thue".

Darnach sind alle Vormünder unterschiedslos zur Sicherheitsleistung verpflichtet, während das römische Recht tutores testamentarii und a magistratu dati von dieser Verpflichtung ausnahm[1]), und das ältere deutsche Recht nur den nächsten Erben, demnächst den nächsten Blutsfreunden des Mündels das Recht auf Sicherheitsleistung einräumte und endlich der Obrigkeit die Befugnis beilegte, Sicherheit zu verlangen[2]).

In der Praxis machte sich indes mehr und mehr das Bedürfnis geltend, die Verpflichtung zur Sicherheitsleistung einzuschränken, und kam sie vielfach außer Uebung[3]). Die Landesgesetzgebungen folgten dem Zuge der Praxis, indem sie jene Verpflichtung entweder ganz aufhoben[4]) oder doch wesentlich beschränkten.

Man erkannte in der strengen Durchführung der Verpflichtung zur Sicherheitsleistung mehr und mehr eine oft schwere Schädigung des Kredits und des Vermögens des Vormundes, und bemühte sich deshalb, den Mündel auf andere Weise gegen etwaige Unredlichkeiten desselben zu schützen. Dies insbesondere dadurch, daß man den Vormund der Aufsicht und Mitwirkung des Gegenvormundes unterwarf, bezw. in erhöhtem Maß unterwarf und die Anlegung und Veräußerung des Mündelvermögens mit größeren Sicherheitsmaßregeln umgab.

2. Von diesen Gesichtspunkten aus hat das B. G. die Sicherheitsleistung des Vormundes als die Ausnahme hingestellt. Man hat derselben zwar nicht gänzlich entraten zu können, sie im Hinblick auf die dem Mündel anderweit gewährten Sicherungen aber nur „aus besonderen Gründen" verlangen zu sollen geglaubt.

Darüber, ob solche Gründe, die sich insbesondere aus der Persönlichkeit und den Vermögensverhältnissen des Vormundes, wie andererseits aus der Größe des Mündelvermögens und der Art seiner Anlage ergeben, vorliegen, entscheidet das Ermessen des V.-Gerichts.

Ein *erhebliches* Mündelvermögen ist nicht, wie nach § 58 pr. V. O., Voraussetzung der Anordnung einer Sicherheitsleistung. Es muß aber ein der „Verwaltung" des Vormundes unterliegendes Vermögen vorhanden sein. Es genügt daher nicht, daß der Mündel Vermögen hat, wenn dieses sich in der Verwaltung eines Dritten, z. B. des Nießbrauchsberechtigten, befindet; es genügt auch nicht, daß der Vormund zwar den

---

[1]) vgl. Rudorff, II S. 217 ff.
[2]) Kr. II S. 43 ff.
[3]) vgl. Dernburg S. 214 Abs. 1; Böhlau S. 204.
[4]) So das französische Recht.

Besitz, nicht aber die Verwaltung des Mündelvermögens hat[1]). Die Sicherheitsleistung kann angeordnet werden sowohl im Hinblick auf bereits entstandene als auf vermutlich entstehende Forderungen des Mündels gegen den Vormund aus der Führung der Vormundschaft.

3. Ob die eine oder die andere Sicherheitsleistung, insbesondere eine der im § 232 Abs. 1 bezeichneten Arten derselben oder welche andere zu wählen ist, bestimmt, unabhängig von den Voraussetzungen der §§ 234, 236—239, das V.-Gericht[2]).

Hinsichtlich der Bestellung der Sicherheit durch Eintragung einer Hypothek schreibt § 54 G. F. vor, daß das V.-Gericht befugt ist, das „Grundbuchamt um die Eintragung einer Sicherheitshypothek an Grundstücken des Vormundes ꝛc. zu ersuchen". Der Vormund ꝛc. soll, soweit thunlich, vorher gehört werden[3]). Die Hypothek entsteht mit der Eintragung. Diese Vorschriften finden auf die Eintragung eines Pfandrechts an einem im Schiffsregister eingetragenen Schiffe entsprechende Anwendung. Einer Mitwirkung des Vormundes bei der Bestellung der Hypothek bedarf es nicht[4]).

4. „Bei der Bestellung, Aenderung oder Aufhebung der Sicherheit wird die Mitwirkung des Mündels durch die Anordnung des V.-Gerichts ersetzt" (§ 1844 Abs. 2). Von der Mitwirkung eines Vertreters (Pflegers) des Mündels als des zu Berechtigenden bei der Bestellung ꝛc. der Sicherheit ist aus Zweckmäßigkeitsgründen Abstand genommen und in allen fraglichen Beziehungen das V.-Gericht zu der Vertretung des Mündels ermächtigt worden[5]). Auch bei der Bestellung einer Sicherheitshypothek bedarf es daher nur eines Antrages des V.-Gerichts, nicht der Zustimmung des Vormundes oder eines Pflegers. Gemäß § 39 G. B. O. erfolgt die Eintragung auf Grund des Ersuchens des V.-Gerichts; einer „Einigung des Berechtigten und des anderen Teiles über den Eintritt der Rechtsänderung" und deren Eintragung (§ 873 B. G.) bedarf es nicht. Ob auch die Löschung der Sicherheitshypothek, z. B. bei angeordneter Abminderung der Sicherheit, wie die Eintragung, lediglich auf Antrag des V.-Gerichts[6]) oder, in Ermangelung besonderer Vorschriften, nach allgemeinen Grundsätzen mit Zustimmung des Mündels (vgl. § 19 G. B. O.) zu erfolgen hat, ist im praktischen Ergebnis gleich. Denn nach § 1844 Abs. 2 wird die Mitwirkung des Mündels durch die Anordnung des V.-Gerichts ersetzt.[7])

---

1) vgl. Kr. II S. 46 Abs. 2; Fuchs S. 205 Abs. 5.

2) Dieses kann daher auch an erster Stelle Bürgschaft als Sicherheit annehmen (vgl. § 232 Abs. 2).

3) Insbesondere wegen seines Rechts aus § 1786 Nr. 6.

4) Anders pr. VO. vgl. Dernburg S. 220 Abs. 1.

5) M. S. 1162 Abs. 2.

6) D.S. zu G.F. S. 50.

7) vgl. Fuchs S. 207 Abs. 2.

Auch die Anträge des V.-Gerichts müssen in den vorgeschriebenen Formen gestellt werden.

5. Bestellung, Erhöhung, Minderung oder Aufhebung der Sicherheit kann das V.-Gericht, so lange das Amt des Vormundes dauert, nach Anhörung des Gegenvormundes jederzeit anordnen und nötigenfalls durch Ordnungsstrafen erzwingen. Es erscheint auch nicht ausgeschlossen, daß das V.-Gericht einen Pfleger zur Erzwingung der Sicherheitsleistung im Klagewege bestellt, da der Anspruch auf dieselbe, wenngleich durch die Anordnung des V.-Gerichts bedingt, einen wesentlich privatrechtlichen Karakter hat.[1]) Das V.-Gericht kann die Anordnung ꝛc. einer Sicherheitsleistung aber nur während der Dauer des vormundschaftlichen Amtes treffen und nach Beendigung desselben insbesondere nicht die Minderung oder Aufhebung der Sicherheit anordnen.[2])

Nach Beendigung der Vormundschaft kann vielmehr nur der Mündel selbst nach allgemeinen Grundsätzen Bestellung oder Erhöhung einer Sicherheit von dem Vormund und dieser Rückgabe der geleisteten Sicherheit von jenem begehren. Das Gesetz selbst enthält über die Aufhebung und Zurückgabe der Sicherheit nach Beendigung der Vormundschaft keine Vorschriften.[3]) Nach allgemeinen Grundsätzen aber versteht es sich von selbst, daß der Vormund, wenn er seinen Verpflichtungen aus der von ihm geführten Vormundschaft gegen den Mündel genügt hat, von diesem Zurückgabe bezw. Aufhebung der Sicherheit verlangen kann. Die etwaigen Bürgen sind unter jener Voraussetzung von ihrer Verpflichtung befreit.[4])

Die auf die Sicherheit bezüglichen Angelegenheiten sind nunmehr zwischen dem Vormund und dem Mündel zu ordnen. Das V.-Gericht kann daher nicht etwa, wie nach § 70 pr. V. O., bei der Verhandlung über die Schlußrechnung (§ 1892 Abs. 2) bestimmen, ob und wieviel von der „Sicherheit zurückzubehalten" ist, wenn sich Anstände gegen die Schlußrechnung ergeben haben. Die Ansprüche auf Rückgabe, bezw. Aufhebung der Sicherheit sind vielmehr, nötigenfalls im Wege der Klage, zwischen Vormund und Mündel auszumachen. Der letztere ist es auch, welcher nunmehr seinerseits den Antrag auf Löschung der Sicherheitshypothek zu stellen hat.[5])

6. Nach § 1786 Nr. 6 kann derjenige, welcher „nach § 1844 zur Sicherheitsleistung angehalten wird", die Uebernahme der Vormundschaft ablehnen. Gemäß § 1889 ist derjenige Vormund auf seinen Antrag zu entlassen, welchem die Bestellung einer Sicherheit angesonnen wird. Um dem Vormunde zur Ausübung dieses seines Ablehnungsrechts Gelegenheit zu geben, ist es angemessen, wiewohl nur für den Fall der Eintragung

---

1) vgl. Kr. II S. 43 Abs. 2 ff.
2) M. S. 1161/62.
3) Anders pr. VO. § 70.
4) vgl. § 767 Satz 1; Dernburg S. 221 Nr. 7.
5) M. S. 1189/90.

einer Sicherungshypothek vorgeschrieben (§ 54 G. F.), vor der Anordnung einer Sicherheitsleistung den Vormund, gegebenen Falls auch den Gegenvormund und Verwandte oder Verschwägerte des Mündels (§ 1847) zu hören. Dies um so mehr, als dem Vormunde, der zur Sicherheitsleistung angehalten wird, eine Beschwerde gegen die Anordnung derselben nicht zusteht. Eine besondere Beschwerde ist ihm in den §§ 57 und 60 G. F. nicht gegeben. Nach § 20 daselbst steht aber nur demjenigen die Beschwerde zu, „dessen Recht durch die Verfügung beeinträchtigt wird". Die Anordnung einer Sicherheitsleistung beeinträchtigt das Recht des Vormundes aber um deswillen nicht, weil er das Ablehnungsrecht bezw. das Recht auf Entlassung aus dem Amte hat. Dies gilt ebenmäßig von allen, auch den durch das Gesetz zu Vormündern berufenen (§ 1776) Vormündern.

Die Anordnung der Erhöhung einer bestellten Sicherheit ist Anordnung einer (vermehrten) Sicherheitsleistung im Sinne des § 1786 Nr. 6 und berechtigt den Vormund zur Geltendmachung des Ablehnungsrechts. Der seitens des Vormundes auf Grund des § 1786 Nr. 6 gestellte Antrag auf Entlassung aus dem Amte schließt die Anordnung einer Sicherheitsleistung wegen der bis dahin entstandenen und der bis zur Aushändigung des Vermögens an den Mündel weiter entstehenden Ansprüche desselben gegen den Vormund nicht aus[1]).

7. E. I § 1692 bestimmt, daß der Vormund durch letztwillige Verfügung des Vaters und der ehelichen Mutter des Mündels von der Verpflichtung zur Sicherheitsleistung befreit werden kann. Diese Bestimmung ist in das Gesetz nicht übergegangen. Dasselbe läßt eine Befreiung von der Verpflichtung zur Sicherheitsleistung nicht zu.

8. Die Kosten der Sicherheitsleistung sowie der Anordnung oder Aufhebung derselben fallen, gleichviel, wodurch die Anordnung der Sicherheitsleistung veranlaßt ist, als Verwaltungskosten dem Mündel zur Last[2]).

§ 34. Einstweilige Anordnungen des V-Gerichts.

§ 1846; I § 1683; II § 1713; III § 1822. M. S. 1155; Pr. S. 799 Nr. V. pr. VO. § 15.

1. Ein Mündel soll des vormundschaftlichen Schutzes zu keiner Zeit entraten.

Nach römischem Rechte pflegte dem bestellten Vormunde, wenn derselbe aus einem rechtlichen oder thatsächlichen Grunde vorübergehend an der Verwaltung der vormundschaftlichen Geschäfte oder einzelner derselben verhindert war, ein Kurator zur Besorgung der zu erledigenden

---

1) Jastrow G.F. § 54 Anm. 3.

2) vgl. pr. VO. § 58 Abs. 2; Dernburg S. 222 Abs. 3.

Angelegenheiten an die Seite gesetzt zu werden[1]). In eiligen Fällen kann aber eine Fürsorge für den Mündel notwendig werden, noch bevor ein Vormund für den Mündel bestellt, bezw. nach dem Abgange des bestellten Vormundes ein neuer Vormund bestellt ist.

2. Das Gesetz trifft für beide Fälle Fürsorge, indem es im § 1846 vorschreibt, daß, wenn ein Vormund noch nicht bestellt oder der Vormund an der Erfüllung seiner Pflichten verhindert ist[2]), das V.=Gericht diejenigen Maßregeln zu treffen hat, die im Interesse des Mündels erforderlich sind. Das V.=Gericht kann in diesen Fällen ausnahmsweise an Stelle des Vormundes selbsthandelnd für den Mündel auftreten. Es kann dem Mündel für die fraglichen Angelegenheiten aber auch einen Pfleger bestellen. Einen solchen soll derselbe nach § 1909 Abs. 1 insbesondere dann erhalten, wenn ihm von Todeswegen oder unter Lebenden Vermögen zugewendet ist und der Erblasser durch letztwillige Verfügung, bezw. der Dritte bei der Zuwendung bestimmt hat, daß dem Vormunde die Verwaltung nicht zustehen soll.

3. Die unmittelbare Fürsorge des V.=Gerichts für den Mündel wird in eiligen Fällen notwendig, um Schaden von demselben abzuwenden, andererseits aber auch nur in dringenden Fällen zur Anwendung zu kommen haben. Welche Maßregeln im Einzelfalle erforderlich sind, hat das V.=Gericht nach den Umständen des Falles zu erwägen; ebenso, ob es angemessen ist, die erforderlichen Handlungen selbst vorzunehmen oder durch einen Beauftragten ausführen zu lassen.

Erforderlich wird ein unmittelbares Eingreifen des V.=Gerichts besonders dann werden, wenn es sich um eilige Sicherungsmaßregeln für die Person (z. B. die Ergreifung des flüchtigen Mündels oder die Unterbringung desselben in einer Krankenanstalt) oder das Vermögen (z. B. die Verwahrung von Wertpapieren oder Kostbarkeiten) des Mündels handelt. In solchen Fällen wird häufig nur das rasche und energische Eingreifen des V.=Gerichts selbst Schaden von dem Mündel abwehren können[3]).

4. Für die Nachlaßpflegschaft tritt an die Stelle des V.=Gerichts das Nachlaßgericht (§ 1962; vgl. S. 17).[4]) Dieses also hat im Falle der Bestellung eines Pflegers für einen Nachlaß (§§ 1960, 1961), an dem ein Mündel beteiligt ist, die im Interesse dieses erforderlichen Maßregeln hinsichtlich des Nachlasses zu treffen[5]).

5. Für die im § 1846 bezeichneten Maßregeln ist neben dem zu-

---

[1]) vgl. §§ 5, 6 J. I, 23.

[2]) vgl. S. 59 ff.

[3]) Ein Verbot der Eltern des Erblassers oder des Zuwenders steht solchen Maßregeln nicht entgegen. vgl. Jastrow Nr. 523.

[4]) M. S. 1155 Abs. 5.

[5]) Ueber den Fall der Beteiligung eines im Auslande bevormundeten Mündels an einer inländischen Erbschaft vgl. § 97 G. F.

ständigen V.-Gericht (§ 36 vgl. mit § 43 Abs. 2 des G. F.) auch das Gericht zuständig, in dessen Bezirk das Bedürfnis der Fürsorge hervortritt (§ 44 daselbst). Dieses Gericht hat aber dem V.-Gerichte von den angeordneten Maßregeln Mitteilung zu machen.

§ 35. Die Auseinandersetzung zwischen dem Vater oder der ehelichen Mutter als Vormündern ihrer Kinder und den letzteren im Falle der Wiederverheiratung der ersteren.

§ 1845; I § 1734; II § 1717; III § 1821. M. S. 1244 Abs. 5; Pr. S. 850 Nr. II S. 635—638; III pr. VO. § 95 Abs. 2 u. 3.

1. Das B. G. hat sich denjenigen Gesetzgebungen angeschlossen, die, entgegen dem gemeinen Recht, aus praktischen Gründen die Verpflichtung des überlebenden Ehegatten aussprechen, sich mit seinen Kindern aus früheren Ehen über das in seiner Verwaltung befindliche Vermögen derselben auseinanderzusetzen, bevor er zu einer neuen Ehe schreitet. Im § 1669 legt es dem Vater (die Mutter verliert durch Eingehung einer neuen Ehe die e. G.), der eine neue Ehe eingehen will, die Verpflichtung auf, diese Absicht dem V.-Gericht anzuzeigen, auf seine Kosten ein Verzeichnis des seiner Verwaltung unterliegenden Vermögens seiner Kinder aus früheren Ehen einzureichen und hinsichtlich des diesen und ihm gemeinschaftlichen Vermögens die Auseinandersetzung herbeizuführen. Dieselben Verpflichtungen legt der § 1845 dem zum Vormunde bestellten Vater und der zum Vormunde bestellten ehelichen Mutter auf, da auch in diesem Falle dieselben praktischen Erwägungen, insbesondere die Verhütung der Verdunkelung der Vermögensverhältnisse der Kinder, sich geltend machen.

2. Die *hauptsächlich in Betracht kommenden Fälle sind*: die Bestellung des ehelichen Vaters oder der ehelichen Mutter zum Vormunde für ihr von einem Dritten an Kindesstatt angenommenes Kind, nachdem die e. G. des Annehmenden erloschen ist; und die Bestellung der ehelichen Mutter, die durch Eingehung einer neuen Ehe die e. G. über ihr Kind verloren hat, zum Vormunde dieses Kindes[1]).

Durch nachfolgende Ehe (§ 1719) legitimirte, für ehelich erklärte (§ 1723 ff.) und an Kindesstatt angenommene Kinder (§ 1741 ff.) stehen auch hinsichtlich der Verpflichtung aus § 1845 den ehelichen Kindern gleich (§§ 1719, 1740 und 1761).

3. Die Verpflichtung des Vormundes aus § 1845 geht auf Einreichung eines Vermögensverzeichnisses und *Auseinandersetzung wegen des gemeinschaftlichen Vermögens*[2]), *nicht auch auf Sicherheitsbestellung*[3]). Das Vermögen der Kinder aus den früheren Ehen soll klargestellt werden; die Rechte und Pflichten des wiederheiratenden Elternteiles in Bezug auf dasselbe werden durch die Auseinandersetzung nicht berührt.

---

[1]) vgl. M. S. 1163 Abs. 3, S. 1164.
[2]) vgl. §§ 752 ff; 1471; 1493; 2042 ff; 86—98 G.F.
[3]) M. S. 813 Abs. 3.

4. Die Zuziehung eines Pflegers zu der Aufstellung des Vermögensverzeichnisses ist nicht vorgeschrieben; ein hierauf gerichteter Antrag wurde von der 2. Kommission abgelehnt.[1]) Dagegen kann die Auseinandersetzung nur zwischen dem Vormund und einem gemäß § 1909 bestellten Pfleger erfolgen (vgl. § 1795).

5. Die Auseinandersetzung bezieht sich auf jede zwischen dem Vormund und den Kindern bestehende Vermögensgemeinschaft, nicht bloß auf die sich aus der Beerbung des anderen Elternteiles ergebende, worauf der E. I sie beschränkte[2]).

Die Größe des in Betracht kommenden Vermögens ist gleichgültig. Wie die Auseinandersetzung am zweckmäßigsten zu geschehen hat, hängt in erster Linie von der Erwägung des Pflegers ab.

6. Das V.-Gericht kann gestatten, daß die Auseinandersetzung hinsichtlich des gesammten gemeinschaftlichen Vermögens oder einzelner Teile desselben erst nach der Eheschließung erfolgt, um so dem Elternteile, der eine neue Ehe eingehen will, die Eheschließung zu erleichtern. Das Gericht hat neben den Interessen des Mündels denjenigen des wiederheiratenden Elternteiles auch insofern Rechnung zu tragen, als es dieselben nicht durch das Anverlangen einer durch die Umstände nicht gebotenen Genauigkeit und Vollständigkeit der Auseinandersetzung schädigen darf.

7. Ausnahmen von der Verpflichtung zur Auseinandersetzung läßt das Gesetz in keinem Falle zu, insbesondere nicht auf Grund letztwilliger Verfügung des verstorbenen Elternteils (vgl. § 1852 ff.).

8. Kommt der zum Vormunde bestellte Elternteil der ihm durch § 1845 auferlegten Verpflichtung nicht nach, so kann ihm das V.-Gericht die Vermögensverwaltung entziehen (vgl. § 1670). Diese Folge ist zwar im § 1845 nicht ausdrücklich ausgesprochen. Da die Folgen der Wiederverheiratung im Falle dieses Paragraphen aber offenbar dieselben sein sollen, wie in demjenigen des § 1669, so ist anzunehmen, daß der im § 1670 angedrohte Rechtsnachteil auch im Falle des § 1845 gelten soll.

Durch O.-Strafen kann die Befolgung der Vorschrift des § 1845 nicht erzwungen werden[3]). Die Befolgung derselben ist aber auch dadurch gesichert, daß nach § 1314 Abs. 1 derjenige, welcher ein eheliches Kind hat, das minderjährig ist oder unter seiner Vormundschaft steht, eine Ehe erst eingehen darf, nachdem ihm das V.-Gericht ein Zeugnis darüber erteilt hat, daß er die im § 1669 bezeichneten Verpflichtungen erfüllt hat, oder daß sie ihm nicht obliegen.

---

1) Pr. S. 635 ff. Nr. III.
2) Pr. S. 636.
3) vgl. M. S. 814 Abs. 3.

Anhang.

Einzelne Gegenstände der Fürsorge des V.-Gerichts.

Außer den in den vorstehenden Paragraphen behandelten und den zu §§ 1810, 1812 Abs. 2 und 3 (Ersetzung der Genehmigung des Gegenvormundes durch diejenige des V.-Gerichts, vgl. S. 89); 1797 und 1798 (Entscheidung von Meinungsverschiedenheiten zwischen mehreren Vormündern, vgl. vgl. S. 125); 1838 (Unterbringung des Mündels in einer geeigneten Familie oder in einer Erziehungs- oder Besserungsanstalt, vgl. S. 53) erörterten Gegenständen der Fürsorge des V.-Gerichts kommen solche vor in den §§ 1304 Abs. 2 und 1337. Nach ersterem kann die Einwilligung des Vormundes zur Eheschließung des Mündels, nach letzterem die Genehmigung einer nach § 1331 anfechtbaren Ehe, wenn die Einwilligung bezw. die Genehmigung von dem Vormunde verweigert wird, auf Antrag des Mündels bezw. des Ehegatten durch das V.-Gericht ersetzt werden.

§ 36. Die Haftung des V.-Richters.

§ 1848; I § 1702; II § 1739; III § 1824; M. S. 1190—1193; Pr. S. 820—825; R.-T.-K. S. 174.

1. Eine Haftbarkeit der obervormundschaftlichen Behörden für die von ihnen in der Ausübung ihres Amtes begangenen Pflichtwidrigkeiten trat in Deutschland erst mit der Reception des römischen Rechts ein. Dieses giebt dem Mündel eine subsidiäre Entschädigungsklage gegen die Magistrate wegen dolus und culpa bei Ausübung ihres obervormundschaftlichen Amtes[1]). Diese Klage ist dann von der Praxis dahin erweitert, daß sie gegen alle vormundschaftlichen Behörden als solche[2]) und wegen jeder Pflichtverletzung, nicht bloß wegen Nachlässigkeit bei Bestellung des Vormundes, gegeben wurde. Gegen die Erben der vormundschaftlichen Beamten fand die römischrechtliche Klage nur wegen dolus und culpa lata statt.

2. Abweichend von dem Standpunkte verschiedener Landesgesetzgebungen, wie dem der preußischen (vgl. A. L.-R. II Tit. 10 §§ 88—91 mit § 102 pr. V.-O.), und der sächsischen (vgl. § 1506 sächs. G. B.), wonach die allgemeinen für die Haftbarkeit der Beamten wegen Verletzung ihrer Amtspflicht geltenden Grundsätze[3]) auch für die Haftbarkeit des V.-Richters gelten, hat das B. G. es für zweckmäßig erachtet, für diesen besondere Vorschriften zu geben. Dasselbe erklärt im § 1848 den V.-Richter wegen jeder vorsätzlichen oder fahrlässigen Verletzung der ihm obliegenden Pflichten dem Mündel gegenüber für verantwortlich nach § 839 Abs. 1, 3[4]).

---

[1]) Kr. I. S. 97—99.

[2]) vgl. M. II S. 819 ff. u. die S. 820 Abs. 2 daselbst angeführten Urteile.

[3]) vgl. Artt. 77, 78 u. dazu AGG. von Bayern Artt. 60, 61; Württemberg Art 202 ff; Elsaß-Lothrigen § 40; Sachsen-A. § 28.

[4]) Derselbe lautet: „Verletzt ein Beamter vorsätzlich oder fahrlässig die ihm einem Dritten gegenüber obliegende Amtspflicht, so hat er dem Dritten den daraus entstehenden Schaden zu ersetzen. Fällt dem Beamten nur Fahrlässigkeit zur Last, so kann er nur dann in Anspruch genommen werden, wenn der Verletzte nicht auf

Vormundschaftsrichter sind die nach den Bestimmungen des G. F. und den gemäß Art. 147 erlassenen landesgesetzlichen Vorschriften mit der Ausübung der Gerichtsbarkeit in Vormundschaftssachen betrauten Beamten, gleichviel, ob dieselben in erster oder höherer Instanz, als Einzel- oder Kollegialrichter thätig werden[1]).

Im Falle vorsätzlicher Verletzung seiner Pflichten haftet der V.-Richter unbedingt. Fällt ihm dagegen nur Fahrlässigkeit, also ein Außerachtlassen der im Verkehr erforderlichen Sorgfalt (§ 276 Abs. 1), zur Last, so kann er nur dann in Anspruch genommen werden, wenn der Mündel nicht auf andere Weise Ersatz zu erlangen vermag[2]). Demgemäß hat dieser zunächst den Vormund und die von demselben bestellte Sicherheit (Bürgen, Pfänder 2c.) in Anspruch zu nehmen und kann erst, wenn er auf diesem Wege Schadenersatz nicht zu erlangen vermocht hat, den V.-Richter darauf belangen. Die Behauptung, daß auf andere Weise Ersatz nicht zu erlangen gewesen sei, gehört zur Begründung der Klage.

Ausgeschlossen ist die Ersatzpflicht, wenn der Mündel vorsätzlich oder fahrlässig unterlassen hat, den Schaden durch Gebrauch eines Rechtsmittels abzuwenden.

3. Die Verletzung der dem V.-Richter gegen den Mündel obliegenden Pflichten stellt sich als eine gegen diesen begangene widerrechtliche Handlung im Sinne des § 823 Abs. 1, mithin als eine unerlaubte Handlung dar. Es finden daher die allgemeinen Grundsätze über unerlaubte Handlungen (§ 823 ff.) auf dieselbe Anwendung.

Von den Mitgliedern eines kollegialen Gerichts haften nur diejenigen, welche ein Verschulden trifft, und zwar als Gesammtschuldner[3]).

Sind neben dem V.-Richter Vormund oder Gegenvormund verantwortlich, so haften diese Personen gemäß § 840 als Gesammtschuldner. Soweit aber den V.-Richter nur wegen Verletzung seines Aufsichts- oder Genehmigungsrechts die Verantwortlichkeit für einen von dem Vormunde verursachten Schaden trifft, ist in ihrem Verhältnis zu einander der Vormund der allein Verpflichtete[4]). Der Vormundschaftsrichter hat daher gegebenen Falls gegen diesen einen Erstattungsanspruch.

4. Die Verletzung seiner Pflichten macht den V.-Richter regelmäßig nur dem Mündel verantwortlich. Dritten gegenüber haftet er wegen derselben nach allgemeinen Grundsätzen bei Uebertretung allgemeiner Verbotsgesetze und der Verletzung sog. absoluter Rechte Dritter[5]).

---

andere Weise Ersatz zu erlangen vermag. (Abs. 1). — Die Ersatzpflicht tritt nicht ein, wenn der Verletzte vorsätzlich oder fahrlässig unterlassen hat, den Schaden durch Gebrauch eines Rechtsmittels abzuwenden". (Abs. 3).

[1]) M. S. 1192 Abs. 3.

[2]) E. I § 1702 (736, Abs. 1. u. 2) nahm Subsidiarität der Klage des Mündels gegen den V.-Richter in keinem Falle an (M. S. 1192 Abs. 2); vgl. aber auch Anmerkung zu § 736 E. I.

[3]) M. II S. 826 Abs. 2.

[4]) M. S. 1192 Abs. 2.

[5]) vgl. § 823 u. dazu M. II S. 726 Abs. 1 u. 2, 728 Abs. 3.

5. Die Verpflichtung des V.-Richters aus § 1848 geht, wie diejenige aus unerlaubten Handlungen überhaupt, auf die Erben über[1]).

6. Ob und wie weit eine Haftung des Staates für Pflichtverletzungen der von ihm angestellten V.-Richter eintritt, ist nach dem öffentlichen Recht der Einzelstaaten zu beurteilen[2]).

VI.

Die Beteiligung der Familie und der Gemeinde an der Vormundschaft.

§ 37. Der Familienrat.

1. Einsetzung und Zusammensetzung.

§§ 1858—1864; 1868, 1871; I. §§ 1712—1715, 1718; II. §§ 1751—1757; 1761, 1755 Abs. 3; III. §§ 1834—1840, 1844, 1847; M. S. 1203—1212 Abs. 1. S. 1215—1216; 1208—1209; S. 1211. Pr. S. 834 Nr. VIII—836 Nr. 4; pr. VO. §§ 71 72, Abs. 1—4; 73, 74, 76, 80 Abs. 1.

1. Der Familienrat in seiner heutigen Gestaltung ist französischen Ursprungs. Er ist, wie in die pr. V.-O., so auch in das B. G. nicht ohne die erheblichsten Bedenken aufgenommen worden, welche sich insbesondere auch aus der sehr zurückgegangenen praktischen Bethätigung des Instituts ergaben[3]). Seine Aufnahme in das Gesetz verdankt das Institut wesentlich dem Umstande, daß es in dem Gebiete des preußischen Rechts bestand.

2. Ein Familienrat soll eingesetzt werden, wenn der Vater oder die eheliche Mutter des Mündels die Einsetzung angeordnet haben. Dieselben können die Einsetzung von dem Eintritt oder Nichteintritt eines bestimmten Ereignisses, z. B. dem Erwerb eines bestimmten Vermögens durch den Mündel abhängig machen (§ 1858 Abs. 2; vgl. § 1880)[4]).

Niemals erfolgt die Einsetzung von Amtswegen durch das V.-Gericht; dagegen haben Verwandte und Verschwägerte des Mündels, der Vormund und der Gegenvormund das Recht, die Einsetzung zu beantragen. Ihnen kann dies Recht aber nur dann zustehen, wenn sie geschäftsfähig sind und nicht selbst unter Vormundschaft stehen[5]). Davon, daß eine bestimmte Zahl von Verwandten den Antrag stellt, ist die Wirksamkeit desselben nicht abhängig[6]). Dem Antrag ist zu entsprechen, wenn das V.-Gericht die Einsetzung eines Familienrats als dem Interesse des Mündels entsprechend erachtet.

3. Die Einsetzung unterbleibt, wenn der Vater oder die eheliche Mutter sie untersagt hat. Sie unterbleibt ferner, wenn die erforderliche Zahl geeigneter Personen nicht vorhanden ist (§ 1858 Abs. 3). Dies

---

1) M. S. 1193 Abs. 3 u. 4; R.G. E.S. XVII. S. 111.
2) vgl. § 36 Anm. 3.
3) Pr. S. 837 B.
4) vgl. M. S. 1204 Abs. 1.
5) vgl. Dernburg S. 62 Abs. 3.
6) vgl. Pr. S. 835.

auch im Falle der Anordnung des Familienrates durch die Eltern, in welchem Falle der Familienrat sonst stets einzusetzen ist[1]).

4. Der Familienrat besteht aus dem V.-Richter als Vorsitzendem und aus mindestens zwei, höchstens sechs Mitgliedern. Darüber, ob die Voraussetzungen für seine Einsetzung vorliegen, also auch darüber, ob die erforderliche Zahl geeigneter Personen vorhanden ist, entscheidet das V.-Gericht.

Die Anhörung von Verwandten rc. vor Einsetzung des Familienrates ist nur im Falle des § 1862 Abs. 1 Satz 2 (keine Berufung) vorgeschrieben.

5. Die Bestimmungen über die Einsetzung eines Familienrates sind zwar Ordnungsvorschriften. Ist aber die Einsetzung erfolgt, so darf die Aufhebung desselben durch das V.-Gericht nur gemäß §§ 1879 und 1880, nicht etwa wegen inzwischen eingetretener Veränderung der Verhältnisse des Mündels im Interesse dieses geschehen[2]).

6. Als Mitglied des Familienrates ist berufen, wer von dem Vater oder der ehelichen Mutter des Mündels als Mitglied benannt ist. Die Rechte der Berufenen werden durch die Bestimmungen des § 1778 Abs. 1 und 2 normiert (§ 1861; vgl. S. 25 ff).

Gemäß § 1868 Abs. 2 gehen die von dem Vater benannten den von der Mutter benannten Personen vor. Das Recht der Mutter, wenn sie die e. G. erlangt hat, innerhalb der Grenzen des § 1860 außer den von dem Vater benannten weitere Personen zu Mitgliedern des Familienrates zu berufen, wird dadurch nicht berührt[3]).

Haben die Eltern über die gesetzliche Zahl hinaus Personen in den Familienrat berufen, ohne eine Reihenfolge derselben zu bestimmen, so hat das V.-Gericht darüber zu befinden, welche der berufenen Personen zu bestellen sind[4]). Auch dabei gehen die von dem Vater berufenen den von der Mutter benannten Personen vor[5]).

7. Soweit eine Berufung nach § 1861 nicht vorliegt oder die Berufenen die Uebernahme des Amtes ablehnen, hat das V.-Gericht die zur Beschlußfähigkeit des Familienrates erforderlichen Mitglieder auszuwählen (§ 1862 Abs. 1 Satz 1).

Nach § 1869 ist Niemand verpflichtet, das Amt eines Mitgliedes des Familienrates zu übernehmen; nach der Uebernahme aber kann die Entlassung nur aus einem der gesetzlichen Gründe gefordert werden (§ 1878).

Wenn die zur Beschlußfähigkeit des Familienrates erforderliche Zahl Berufener, sei es nach der Anordnung der Eltern, sei es infolge von Ablehnungen, nicht vorliegt, so hat das V.-Gericht die zur Beschlußfähigkeit des Familienrates erforderlichen Mitglieder aus den Verwandten

---

[1]) M. S. 1204 Abs. 3.

[2]) vgl. §§ 1778 Abs. 1, 1797 Abs. 3, 1857.

[3]) M. S. 1209 Abs. 4.

[4]) vgl. Böhm S. 158.

[5]) Schultzenstein § 1861 Anm. 1.

und Verschwägerten des Mündels (§ 1867), die fähig und geeignet sind, auszuwählen. Hinsichtlich der Auswahl entscheidet das freie Ermessen des V.-Gerichts. Vor der Auswahl soll es auch (vgl. Nr. 4 Abs. 2 vorstehend) den Gemeindewaisenrat hören (§ 1862 Abs. 1). Auf die Nähe des Verwandtschafts- rc. Grades und die Persönlichkeit der zur Auswahl stehenden Verwandten ist thunlichste Rücksicht zu nehmen[1]). Das V.-Gericht kann, da zur Beschlußfähigkeit des Familienrates außer dem Vorsitzenden nur zwei Mitglieder vorhanden zu sein brauchen, höchstens zwei Mitglieder auswählen. Die Bestimmung weiterer Mitglieder bis zu der höchsten gesetzlich zulässigen Zahl von 6 Mitgliedern steht dem Familienrate zu, nicht dem V.-Gerichte (§ 1862 Abs. 2). Denn jener erscheint gemäß der bei ihm vorauszusetzenden Kenntnis der Verhältnisse am geeignetsten, darüber zu befinden, ob eine Vermehrung der Mitgliederzahl zweckmäßig ist. Der Familienrat ist bei der von ihm zu treffenden Auswahl nicht an Verwandte und Verschwägerte des Mündels gebunden (§ 1867).

Um thunlichst zu verhüten, daß der Familienrat beschlußunfähig wird, hat derselbe, falls nur die zur Beschlußfähigkeit erforderlichen Mitglieder vorhanden sind, ein oder zwei Ersatzmitglieder auszuwählen (§ 1863). Auch bei der Auswahl dieser Ersatzmitglieder ist der Familienrat nicht auf Verwandte rc. beschränkt (§ 1867). Gleichzeitig mit der Auswahl der Ersatzmitglieder hat derselbe die Reihenfolge zu bestimmen, in welcher dieselben bei Verhinderung oder Wegfall eines Mitgliedes in den Familienrat einzutreten haben. Die Ersatzmitglieder, auch diejenigen für weggefallene Mitglieder, treten nicht dauernd, sondern nur zur Verhütung der Beschlußunfähigkeit bis zur Vervollständigung des Familienrates in diesen ein (§ 1862 Abs. 2)[2]). Haben die Eltern Ersatzmitglieder benannt und die Reihenfolge ihres Eintrittes bestimmt, so ist diese Anordnung zu befolgen.

Für den Fall, daß der Familienrat durch vorübergehende Verhinderung eines Mitgliedes beschlußunfähig wird und ein Ersatzmitglied nicht vorhanden ist, hat der Vorsitzende für die Dauer der Verhinderung ein Ersatzmitglied auszuwählen (§ 1864). Auch er ist dabei nicht auf Verwandte rc. beschränkt (§ 1867).

8. Die Mitglieder des Familienrates werden von dem Vorsitzenden durch Verpflichtung zu treuer und gewissenhafter Führung des Amtes bestellt. Die Verpflichtung soll mittels Handschlags an Eidesstatt erfolgen (§ 1870; vgl. § 1789). Die Bestellung erfolgt stets — auch diejenige der Ersatzmitglieder — durch den Vorsitzenden allein. Dabei kann die Entlassung des bestellten Mitgliedes für den Fall vorbehalten werden, daß ein bestimmtes Ereignis eintritt oder nicht eintritt. Diese dem § 1790 entsprechende Vorschrift beruht auf der Erwägung, daß die Bestellung eines

---

[1]) M. S. 1210 Abs. 2.
[2]) M. S. 1211 Abs. 3.

Mitgliedes für einzelne vorübergehende Zwecke wünschenswert sein kann[1]).

Bestallungen erhalten die Mitglieder des Familienrates nicht; doch ist nach § 1791 Abs. 2 in der Bestellung des Vormundes anzugeben, daß ein Familienrat eingesetzt ist.

9. Die Anordnungen des Vaters oder der ehelichen Mutter, durch welche die Einsetzung eines Familienrates verfügt oder untersagt wird, bestimmte Personen in denselben zu berufen, und Ersatzmitglieder benannt oder davon ausgeschlossen werden, erfolgen in den Formen des § 1777 (§ 1868; vgl. S. 24).

2. Unfähigkeit und Untauglichkeit, Mitglied des Familienrates zu sein.

§§ 1865—1867. I. § 1716; II. §§ 1758—1760. III. §§ 1841—1843; M. S. 1213—1215; Pr. S. 836/37; R. T. K. S. 164; pr. VO. § 71 Abs. 2.

a) Unfähig, zu Mitgliedern des Familienrates bestellt zu werden („können nicht bestellt werden") sind Geschäftsunfähige (§ 104) und solche Personen, die wegen Geistesschwäche, Verschwendung oder Trunksucht entmündigt worden sind (§ 1865).

Die Bestellung geschäftsunfähiger Personen zu Fammilienratsmitgliedern ist, wie diejenige solcher Personen zu Vormündern, nichtig[2]). Ebenso Beschlüsse des Familienrates, an denen Geschäftsunfähige teilgenommen haben, gleichviel, ob die Stimme des Unfähigen auf die Beschlußfähigkeit des Familienrates von Einfluß war oder nicht. Doch ist anzunehmen, daß, wenn das V.-Gericht solche Beschlüsse zur Ausführung bringt, dieselben nach außen verbindlich sind[3]).

b) Untauglich zu Mitgliedern des Familienrates („sollen nicht bestellt werden") sind nach § 1866:

1. Der Vormund des Mündels. Derselbe steht gemäß § 1872 Abs. 1 unter dem Familienrate[4]). Die Anhörung des Vormundes, wo diese gesetzlich vorgeschrieben ist oder angemessen erscheint, hat auch durch den Familienrat zu erfolgen. Der Gegenvormund ist von dem Familienrat nicht ausgeschlossen[5]).

2. Wer nach § 1781 oder nach § 1782 nicht zum Vormunde bestellt werden soll (vgl. S. 29).

Weibliche Personen sind nicht untauglich[6]), bedürfen zur Uebernahme des Amtes als Familienratsmitglieder auch nicht der Zustimmung ihrer Ehemänner. Die Erforderlichkeit solcher Zustimmung ist nicht, wie im § 1783, vorgeschrieben[7]).

---

1) M. S. 1062 Abs. 3.
2) M. S. 1081 Abs. 2.
3) Dernburg S. 63/64.
4) M. S. 1212 Abs. 2 u. 3, S. 1213.
5) M. S. 1213 Abs. 2.
6) R. T. K. S. 164.
7) vgl. Fuchs S. 60 Anm. 15; Schultzenstein § 1866 Anm. 5. A. A. Böhm S. 157. — Das Entscheidende ist, daß die Zustimmung des Mannes nicht vor-

3. Wer durch Anordnung des Vaters oder der ehelichen Mutter des Mündels von der Mitgliedschaft ausgeschlossen ist.

4. Wer mit dem Mündel weder verwandt noch verschwägert ist, es sei denn, daß er von dem Vater oder der ehelichen Mutter des Mündels benannt oder von dem Familienrat oder nach § 1864 von dem Vorsitzenden ausgewählt worden ist.

Während der Vater und die eheliche Mutter, der Familienrat und dessen Vorsitzender bei der Auswahl der zu berufenden bezw. zu bestellenden Personen nicht auf solche beschränkt sind, die mit dem Mündel verwandt oder verschwägert sind, soll das V.-Gericht nur solche Personen bestellen. Die Bestellung von Personen, die nicht bestellt werden sollen, ist wie die Bestellung untauglicher Personen zu Vormündern (vgl. S. 33) nicht unwirksam; die untauglichen Personen sind aber zu entlassen.

5. Beamte und Militärpersonen bedürfen zur Uebernahme des Amtes als Familienratsmitglieder nicht der Genehmigung ihrer vorgesetzten Behörde.

3. Rechte und Pflichten, Einberufung und Beschlüsse des Familienrates.

§§ 1872—1875; I. §§ 1719 Abs. 1 und 2; 1722 Abs. 1, Satz 2; 1721 Abs. 1; 1722; 1721 Abs. 2; II. §§ 1764 Abs. 1 und 2; 1765—1768; III. §§ 1848—1851; M. S. 1216 Abs. 3 — 1224 Abs. 1; Pr. S. 837; pr. VO. § 75 und 76 Abs. 1; 77, 79 Abs. 2 und 3.

a) Der Familienrat hat nicht eine bloß beratende Stellung. Er hat vielmehr nach § 1872 Abs. 1 „die Rechte und Pflichten des V.-Gerichtes". Ihm liegt es daher ob, gegebenen Falls einen Vormund auszuwählen (§ 1779 Abs. 1), die Rechnung zu prüfen (§ 1843 Abs. 1), die erforderliche Genehmigung zu erteilen (§ 1821 ff.), den Vormund zur Sicherheitsleistung anzuhalten (§ 1844), im Falle des § 1846 die erforderlichen Maßregeln zu treffen (vgl. S. 161 ff.), Ordnungsstrafen anzudrohen und einzuziehen u. s. w. Die Leitung der Geschäfte liegt dem Vorsitzenden ob.

Unter die letztere fallen die Bekanntmachung der Beschlüsse des Familienrates an den Vormund, die Aufsicht über die Ausführung solcher Beschlüsse, die in § 1851 vorgeschriebenen Mitteilungen an den Gemeindewaisenrat u. dergl. m.[1])

Daß die Rechte des Familienrates gegenüber dem befreiten Vormund in derselben Weise beschränkt sind, wie diejenigen des V.-Gerichts, ergiebt sich aus der Gleichstellung des Familienrates mit dem V.-Gerichte (1872 Abs. 1).

---

geschrieben ist, obgleich es angesichts des § 1783 angezeigt war, die Zustimmung des Ehemannes ausdrücklich vorzuschreiben, wenn sie für erforderlich erachtet wurde. Die von Böhm für die gegenteilige Ansicht angeführten §§ 1861, 1778 Abs. 1, 1783 beziehen sich in ihrem Zusammenhange auf die Uebergehung berufener Personen.

[1]) vgl. Dernburg S. 67/68.

Den Gegenvormund, Verwandte 2c. des Mündels und diesen selbst hat der Familienrat vor seinen Entscheidungen zu hören, wo dies gesetzlich erforderlich ist; der Anhörung der zum Familienrate gehörigen Verwandten bedarf es natürlich nicht.

b) Bei Verletzung ihrer Pflichten haften die Mitglieder des Familienrates gemäß § 1848, und zwar als Gesammtschuldner (§ 1872 Abs. 2 Satz 2; vgl. S. 165 ff.).

c) Die Mitglieder des Familienrates können ihr Amt nur persönlich ausüben; eine Stellvertretung findet nicht statt (§ 1872 Abs. 2 Satz 1)[1]).

d) Der Familienrat wird von dem Vorsitzenden einberufen (§ 1873 Satz 1). Die Einberufung erfolgt, so oft ein Bedürfnis dazu vorliegt[2]). Sie hat zu erfolgen, wenn zwei Mitglieder, der Vormund oder Gegenvormund sie beantragen oder wenn das Interesse des Mündels sie erfordert.

Alle Mitglieder des Familienrates, nicht nur die zur Beschlußfähigkeit erforderliche Zahl, sind einzuladen.

Ueber die Art der Einberufung (ob schriftlich oder mündlich; § 1873 Satz 3), die Frist zwischen Ladung und Sitzung, die Zeit und den Ort der letzteren entscheidet das Ermessen des Vorsitzenden. Doch kann derselbe den Familienrat selbstverständlich nur nach einem Ort einberufen, wo das V.-Gericht tagen darf[3]).

An Stelle behinderter Mitglieder sind die Ersatzmitglieder zu laden.

Daß den Mitgliedern des Familienrates vor den Sitzungen von den Beratungsgegenständen Kenntnis zu geben ist, schreibt das Gesetz nicht vor. Es ist indes zweckmäßig, daß es geschieht. Die Unterlassung berechtigt die Mitglieder aber nicht, wie die M.[4]) annehmen, sich „je nach den Umständen" der Beschlußfassung zu enthalten. Daß bei nicht rechtzeitig geschehener Mitteilung der Beratungsgegenstände Vertagung der Sitzung beschlossen werden kann, versteht sich von selbst.

e) Der Familienrat ist nur dann beschlußfähig, wenn der Vorsitzende und mindestens 2 Mitglieder anwesend sind. Derselbe faßt seine Beschlüsse nach der Mehrheit der Stimmen der Anwesenden, und zwar, wie in Ermangelung einer anderweitigen Bestimmung anzunehmen ist, nach absoluter Mehrheit derselben. Bei Stimmengleichheit entscheidet die Stimme des Vorsitzenden (§ 1874 Abs. 1 und 2). Beratung und Beschlußfassung findet nur in nicht öffentlicher Sitzung statt[5]); schriftliche Beschlußfassung ist ausgeschlossen.

f) Eine besondere Form für die Beschlüsse des Familienrates ist nicht vorgeschrieben[6]). Dieselben ergehen daher gemäß § 1872 Abs. 1

---

[1]) M. S. 1221 Abs. 2.
[2]) M. S. 1218 Abs. 5.
[3]) vgl. Fuchs S. 65 Abs. 4.
[4]) S. 1220 Abs. 1; vgl. auch Schultzenstein § 1873 Anm. 3.
[5]) M. S. 1222 Abs. 2.
[6]) M. S. 1223 Abs. 2.

in derjenigen Form, wie Beschlüsse des V.=Gerichts überhaupt. Sie sind daher insbesondere schriftlich festzustellen (vgl. § 160 Nr. 5 C. P.=O.), und, wenn mit der Beschwerde anfechtbar, mit Gründen zu versehen. Unterzeichnung derselben durch sämmtliche Mitglieder des Familienrates oder den Vorsitzenden ist nicht vorgeschrieben, aber angemessen.

Die Bekanntmachung der Beschlüsse geschieht in Gemäßheit des § 16 Abs. 2 G. F.

g) Die Ausführung derselben liegt dem Vorsitzenden ob, der dieselben zu diesem Zweck in dieser oder jener Form zu beglaubigen hat (Ausfertigung des Beschlusses mit der Unterschrift des Vorsitzenden, Mitteilung beglaubigter Abschrift des Beschlusses durch denselben). Ist dies geschehen, so ist gegenüber dem öffentlichen Zeugnis des Vorsitzenden nach allgemeinen Grundsätzen der Gegenbeweis zu führen, daß kein gültig gefaßter Beschluß des Familienrates zu stande gekommen ist[1]).

h) Steht in einer Angelegenheit das Interesse des Mündels zu dem Interesse eines Mitgliedes des Familienrates in erheblichem Gegensatze, so ist das Mitglied kraft Gesetzes von der Teilnahme an der Beschlußfassung für die in Frage stehende Angelegenheit ausgeschlossen. Ueber die Ausschließung entscheidet der Vorsitzende (§ 1874 Abs. 3).

Läd derselbe, wo dies, um den Familienrat beschlußfähig zu machen, erforderlich ist, an Stelle eines verhinderten Mitgliedes ohne weiteres das an dessen Stelle tretende Ersatzmitglied, so liegt darin eine stillschweigende Entscheidung über die Ausschließung des verhinderten Mitgliedes[2]). Es erscheint jedoch der Stellung des Familienrates angemessener, daß der Vorsitzende, von Amtswegen oder auf Antrag, eine ausdrückliche Ausschließung des behinderten Mitgliedes vornimmt.

i) Das Amt der Mitglieder des Familienrates ist ein unentgeltlich zu verwaltendes Ehrenamt. Jedoch können dieselben von dem Mündel Ersatz ihrer Auslagen verlangen; der Betrag derselben wird von dem Vorsitzenden festgesetzt (§ 1877; vgl. 1847 Abs. 2).

k) Der Vorsitzende **kann** die Mitglieder des Familienrates zur Erfüllung ihrer Pflichten, insbesondere zur Teilnahme an den Sitzungen und der Beschlußfassung oder rechtzeitiger Anzeige der Verhinderung durch Ordnungsstrafen bis zu einhundert Mark anhalten. Weiter geht das Recht des Vorsitzenden nicht. Erfolgt nachträglich genügende Entschuldigung, so sind die getroffenen Verfügungen aufzuheben[3]).

In die durch das nicht oder nicht rechtzeitig entschuldigte Ausbleiben eines Mitgliedes oder die Nichtteilnahme desselben an der Beschlußfassung verursachten Kosten **ist** das schuldige Mitglied durch den Vorsitzenden stets zu verurteilen (§ 1875 Abs. 1), während die Verhängung von Ordnungs=

---

1) M. S. 1224 Abs. 1.
2) M. S. 1222 Abs. 1.
3) Vgl. § 381 Abs. 1 Satz 2 CPO.

strafen dem Ermessen desselben unterliegt. Beschwerde gegen Auferlegung von Strafe oder Kosten nach § 19 G. F. (vgl. § 18 das.).

4. Vorläufige Maßregeln des Vorsitzenden.

§ 1876; I. § 1719 Abs. 3; II. § 1764 Abs. 3; III. § 1852; M. S. 1217/18; Pr. S. 837; pr. VO. § 78 Abs. 4.

Der Pflicht des V.-Gerichts, in den Fällen des § 1846 die erforderlichen Maßregeln zu treffen, entspricht diejenige des Vorsitzenden des Familienrates, in dringlichen Fällen die erforderlichen Anordnungen zu treffen. Ob ein solcher Fall, der „ein sofortiges Einschreiten nötig" macht, vorliegt und welche Anordnungen zu treffen sind, entscheidet lediglich der Vorsitzende, dessen Verfügungen nicht aus dem Grunde angefochten werden können, daß ein dringlicher Fall nicht vorliege oder die getroffenen Maßregeln nach Lage der Sache nicht angemessen seien. — Der Vorsitzende kann alle Anordnungen treffen, die dem Familienrate selbst zustehen und selbst die zu Verfügungen des Vormundes erforderliche Genehmigung erteilen[1]). Daß der Vorsitzende vielfach nur vorläufige Maßregeln treffen wird, wo dies dem Gesetz und den Umständen nach zulässig erscheint (vgl. z. B. 1790), entspricht der Natur seiner Befugnis.

Dieser entspricht es auch, daß derselbe unverzüglich den Familienrat einzuberufen, ihn von den getroffenen Anordnungen in Kenntnis zu setzen und einen Beschluß über die weiter erforderlichen Maßregeln herbeizuführen hat. Dabei ist allerdings vorausgesetzt, daß die Einsetzung des Familienrates bereits stattgefunden hat. Nach der mit der Vorschrift des § 1876 verfolgten gesetzgeberischen Absicht, in Beibehalt der §§ 1858 Abs. 1 und 1872 Abs. 1, ist indes anzunehmen, daß der Vorsitzende die erforderlichen Anordnungen auch dann zu treffen hat, wenn ein Familienrat noch nicht eingesetzt ist[2]).

Auf die dem Vorsitzenden allein obliegende Leitung der Geschäfte (§ 1872 Abs. 1 Satz 2) bezieht sich die Vorschrift des § 1876 nicht. Die Leitung hat der Vorsitzende in allen, dringlichen und nicht dringlichen Fällen allein.

5. Endigung des Amtes eines Mitgliedes des Familienrates. — Aufhebung des Familienrates.

§ 1878—1881; I. §§ 1723 und 1724; II. §§ 1769, 1770 Abs. 1 Nr. 1; 1751, Abs. 2, 1770 Abs. 1 Nr. 2, 1770 Abs. 2; III. §§ 1854—1857; M. S. 1224 und 1225; Pr. S. 837; pr. VO. §§ 79 Abs. 1, 80.

1. Das Amt eines Mitgliedes des Familienrates endigt aus denselben Gründen, aus denen nach §§ 1885, 1886, 1889 das Amt eines Vormundes endigt (§ 1878 Abs. 1).

Es endigt daher (außer mit dem Tode) mit der Entmündigung und mit der Erlassung des die Todeserklärung des Mitgliedes aussprechenden Urteiles (§ 1885).

---

[1]) M. S. 1218 Abs. 1.

[2]) M. S. 1218 Abs. 2.

Durch die Wiederverheiratung einer Frau endigt ihr Amt als Mitglied des Familienrates nicht (vgl. § 1887).

Zu entlassen ist ein Mitglied eines Familienrates, wenn die Fortführung seines Amtes das Interesse des Mündels gefährden würde, wenn in der Person des Mitgliedes einer der in § 1781 („zum Vormunde soll nicht bestellt werden" u. s. w.) bestimmten Gründe vorliegt (§ 1886) oder — auf Antrag des Mitgliedes — wenn ein wichtiger Grund vorliegt; als wichtig sind „insbesondere" die Ablehnungsgründe des § 1786 Abs. 1 Nr. 2 bis 7 anzusehen (§ 1889).

Die Ablehnungsgründe des § 1786 Nr. 6 und 7 sind im § 1889, anscheinend versehentlich, als Gründe der Entlassung eines Familienratsmitgliedes mit aufgeführt worden. Denn zur Bestellung einer Sicherheitsleistung kann ein Mitglied eines Familienrates nicht herangezogen werden, und eine „gemeinschaftliche Führung" des Amtes eines Mitgliedes eines Familienrates giebt es nicht. Daß aber Vormünder, die zu einer Sicherheitsleistung angehalten werden, bezw. mit einem Anderen zur gemeinschaftlichen Führung der Vormundschaft bestellt werden sollen (§ 1786 Nr. 7), deshalb die Entlassung aus ihrem Amt als Mitglieder eines Familienrates sollen begehren können, ist nicht anzunehmen.[1])

Ist gemäß § 1871 bei der Bestellung die Entlassung eines Mitgliedes für einen bestimmten Fall vorbehalten worden, so hat beim Eintreten dieses Falles die Entlassung des betreffenden Mitgliedes zu erfolgen.

In allen Fällen endigt das Amt eines Mitgliedes eines Familienrates erst mit der Entlassung selbst, nicht schon mit dem Eintritt des Grundes derselben. Sie wird, wenn das Mitglied mit seiner Entlassung einverstanden ist, durch den Familienrat verfügt. Gegen seinen Willen kann ein Mitglied nur durch das dem V.-Gericht im Instanzenzuge vorgeordnete Gericht, also durch das Landgericht entlassen werden (§ 1878 Abs. 2). Der Ausschluß der Entscheidung des Familienrates in diesem Fall ist in Rücksicht auf die Beziehungen der Mitglieder desselben zu einander im Interesse einer unbefangenen Prüfung und Entscheidung erfolgt.[2])

2. Die Aufhebung des Familienrates hat durch das V.-Gericht zu erfolgen, wenn es an der zur Beschlußfähigkeit erforderlichen Zahl von Mitgliedern (§ 1860) fehlt und geeignete Personen zur Ergänzung nicht vorhanden sind (§ 1879). Dasselbe hat zu geschehen, wenn der Vater oder die eheliche Mutter des Mündels die Aufhebung des von ihnen angeordneten Familienrates für den Fall des Eintrittes oder Nichteintrittes eines künftigen Ereignisses angeordnet haben (§ 1880). Andere Gründe der Aufhebung des Familienrates läßt das Gesetz nicht zu; insbesondere kann sich derselbe nicht selbst auflösen.

Die Aufhebung aus dem Grunde des § 1879 entspricht den §§ 1858 Abs. 3 und 1860, diejenige aus § 1880 dem § 1858 Abs. 2.

---

[1]) vgl. Fuchs S. 70 Abs. 2.
[2]) M. S. 1224/25.

In beiden Fällen kann das Gericht gemäß § 1859 Abs. 1 demnächst einen neuen Familienrat einsetzen; in ersterem Falle, sobald die dazu erforderliche Zahl geeigneter Personen vorhanden ist, in letzterem, soweit die Einsetzung nicht von den Eltern untersagt ist. Ob die Anordnung dieser, daß der Familienrat für den Fall des Eintretens oder Nichteintretens eines künftigen Ereignisses (§ 1880) aufgehoben werden solle, ein Verbot der Wiedereinsetzung des Familienrates enthält, ist Sache der Auslegung.[1]) Eines ausdrücklichen Verbotes der Eltern bedarf es nicht.[2])

Von der Aufhebung des Familienrates hat das V.-Gericht die bisherigen Mitglieder, den Vormund und den Gegenvormund in Kenntnis zu setzen. Letztere erhalten neue Bestallungen; die früheren Bestallungen sind dem V.-Gerichte zurückzugeben. (§ 1881; vgl. zu Abs. 2 § 1791 Abs. 2, Satz 2).

Mit der Aufhebung des Familienrates treten diejenigen Vorschriften wieder in Geltung, die durch das Bestehen desselben ausgeschlossen wurden; insbesondere hat nunmehr das V.-Gericht seine Thätigkeit wieder aufzunehmen.

Auf den unter der Herrschaft des bisherigen Rechts eingesetzten Familienrat finden gemäß Art. 210 Abs. 1 von Zeit des Inkrafttretens des B. G. die Vorschriften des letzteren Anwendung. Der Familienrat ist daher aufzuheben, wo er nach den Vorschriften des B. G. nicht einzusetzen gewesen wäre. Nach Art. 210 Abs. 2 bleiben jedoch im Bereiche der pr. V. O., deren bezügliche Bestimmungen im wesentlichen mit denen des B. G. übereinstimmen, der Familienrat und dessen Mitglieder im Amte.

6. Prozessualisches.

Die Beschwerde steht zu:

a) gegen eine Verfügung, durch welche die Einsetzung eines Familienrates abgelehnt (§ 1859) oder der Familienrat aufgehoben wird (§§ 1879 und 1880), dem Ehegatten sowie den Verwandten und Verschwägerten des Mündels (§ 57 Nr. 4 G. F.);

b) gegen die Verfügung des Vorsitzenden, durch welche ein Mitglied eines Familienrates gemäß § 1875 Abs. 1 und 2 in die Kosten verurteilt oder eine Ordnungsstrafe über dasselbe verhängt wird, jenem Mitgliede (§ 19 das.);

c) gegen die Nichtaufhebung des Familienrates im Falle des § 1880, Jedem, der dadurch in seinem Rechte beeinträchtigt ist (§ 19 das.).

Sofortige Beschwerde findet statt:

gegen eine Verfügung, durch die ein als Mitglied des Familienrates Berufener übergangen wird (§§ 1861, 1778 Abs. 1 und 2), (§ 60 Nr. 1 daselbst); und gegen eine Verfügung, durch die der Familienrat

---

[1]) M. S. 1225 Abs. 2.

[2]) Uebereinstimmend Fuchs S. 71, Schultzenstein § 1880. Anm. 2, A. A. Böhm S. 161.

aufgehoben (§§ 1879 und 1880) oder ein Mitglied des Familienrates gegen seinen Willen entlassen wird (§ 1878 Abs. 2; § 60 Nr. 1 G. F.);

gegen eine Verfügung, durch die über die Entlassung eines Mitgliedes des Familienrates von dem Gerichte, welches dem V.-Gericht im Instanzenzuge vorgeordnet ist, entschieden wird (§ 1878 Abs. 2), findet die Beschwerde an das Oberlandesgericht statt. Die weitere Beschwerde ist ausgeschlossen (§ 64 G. F.).

§ 38. Die Anhörung von Verwandten und Verschwägerten des Mündels vor Entscheidungen des V.-Gerichts.

§ 1847; I. §§ 1678; § 1657 Satz 2; 27 Abs. 3 Satz 2; II. § 1706; III. § 1823; M. S. 1149—1151 und S. 1098; M. I. S. 57 (zu § 27); Pr. S. 796 Nr. I, S. 757/58 Nr. IX; Pr. I. S. 14 unter 3; pr. V.-O. §§ 55 Abs. 1 u. 4; 61. Abs. 2; 64, 73.

1. Auch in dem Falle, daß ein Familienrat nicht eingesetzt ist, steht der Familie eine bedeutsame Mitwirkung bei der vormundschaftlichen Verwaltung zu. Vor dem Erlaß seiner Entscheidungen soll nämlich das V.-Gericht Verwandte oder Verschwägerte des Mündels hören.

Vorausgesetzt sind bei dieser Vorschrift Entscheidungen, welche das V.-Gericht auf dem Gebiete der ihm übertragenen Fürsorge und Aufsicht zu treffen hat, nicht solche, durch welche dasselbe lediglich gesetzliche Bestimmungen zur Ausführung bringt. Entscheidungen in jenem Sinne sind u. a. die Genehmigung von Rechtsgeschäften, die Verweigerung solcher Genehmigung, Anordnung einer Sicherheitsleistung und der Erlaß der nach § 1846 erforderlichen Maßregeln. Vor Erlaß solcher, wesentlich auf dem Ermessen des V.-Gerichts beruhender Entscheidungen soll dieses auf Antrag des Vormundes oder des Gegenvormundes, Verwandte oder Verschwägerte des Mündels hören, wenn es ohne erhebliche Verzögerung und ohne unverhältnismäßige Kosten geschehen kann. In wichtigen Angelegenheiten soll die Anhörung auch ohne Antrag erfolgen.

2. Darüber, ob die Anhörung erforderlich ist, welche und wie viele Verwandte rc. zu hören und wie dieselben zu hören sind, ob schriftlich oder mündlich, entscheidet, wie nach gemeinem Recht[1]) im allgemeinen das Ermessen des V.-Gerichts. Dasselbe wird vorzugsweise diejenigen Verwandten zu hören haben, die der Person und den Verhältnissen des Mündels am nächsten stehen[2]).

3. Ein Recht der Verwandten, gehört zu werden, besteht nicht; ebensowenig eine Verpflichtung derselben, sich zu äußern. Ordnungsstrafen sind daher nicht gegen sie zulässig. Auch steht ihnen keine Beschwerde zu, wenn sie nicht gehört werden; sie können vielmehr nur ein Einschreiten des V.-Gerichts als Aufsichtsbehörde veranlassen. Für den von ihnen

---

[1]) vgl. L. 5 § 11 D. 27, 9.
[2]) M. S. 1150 Abs. 2.

erteilten Rat haften sie, von Vertragsverhältnissen und unerlaubten Handlungen abgesehen, nicht.[1])

4. Das V.-Gericht ist bei seiner Entscheidung an die von den Verwandten geäußerte Meinung nicht gebunden. Der § 1847 enthält eine Ordnungsvorschrift, deren Nichtbefolgung die Gültigkeit der getroffenen Entscheidung nicht berührt. Das Gericht, das die Anhörung von Verwandten schuldhafterweise unterläßt, macht sich aber dem Mündel verantwortlich.[2])

5. Als „wichtige Angelegenheiten" bezeichnet das Gesetz „insbesondere" die Volljährigkeitserklärung (§ 3); die Ersetzung der Einwilligung zur Eheschließung im Falle des § 1304; die Ersetzung der Genehmigung einer nach § 1331 anfechtbaren Ehe (§ 1337); die Entlassung aus dem Staatsverband und die Todeserklärung (§ 13 ff.). Zu den wichtigen Angelegenheiten wird außerdem, vorbehaltlich der Erwägung der Umstände des Einzelfalles, die Mehrzahl der in den §§ 1821 und 1822 bezeichneten Rechtsgeschäfte, die Entscheidung über die Genehmigung des Beginnes oder der Auflösung eines Erwerbsgeschäfts (§ 1827 Abs. 2) und die Aufhebung elterlicher, gemäß §§ 1852 ff. getroffener Verfügungen (§ 1857) zu rechnen sein.

Im übrigen kann das V.-Gericht, gleichviel, ob ein Antrag vorliegt oder nicht, in jedem ihm geeignet erscheinenden Fall Verwandte 2c. hören. Es wird aber bei den mannigfachen, zur Sicherung der Interessen des Mündels ohnehin getroffenen Maßregeln die Anhörung von Verwandten, von den gesetzlich besonders hervorgehobenen Fällen abgesehen, nur in wichtigen Fällen anzuordnen haben. Dies auch in Rücksicht auf die Kosten, da die Verwandten von dem Mündel Ersatz ihrer Auslagen (nicht auch ihrer Versäumnis) verlangen können (§ 1847 Abs. 2). Der Betrag derselben, der nur eine Entschädigung für baare Aufwendungen gewähren soll, ist gegebenen Falls von dem V.-Gerichte festzusetzen. Der Rechtsweg ist „in Ansehung des Betrages" ausgeschlossen,[3]) der festgestellte Betrag aber kann eingeklagt werden.[4])

§ 39. Der Gemeindewaisenrat.

§§ 1849—1851; I. § 1725; II. §§ 1723—1725. III. §§ 1825—1827; M. S. 1225—1227 u. S. 1016/18; pr. V.O. §§ 52—54.

1. Die Gemeinde ist einerseits an einer erfolgreichen Verwaltung der Vormundschaft interessirt und andererseits zur Mitwirkung an derselben geeignet; interessirt wegen der ihr angehörenden Mündel, geeignet, weil ihre Mitglieder sich aus eigener, dem V.-Gerichte regelmäßig unmöglicher Anschauung über die Verwaltung der Vormundschaft unterrichten können.

---

[1]) § 676.
[2]) M. S. 1151 Abs. 1; vgl. Dernburg S. 70/71.
[3]) M. S. 1151 Abs. 5.
[4]) Schultzenstein § 1847 Anm. 13.

Aus diesen Gründen war bereits vor dem Erlaß der pr. V.-O. vielfach das Bestreben zu Tage getreten, die Gemeinde an der Vormundschaft zu beteiligen.

Die pr. V.-O. hat, entgegen dem Entwurfe von 1870, den in dieser Beziehung hervorgetretenen Anschauungen durch die Aufnahme des Instituts des Gemeindewaisenrates Rechnung getragen. Dieser ist nach ihr aber nur Hülfsorgan des V.-Gerichts bei der Beaufsichtigung des Vormundes hinsichtlich der Sorge für die Person des Mündels (§ 53 Abs. 1 pr. V.-O.).

Das B. G. ist weiter gegangen, indem es dem Gemeindewaisenrat auch zur Pflicht macht, dem V.-Gericht Anzeige zu machen, wenn er von einer Gefährdung des Vermögens eines Mündels Kenntnis erlangt (§ 1850 Abs. 2).

2. Das Gesetz beschränkt sich auf einige grundsätzliche Vorschriften über die Rechte und Pflichten des Gemeindewaisenrates. Die Organisation desselben sowie die zur Ausführung der gegebenen Vorschriften erforderlichen Bestimmungen hat es der Landesgesetzgebung überlassen.[1])

Dem Karakter des Institutes entsprechend hat diese indes daran festzuhalten, daß der G.-Waisenrat aus der Gemeinde gebildet wird, daß das Amt eines Mitgliedes desselben ein unentgeltliches Ehrenamt ist, ein Ablehnungsrecht hinsichtlich der Uebernahme nicht besteht, und daß die Mitglieder des G.-Waisenrats als solche eine besondere Verantwortlichkeit nicht trifft, daß sie vielmehr nur nach allgemeinen Grundsätzen wegen unerlaubter Handlungen haften.[2])

3. Der G.-Waisenrat hat dem V.-Gerichte die Personen vorzuschlagen, die sich im einzelnen Falle zum Vormunde, Gegenvormunde (vgl. §§ 1776—1791) oder Mitglied eines Familienrates (vgl. §§ 1865—1867) eignen.[3]) Dabei ist derselbe nicht auf die in seinem Bezirk ansässigen Personen beschränkt. — Dem Zwecke der Vorschrift entsprechend hat er auch über Personen Auskunft zu geben, die das, an die Vorschläge des G.-Waisenrates nicht gebundene V.-Gericht seinerseits als Vormünder in Aussicht genommen hat.

Andererseits hat das V.-Gericht vor der von ihm gemäß § 1779 vorzunehmenden Auswahl des Vormundes den Gemeindewaisenrat anzuhören (§ 1779 Abs. 1). Und zwar ist der Natur der Sache nach der G.-Waisenrat desjenigen Ortes zu hören, wo der Mündel oder die Mehrzahl der Mündel ihren Aufenthalt hat, oder wo der verstorbene Vater derselben seinen Wohnsitz oder Aufenthaltsort hatte.[4])

---

[1]) vgl. A. G. G. Preußen Art. 77; Bayern Art. 93—99; Sachsen §§ 38 bis 47; Württemberg Art. 56; Mecklenburg-Schw. §§ 233—248; Elsaß-Lothringen §§ 128—135; Braunschweig §§ 80—93; Oldenburg §§ 24—26.

[2]) M. S. 1224 Abs. 2.

[3]) Durch Einreichung einer Liste der in der Gemeinde vorhandenen, zur Uebernahme der Vormundschaft geeigneten Personen genügt der G.-Waisenrat seiner Verpflichtung nicht (Dernburg S. 75 Abs. 6).

[4]) vgl. Dernburg S. 151 Anm. 2; Schultzenstein § 1779, Anm. 1.

Zweckmäßig, wenngleich nicht vorgeschrieben, ist es, den G.-Waisenrat auch dann zu hören, wenn es sich um die Bestellung eines nach Familienrecht oder durch letztwillige Verfügung berufenen Vormundes handelt. Denn aus dem Berichte des G.-Waisenrates können sich Umstände ergeben, die die Bestellung des Berufenen als das Interesse des Mündels gefährdend und deshalb seine Uebergehung geboten erscheinen lassen (vgl. § 1778 Abs. 1).

Ergänzt wird die Vorschrift des § 1849 durch diejenige des § 49 G. F. Darnach hat der G.-Waisenrat, wenn er von einem Falle Kenntnis erlangt, in welchem ein Vormund, ein Gegenvormund oder ein Pfleger zu bestellen ist, dem V.-Gericht Anzeige zu machen. Zugleich soll er die Person vorschlagen, die sich zum Vormund ꝛc. eignet. Der G.-Waisenrat hat also von Amtswegen auf die rechtzeitige Bestellung eines Vormundes hinzuwirken.

In seinen bezüglichen Anzeigen, bezw. den von ihm erforderten Berichten hat derselbe, im Hinblick auf die Vorschriften der §§ 1779 Abs. 2, 1780—1784, über die persönlichen und Vermögensverhältnisse, insbesondere die Religion und die verwandtschaftlichen Beziehungen des Mündels und des in Aussicht genommenen Vormundes sowie über etwaige hinsichtlich der letzteren bestehende Unfähigkeits- und Ablehnungsgründe Auskunft zu erteilen.

4. Die wesentlichste der dem G.-Waisenrat obliegenden Pflichten besteht in der Ueberwachung der Vormünder hinsichtlich der Sorge für die Person des Mündels. In Unterstützung des V.-Gerichts hat er darüber zu wachen, daß die Vormünder der sich in seinem Bezirk aufhaltenden Mündel für die Person derselben, insbesondere für ihre Erziehung und körperliche Pflege, pflichtmäßig Sorge tragen. Er hat dem V.-Gerichte Mängel und Pflichtwidrigkeiten, die er in dieser Hinsicht wahrnimmt, anzuzeigen und auf Erfordern über das persönliche Ergehen und das Verhalten des Mündels Auskunft zu erteilen (§ 1850 Abs. 1).

Die von dem G.-Waisenrate zu erteilende Auskunft wird besonders in solchen Angelegenheiten des Mündels von Wert sein, bei deren Entscheidung es auf die Kenntnis örtlicher Verhältnisse ankommt (Abschluß von Lehrverträgen, Eingehung von Dienst- und Arbeitsverhältnissen ꝛc. vgl. § 1822 Nr. 4—7).

Die beaufsichtigende Thätigkeit desselben erstreckt sich auf alle sich in seinem Bezirk aufhaltende Mündel, auch auf die unter gesetzlicher Vormundschaft stehenden (Art. 136), sowie auf diejenigen, über welche die Vormundschaft in einem anderen Bezirk anhängig ist.

Ob es sich um befreite oder nicht befreite Vormundschaften handelt, macht für die Thätigkeit des G.-Waisenrates keinen Unterschied.[1])

5. Zur Beseitigung wahrgenommener Mängel steht dem G.-Waisenrate kein anderes Mittel zu Gebot, als die Anzeige an das V.-Gericht.

---

[1]) vgl. Wachler § 53 Anm. 2.

Unter Umständen mag es zwar zweckmäßig und angemessen erscheinen, durch Rat und Ermahnung auf den Vormund einzuwirken. Ein Recht dazu hat der G.-Waisenrat aber nicht[1]), und darf ihn jedenfalls die eigene Einwirkung auf den Vormund nicht von der vorgeschriebenen Anzeige an das V.-Gericht abhalten.

Hinsichtlich des Mündelvermögens steht dem G.-Waisenrat eine Einmischung in die allein dem Vormunde gebührende Verwaltung nicht zu.[2]) Nur wenn er Kenntnis von einer Gefährdung des Vermögens eines Mündels erlangt, hat er dem V.-Gericht Anzeige zu machen (§ 1850 Abs. 2).

6. Ob dem G.-Waisenrat als solchem gegen Verfügungen des V.-Gerichts die Entscheidung über eine die Sorge für die Person des Mündels betreffende Angelegenheit die Beschwerde aus § 57 Nr. 9 G. F. zusteht, erscheint zweifelhaft.[3]) Gegen diese Annahme spricht, daß „ein berechtigtes Interesse" des G.-Waisenrates als solchen, die Angelegenheiten des Mündels über die bestimmten ihm eingeräumten Befugnisse hinaus zu betreiben, nicht vorzuliegen scheint.

7. Das V.-Gericht seinerseits hat dem G.-Waisenrat, um ihm die Erfüllung seiner Pflichten zu ermöglichen, „die Anordnung der Vormundschaft über einen sich in dessen Bezirk aufhaltenden Mündel unter Bezeichnung des Vormundes und des Gegenvormundes sowie einen in der Person des Vormundes oder des Gegenvormundes eintretenden Wechsel mitzuteilen.

Wird der Aufenthalt eines Mündels in den Bezirk eines anderen G.-Waisenrates verlegt, so hat der Vormund dem G.-Waisenrate des bisherigen Aufenthaltsortes und dieser dem G.-Waisenrate des neuen Aufenthaltsortes die Verlegung mitzuteilen" (§ 1851). Diese Vorschriften entsprechen denjenigen des § 54 pr. V.-O. Doch findet sich die in diesem enthaltene Bestimmung, daß dem Waisenrat auch von den gesetzlichen Vormundschaften Kenntnis zu geben ist, im Gesetz nicht. Bei dem Verhältnis beider Gesetze zu einander ist anzunehmen, daß diese Bestimmung im B. G. absichtlich weggelassen ist.[4])

Verlegung des Aufenthaltsortes im Sinne des § 1851 Abs. 2 ist nur dauernde Verlegung.

8. Der G.-Waisenrat untersteht nur der Aufsicht der ihm vorgesetzten Dienstbehörde, nicht auch derjenigen des V.-Gerichts. Dieses hat kein anderes Mittel, ihn zur Erfüllung seiner Pflichten anzuhalten, als die Beschwerde an die vorgesetzte Dienstbehörde. Insbesondere hat das V.-Gericht nicht das Recht, Ordnungsstrafen gegen den G.-Waisenrat zu verhängen.

---

1) A. A. Fuchs S, 73 Nr. 4.
2) M. S. 1226 Abs. 2 a. E.
3) Bejahend Schultzenstein § 1850 Anm. 7.
4) Uebereinstimmend Fuchs S. 75 Abs. 4; a. A. Schultzenstein § 1851 Anm. 1.

VII.

Die Beendigung der Vormundschaft.

§ 40. Die Beendigung der Vormundschaft als solcher.

§§ 1882—1884; I § 1703; II §§ 1740—1742; III § 1858—1860; M. S. 1193 bis 1195; Pr. S. 825—827 u. (zu § 1748 E. I.) S. 859/60; pr. VO. §§ 61 u. 84.

1. Nach gemeinem Recht endigt die Vormundschaft über Minderjährige als solche[1]) dadurch, daß der Mündel stirbt oder für tot erklärt, volljährig oder für volljährig erklärt wird, sich verheiratet[2]) oder (durch Legitimation, Arrogation und volle Adoption) unter väterliche Gewalt kommt.

Den Satz: „Heirat macht mündig" erkennt das B. G. nicht an; es räumt der Verheiratung des Mündels keinen Einfluß auf die Vormundschaft ein. Im übrigen sind die gemeinrechtlichen Beendigungsgründe auch diejenigen des B. G.; selbstverständlich mit den sich aus den allgemeinen Grundsätzen des letzteren ergebenden Abweichungen.

2. Das Gesetz faßt die Endigungsgründe in den Satz zusammen:

„Die Vormundschaft endigt mit dem Wegfalle der im § 1773 für die Anordnung der Vormundschaft bestimmten Voraussetzungen" (§ 1882).

Demgemäß endigt die Vormundschaft:

a) Mit dem Tode[3]) des Mündels und der Erlassung des die Todeserklärung hinsichtlich desselben aussprechenden Urteiles (§ 1884 Abs. 2). Die Todeserklärung eines Minderjährigen kann (gegen die Regel des § 14 Abs. 1) in den Fällen der §§ 15 (Verschollenheit nach der Teilnahme an einem Kriege), 16 (Verschollenheit zur See) und 17 (Verschollenheit nach einer Lebensgefahr) vorkommen. Wenn dieselbe erfolgt, so soll, in Abweichung von der sonst nach § 18 Abs. 1 eintretenden Vermutung des Todes, mit der Erlassung des die Todeserklärung aussprechenden Urteiles die Vormundschaft endgültig beendigt sein.[4]) Der Mündel ist, falls er noch lebt, von da unvertreten. Kehrt er zurück und wird das die Todeserklärung aussprechende Urteil durch Anfechtung beseitigt, so lebt die frühere Vormundschaft so wenig wieder auf als der frühere Vormund wieder in sein Amt eintritt. Es ist vielmehr gegebenen Falls ein neuer Vormund zu bestellen.

b) Mit der Volljährigkeit des Mündels. Dem Eintreten derselben steht nach § 3 Abs. 2 die Volljährigkeitserklärung gleich, die mit der Rechtskraft derjenigen Verfügung, durch welche sie ausgesprochen wird, in Wirksamkeit tritt (§ 56 Abs. 2 G. F.).

---

[1]) „Absolut" (Dernburg).
[2]) Kr. II S. 174 ff. A. A. Dernburg S. 231/32.
[3]) M. S. 1193 Abs. 5.
[4]) M. S. 1194 Abs. 4.

c) Mit dem Eintreten bezw. Wiedereintreten der e. G. über den Mündel. Diese tritt wieder ein, wenn diejenigen Hindernisse, die ihrer Ausübung durch die Eltern in persönlicher oder vermögensrechtlicher Beziehung entgegengestanden (§ 1676 ff.), beseitigt sind oder den Eltern die ihnen entzogene Vertretung des Kindes (§ 1666 ff.) zurückgegeben ist (vgl. S. 19 ff.).

In den unter a--c bemerkten Fällen tritt die Beendigung der Vormundschaft im Übrigen ohne Dazwischentreten einer richterlichen Verfügung kraft Gesetzes ein. Hinsichtlich des Eintretens der e. G. ist jedoch hervorzuheben:

Die Annahme an Kindesstatt tritt mit der Bestätigung (§§ 1741, 1754 Abs. 1), der Beschluß, durch welchen die Bestätigung erteilt wird, mit der Bekanntmachung an den Annehmenden in Kraft (§ 67 Abs. 1 und 2 G. F.)[1]) Durch letztere wird daher die Vormundschaft ohne Weiteres beendigt.

Im Falle der Legitimation des Mündels durch nachfolgende Ehe erscheinen die Interessen des Mündels erst dann als genügend gesichert, wenn die Vaterschaft des Ehemannes der Mutter des Mündels feststeht. Denn trotz der Eheschließung treten die rechtlichen Wirkungen der Legitimation erst dann ein, wenn die Erzeugung des Kindes durch die Eltern feststeht.[2]) So lange dies nicht der Fall ist, würde das Kind unvertreten sein können, da der Stiefvater zur Vertretung desselben nicht berechtigt ist.[3]) Um dies zu verhüten, ist im § 1883 bestimmt, daß im Falle der Legitimation die Vormundschaft erst dann endigt, wenn die Vaterschaft des Ehemannes durch ein zwischen ihm und dem Mündel ergangenes Urteil rechtskräftig festgestellt ist oder die Aufhebung der Vormundschaft von dem V.-Gericht angeordnet wird. Bis zu jener Feststellung oder dieser Anordnung bleibt der Vormund zur Vertretung des Mündels in vollem Umfange berechtigt und verpflichtet. Die in der Zwischenzeit zwischen Eheschließung und dem Nachweise der Vaterschaft von dem Vormund innerhalb seiner Vertretungsmacht für den Mündel vorgenommenen Handlungen werden in ihrer Wirksamkeit durch jenen Nachweis nicht berührt. Eine Rückbeziehung des letzteren auf die Zeit der Eheschließung tritt jedenfalls insoweit nicht ein, als es sich um die von dem Vormunde für den Mündel abgeschlossenen Rechtsgeschäfte handelt.[4])

Soweit es sich um die Rechte des Vaters aus der e. G. und die aus der Stellung des Kindes als eines ehelichen hervorgehenden Rechte des letzteren handelt, ist gemäß § 1719 die Zeit der Eheschließung (§ 1317) maßgebend.

---

[1]) Ueber die Zuständigkeit vgl. §§ 65, 66 GF.

[2]) vgl. RG. v. 6. Februar 1875 § 25.

[3]) M. S. 924/25, 1194/95.

[4]) R.-G. St.-S. XV. S. 176; „Jahrbuch" VI. Nr. 27 u. XI. S. 62. Jastrow Nr. 584.

Das V.-Gericht hat die Aufhebung der Vormundschaft anzuordnen, wenn es die Voraussetzungen der Legitimation (Legitimationsfähigkeit des Kindes,[1]) Eheschließung der Eltern) für vorhanden erachtet. Es soll die Aufhebung aber, so lange der Ehemann lebt, nur dann anordnen, wenn dieser die Vaterschaft anerkannt hat oder an der Abgabe einer Erklärung dauernd verhindert oder sein Aufenthalt dauernd unbekannt ist (§ 1883 Abs. 2). Ist der Ehemann nach der Eheschließung, aber vor der Anerkennung des Mündels gestorben oder an der Abgabe einer Erklärung dauernd verhindert, so hat das V.-Gericht die Vormundschaft aufzuheben.

Eine Form, insbesondere die Notwendigkeit einer öffentlichen Urkunde, ist für die Anerkennung der Vaterschaft reichsgesetzlich nicht vorgeschrieben.[2]) Es genügt, daß dies in klarer, bündiger Weise geschieht. Daß die Aufhebung der Vormundschaft seitens des V.-Gerichts, soweit sie die Anerkennung der Vaterschaft des Ehemannes zur Voraussetzung hat, den Rechten des Mündels nicht präjudizirt, ist selbstverständlich.

d) Im Falle der Verschollenheit des Mündels endigt die Vormundschaft erst mit ihrer Aufhebung durch das V.-Gericht (§ 1884 Abs. 1).

Ob die Voraussetzungen der Verschollenheit [Abwesenheit Jemandes von seinem gewöhnlichen Aufenthaltsort, ohne daß Nachrichten über sein Leben oder seinen Tod vorliegen, (§§ 14—17; vgl. § 1911)], hat das V.-Gericht festzustellen, wie ihm überhaupt in denjenigen Fällen, in welchen es gegebenen Falls die Vormundschaft aufzuheben hat, die Ermittelung derjenigen Umstände obliegt, von denen die Aufhebung abhängt.

Liegen die Voraussetzungen der Verschollenheit vor, so kann das V.-Gericht die Vormundschaft auch dann aufheben, wenn ihm der Tod des Mündels nicht bekannt ist, die Aufhebung aber den Umständen nach angemessen erscheint. Durch den Tod des verschollenen Mündels an sich wird die Vormundschaft über denselben nicht beendigt. Wegen des Interesses dritter Personen an dem Fortbestehen der Vormundschaft ist diese vielmehr hinsichtlich ihrer Beendigung der Abwesenheitspflegschaft gleichgestellt; sie endigt daher erst mit ihrer Aufhebung durch das V.-Gericht.[3])

Wird dem V.-Gericht aber der Tod des verschollenen Mündels bekannt, so hat dasselbe die Vormundschaft aufzuheben. Die gerichtliche Verfügung, durch welche die Vormundschaft in diesen Fällen aufgehoben wird, tritt gemäß § 16 Abs. 1 G. F. mit der Bekanntmachung an den Vormund in Wirksamkeit.

---

1) M. S. 920/21.

2) Pr. S. 826 Abs. 5. Vgl. indeß § 1720 Abs. 2 und dazu § 167 Abs. 2 G. F.

3) vgl. Pr. S. 827 Abs. 4 und § 1921 Abs. 2.

2. Dadurch, daß sich während der Dauer der Altersvormundschaft weitere Bevormundungsgründe, z. B. Geisteskrankheit, ergeben, wird das Fortbestehen der Vormundschaft nicht berührt; erst nach Beendigung der Altersvormundschaft können diese Gründe zur Anordnung einer weiteren Vormundschaft führen.

3. Nicht aufgehoben wird die Vormundschaft dadurch, daß der Mündel aufhört, deutscher Staatsangehöriger zu sein. Die Vormundschaft kann in diesem Fall aber an denjenigen Staat abgegeben werden, dem der Mündel angehört (vgl. S. 7).

4. Gegen eine Verfügung, durch welche eine Vormundschaft aufgehoben wird, steht Jedem, der ein rechtliches Interesse an der Aenderung der Verfügung hat, sowie dem Ehegatten, den Verwandten und Verschwägerten des Mündels die Beschwerde aus § 57 Nr. 1 G. F. zu, es sei denn, daß die Verfügung eine vorläufige Vormundschaft betrifft (vgl. § 57 Nr. 2 G. F.).

§ 41. Die Beendigung des vormundschaftlichen Amtes.

1. Kraft Gesetzes.

§ 1885; I. § 1704 Nr. 1. u. 2; II. § 1743; III. § 1861; M. S. 1195/96; Pr. S. 827—831, S. 833; pr. V.-O. §§ 61. Abs. 1, 62 Abs. 1.

Das Amt des Vormundes bei fortdauernder Vormundschaft endigt, und zwar ohne vorgängige Verfügung des V.-Gerichts kraft des Gesetzes:

a) mit dem Tode des Vormundes und der Erlassung des die Todeserklärung hinsichtlich desselben aussprechenden Urteils. Durch den Tod eines von mehreren gemeinschaftlich verwaltenden Vormündern wird das Amt der übrigen nicht aufgehoben (pr. V.-O. § 65 Abs. 2; vgl. S. 126).

Rücksichtlich des die Todeserklärung aussprechenden Urteils gilt das § 40 Nr. 1 a Bemerkte.

b) mit der Entmündigung des Vormundes. Da nach § 1780 zum Vormunde nicht bestellt werden kann, wer geschäftsunfähig oder wegen Geistesschwäche, wegen Verschwendung oder Trunksucht (§ 6) entmündigt ist, so muß durch die Entmündigung das Amt des Vormundes beendigt werden. Dasselbe wird aber nicht schon, wie nach § 62 Abs. 1 pr. V.-O., mit dem Eintreten der Geschäftsunfähigkeit (§§ 105 114), sondern erst mit dem Eintreten der Wirksamkeit der Entmündigung beendigt.[1]) Wirksam aber wird die Entmündigung: bei der Entmündigung wegen Geisteskrankheit, wenn der Entmündigte unter elterlicher Gewalt oder unter Vormundschaft steht,

[1]) Bis zur Entmündigung ist an Stelle des geschäftsunfähigen Vormundes ein Pfleger zu bestellen (§ 1909). Diejenigen Rechtsgeschäfte, welche der geschäftsunfähige, noch nicht entmündigte Vormund für den Mündel vorgenommen hat, sind unwirksam (§ 105; M. S. 1229, Abs. 1); die von dem geschäftsfähigen Vormunde bis zur Wirksamkeit der Entmündigung abgeschlossenen sind gültig.

mit der Zustellung des die Entmündigung aussprechenden Beschlusses an denjenigen gesetzlichen Vertreter, welchem die Sorge für die Person zusteht, anderenfalls mit der Bestellung des Vormundes; bei der Entmündigung wegen Geistesschwäche, wegen Verschwendung und wegen Trunksucht mit der Zustellung an den Entmündigten (§§ 661 und 683 Abs. 2 C. P.-O.).

Die Entmündigung beendigt das Amt des Vormundes endgültig; einer Entlassung desselben bedarf es nicht. Wird die Entmündigung auf geschehene Anfechtung aufgehoben, so tritt der entmündigt Gewesene nicht etwa wieder in sein Amt ein; seiner erneuten Bestellung zum Vormunde stehen aber gesetzliche Gründe nicht entgegen.

Wegen der Mitteilung des die Entmündigung aussprechenden Beschlusses vgl. §§ 660, 683 C. P.-O.

c) wenn ein Mündel gemäß Art. 136 unter die gesetzliche Vormundschaft des Vorstandes einer Erziehungs- rc. Anstalt kommt. Dies ist zwar nicht ausdrücklich ausgesprochen (vgl. § 62 Abs. 2 pr. V.-O.), ergiebt sich aber aus der Vorschrift des § 1882.[1])

Die Vorschriften über die Beendigung des Amtes des Vormundes finden nach § 1895 auf dasjenige des Gegenvormundes Anwendung.

2. Durch Entlassung.

§§ 1886—1889; I. §§ 1704 Nr. 3; 1705—1707; II. §§ 1744—1747; III. §§ 1862—1865; M. S. 1196—1201; Pr. S. 831—833; pr. V.-O. §§ 63, 64.

Nach der pr. V.-O. wird der Vormund wegen Pflichtwidrigkeit „entsetzt";[2]) wegen Unfähigkeit, wenn er aus erheblichen Gründen seine Entlassung beantragt oder wenn ihm die erforderliche Genehmigung nicht erteilt oder entzogen wird, „entlassen".

Das B. G. kennt nur eine „Entlassung" des Vormundes, welche das V.-Gericht von Amtswegen oder auf Antrag des Vormundes zu verfügen hat. Den Grund der Entlassung bringt es in der Form derselben nicht zum Ausdruck.

a) Das V.-Gericht **hat** den Vormund von Amtswegen zu entlassen, wenn die Fortführung des Amtes das Interesse des Mündels gefährden würde.

Eine „erhebliche" Gefährdung, wie der § 1705 Nr. 1 E. I sie forderte, verlangt das Gesetz nicht.[3]) Darüber, ob eine ausreichende Gefährdung vorliegt, entscheidet das Ermessen des V.-Gerichts, welches wegen unerheblicherer Pflichtverletzungen gegen den nachlässigen und

---

[1]) So auch Fuchs S. 227 unter 4; Oldenburg AG. § 32 Abs. 2. Der Gegenvormund ist im Falle des Art. 136 Nr. 4 zu entlassen. Durch das Eintreten der gesetzlichen Vormundschaft des Art. 136 an sich wird das Amt des Gegenvormundes nicht beendigt.

[2]) Nach römischem und gemeinem Rechte wegen Arglist, Nachlässigkeit und unsittlichen Lebenswandels auf geschehene accusatio suspecti removirt.

[3]) Pr. S. 831 Abs. 2.

säumigen Vormund zunächst die Mittel des § 1837 zur Anwendung zu bringen haben wird. Im übrigen kann die Gefährdung aus Versäumungen und Pflichtwidrigkeiten, wie aus Gründen in der Persönlichkeit des Vormundes abgeleitet werden, die denselben als zur Führung der Vormundschaft ungeeignet erscheinen lassen. Entscheidend für die Beurteilung der Notwendigkeit der Entlassung ist, wo es sich nicht um einzelne grobe Pflichtwidrigkeiten handelt, die Gesammtführung der Vormundschaft.[1]) Doch ist das Gericht nicht behindert, den Grund für die Entlassung des Vormundes aus jeder, auch einer verhältnismäßig unbedeutenden Pflichtwidrigkeit zu entnehmen, sofern nach seinem Dafürhalten die Pflichtwidrigkeit eine solche ist, daß die Fortführung des Amtes durch denselben das Interesse des Mündels gefährden würde.[2])

Pflichtwidriges Verhalten ist „insbesondere" ein Entlassungsgrund. Neben demselben kommen alle sonstigen Umstände in Betracht, welche das Interesse des Mündels gefährdet erscheinen lassen. Dahin gehören Unfähigkeit, unsittlicher Lebenswandel und ein dauernder, nicht bloß einzelner, Widerstreit zwischen den Interessen des Vormundes und denjenigen des Mündels.[3])

Das V.-Gericht hat den Vormund weiter dann zu entlassen, wenn in der Person desselben einer der in § 1781 bestimmten Unfähigkeitsgründe (Minderjährigkeit, vorläufige Vormundschaft nach § 1906, Bestellung eines Pflegers nach § 1910, Konkurs, Verlust der bürgerlichen Ehrenrechte) vorliegt, d. h. schon vor Anordnung der Vormundschaft bestand oder nach derselben eingetreten ist; eine Person, die „nicht zum Vormund bestellt werden soll", ist zu entlassen, sobald sich der Unfähigkeitsgrund herausgestellt hat (vgl. § 1778 Abs. 1).

Eine verheiratete, zum Vormunde bestellte Frau ist zu entlassen, wenn der Mann seine Zustimmung zur Uebernahme oder zur Fortführung der Vormundschaft versagt oder die Zustimmung widerruft. Diese Vorschrift entspricht derjenigen des § 1783 und findet daher keine Anwendung, wenn der Mann der Vater des Mündels ist (§ 1887 Abs. 2).

Eines Antrags der Frau oder ihres Mannes auf Entlassung bedarf es nicht. Die Entlassung hat zu erfolgen, wenn die Verheiratung und die Nichterteilung der Zustimmung, bezw. der Widerruf der letzteren seitens des Ehemannes vorliegt und dem V.-Gericht auf diesem oder jenem Wege bekannt geworden ist.

Beamte und Religionsdiener, die zu Vormündern bestellt sind, sind zu entlassen, wenn die Erlaubnis, die nach den Landesgesetzen zur Uebernahme der Vormundschaft oder zur Fortführung der vor dem Eintritt in das Amts- oder Dienstverhältnis übernommenen Vormundschaft

---

[1]) „Jahrbuch" VII. S. 50.

[2]) Dernburg S. 234 Abs. 3.

[3]) Die Annahme, daß Interessenkollision niemals ein Entlassungsgrund ist, (vgl. Schultzenstein § 1886 Anm. 3) geht zu weit.

erforderlich ist (vgl. S. 31, 32), versagt oder zurückgenommen wird, oder wenn die nach den Landesgesetzen zulässige Untersagung der Fortführung der Vormundschaft erfolgt (§ 1888). Diese Vorschrift entspricht derjenigen des § 1784 und der landesgesetzlich vorkommenden Bestimmung, daß auch die Fortführung einer bereits vor dem Eintritt in das Amt übernommenen Vormundschaft untersagt werden kann.

Daß derjenige, welcher an Stelle eines durch das Gesetz berufenen aber vorübergehend verhinderten Vormundes vorläufig zum Vormunde bestellt ist, dann zu entlassen ist, wenn der gesetzlich Berufene auf seinen Antrag zum Vormund bestellt wird (§ 1778 Abs. 2), ist selbstverständlich.[1]) Dasselbe gilt, wenn der Ablehnende die Vormundschaft vorläufig hat übernehmen müssen, sein Ablehnungsgesuch demnächst aber für begründet erklärt wird (vgl. § 1787 Abs. 2).

b) Auf seinen Antrag ist der Vormund zu entlassen, wenn „ein wichtiger Grund vorliegt“ (§ 1889).

Das gemeine Recht gestattet dem Vormunde nur aus einzelnen bestimmten Gründen die Entlassung aus seinem Amt zu begehren.[2]) Die pr. V.=O. (§ 63 Abs. 2), giebt ihm das Recht, seine Entlassung aus erheblichen Gründen zu begehren.

Die Prüfung der Erheblichkeit und Wahrheit der geltend gemachten Gründe, die sich aus der Person und den Verhältnissen des Vormundes, seinen Beziehungen zu dem Mündel und dessen Familie 2c. ergeben können, ist Sache des V.=Gerichts. Als ein wichtiger Grund ist jedoch insbesondere das Eintreten eines Umstandes anzusehen, der den Vormund nach § 1786 Abs. 1 Nr. 2—7 (Vollendung des 60. Lebensjahres, mehr als 4 eheliche Kinder, Krankheit oder Gebrechen, weite Entfernung des Wohnsitzes vom Gerichtsorte, Verlangen einer Sicherheitsleistung, Bestellung zum Vormunde gemeinschaftlich mit einem Anderen), berechtigen würde, die Uebernahme der Vormundschaft abzulehnen. Nicht berechtigt, ihre Entlassung zu fordern, ist eine Frau als solche, (§ 1786 Nr. 1) und derjenige, welcher mehr als eine Vormundschaft führt (§ 1786 Nr. 8); beide haben sich vor der Übernahme der Vormundschaft zu entscheiden, ob die Verhältnisse ihnen die Führung derselben gestatten.

c) Das V.=Gericht kann eine Frau, die zum Vormunde bestellt ist, entlassen, wenn sie sich verheiratet (§ 1887 Abs. 1). Die Entlassung erfolgt, unabhängig von einem Antrage der Frau oder ihres Mannes, von Amtswegen, wenn sie den vorliegenden Umständen nach angemessen erscheint. Sie hängt lediglich von dem Ermessen des V.=Gerichts, nicht auch davon ab, daß die Fortführung der Vormundschaft durch die Frau das Interesse des Münedels gefährdet.[3]) Die Entlassung geschieht vielmehr,

---

[1]) M. S. 1199 Abs. 3.
[2]) vgl. L. 12 D. 27, 1.
[3]) vgl. M. S. 1200/1201; pr. V.O. § 64. A. A. Schultzenstein § 1887 Abs. 1.

dem gemeinen Recht[1]) entsprechend, wesentlich im Hinblick auf die Interessen der Ehe.

Die Entlassung des Vormundes kann erfolgen, wenn bei der Bestellung desselben die Entlassung für den Fall vorbehalten ist, daß ein bestimmtes Ereignis eintritt oder nicht eintritt (§ 1790), dies Ereignis eingetreten oder nicht eingetreten ist und die Entlassung nach dem Ermessen des V.-Gerichts angemessen ist.[2])

d) In den unter a—c bemerkten Fällen endigt Amt des Vormundes nicht schon mit dem Eintreten des Grundes, aus welchem die Entlassung zu erfolgen hat, beantragt werden oder geschehen kann. Erst die förmliche, dem Vormunde gemäß § 16 Abs. 2 G. F. zugestellte Verfügung seiner Entlassung beendigt das Amt desselben. Gegen dieselbe steht dem gegen seinen Willen entlassenen Vormunde bezw. Gegenvormunde die sofortige Beschwerde zu (§ 60 Nr. 3 G. F.). Diese hat keine aufschiebende Wirkung, doch kann die Aussetzung der Vollziehung der angefochtenen Verfügung sowohl seitens des V.-Gerichts als seitens des Beschwerdegerichts angeordnet werden (§ 24 G. F.).

2. Eine vorläufige Entlassung des Vormundes während schwebender Untersuchung läßt das Gesetz nicht zu. Das V.-Gericht hat daher nötigenfalls durch die anderen ihm zu Gebote stehenden Mittel, wie Anordnung der Hinterlegung von Wertpapieren (§ 1818), Aufhebung von Befreiungen des Vormundes (§ 1857), Sicherheitsleistung des Vormundes u. a. m., für die Sicherung des Mündels Sorge zu tragen.

3. Die Entlassung ist den Mitvormündern, dem Gegenvormund und dem Gemeindewaisenrate (§ 1851 Abs. 1) mitzuteilen.

4. Die Vorschriften über die Entlassung des Vormundes (§§ 1886 bis 1889) finden auf den Gegenvormund Anwendung (§ 1895).

§ 42. Die Rechtsverhältnisse zwischen Vormund und Mündel nach Beendigung des vormundschaftlichen Amtes.

1. Die Herausgabe des Mündelvermögens und die Legung der Schlußrechnung.

§§ 1890, 1892; I. §§ 1700 und 1701; II. §§ 1736, 1738; III. §§ 1866, 1868; M. S. 1184—1186; Pr. S. 819; pr. V.O. §§ 67—70.

a) Die Beendigung seines Amtes legt dem Vormunde die Verpflichtung zur Herausgabe des Mündelvermögens an den Mündel, dessen neuen gesetzlichen Vertreter oder dessen Erben auf. Daß demselben zur Erfüllung dieser Pflicht eine den Umständen entsprechende Frist zusteht, ergiebt sich aus allgemeinen Grundsätzen. Ebenso, daß der Vormund von der Beendigung seines Amtes bis zur Herausgabe des Vermögens für die Bewachung und Erhaltung desselben Sorge zu tragen hat.[3])

---

[1]) vgl. Nov. 22 c. 38 u. 40.
[2]) vgl. M. S. 1201 Abs. 2.
[3]) M. S. 1202 Abs. 2.

Die Pflicht des Vormundes zur Vorlegung eines Vermögens-Verzeichnisses und zur Ableistung des Offenbarungseides bestimmt sich nach den Vorschriften des § 260.

Die Verpflichtungen des Vormundes gehen auf dessen Erben über. Eine Verpflichtung zur Sicherstellung des in ihrem Besitze befindlichen Mündelvermögens[1]) liegt denselben aber ebensowenig ob als diejenige zur Sicherheitsleistung.[2]) Sicherungsmaßregeln gegen die Erben sind gegebenen Falles nach allgemeinen Grundsätzen zu beantragen.

Zu dem herauszugebenden Mündelvermögen gehört alles, was rechtlich oder thatsächlich sich in demselben befindet; auch Sachen Dritter und ohne Rechtsgrund gezahlte Gelder.[3])

Von einer Herausgabe dessen, was bei pflichtmäßiger Verwaltung im Mündelvermögen hätte sein sollen, von dem Vormund aber nicht eingezogen ist, kann natürlich nicht die Rede sein. Der Vormund haftet aber selbstverständlich für die Vernachlässigung seiner Pflicht.[4])

Derselbe ist berechtigt, vor der Herausgabe des Vermögens seine zur Zeit derselben schon bestehenden Forderungen gegen den Mündel aus dem Vermögen desselben zu berichtigen. Dagegen gestattet ihm das Gesetz nicht, wegen etwaiger aus der Schlußrechnung zu seinen Gunsten sich ergebender, zur Zeit noch ungewisser Ansprüche einen der mutmaßlichen Höhe seiner Forderungen entsprechenden Teil des Mündelvermögens zu seiner Deckung zurückzubehalten.

Im Weigerungsfall ist die Herausgabe des Mündelvermögens im Prozeßwege gegen den Vormund zu erzwingen; nach Beendigung des vormundschaftlichen Amtes stehen dem V.-Gerichte Zwangsmaßregeln gegen denselben nicht mehr zu.

Ueber die Herausgabe des Vermögens hat der bisherige Mündel oder dessen Vertreter dem bisherigen Vormunde Quittung zu erteilen (§ 368).

b. Daß der Vormund nach Beendigung seines Amtes dem Mündel Rechnung zu legen hat, entspricht dem gemeinen Rechte.[5]) Dieses betrachtet die Rechnungslegung aber als eine ohne Einmischung des Gerichts lediglich zwischen Vormund und Mündel zu erledigende Angelegenheit, unterwirft daher die Rechnung auch nicht der Prüfung des Gerichts.

Demgegenüber hat die neuere Gesetzgebung aus praktischen Gründen vielfach angeordnet, daß die Ablegung der Schlußrechnung unter Mitwirkung des V.-Gerichts stattzufinden hat. Diesem Vorgange, speziell der pr. V.-O. (§ 67 Abs. 3) folgend, schreibt das B. G. die Einreichung der Rechnung an das V.-Gericht und die Prüfung derselben durch dieses vor (§ 1892). Es handelt sich aber um eine dem Mündel, nicht dem V.-Gericht abzulegende (vgl. § 1840) und nur unter Mitwirkung des letzteren

[1]) vgl. pr. V.-O. § 65 Abs. 1 Satz 2.
[2]) M. S. 1185 Abs. 3.
[3]) vgl. Dernburg S. 237 Abs. 2.
[4]) vgl. L. 9 § 1 D. 26, 7.
[5]) vgl. L. 1 § 3 D. 27, 3; L. 58 pr. D. 26, 7.

zustande kommende Rechnungslegung.[1]) Erledigt sich die Rechnungslegung zwischen Vormund und Mündel allein, so bedarf es der Vermittelung des V.-Gerichts nicht.[2]) Ergeben sich aus der Rechnung Anstände, so kann der Mündel dieselben, ohne daß er das V.-Gericht anzugehen braucht, unmittelbar zum gerichtlichen Austrag bringen.

Dem V.-Gerichte stehen zur Erzwingung der Erfüllung der aus der Rechnung sich ergebenden Ansprüche des Mündels gegen den Vormund, dessen Amt beendigt ist, ebenso wenig Mittel zu Gebot als zur Erzwingung der Schlußrechnung. In beiden Beziehungen muß der Mündel nötigenfalls gerichtliche Hülfe in Anspruch nehmen.[3]) Es kann nicht mit den Pr. (S. 820) angenommen werden, daß das V.-Gericht das Recht hat, Ordnungsstrafen gegen den Vormund zu verhängen, um die Erfüllung der diesem nach § 1892 Abs. 1 obliegenden Verpflichtung zu erzwingen. Hätte dem V.-Gerichte gegen die Regel dies Recht über die Dauer des vormundschaftlichen Amtes hinaus verliehen werden sollen, so hätte dies im Gesetz zum Ausdruck gebracht werden müssen.[4])

Die Rechnungslegung, für welche eine Frist nicht vorgeschrieben ist[5]), hat dem Mündel, dessen Vertreter oder Erben gegenüber zu erfolgen. Die Verpflichtung dazu geht auf die Erben des Vormundes, nicht auch auf den Verwalter im Konkurse desselben über.[6])

Die Rechenschaft, die der Vormund von seiner Verwaltung geben soll, muß vor allem eine umfassende, d. h. eine sich auf die ganze Zeit der Thätigkeit des Vormundes und die gesammte Verwaltung desselben erstreckende sein. Ueber die Form, in welcher dieselbe zu erfolgen hat, besagt das Gesetz nichts. Zur Vermeidung unnötiger Wiederholungen erklärt es aber eine Bezugnahme auf die dem V.-Gerichte gelegten Rechnungen in der Schlußrechnung insoweit für genügend, als dieselben den Karakter einer ordnungsmäßigen Rechnung haben. Es ist bereits (vgl. S. 157) hervorgehoben, daß insofern die dem V.-Gericht alljährlich zu legenden Rechnungen als auch dem Mündel gegenüber abgelegt anzusehen sind. Aus der Natur der Sache ergiebt sich aber, daß die dem V.-Gerichte gelegten Rechnungen die Rechte des Mündels in keiner Weise beeinträchtigen können. Unrichtigkeiten und Unvollständigkeiten derselben können, wie in früheren Stadien, so auch bei Gelegenheit der Legung der Schlußrechnung von dem Mündel geltend gemacht werden.

Inhaltlich wird die Schlußrechnung nichts anderes zu sein brauchen als eine sich an die bis dahin dem V.-Gerichte gelegten Rechnungen anschließende weitere Zusammenstellung der Einnahmen und Ausgaben, des Ab- und Zuganges des Mündelvermögens und eine darauf beruhende

---

[1]) Pr. S. 820.
[2]) M. S. 1189 Abs. 3.
[3]) M. S. 1188 Abs. 2, vgl. Dernburg S. 240/41.
[4]) Uebereinstimmend Fuchs S. 231 Abs. 3; A. A. Schultzenstein § 1891 Anm. 6.
[5]) Anders pr. V.-O. § 67 Abs. 1.
[6]) M. S. 1185 Abs. 4.

Schlußberechnung des letzteren am Ende der vormundschaftlichen Verwaltung. Es gilt daher von der Schlußrechnung im wesentlichen das von den periodischen Rechnungen Gesagte (vgl. S. 150 ff.).

Auch der Schlußrechnung sind Belege anzuschließen, und auch für sie erscheint eine, sich aus dem Zweck der Rechnung nahezu von selbst ergebende Uebersicht des Vermögens wünschenswert.

Einen Vermögensnachweis braucht der Vormund bei der Schlußrechnung auch dem Gegenvormunde nicht zu geben (vgl. § 1842 mit § 1891). Das Vorhandensein des Mündelvermögens festzustellen ist lediglich Sache des früheren Mündels bezw. seines gesetzlichen Vertreters.

Im übrigen ist die Thätigkeit des Gegenvormundes bei der Schlußrechnung dieselbe, wie bei den Jahresrechnungen (§§ 1891 Abs. 1, 1842; vgl. S. 153 ff.).

Derselbe hat, wie sich aus seinen allgemeinen Pflichten ergiebt, auch bei Gelegenheit der Schlußrechnung demjenigen, welchem diese gelegt wird, über die Führung der Gegenvormundschaft und, soweit er dazu imstande ist, über das von dem Vormunde verwaltete Vermögen Auskunft zu erteilen (§ 1891 Abs. 2).

Auch das V.-Gericht hat die Schlußrechnung ebenso zu prüfen, wie die Jahresrechnung. Wie ihm aber zur Beseitigung materieller Mängel der letzteren keine Zwangsmittel zur Seite stehen (vgl. § 1843 Abs. 2), so steht ihm auch zur Beseitigung der aus der Schlußrechnung sich ergebenden Anstände und zur Befriedigung der gegenseitigen Ansprüche von Mündel und Vormund kein anderes Mittel zu Gebot als das des gütlichen Ausgleiches (§ 1892 Abs. 2). Dieses Mittels aber hat es sich zwecks Herbeiführung einer endgültigen Auseinandersetzung zwischen denselben in vollstem Umfange zu bedienen. Zu diesem Zwecke hat das V.-Gericht von Amtswegen eine Verhandlung zwischen denselben einzuleiten und dazu den Gegenvormund, gegebenen Falls auch den neuen Vormund hinzuzuziehen.

Daß es dieser Verhandlung nicht bedarf, wenn der bisherige Vormund dem Mündel oder dessen neuem Vormund außergerichtlich Rechnung gelegt hat, ist bereits hervorgehoben. Dasselbe aber muß gelten, wenn der volljährig gewordene Mündel auf die Schlußrechnung verzichtet.[1]) Auch der neu bestellte Vormund kann, selbstverständlich auf seine Gefahr, auf die Schlußrechnung verzichten; er bedarf zu dem Verzicht als solchem auch nicht der Genehmigung des V.-Gerichts (vgl. § 1821), wird aber im Fall ungerechtfertigter Verzichtleistung das Einschreiten desselben zu gewärtigen haben.

So wenig nach gemeinem Rechte der Vater des Mündels den Vormund von der Legung der Schlußrechnung befreien kann, so wenig können dies nach dem B. G. die Eltern oder andere Personen.

Soweit die Rechnung in der Verhandlung als richtig anerkannt wird, hat das V.-Gericht das Anerkenntnis zu beurkunden (§ 1892 Abs. 2).

---

[1]) M. S. 1186 Abs. 3.

Ein Anspruch des Vormundes auf Entlastung aus der geführten Vormundschaft ist dem B. G., wie dem gemeinen Rechte, fremd. Ebenso hat jenes einen Anspruch des Vormundes auf Anerkennung der Richtigkeit der Schlußrechnung im Hinblick auf die dem Vormunde nötigenfalls zu Gebote stehenden Anerkennungsklagen (§ 256 C. P. O.) für entbehrlich erachtet.

Das Anerkenntnis hat die Natur eines formell bindenden Willensaktes und, soweit es vorbehaltlos gegeben ist, die „bedingungslose Befreiung (des bisherigen Vormundes) von seiner Haftbarkeit auch bezüglich (der von ihm während seiner Verwaltung gemachten) Verstöße zur Folge".[1]) Selbstverständlich aber kommen die allgemeinen Grundsätze über Willensmängel auch hinsichtlich eines solchen Anerkenntnisses zur Anwendung.[2])

Wenn behauptet wird, daß bei der Rechnungsabnahme ein mündlicher Vorbehalt gemacht sei, wie dies, entgegen dem § 69 Abs. 3 Satz 2 pr. V.=O. an sich zulässig erscheint, so liegt im Bestreitungsfalle dem Mündel der Beweis ob, daß ein solcher Vorbehalt gemacht ist, und daß derselbe nach der Absicht der Parteien neben der beurkundeten Rechnungsabnahme Gültigkeit haben sollte.[3])

Zwecks der Auseinandersetzung zwischen Vormund und Mündel oder der gerichtlichen Geltendmachung von Ansprüchen beider gegeneinander, ist denselben oder dem gesetzlichen Vertreter des Mündels die Einsicht der Vormundschaftsakten zu gestatten, und sind ihnen auf Verlangen zu beglaubigende Abschriften daraus zu erteilen.[4])

Die Ansprüche des Mündels gegen den Vormund und dieses gegen jenen verjähren in 30 Jahren von Beendigung der Vormundschaft ab (§§ 195, 204).

Dem Vormund ist nach Beendigung seines Amtes die von ihm bestellte Sicherheit zurückzugeben. Wird die Zurückgabe wegen behaupteter Ansprüche des Mündels gegen den Vormund verweigert, so hat dieser seinen Anspruch gerichtlich zu verfolgen. Eine Entscheidung des V.=Gerichts darüber, ob und wieviel von der Sicherheit wegen angeblicher Ansprüche des Mündels zurückzubehalten sei, tritt nicht ein.[5])

2. Die Fortführung der Geschäfte durch den Vormund nach der Beendigung der Vormundschaft oder des vormundschaftlichen Amtes.

§ 1893; I §§ 1709, 1711; II § 1749; III § 1869; M. S. 1202 u. 1203; Pr. S. 833/34.

1. Nach § 674 soll der Beauftragte keinen Nachteil dadurch erleiden, daß er das ihm aufgetragene Geschäft weiter besorgt hat, obgleich sein

---

[1]) R.=G. C.S. XXXVIII. S. 336.
[2]) vgl. pr. V.=O. § 69 Abs. 4; R.=G. a. O.
[3]) M. S. 1189 Abs. 2.
[4]) Wie auch sonst bei vorliegendem berechtigten Interesse (§ 34 G. F.; M. S. 1188 Abs. 3).
[5]) vgl. pr. V. O. § 70 u. dazu M. S. 1189/90.

Auftrag erloschen ist, wenn er hiervon keine Kenntnis erlangt hat und das Erlöschen nicht kennen mußte. Der Auftrag soll vielmehr so lange als fortbestehend gelten, bis der Beauftragte von dem Erlöschen Kenntnis erlangt hat oder das Erlöschen kennen muß. Diese der Billigkeit entsprechende Vorschrift war angemessen auf den Gewalthaber und den Vormund anzuwenden, die, wie der Beauftragte, in die Lage kommen können, ihr Amt weiter zu führen, obgleich dasselbe erloschen ist. Demgemäß ist die für den Fall der Beendigung der e. G. durch § 1682 dem Vater beigelegte Berechtigung, ebenso aber auch die derselben entsprechende Verpflichtung des § 1683, welche in dem gleichen Falle durch das Interesse des Kindes bezw. Mündels erfordert wird, auf den Vormund für anwendlich erklärt worden (§ 1893).[1] Auch der Vormund ist daher nach der Beendigung der Vormundschaft berechtigt, sein Amt so lange fortzuführen, bis er von der Beendigung Kenntnis erlangt hat oder sie kennen muß.

Gemäß § 1682 Abs. 1 Satz 2 kann sich indes ein Dritter auf diese Berechtigung des Vormundes nicht berufen, wenn er die Beendigung der Vormundschaft oder des vormundschaftlichen Amtes kannte oder kennen mußte (vgl. § 169).

2. Die dem Beauftragten durch E. I § 599 Abs. 2 im Interesse der Erben des Auftraggebers auferlegte Pflicht, im Falle des Erlöschens des Auftrages durch den Tod des Auftraggebers das aufgetragene Geschäft, soweit Gefahr im Verzug ist, einstweilen weiter zu besorgen, hatte E. I auf die Vormundschaft nicht übertragen. Die 2. Kommission hat jene Pflicht (E. II § 603 Abs. 2) aber auf die Vormundschaft ausgedehnt und demgemäß § 1683 auf diese für anwendlich erklärt. Darnach hat der Vormund im Falle der Beendigung der Vormundschaft durch den Tod des Mündels diejenigen Geschäfte, mit deren Aufschub Gefahr verbunden ist, zu besorgen, bis der Erbe anderweit Fürsorge treffen kann. Soweit der Vormund darnach die Geschäfte der Erben zu führen hat, haftet er diesen gemäß § 1833 für jeden aus einer Pflichtverletzung entstehenden Schaden. Er darf keine andere als solche Geschäfte für sie besorgen, mit deren Aufschube Gefahr verbunden ist. Der ihm hinsichtlich dieser obliegenden Fürsorge entspricht es andererseits, daß er die Erben

---

[1] Die §§ 1682 u. 1683 lauten:

§ 1682: Der Vater ist auch nach der Beendigung seiner elterlichen Gewalt zur Fortführung der mit der Sorge für die Person und das Vermögen des Kindes verbundenen Geschäfte berechtigt, bis er von der Beendigung Kenntnis erlangt oder sie kennen muß. Ein Dritter kann sich auf diese Berechtigung nicht berufen, wenn er bei der Vornahme eines Rechtsgeschäfts die Beendigung der elterlichen Gewalt kennt oder kennen muß.

Diese Vorschriften finden entsprechende Anwendung, wenn die elterliche Gewalt des Vaters ruht oder aus einem anderen Grunde seine Vermögensverwaltung aufhört.

§ 1683: Endigt die elterliche Gewalt infolge des Todes des Kindes, so hat der Vater diejenigen Geschäfte, mit deren Aufschube Gefahr verbunden ist, zu besorgen, bis der Erbe anderweit Fürsorge treffen kann.

ungesäumt von der Sachlage verständigt und ihnen dadurch ermöglicht, selbst für ihre Angelegenheiten zu sorgen.[1])

3. Nach Beendigung seines Amtes hat der Vormund dem V.-Gerichte seine Bestallung zurückzugeben (§ 1893 Abs. 2). Dies erschien „zur Verhütung einer mißbräuchlichen, Dritte gefährdenden Benutzung derselben geboten", obgleich die Bestallung kein Legitimationspapier ist (M.)

Die Zurückgabe soll ausnahmslos geschehen, also auch in dem Falle, wo aus der Bestallung selbst ersichtlich ist, daß der Mündel volljährig geworden und die Vormundschaft aus diesem Grunde erloschen ist.[2]) Mittel zur zwangsweisen Zurückforderung der Bestallung stehen dem V.-Gerichte nicht zu Gebote.[3])

Für den Fall, daß das Amt des Vormundes nur hinsichtlich der Person eines von mehreren Mündeln, über welche eine gemeinschaftliche Vormundschaft geführt wird, erloschen ist, fehlt es an einer Vorschrift. Es wird anzunehmen sein, daß in diesem Falle die Bestallung zwecks entsprechender Abänderung einzureichen und demnächst an den Vormund zurückzugeben ist.[4])

4. Die Vorschriften des § 1893 finden auf den Gegenvormund Anwendung (§ 1895).

3. Die Anzeigepflicht des Vormundes und seiner Erben.

§§ 1894; I 1708; II § 1748; III § 1870; M. S. 1201; Pr. S. 833: pr. V. O. § 65 Abs. 1.

1. Damit das V.-Gericht baldmöglichst in die Lage versetzt wird, die der Sachlage entsprechenden Anordnungen zu treffen, verpflichtet das Gesetz den Vormund, ihm unverzüglich (vgl. § 121 Abs. 1) den Tod des Gegenvormundes oder eines Mitvormundes anzuzeigen. Der Gegenvormund hat den Tod des Vormundes und des Mitvormundes anzuzeigen (§ 1895; vgl. § 1799 Abs. 1).

Im Falle des Todes des Vormundes oder Gegenvormundes haben auch die Erben dem V.-Gericht unverzüglich die Anzeige zu machen. (§§ 1894, 1895). Für unterlassene oder verspätete Anzeige haften Vormund und Gegenvormund und ihre Erben nach § 1833.

2. Die Besorgung eiliger Geschäfte des Mündels, wie sie dem Vormunde und dem Gegenvormunde nach § 1893 obliegt, fordert das Gesetz von den Erben derselben nicht. Die gemeinrechtliche Verpflichtung der Erben dazu[5]) hat das Gesetz in Erwägung des zweifelhaften Wertes der fraglichen Geschäftsführung nicht übernommen.[6]) Dagegen wird man anzunehmen haben,[7]) daß die Erben dem V.-Gerichte von Angelegen-

---

[1]) vgl. Dernburg S. 238 Abs. 5.
[2]) A. A. Schultzenstein § 1893. Anm. 3.
[3]) vgl. „Bemerkungen" S. 126.
[4]) vgl. Schultzenstein a. O.
[5]) vgl. L. 1 pr. D. 27,7.
[6]) vgl. M. S. 1201 Abs. 4; anders beim Auftrage (§ 673 Satz 2).
[7]) vgl. Dernburg S. 232 Abs. 6.

heiten der Vormundschaft, die keinen Aufschub leiden, unverzüglich Anzeige zu machen haben, damit das Gericht das Erforderliche veranlassen kann.

Zweiter Abschnitt.

Die Vormundschaft über Volljährige.

§ 43. Der Bevormundungsfall.

§ 1896; I 1726; II § 1771; III § 1872. M. S. 1227—1235; Pr. S. 839; D. S. S. 238/39 unter 6; pr. V.-O. § 81.

1. Das römische Recht behandelt Wahnsinnige und Verschwender gleichmäßig als Willensunfähige und läßt ihnen deshalb durch einen Kurator im wesentlichen den gleichen vormundschaftlichen Schutz zu teilwerden, wie den Minderjährigen, nur daß die Vormünder der ersteren stets durch die Obrigkeit, nicht durch Gesetz oder letztwillige Verfügung berufen werden. Es schreibt außerdem vor, daß denjenigen „qui rebus suis superesse non possunt" (mente capti, surdi, muti et qui perpetuo morbo laborant) Kuratoren bestellt werden (cura debilium personarum).[1]) Darüber, welche Personen hierher zu rechnen sind und wie weit die Handlungsfähigkeit derselben durch die Bestellung eines Kurators beschränkt wird, herrscht Streit. Ebenso über die Bedeutung und den Umfang der deutschrechtlichen Vormundschaft über körperlich gebrechliche („preßhafte") Personen.[2]) Im übrigen hat das deutsche Recht auf dem Gebiete der Vormundschaft über Volljährige wenig Besonderheiten, so daß auf demselben das römische Recht zur fast ausschließlichen Herrschaft gelangte.[3])

2. Das B. G. kennt eine Vormundschaft nur über solche Volljährige, die entmündigt sind (§ 1896). Entmündigt werden aber können, in näherer Maßgabe des § 6, Geisteskranke und Geistesschwache, Verschwender und Trunkfällige.

Eine Vormundschaft über taube, blinde und stumme Volljährige, wie in E. I § 1727 (vgl. E. II § 1772) in Aussicht genommen war, hat keine Aufnahme in das Gesetz gefunden. Es ist angenommen, daß dem nicht entmündigten Volljährigen, der infolge körperlicher oder geistiger Gebrechen, seine Angelegenheiten nicht selbst zu besorgen vermag, durch Anordnung einer Pflegschaft der erforderliche Schutz gewährt werden könne.[4]) Eine solche Pflegschaft ordnet § 1910 an.

---

[1]) Vgl. L. 2 D. 27, 10; § 4 J. 1, 23: L. 12 pr. D. 26, 5.

[2]) Vgl. in beiden Beziehungen Böhlau, S. 106—109 und besonders das dort angeführte Urteil bei Buchka u. Budde III S. 201 ff.

[3]) Kr. II S. 205.

[4]) D.S. S. 238.

3. Die Entmündigung ist die einzige Voraussetzung der Bevormundung eines Volljährigen.[1])

Da das B. G. eine gesetzliche Vormundschaft überhaupt nicht kennt, so tritt auch eine gesetzliche Vormundschaft der Eltern über das entmündigte volljährige Kind nicht ein. Wie dieses, ist auch die entmündigte volljährige Ehefrau unter Vormundschaft zu stellen, da der Ehemann keine vormundschaftlichen Rechte über seine Frau hat.

Die gesetzliche Vormundschaft des Art. 136 findet auf Volljährige keine Anwendung.[2])

4. Da die bisher geltenden Grundsätze über die Bevormundung Volljähriger denjenigen des B. G. nicht überall entsprechen, so trifft dieses in Art. 210 Fürsorge, beide in Einklang zu bringen. Die Vorschriften des B. G. über die Bevormundung Volljähriger, die geisteskrank im Sinne des § 6 Nr. 13) sind, entsprechen im allgemeinen dem bisherigen Rechtszustande. Die über solche Geisteskranke anhängigen Vormundschaften konnten daher auch für die Zeit nach dem Inkrafttreten des B. G. als solche bei Bestand bleiben. Dagegen kennt dieses eine Vormundschaft über nicht entmündigte Geistesschwache und körperlich gebrechliche Personen nicht. Der Art. 210 bestimmt daher, daß die nach dem bisherigen Rechte wegen eines körperlichen Gebrechens angeordneten Vormundschaften als nach § 1910 Abs. 1 B. G. angeordnete Pflegschaften, die ohne vorgängige Entmündigung wegen Geistesschwäche angeordneten Vormundschaften aber als nach § 1910 Abs. 2 B. G. angeordnete Pflegschaften zu gelten haben.

§ 44. Die grundsätzliche Gestaltung der Vormundschaft über Volljährige.

§ 1897; I § 1725; II § 1773; III § 1873; M. S. 1235/36; Pr. S. 848/49; D. S. S. 239; pr. V.-O. § 83 Abs. 3.

1. „Die Vormundschaft über Volljährige ist, namentlich was die rechtliche Stellung des Vormundes anlangt, wesentlich nach dem Vorbilde der Vormundschaft über Minderjährige gestaltet" (D. S.). Die für diese geltenden Grundsätze finden auf jene Anwendung, soweit sich nicht aus den §§ 1898 bis 1908 ein anderes ergiebt (§ 1897). Der Vormund eines Volljährigen hat sowohl in Ansehung der Person als in Ansehung

---

[1]) Das „Verfahren in Entmündigungssachen" ist im dritten Abschnitte des sechsten Buches der C.-P.-O. enthalten. Nach § 660 daselbst ist der die Entmündigung aussprechende Beschluß zwecks Anordnung der Vormundschaft von Amtswegen der Vormundschaftsbehörde mitzuteilen. Es entspricht der Natur der Sache, daß die Vormundschaft erst dann angeordnet wird, wenn die Entmündigung „wirksam" geworden ist (vgl. §§ 661, 683 Abs. 2 C.P.O.) Der Ablauf der Anfechtungsfrist (§ 663 C. P. O.) ist nicht Voraussetzung der Bevormundung; wenn die Anordnung der Vormundschaft auch davon hätte abhängig gemacht werden sollen, so hätte dies ausdrücklich gesagt werden müssen. (Vgl. Dernburg S. 251 Abs. 3; Fuchs S. 235 Anm. 2; a. A. Böhm S. 46.)

[2]) Pr. S. 848 Nr. II.

[3]) vgl. R. G. C. S. XIV. S. 249.

des Vermögens die rechtliche Stellung des Vormundes eines Minderjährigen.[1]) Die Stellung desselben gegenüber bevormundeten Volljährigen modifiziert sich, ebenso wie gegenüber minderjährigen Personen, je nachdem jene geschäftsunfähig (entmündigte Geisteskranke; § 104 Nr. 3) oder nur in der Geschäftsfähigkeit beschränkt sind (wegen Geistesschwäche, Verschwendung oder Trunksucht Entmündigte § 114).

An Stelle Geschäftsunfähiger handelt ausschließlich der Vormund. Die Willenserklärungen der beschränkt Geschäftsfähigen bedürfen zu ihrer Wirksamkeit der Einwilligung bezw. Genehmigung des Vormundes, sofern es sich nicht um Rechtsgeschäfte handelt, durch die dieselben lediglich Vorteil erlangen (§ 107; vgl. S. 57).

Nach §§ 664, 675, 684, 685 C. P.-O. können jedoch die Entmündigten selbst, und zwar ebenmäßig alle Kategorien derselben, neben den in §§ 664, 675, 685 daselbst bezeichneten Personen sowohl den die Entmündigung aussprechenden Beschluß im Wege der Klage anfechten als die Wiederaufhebung der Entmündigung beantragen.

In Ehesachen ist ein in der Geschäftsfähigkeit beschränkter Ehegatte prozeßfähig, sofern es sich nicht um eine nach 1336 Abs. 2 Satz 2 nur durch seinen gesetzlichen Vertreter anzufechtende Ehe handelt. Hinsichtlich der Anfechtung der Ehelichkeit eines Kindes und der Anerkennung der Ehelichkeit durch den Ehemann der Mutter ist der Ehemann prozeßfähig, auch wenn er in der Geschäftsfähigkeit beschränkt ist.

2. Wird ein die Entmündigung aussprechender Beschluß infolge einer Anfechtungsklage aufgehoben, so kann die Wirksamkeit der von oder gegenüber einem Entmündigten vorgenommenen Rechtsgeschäfte nicht auf Grund des Beschlusses in Frage gestellt werden.[2]) Die Aufhebung der Entmündigung bewirkt, daß dieselbe als nicht geschehen und die inzwischen abgeschlossenen Rechtsgeschäfte, soweit die Entmündigung in Frage kommt, als von Anfang an wirksam angesehen werden. Die Vorschriften der §§ 104 Nr. 2 und 105 werden aber von der Aufhebung der Entmündigung nicht berührt, sondern sind gegebenen Falls auf die fraglichen Rechtsgeschäfte anzuwenden.[3])

Nach § 115 Abs. 2 hat die Aufhebung der Entmündigung auf die Wirksamkeit der von oder gegenüber dem gesetzlichen Vertreter des Entmündigten vorgenommenen Rechtsgeschäfte keinen Einfluß.

Ueber den Fall, daß zwischen dem Entmündigten und dem von dem gesetzlichen Vertreter desselben abgeschlossenen Rechtsgeschäft ein Widerstreit besteht, vgl. Planck § 115, Anmerkung 1 a. E.

---

[1]) M. S. 1235 Abs. 5. Jastrow Nr. 536.

[2]) § 115 Abs. 1 (an die Stelle des aufgehobenen § 613 Abs. 2 der CPO. alter Fassung getreten).

[3]) Pr. I S. 150 Abs. 3.

§ 45. Besondere Vorschriften für die Vormundschaft über Volljährige.

1. hinsichtlich der Berufung und Auswahl des Vormundes.

§§ 1898—1900; I § 1729; II §§ 1774—1776; III §§ 1874—1876; M. S. 1236 Abs. 3—1238 Abs. 1; Pr. S. 849.

a) Als notwendige Folge der Beendigung der e. G. durch die Volljährigkeit ergiebt sich, daß das auf der e. G. beruhende Recht der Eltern, einen Vormund für ihre Kinder zu berufen, nur in Bezug auf minderjährige Kinder gelten kann. Demgemäß schreibt der § 1898 vor, daß der Vater und die Mutter des Mündels nicht berechtigt sind, einen Vormund zu benennen oder Jemand von der Vormundschaft auszuschließen (vgl. § 1782).

b) Anders als das gemeine Recht, dem eine Berufung zur Vormundschaft über Volljährige kraft Familienrechts fremd ist, beruft das B. G. die Eltern und die Großväter zu Vormündern auch der volljährigen Mündel (§ 1899). Da die e. G. durch die Volljährigkeit beendigt wird und eine gesetzliche Vormundschaft der Eltern über volljährige Kinder nicht stattfindet (vgl. S. 41), so waren, dem natürlichen Verhältnis entsprechend, in erster Linie die Eltern des Volljährigen als dessen Vormünder zu berufen. In Abweichung von § 1776 beruft der § 1899 zunächst den Vater, nach ihm die eheliche Mutter und erst an dritter Stelle die Großväter des Mündels. Von letzteren ist der Großvater von väterlicher Seite vor demjenigen von mütterlicher Seite berufen (vgl. § 1776 Nr. 3 und 4).

Nicht berufen sind die Eltern, wenn der Mündel von einem Anderen als dem Ehegatten seines Vaters oder seiner Mutter an Kindesstatt angenommen ist (§ 1899 Abs. 2). Die Annahme an Kindesstatt wird in der Regel eine völlige Zugehörigkeit des Angenommenen zu der Familie des Annehmenden herbeiführen. Es erschien daher weder notwendig noch rätlich, dieses Verhältnis durch die Berufung der leiblichen Eltern zu Vormündern des Angenommenen zu lockern. Anders liegt die Sache, wenn der Annehmende von dem Ehegatten seines Vaters oder seiner Mutter an Kindesstatt angenommen wird. In diesem Falle bleibt daher die Berufung der Eltern bei Bestand.

Eine der Bestimmung des § 1776 Abs. 2 entsprechende Beschränkung der Berufung auch der Großväter im Falle der Annahme an Kindesstatt, wie sie der § 1729 Abs. 2 Satz 2 E. I vorschlug, hat das Gesetz, wohl aus praktischen Erwägungen, nicht angeordnet.

Nach § 1701 hat im Fall einer nichtigen Ehe der Vater, wenn ihm die Nichtigkeit der Ehe bei Schließung derselben bekannt war, nicht die sich aus der Vaterschaft ergebenden Rechte. Derselbe konnte also in diesem Falle nicht zur Vormundschaft über den Mündel berufen werden. War der Mutter die Nichtigkeit der Ehe bei Schließung derselben bekannt, so erlangt auch sie nach § 1702 nicht die e. G., die sie sonst nach § 1701 Satz 2 erlangt haben würde. Demgemäß bestimmt § 1899 Abs. 3, daß, wenn der Mündel aus einer nichtigen Ehe stammt, der Vater im Falle des § 1701, die Mutter im Falle des § 1702 nicht berufen ist.

War beiden Ehegatten die Nichtigkeit der Ehe bei Schließung derselben bekannt, so gilt das aus der Ehe hervorgegangene Kind nach § 1703 nicht als ehelich, eine Berufung der Eltern findet daher nicht statt.

c) Der als Vormund eines Volljährigen Berufene darf ebenso, wie der gemäß § 1776 Berufene, nur unter den im § 1778 Abs. 1 bestimmten Voraussetzungen übergangen werden (vgl. § 1897). Wie jedoch im § 1778 Absatz 3 zu Gunsten gewisser, dem Mündel besonders nahestehender Personen eine Uebergehung der Berufenen gestattet wird, so auch im § 1900 Abs. 2 und 3. Hier wird nämlich zugelassen, daß der Ehegatte des Mündels vor den Eltern und Großvätern, die eheliche Mutter im Falle des § 1702 (also im Fall einer nichtigen Ehe, deren Nichtigkeit die Mutter kannte, so daß sie nach § 1899 Abs. 3 nicht berufen ist) vor den Großvätern, die uneheliche Mutter vor dem Großvater zum Vormunde bestellt werden darf. Ob das V.=Gericht von dieser Gestattung Gebrauch machen will, steht zu seinem Ermessen. Ein Recht auf Bestellung haben die Personen, welche vor den Berufenen bestellt werden dürfen, nicht; es steht ihnen daher keine Beschwerde gegen ihre Nichtbestellung zu.[1])

Eine Ehefrau, welche gemäß § 1783 sonst nur mit Zustimmung ihres Mannes zum Vormunde bestellt werden soll, darf nach § 1900 Abs. 1 zum Vormund ihres Mannes auch ohne dessen Zustimmung bestellt werden. Dies gilt für alle Fälle der Bevormundung Volljähriger.[2])

Den Frauen, welche gemäß § 1900 zu Vormündern bestellt werden dürfen, steht selbstverständlich das Ablehnungsrecht des § 1786 Nr. 1 zu.

d) Den zu Vormündern ihrer volljährigen Kinder bestellten Eltern liegt im Falle der Eingehung einer neuen Ehe gleichfalls die in den §§ 1845, 1669 vorgeschriebene Verpflichtung in Bezug auf die Auseinandersetzung mit ihren Kindern aus früheren Ehen ob (§§ 1845, 1897; vgl. E. I § 1734).

2. hinsichtlich der Sorge für die Person des Mündels.

§ 1901; I § 1730; II § 1777; III § 1877; M. S. 1238/39; Pr S. 849.

a) Die Sorge des Vormundes für die Person des volljährigen Mündels ist grundsätzlich dieselbe, wie diejenige für den minderjährigen Mündel (vgl. § 1897). Diese Gleichstellung bedurfte aber insofern einer Einschränkung, als in vielen Fällen der Bevormundung Volljähriger, z. B. dem bevormundeten Verschwender gegenüber, eine bis in das Einzelne gehende Sorge für die Person weder geboten noch wünschenswert ist. Denn eine über das erforderliche Maß hinausgehende Sorge für die Person des in der Geschäftsfähigkeit nur beschränkten Mündels würde sowohl für diesen als für den Vormund die Ursache großer Un=

---

[1]) Und zwar so wenig diejenige aus § 60 Nr. 1 als, wie Schultzenstein § 1900 Anm. 2 annimmt, diejenige aus §§ 19, 20 G. F.

[2]) M. S. 1237 Abs. 3.

zuträglichkeiten werden können. Deshalb bestimmt der § 1901 Abs. 1, daß der Vormund für die Person des Mündels nur insoweit zu sorgen hat, als der Zweck der Vormundschaft es erfordert. Das Maß der erforderlichen Fürsorge hat der Vormund nach der Gesammtheit der vorliegenden Umstände, insbesondere der Persönlichkeit des Mündels, zu bestimmen.[1])

b) Thatsächlich wird die Fürsorge für die Person sich in vielen Fällen wesentlich auf die Vertretung des Mündels in persönlichen Angelegenheiten beschränken. Sie gestattet aber und erheischt gegebenen Falls die Anwendung aller, nach Lage der Umstände erforderlichen Maßregeln, selbst von Zwangsmaßregeln, die im Interesse des Mündels, insbesondere zu dessen Pflege, Heilung und Beaufsichtigung (M.), nötig erscheinen. Zu allen diesen Maßregeln ist der Vormund ohne weiteres ermächtigt. Beschweren dieselben den Mündel, so kann er selbst oder können in seinem Interesse Dritte die Entscheidung des V.-Gerichts herbeiführen. Gegen die Verfügung des letzteren steht dem Mündel (§ 59 Abs. 1 G. F.) sowie dem Dritten, dessen Recht durch die Verfügung beeinträchtigt ist, die Beschwerde aus § 19 G. F. zu.

Der § 1901 Abs. 2 legt dem Vormunde die volle Sorge für die Person des Mündels auch in dem Fall auf, daß eine volljährige Ehefrau unter seiner Vormundschaft steht. Es wird dort nämlich die in den §§ 1633, 1800 ausgesprochene Beschränkung der Sorge für die Person einer unter e. G. oder Altersvormundschaft stehenden Ehefrau auf die Vertretung in den die Person der Ehefrau betreffenden Angelegenheiten ausgeschlossen. Der Grund dieser Ausnahme liegt darin, daß die bevormundeten volljährigen Ehefrauen wegen des Grundes ihrer Bevormundung der vollen Sorge für ihre Person bedürfen. Nach § 1901 Abs. 1 ist der Vormund einer volljährigen Ehefrau in der Lage, die von ihm in den persönlichen Angelegenheiten des Mündels für erforderlich erachteten Maßregeln auch gegen den Willen des Mannes zur Ausführung zu bringen. Die Rechte des Mannes in den das gemeinschaftliche eheliche Leben der Ehegatten betreffenden Angelegenheiten (§ 1354) werden dadurch nicht berührt.

3. Hinsichtlich des Vermögens des Mündels.

§ 1902; I §§ 1731 u. 1732; II § 1778; III § 1878; M. S. 1239 u. 1240; Pr. S. 849.

Nur in zwei Punkten ist eine Ergänzung der hinsichtlich des Mündelvermögens für die Vormundschaft über Minderjährige geltenden Vorschriften erfolgt.

a) Der erste betrifft die Gewährung oder das Versprechen einer Ausstattung aus dem Vermögen des Mündels. Eine solche kann der Vormund eines Volljährigen nur mit Genehmigung

---

1) vgl. M. S. 1239 Abs. 1.

des V.=Gerichts versprechen oder gewähren (§ 1902 Abs. 1). Diese Vorschrift ist notwendig, um den Vormund in der ihm an sich zustehenden Befugnis,[1]) ein Kind seines Mündels auszustatten, zu beschränken.

Die Folgen der Nichtgenehmigung sind in den §§ 1829 und 1830 ausgesprochen (§ 1897; vgl. S. 107 ff.). Die ohne Genehmigung gewährte Ausstattung ist von dem Empfänger ohne rechtlichen Grund erlangt und kann daher gemäß § 812 ff. von ihm zurückgefordert werden. Daneben findet gegen den nicht gutgläubigen Besitzer der hingegebenen Sachen die Eigentumsklage (§§ 985, 932) statt.

Die Gewährung 2c. einer Ausstattung an Jemand, der nicht ein Kind des Mündels ist, fällt regelmäßig[2]) unter das Schenkungsverbot des § 1804.

b) Die entsprechende Anwendung des § 1822 Nr. 5 auf die Vormundschaft über Volljährige hätte dahin führen können, die dort bezeichneten Verträge als ohne Beschränkung auf die Dauer der Vormundschaft abgeschlossen sämmtlich der Genehmigung des V.=Gerichts zu unterwerfen.[3]) Um dies und damit eine große, durch die Fürsorge für das Vermögen des Mündels nicht gebotene Belastung der V.=Gerichte zu vermeiden und andererseits der Vertretungsmacht des Vormundes in Bezug auf jene Verträge eine Grenze zu ziehen, bestimmt der § 1902 Abs. 2, daß es „zu einem Miets= oder Pachtvertrage sowie zu einem anderen Vertrage, durch den der Mündel zu wiederkehrenden Leistungen verpflichtet wird, der Genehmigung des V.=Gerichts bedarf, wenn das Vertragsverhältnis länger als vier Jahre dauern soll. Die Vorschrift des § 1822 Nr. 4 (Genehmigung des V.=Gerichts zu jedem Pachtvertrag über ein Landgut oder einen gewerblichen Betrieb) bleibt unberührt".

4. hinsichtlich der Befreiungen des Vormundes.

§§ 1903 u. 1904; I § 1733; II §§ 1779 u. 1780; III §§ 1879 u. 1880; M. S. 1240 Abs. 3; 1244 Abs. 4; Pr. S. 850; pr. V. O §§ 83 Abs. 3 Satz 1 26 Abs. 4, 35 Abs. 2; 57 Abs. 1, 59 Abs. 3; 60 Abs. 2.

a) Das Gesetz billigt dem Vater und der ehelichen Mutter[4]) bei der Führung der Vormundschaft über ihre volljährigen Kinder dieselben Befreiungen zu, die nach den §§ 1852—1854 angeordnet werden können (§§ 1903 Abs. 1 Satz 2, 1904). Und zwar spricht es ihnen diese Befreiungen als Ersatz dafür zu, daß ihre e. G. mit der Volljährigkeit

---

[1]) Was einem Kinde mit Rücksicht auf seine Verheiratung oder die Erlangung einer selbstständigen Lebensstellung 2c. von dem Vater oder der Mutter zugewendet wird, gilt, soweit es die Vermögensverhältnisse derselben nicht übersteigt, auch dann nicht als Schenkung, wenn eine Verpflichtung zur Ausstattung nicht vorliegt. (§ 1624 Abs. 1).

[2]) Nämlich, wenn nicht der seltene Fall der Erfüllung einer sittlichen Pflicht oder der Rücksichtnahme auf den Anstand vorliegt (M. S. 1239 Abs. 3 a. E.)

[3]) M. S. 1240 Abs. 2; vgl. Eccius IV, § 232 Anm. 22.

[4]) Nur diesen.

unbedingt endigt.[1]) Aus diesem Grunde der Gewährung ergiebt sich die Einschränkung, daß die Befreiungen dann nicht eintreten, wenn im Falle der Minderjährigkeit des Mündels die Eltern zur Vermögensverwaltung nicht berechtigt sein würden (§§ 1903 Abs. 2, 1904)[2]) In diesem Falle bedarf es einesteils keines Ersatzes für die weggefallene e. G., und ist andererseits die Gewährung der Befreiungen wegen der von den Eltern bewiesenen Unfähigkeit zur Vermögensverwaltung unthunlich.

b) Darüber, ob die Befreiungen eintreten, entscheidet das Vorhandensein oder Nichtvorhandensein der Voraussetzungen des § 1903, Abs. 2 zur Zeit der Bestellung als Vormund nicht endgültig. Hört nach der Bestellung das Ruhen der e. G. auf und greift die elterliche Vermögensverwaltung wieder Platz, so treten auch die Befreiungen von selbst wieder ein. Wird die e. G. nach der Bestellung verloren, so wird damit kraft Gesetzes, ohne daß es der Anwendung des § 1903 Abs. 1 Satz 3 bedarf, auch die Befreiung verloren.[3])

c) Durch letztwillige Verfügungen der Eltern können Befreiungen weder begründet noch ausgeschlossen werden, da solche Verfügungen hier nicht, wie im Falle der Minderjährigkeit, auf der e. G. beruhen würden.

d) Die gegebenen Falls eintretenden Befreiungen sind dieselben, wie die in den §§ 1852—1854 bezeichneten. Es kann daher auf die Erläuterung dieser Paragraphen (S. 121 ff.) verwiesen werden.

Im einzelnen ist hervorzuheben:

aa) Eine Befreiung der Eltern von der Verpflichtung, gemäß § 1802 ein Vermögensverzeichnis aufzunehmen und einzureichen, tritt niemals ein (vgl. S. 65, 66).

bb) Wird der Vater des Mündels zum Vormund bestellt, so unterbleibt die Bestellung eines Gegenvormundes (§ 1903 Abs. 1 Satz 1), und zwar immer und ohne Rücksicht darauf, ob die Bestellung eines solchen als für den Mündel ersprießlich anzusehen sein würde.[4])

cc) Ist die eheliche Mutter zum Vormunde bestellt, so gilt für sie das Gleiche, wie nach § 1903 für den Vater (§ 1904). Ist ihr jedoch auf ihren Antrag, oder weil die Voraussetzungen vorliegen, unter denen ihr nach § 1687 Nr. 3[5]) ein Beistand zu bestellen sein würde, ein Gegen-

---

[1]) M. S. 1241 Abs. 1.

[2]) vgl. §§ 1676, 1680, 1697, 1667, 1668, 1670 u. S. 19 ff.

[3]) M. S. 1242 Abs. 2.

[4]) Daß das V.-Gericht auch bei vorliegender Gefährdung des Interesses des Mündels nicht gemäß § 1903 Abs. 1 Satz 3 daselbst einen Gegenvormund sollte bestellen können, ist nicht anzunehmen. Denn die Worte: „Die Befreiungen" in dem bemerkten Satze sind auch auf Satz 1 zu beziehen, und ergiebt sich so auch ein sachlich befriedigenderes Resultat. A. A. Fuchs S. 252 Nr. 6.

[5]) § 1687 Nr. 3 lautet: „Das V.-Gericht hat der Mutter einen Beistand zu bestellen, wenn das V.-Gericht aus besonderen Gründen, insbesondere wegen des Umfanges oder der Schwierigkeit der Vermögensverwaltung oder in den Fällen der §§ 1666, 1667 die Bestellung im Interesse des Mündels für nötig erachtet".

(§ 1666: Gefährdung des geistigen oder leiblichen Wohles des Kindes; Verletzung des Rechtes des Kindes auf Gewährung des Unterhaltes. — § 1667: Gefährdung des Vermögens des Kindes.)

vormund bestellt, so stehen ihr die im § 1852 bezeichneten Befreiungen nicht zu. Sie ist in diesem Fall an die Beschränkungen der §§ 1809 (Anlegung von Geld mit der Bestimmung, daß zur Erhebung die Genehmigung des Gegenvormundes erforderlich ist) und 1810 (Anlegung von Geld nur mit Genehmigung des Gegenvormundes) sowie an die Genehmigung des Gegenvormundes zu den im § 1812 bezeichneten Rechtsgeschäften gebunden.

e) Hinsichtlich sämmtlicher[1]) Befreiungen gilt nach § 1903 Abs. 1 Satz 3 die Vorschrift, daß sie durch das V.-Gericht außer Kraft gesetzt werden können, wenn sie das Interesse des Mündels gefährden. Ist eine solche Außerkraftsetzung den letztwilligen Verfügungen der Eltern gegenüber zugelassen (§ 1857), so war sie auch für die Vormundschaft derselben über ihre volljährigen Kinder zuzulassen.

Für Eltern, die das von ihnen bevormundete Kind an Kindesstatt angenommen haben, gilt nach Streichung des § 1733 Abs. 4 E. I nichts Besonderes mehr.

5. hinsichtlich des Familienrates.

§ 1905; I § 1736; II § 1782; III § 1881; M. S. § 1246 Abs. 2; Pr. S. 850.

Da die Befugnis der Eltern, für minderjährige Mündel Anordnungen in Bezug auf den Familienrat zu treffen, auf der e. G. beruht, so können dieselben solche Anordnungen für Volljährige nicht treffen.

Demgemäß bestimmt § 1905 Abs. 1, daß ein Familienrat nur nach § 1859 Abs. 1 (auf Antrag Verwandter oder Verschwägerter des Mündels oder des Vormundes oder des Gegenvormundes) eingesetzt werden kann, und daß der Vater und die Mutter des Mündels nicht berechtigt sind, Anordnungen über die Einsetzung und Aufhebung eines Familienrats oder über die Mitgliedschaft zu treffen (§ 1905 Abs. 2).

§ 46. Die vorläufige Vormundschaft.

§§ 1906—1908: I § 1737; II §§ 1783—1785; III §§ 1882—1884; M. S. 1246 Abs. 3—1251; Pr. S. 850—856 Abs. 2.

1. Dem gemeinen Recht[2]) ist eine „vorläufige Vormundschaft" fremd;[3]) doch sind einstweilige Maßregeln zum Schutze von Personen, die der Bevormundung bedürfen, aber noch nicht bevormundet sind, wohl überall zugelassen worden. Bei den Verhandlungen über den § 600 C.P.-O. (alter Fassung; jetzt § 657) ist die fortdauernde Zulässigkeit der Anordnung provisorischer Kuratelen und von einstweiligen Verfügungen im Entmündigungsverfahren da, wo diese bis dahin zulässig waren, vorausgesetzt

---

1) vgl. vorherg. S. Anm. 4.

2) R.-G. C. S. IX S. 181.

3) Das römische Recht verbietet, daß Jemand anders als nach vollständiger Feststellung des Sachverhaltes („plenissima cognitio"; L. 6 D. 27, 10) unter Curatel gestellt werde.

worden.[1]) Eine umfassende, sowohl die Sorge für die Person als diejenige für das Vermögen in sich begreifende vorläufige Vormundschaft bestand kaum irgendwo. Auch die pr. V.-O. § 90 hat in den fraglichen Fällen nur eine Pflegschaft für einzelne Angelegenheiten oder für einen bestimmten Kreis von Angelegenheiten vorgesehen.[2])

Das B. G. hat dagegen für gewisse Fälle der Schutzbedürftigkeit von Personen, welche noch nicht bevormundet sind, des umfassenden und gleichmäßigen vormundschaftlichen Schutzes nicht entraten zu sollen geglaubt. Trotz der erheblichen, sich aus der in diesen Fällen erforderlichen summarischen Sachuntersuchung ergebenden Bedenken und der Gefahr, daß sich der angenommene Grund der Bevormundung bei weiterer Prüfung als nicht stichhaltig erweisen werde und die Vormundschaft wieder aufgehoben werden müsse,[3]) hat sich auch die 2. Kommission für die grundsätzliche Anwendung der Vorschriften über die Vormundschaft auf alle in Betracht kommenden Fälle erklärt.[4]) Dieselbe ist dabei von der Erwägung ausgegangen, daß die Gefahren, denen die in Betracht kommenden Personen, zu entmündigende Geisteskranke, Verschwender, Geistesschwache und Trunkfällige (§ 6), bereits vor ihrer Entmündigung und der Anordnung einer Vormundschaft über sie ausgesetzt seien, erheblich genug erscheinen, um die Einführung einer raschen Hülfe gewährenden vorläufigen Vormundschaft zu rechtfertigen.

2. Demgemäß bestimmt § 1906, daß ein Volljähriger, dessen Entmündigung beantragt ist, unter vorläufige Vormundschaft gestellt werden kann, wenn das V.-Gericht es zur Abwendung einer erheblichen Gefährdung der Person oder des Vermögens des Volljährigen für erforderlich erachtet.

Voraussetzung der vorl. Vormundschaft ist darnach in erster Linie ein Antrag auf Entmündigung. Dieser soll „eine Angabe der ihn begründenden Thatsachen und die Bezeichnung der Beweismittel enthalten" (§ 647 Satz 2 C. P.-O.). Durch diese Erfordernisse wird leichtfertigen Anträgen aber immerhin nur in beschränktem Maß vorgebeugt. Es ist deshalb mit gutem Grunde die Erwartung ausgesprochen[5]) daß die Gerichte bei der Anwendung des § 1737 (§ 1906) mit besonderer Vorsicht verfahren werden.

Diese Vorsicht ist auch bei der Feststellung der weiteren Voraussetzung der vorläufigen Vormundschaft, der Gefährdung der Person oder des Vermögens, geboten und besonders zu beachten, daß das Gesetz, wie in ähnlichen Fällen, wo es sich um Eingriffe in persönliche Rechte handelt, so auch im Falle des § 1906 eine „erhebliche" Gefährdung der Interessen

---

[1]) vgl. E G. zur C. P. O. § 16 Nr. 4. Seuffert C. P. O. § 600 Anm. 2; M. S. 1248 Abs. 3 u. S. 1249 Abs. 2.

[2]) Bericht der Kommission des Herrenhauses bei Wachler S. 202 Abs. 4.

[3]) M. S. 1247 Abs. 2 S. 1248; S. 1249 Abs. 3; Pr. S. 852 Abs. 6, S. 853.

[4]) vgl. Pr. S. 853 Abs. 2, 854.

[5]) Pr. S. 854 Abs. 1.

des zu Bevormundenden fordert.[1]) Liegen die bemerkten beiden Voraussetzungen vor, so bedarf es eines besonderen Antrages auf die Anordnung einer vorläufigen Vormundschaft nicht weiter. Das Gericht, bei welchem das Entmündigungsverfahren schwebt, hat nach § 657 C. P.=O., sobald es die Anordnung einer Fürsorge für die Person oder das Vermögen des zu Entmündigenden für erforderlich hält, der Vormundschaftsbehörde zum Zwecke dieser Anordnung Mitteilung zu machen. Auf diese Mitteilung[2]) oder die ihm sonst glaubwürdig vorliegenden Voraussetzungen der vorläufigen Vormundschaft hat das V.=Gericht[3]) diese anzuordnen.

Die Verfügung, durch welche dies geschieht, tritt, wenn die Entmündigung wegen Geisteskrankheit beantragt ist, mit der Bestellung des Vormundes, wenn die Entmündigung wegen Geistesschwäche, wegen Verschwendung oder wegen Trunksucht beantragt ist, mit der Bekanntmachung an den zu Entmündigenden in Wirksamkeit (§ 52 G. F.). Mit dieser tritt die beschränkte Geschäftsfähigkeit der wegen Geistes schwäche, wegen Verschwendung oder wegen Trunksucht Entmündigten ein (vgl. § 114).

3. Die vorl. Vormundschaft, die, im Gegensatze zu der für die Bevormundungsfälle der fraglichen Art nicht für ausreichend erachteten Pflegschaft, die volle Sorge für Person und Vermögen des Bevormundeten umfaßt, steht der Vormundschaft über Volljährige grundsätzlich gleich.[4]) Soweit daher nicht in den §§ 1906—1908 besondere Vorschriften für die vorl. Vormundschaft gegeben sind, kommen auf diese die Vorschriften über die Vormundschaft über Volljährige zur Anwendung.[5])

Nicht zur Anwendung kommen auf die vorl. Vormundschaft die Vorschriften über die Berufung (§ 1907); und zwar aus dem Grunde nicht, weil der durch eine Berufung leicht verursachte Aufschub der Bevormundung bei der durch die Sache gebotenen Eile zu vermeiden war.[6])

4. Der die Beendigung der Vormundschaft über Volljährige besonders behandelnde § 1735 des E. I ist mit Rücksicht auf die allgemeine Fassung, welche der § 1703 auf die Anregung der 2. Kommission[7]) in dem § 1882 (E. II § 1740) erhalten hat, gestrichen worden.

Für die Vormundschaft über Volljährige gelten daher die allgemeinen Endigungsgründe (vgl. S. 182 ff.).

---

[1]) Pr. S. 852 Abs. 1. Selbstverständlich berührt die Nichtbeachtung dieser Voraussetzung nicht die Gültigkeit der Anordnung der Vormundschaft (Pr. a. O. Abs. 3.)

[2]) Die regelmäßig abzuwarten ist. Es steht jedoch der Anordnung der v. Vormundschaft auch vor derselben beim Vorliegen der Voraussetzungen derselben gesetzlich nichts entgegen.

[3]) Nicht das Entmündigungsgericht (Pr. S. 851 Abs. 4, S. 852.)

[4]) M. S. 1250 Abs. 4.

[5]) Dies war im § 1737 Abs. 4 E. I ausdrücklich vorgeschrieben. Diese Vorschrift ist als selbstverständlich von der Redaktions=Kommission im Wegfall gebracht. (Pr. S. 855 Abs. 1.)

[6]) M. S. 1250 Abs. 5.

[7]) Pr. S. 850 Abs. 6.

Dagegen machte die Eigenart der vorl. Vormundschaft, insbesondere ihre Abhängigkeit von der Entscheidung über die Entmündigung besondere Vorschriften über ihre Endigung nötig. Diese sind im § 1908 gegeben. Neben den hier angegebenen Endigungsgründen endigen selbstverständlich auch der Tod und die Todeserklärung des Mündels die vorl. Vormundschaft.

Die besonderen Endigungsgründe derselben sind: Rücknahme oder rechtskräftige Abweisung des Antrages auf Entmündigung, die erfolgte Entmündigung (vgl. §§ 661 und 683 C. P.-O.) und die Aufhebung durch das V.-Gericht. Dazu tritt (vgl. § 115 Abs. 2) als weiterer Endigungsgrund die Aufhebung der Entmündigung infolge einer Anfechtungsklage.[1])

Mit der Rücknahme oder der rechtskräftigen Abweisung des Entmündigungsantrages (vgl. § 645 Abs. 2 C. P.-O.), der Bestellung eines Vormundes auf Grund der erfolgten Entmündigung, der Rechtskraft des die Entmündigung aufhebenden Anfechtungsurteils und der Bekanntmachung der die vorl. Vormundschaft aufhebenden Verfügung des V.-Gerichts an den Mündel (§ 52 G. F.) endigt die vorl. Vormundschaft kraft Gesetzes. Von da ab ist der bevormundet Gewesene wieder voll geschäftsfähig und etwaige von seinem früheren Vormunde noch jetzt für ihn vorgenommene Rechtsgeschäfte sind ungültig. In allen diesen Fällen treten nach Beseitigung der vorl. Vormundschaft gemäß § 115 Abs. 2 dieselben Wirkungen ein, wie im Falle der Aufhebung des Entmündigungsbeschlusses infolge einer Anfechtungsklage (vgl. S. 198 Nr. 2). Diese Wirkungen treten aber der Natur der Sache nach dann nicht ein, wenn die vorl. Vormundschaft von dem V.-Gerichte gemäß § 1908 Abs. 3 aufgehoben ist, später aber die Entmündigung erfolgt oder die Anfechtungsklage zurückgewiesen wird.

Ob der § 115 Abs. 2 dann zur Anwendung kommt, wenn der unter vorl. Vormundschaft Gestellte vor der Beschlußfassung über die Entmündigung stirbt, ist zweifelhaft. Da die Frage, ob die vorl. Vormundschaft mit Recht angeordnet worden ist, nicht mehr zum Austrag gebracht werden kann, so wird über die Wirksamkeit der von dem Mündel in der Zwischenzeit abgeschlossenen Rechtsgeschäfte nach allgemeinen Grundsätzen und nicht unter analoger Anwendung des § 115 Abs. 2 entschieden werden müssen.[2]) Durch § 61 G. F. ist der § 115 Abs. 2 auf die Entscheidungen des Beschwerdegerichts ausgedehnt worden. Darnach kann die Wirksamkeit der von oder gegenüber einem unter vorl. Vormundschaft Gestellten vorgenommenen Rechtsgeschäfte nicht auf Grund der von dem Beschwerdegericht aufgehobenen Verfügung, durch die ein Volljähriger unter vorl. Vormundschaft gestellt ist, in Frage gestellt werden.[3])

---

[1]) vgl. M. I S. 150 Abs. 5.

[2]) vgl. M. I. S. 151 Abs. 1; Fuchs S. 239 Abs. 2; andererseits Planck § 115 Anm. 2.

[3]) Einer Bestimmung über die Wirksamkeit der in der Zwischenzeit von dem Vormunde vorgenommenen Rechtsgeschäfte bedurfte es gegenüber der allgemeinen Bestimmung des § 32 G. F. nicht.

Ist die Entmündigung erfolgt und nunmehr auf Grund dieser eine Vormundschaft anzuordnen, so endigt die vorl. Vormundschaft gemäß § 1908 Abs. 2 nicht, wie nach allgemeinen Grundsätzen anzunehmen wäre (vgl. § 1882), schon mit der Entmündigung selbst, sondern erst mit der Bestellung eines neuen Vormundes auf Grund derselben. Diese Vorschrift bezweckt, darauf hinzuwirken, daß alsbald ein neuer Vormund seitens des V.-Gerichts bestellt wird; hinsichtlich des neuen Vormundes kommen die Grundsätze über die Berufung zur Anwendung.[1]) Es steht an sich aber nichts entgegen, daß der frühere Vormund wieder zum Vormunde bestellt wird.

Das V.-Gericht hat von Amts wegen oder auf Antrag die vorl. Vormundschaft aufzuheben, wenn der Mündel des vorläufigen vormundschaftlichen Schutzes nicht mehr bedürftig ist (§ 1908 Abs. 3). Diese Vorschrift bezweckt, das V.-Gericht in den Stand zu setzen, die vorl. Vormundschaft gegebenen Falls bereits vor der Entscheidung über die Entmündigung aufzuheben.

5. Nach den auch für die vorl. Vormundschaft geltenden Vorschriften des § 1890 ff. hat der Vormund nach Beendigung seines Amtes das von ihm verwaltete Vermögen an den Mündel herauszugeben und über die Verwaltung Rechenschaft abzulegen, gemäß § 1893 Abs. 2 dann auch seine Bestallung zurückzugeben.

6. Gegen eine Verfügung, durch welche

a) Die Anordnung einer vorläufigen Vormundschaft abgelehnt oder eine solche Vormundschaft aufgehoben wird, steht nach § 57 Nr. 2 G. F. denjenigen, welche den Antrag auf Entmündigung zu stellen berechtigt sind (§ 646 C. P.-O.), die Beschwerde zu. Die Vorschriften über die Beschwerde aus § 19 G. F. werden dadurch nicht berührt.

b) Gegen eine Verfügung, durch die ein Volljähriger unter vorl. Vormundschaft gestellt wird, steht diesem nach § 60 Nr. 5 G. F. die sofortige Beschwerde zu.

Die Entmündigung einer Person wegen Verschwendung oder wegen Trunksucht, sowie die Wiederaufhebung einer solchen Entmündigung ist von dem Amtsgericht öffentlich bekannt zu machen (§ 687 C. P.-O.). Auf die Entmündigung wegen Geisteskrankheit und wegen Geistesschwäche findet diese Vorschrift keine Anwendung.

---

[1]) M. S. 1251 Abs. 3; Pr. S. 854 unter D.

Zweiter Teil.

Die Pflegschaft.

§ 47. Begriff und grundsätzliche Gestaltung.

M. S. 1252, 1253, 1044—1046 Abs. 3; Pr. S. 855 Abs. 3; DS. S. 239 u. 240; R. T. K. S. 238.

1. In gewissen Fällen reicht die allgemeine Fürsorge, deren schutzbedürftige Personen in der e. G. oder der Vormundschaft genießen, zum Schutz ihrer Interessen nicht aus. Es bedarf in denselben außer dem allgemeinen eines besonderen, für einzelne Angelegenheiten bestimmten Schutzes. Dies ist der Fall, wenn der Inhaber der e. G. oder der Vormund rechtlich (vgl. §§ 1795 und 1796 und dazu 1630 Abs. 2) oder thatsächlich (vgl. §§ 1676, 1677, 1846) verhindert ist, das Kind oder den Mündel in einzelnen Angelegenheiten zu vertreten.

Andererseits giebt es Fälle der Schutzbedürftigkeit, in denen es der umfassenden Fürsorge, wie sie die Vormundschaft gewährt, und einer Beschränkung der Geschäftsfähigkeit nicht bedarf. In ihnen liegt eine Schutzbedürftigkeit vor, aber eine solche geringerer Bedeutung, der durch eine beschränktere, dem Bedürfnis des Einzelfalles angepaßte Fürsorge abgeholfen werden kann. Die Fälle der erstgedachten Art behandelt das B. G. im § 1909, die der letzteren in den §§ 1910—1914.

Hinsichtlich der ersteren entspricht sein Standpunkt demjenigen des römischen und des auf diesem beruhenden gemeinen Rechts[1]), welches dem Mündel an Stelle des Vormundes für diejenigen Rechtsgeschäfte, an deren Besorgung dieser verhindert ist, einen Kurator[2]) giebt.

Anlangend die Fälle der zweiten Art, so stimmt das B. G. insofern mit dem gemeinen Recht überein, als der Kreis der von ihm angeordneten Pflegschaften ein geschlossener ist. Die Zahl dieser Pflegschaften ist aber größer und ihre Regelung eine wesentlich andere als dort.

Eine allgemeine Vorschrift, wonach außer in den im Gesetz bestimmten Fällen Personen, welche selbst zu handeln außer stande sind

---

[1]) vgl. §§ 5, 6 J. 1, 23; Nov. 117 Cap.; L. 8 § 1 C. 6 61.

[2]) Diese Curatel entspricht ein Wesen der Pflegschaft des heutigen Rechts. Nicht aber deckt sich der Begriff der römischrechtlichen Curatel im allgemeinen mit demjenigen der modernen Pflegschaft. Jene ist der Sache nach nichts anderes als Tutel (vgl. andererseits M. S. 1044 Abs. 1).

und der elterlichen oder vormundschaftlichen Vertretung entbehren, für einzelne Angelegenheiten oder für einen bestimmten Kreis von Angelegenheiten einen Pfleger erhalten können, wie sie § 90 der pr. V.-O. giebt, enthält das B. G. nicht. Es überläßt es vielmehr, soweit besondere Verhältnisse die Zulassung weiterer Pflegschaften erheischen sollten, der Spezialgesetzgebung, solche anzuordnen.[1])

Die Nachlaßpflegschaft (§§ 1961 und 1962) und die Pflegschaft für das Auseinandersetzungsverfahren vor dem Nachlaßgericht zu Gunsten eines Abwesenden (§ 88 G. F.) hat das B. G. aus dem Vormundschaftsrecht in das Erbrecht, bezw. vor das Nachlaßgericht verwiesen.

2. Begrifflich ist die Pflegschaft eine durch ihren speziellen Zweck begrenzte Vormundschaft. Diesem gemäß ist sie teils vorübergehend für einzelne Angelegenheiten, teils zwar für einen umfassenderen Kreis von Geschäften, immer aber ihrem Begriffe nach für besondere Zwecke bestimmt.[2])

Der Pfleger entnimmt seine Ermächtigung zur Vornahme von Rechtsgeschäften dem ihm von dem V.-Gericht im Einzelfall gegebenen Auftrage.[3]) Demgemäß hat derselbe den Grund[4]) und den Umfang seiner Befugnisse darzuthun und im gegebenen Falle nachzuweisen, während dem Vormunde die gesetzliche Vermutung der Befugnis zu allen in das Bereich der vormundschaftlichen Verwaltung fallenden Rechtshandlungen zur Seite steht.[5])

3. Wie zur vorübergehenden Besorgung der Angelegenheiten eines Volljährigen, dessen Entmündigung beantragt ist, eine vorl. Vormundschaft, so kann andererseits zur dauernden Besorgung der Geschäfte eines Schutzbedürftigen eine Pflegschaft angeordnet werden (vgl. § 1910 Abs. 1). Die längere oder kürzere Dauer der Geschäftsführung bildet darnach keinen begrifflichen Unterschied zwischen Vormundschaft und Pflegschaft.[6]) Wo dem Gesetz nach die Anordnung einer vorläufigen Vormundschaft oder einer Pflegschaft erfolgen kann (vgl. §§ 1906, 1909 Abs. 3), ist es lediglich Sache der praktischen Erwägung, ob die eine oder die andere vorzuziehen ist. In einem Falle hat das Gesetz allerdings je nach der kürzeren oder längeren Dauer der Schutzbedürftigkeit eine Vormundschaft bezw. eine Pflegschaft angeordnet. Beim Ruhen der e. G. nämlich ist die Anordnung einer Vormundschaft bei einer nur vorübergehenden thatsächlichen Verhinderung des Gewalthabers ausgeschlossen, vielmehr, soweit nicht e. G. des anderen Elternteils eintritt, eine Pflegschaft anzuordnen[7]) (vgl. S. 20).

---

[1]) M. S. 1252 Abs. 3. Die Landesgesetzgebung kann dies aber nur, soweit ihre Vorschriften durch das B. G. unberührt bleiben. (Art. 3.) Sie kann daher für das Gebiet des Vormundschaftsrechts keine besonderen Pflegschaften anordnen. Ein anderes besagen auch die M. a. O. nicht.

[2]) Pr. S. 848 Abs. 2.

[3]) vgl. Jastrow Nr. 618—621.

[4]) Pr. S. 853 Abs. 2; vgl. auch Böhlau S. 106 i. M.

[5]) vgl. M. S. 1044 Abs. 3; R. G. E. S. XIV S. 273.

[6]) vgl. Schultzenstein S. 19 Abs. 1; M. S. 1045 Abs. 1.

[7]) vgl. E. I § 1554 Abs. 1; E. II § 1566 Abs. 1; M. S. 820.

4. Dem Pfleger stehen, entsprechend der grundsätzlichen Gleichstellung der Pflegschaft mit der Vormundschaft, an sich dieselben Befugnisse hinsichtlich der Person und des Vermögens zu, wie dem Vormunde. Dieselben werden aber begrenzt durch die Natur des ihm übertragenen Amtes und den Inhalt des ihm von dem V.-Gerichte gegebenen Auftrages. Die Schranken der Befugnisse desjenigen Pflegers, der neben den Gewalthaber oder den Vormund tritt, ergeben sich von selbst aus der allgemeinen Vollmacht dieser Personen; dieselbe wird durch den besonderen Auftrag des Pflegers nur soweit eingeschränkt, als die Natur dieses Auftrages bedingt.

Die Befugnisse des Pflegers können nach dem Ausgeführten auf die Person oder auf das Vermögen des Mündels beschränkt sein oder bestimmte Teile der Fürsorge für die eine oder das andere umfassen. Wo es sich, wie im § 1914, lediglich um die Verwaltung und Verwendung eines Vermögens handelt, sind der Natur der Sache nach die Befugnisse des Pflegers darauf beschränkt.

Sache einer vernünftigen Auslegung ist es, im einzelnen Falle aus der Natur des dem Pfleger übertragenen Amtes und dem Inhalte des ihm erteilten Auftrages den Umfang seiner Befugnisse festzustellen.[1]) Wie neben dem Vormund ein Pfleger, so kann neben diesem wiederum ein anderer Pfleger für solche Angelegenheiten bestellt werden, an deren Besorgung der erste Pfleger verhindert ist. Dies ergiebt sich daraus, daß in dem einen, wie in dem anderen Falle die Vormundschaft und die allgemeine Schutzbedürftigkeit, auf welcher dieselbe beruht, Grund der Pflegschaft ist.[2])

Wie die Vormundschaft als solche, abgesehen von der vorläufigen Vormundschaft, keinen Einfluß auf die Geschäftsfähigkeit des Mündels hat, so wird auch die Geschäftsfähigkeit des Pflegebefohlenen von der Pflegschaft als solcher nicht berührt.[3]) Der Pflegebefohlene behält nach Anordnung derselben dieselbe Geschäftsfähigkeit, die er vorher hatte, und zwar auch bezüglich derjenigen Angelegenheiten, für welche der Pfleger bestellt ist.

Nur diejenigen, welche gemäß §§ 1915 Abs. 1, 1906 unter vorläufige Pflegschaft statt unter vorläufige Vormundschaft gestellt sind, stehen in Ansehung der Geschäftsfähigkeit Minderjährigen gleich, die das siebente Lebensjahr vollendet haben (vgl. § 114).[4])

Die von dem Pfleger innerhalb der Grenzen seines Auftrages für ihn vorgenommenen Rechtsgeschäfte hat der Pflegebefohlene als wirksam anzuerkennen.[5]) Sollten der Pfleger und der geschäftsfähige Pflegebefohlene gleichzeitig Geschäfte abgeschlossen haben, die einander wider-

---

1) M. S. 1044 Abs. 2 a. E.
2) M. S. 1252 Abs. 2.
3) Böhlau S. 106 i. M.; Pr. S. 848 Abs. 2.
4) M. S. 1266/67.
5) vgl. Pr. S. 846/47.

streiten, so sind beide Geschäfte unwirksam. So wenig der Auftraggeber und der Beauftragte solche Geschäfte wirksam abschließen können, kann der Pfleger dies im Widerstreite mit dem Pflegebefohlenen.

Eine unmittelbare, kraft Gesetzes eintretende Pflegschaft giebt es nicht, wie es keine gesetzliche Vormundschaft giebt.

Einer vorläufigen Pflegschaft geschieht im Gesetz keine ausdrückliche Erwähnung. Gemäß §§ 1915 Abs. 1, 1906 ist anzunehmen, daß statt einer vorläufigen Vormundschaft beim Vorliegen der Voraussetzungen des § 1906 auch eine vorläufige Pflegschaft angeordnet werden kann. Daneben schreibt § 1909 Abs. 3 vor, daß eine Pflegschaft dann anzuordnen ist, wenn die Voraussetzungen für die Anordnung einer Vormundschaft vorliegen, ein Vormund aber noch nicht bestellt ist. Das Verhältnis dieser Pflegschaft zu der allgemeinen, aus den §§ 1915 und 1906 abzuleitenden ist nicht klar. Gemäß den M. (S. 1254 Abs. 2) wird anzunehmen sein, daß es sich im Falle des § 1909 Abs. 3 nur um die vorübergehende Bestellung eines Pflegers an Stelle des Vormundes, dessen sofortiger Bestellung Hindernisse entgegenstehen, sowie um die Erledigung einzelner Angelegenheiten des Mündels, im Falle des § 1906 dagegen um eine längere Dauer der Pflegschaft handelt.[1])

§ 48. Die Rechtsgrundsätze der Pflegschaft.

§§ 1915—1921; I §§ 1743, 1746, 1744, 1745; 1748; II §§ 1791, 1794; 1792 Abs. 1 und 2, 1793, §§ 1795—1798; III §§ 1891—1897; M. S. 1266 bis 1267 Abs. 3, S. 1269 Abs. 5—1270 Abs. 3; S. 1267 Abs. 4—1268 Abs. 2; S. 1268 Abs. 3—1269 Abs. 4; S. 1271 Abs. 2—1274 Abs. 3; Pr. S. 857 Nr. XII, XIII u. S. 859—861 Nr. XV; R. T. K. S. 165; DS. 240; pr. BO. § 91.

1. Auf die Pflegschaft finden grundsätzlich die für die Vormundschaft geltenden Vorschriften, und zwar, je nachdem es sich um eine Pflegschaft für Minderjährige oder für Volljährige handelt, diejenigen für die Vormundschaft über Minderjährige oder die für die Vormundschaft über Volljährige Anwendung (§ 1915). Den Besonderheiten der Pflegschaft tragen die Vorschriften der §§ 1915 Abs. 2 bis 1921 Rechnung.

2. Die Anordnung der Pflegschaft erfolgt von Amts wegen. Das V.=Gericht hat die erforderlichen thatsächlichen Ermittelungen vorzunehmen und nach den Ergebnissen derselben die Art und den Umfang der Pflegschaft sowie die Befugnisse des Pflegers festzustellen.[2])

Der zum Pfleger Ausgewählte hat die Pflegschaft zu übernehmen, sofern nicht die Gründe der §§ 1780—1784 seiner Bestellung entgegenstehen oder ihm ein Ablehnungsgrund zur Seite steht (§§ 1785, 1786, vgl. § 1915). Der Pfleger ist wie der Vormund zu bestellen und ihm

---

[1]) vgl. zu Vorstehendem M. S. 1266/67; Fuchs § 58; Schultzenstein § 1915 Anm. 3.

[2]) vgl. Jastrow Nr. 522, 611b. 618, 620, 621. R. G. C. S. XIV S. 269.

gemäß § 1791 eine seine Befugnisse erkennbar machende[1]) Bestallung zu behändigen.

3. Die gesetzlichen Berufungsgründe der §§ 1776, 1899 gelten für sämmtliche Fälle der Pflegschaft, in denen überhaupt eine Berufung in Frage kommt,[2]) mit Ausnahme des im § 1909 (Pflegschaft über Personen, die unter e. G. oder unter Vormundschaft stehen) vorgesehenen Falles (§ 1916). In letzterem hat das Gericht im übrigen völlig freie Hand bei der Bestellung des Vormundes.[3]) Nur bei der Bestellung eines Pflegers zur Verwaltung des dem Kinde oder dem Mündel von Todeswegen oder unter Lebenden zugewendeten Vermögens (§ 1909 Abs. 1 Satz 2) sind die von dem Erblasser durch letztwillige Verfügung oder von dem Zuwender bei der Zuwendung berufenen Personen zu Pflegern zu bestellen. Die so Berufenen stehen den gemäß § 1776 Berufenen gleich. Der Berufene darf daher ohne seine Zustimmung nur aus den im § 1778 Abs. 1 angegebenen Gründen übergangen werden (vgl. S. 25 ff.).

4. Die Unfähigkeits- bezw. Untauglichkeitsgründe der §§ 1780—1784 finden auf den Pfleger Anwendung. Ihm steht das Ablehnungsrecht (§ 1786) zu.

5. Dem benannten Pfleger können durch letztwillige Verfügung, bezw. bei der Zuwendung die in den §§ 1852—1854 bezeichneten Befreiungen (vgl. S. 121 ff.) zu teil werden, die darauf bezüglichen Anordnungen jedoch durch das V.-Gericht außer Kraft gesetzt werden, wenn sie das Interesse des Pflegebefohlenen gefährden (§ 1917 Abs. 2 Satz 2). Solange der Dritte lebt, ist zu einer — gänzlichen oder teilweisen, dauernden oder zeitweiligen[4]) — Abweichung von den Anordnungen desselben seine Zustimmung erforderlich und genügend. Dieselbe wird unter den Voraussetzungen des § 1803 Abs. 3 durch diejenige des V.-Gerichts ersetzt (§ 1901, 1917 Abs. 3). Die hier bezielten Anordnungen sind, wie die Satzstellung und eine Vergleichung mit § 1803 Abs. 2 und 3 ergiebt, nur solche, die sich auf Befreiungen beziehen.[5]) Auf die im § 1917 Abs. 1 vorgeschriebene Berufung finden die Vorschriften des § 1778 Anwendung (§ 1917 Abs. 1). Zu der Uebergehung des nach § 1917 Abs. 1 Berufenen bedarf das V.-Gericht daher nicht der Zustimmung des Dritten (vgl. § 1778 Abs. 1), und kann schon aus diesem Grunde der Abs. 3 des § 1917 nicht auch auf den Abs. 1 daselbst mit bezogen werden.

---

[1]) Jastrow Nr. 620, 621.

[2]) Also nicht in den Fällen der §§ 1913 u. 1914. Rücksichtlich des § 1913 kann dies zweifelhaft sein (vgl. Schultzenstein § 1916 Anm. 1).

[3]) Aus Zweckmäßigkeitsgründen, weil zu befürchten war, daß der aus dem Kreise naher Verwandter berufene Vormund häufig dem Gewalthaber bzw. dem Vormunde gegenüber der erforderlichen Energie ermangeln werde (M. S. 1268 Abs. 1).

[4]) M. S. 1105 Nr. 3.

[5]) M. S. 1269 Abs. 2 u. 5; 1105 Nr. 3; vgl. auch pr. VO. § 36.

Die gegenteilige Annahme[1]) gelangt zu dem befremdenden Ergebnis, daß auch eine das Interesse des Mündels gefährdende Berufung nur mit Zustimmung des Dritten beseitigt werden kann.

5. Die Bestellung eines Gegenvormundes neben dem Pfleger ist nicht erforderlich (§ 1915 Abs. 2).[2]) Sie kann jedoch geschehen, und ist es zulässig, den neben einem Vormunde bestellten Gegenvormund auch zum Gegenvormund (nicht Gegenpfleger) eines Pflegers zu bestellen.[3]) Daß der Gegenvormund als solcher nicht ohne weiteres auch an die Seite eines etwa bestellten Pflegers tritt, ist bereits hervorgehoben (S. 47).

6. Die besonderen Gründe, aus denen die einzelnen Pflegschaften endigen, sind zweckmäßig bei der Erörterung dieser mit zu erörtern. Hier sind nur die allgemeinen Gründe zu besprechen, aus denen alle Pflegschaften endigen.

Daß der Tod und die Todeserklärung des Pflegers und des Pflegebefohlenen, im Fall einer vorläufigen Pflegschaft auch die Anordnung einer definitiven Pflegschaft oder einer Vormundschaft, die Pflegschaft beendigen müssen, ergiebt sich aus der Natur der Sache. Daraus ergiebt sich auch, daß Pflegschaften, welche für einzelne Angelegenheiten angeordnet worden sind, mit der Erledigung derselben in Wegfall kommen müssen. Als allgemeinen Endigungsgrund der Pflegschaft aber bezeichnet § 1919 den Wegfall des Grundes für die Anordnung der Pflegschaft. Er bestimmt, daß in diesem Falle die Pflegschaft aufzuheben ist und bringt damit zum Ausdruck, daß die Pflegschaft regelmäßig nicht ohne weiteres mit dem Wegfalle des Grundes, der zu ihrer Anordnung Veranlassung gegeben hat, sondern erst mit der Aufhebung durch das V.-Gericht endigt.[4])

Damit sind die Zweifel darüber, ob ein bestimmtes Ereignis eingetreten und dadurch das Ende der Pflegschaft ohne Weiteres herbeigeführt ist, wie sie die pr. V.-O. § 91 Abs. 2[5]) hervorrufen konnte, wesentlich beschränkt. Denn Ausnahmen von der Regel kommen nur in den §§ 1918 und 1921 Absatz 3 vor.

7. Darüber, ob nach dem Wegfall ihrer Voraussetzungen die Pflegschaft gemäß § 1919 aufzuheben ist, entscheidet das V.-Gericht. Nur im Falle des § 1910 (Pflegschaft über Gebrechliche) hat dasselbe auf Antrag des Pflegebefohlenen die Pflegschaft aufzuheben. Abgesehen davon, hat es nach den Umständen des Falles von Amts wegen darüber zu

[1]) vgl. Fuchs S. 271 Nr. 2 u. Anm. 2.

[2]) Weil dem Pfleger bei der leichteren Kontrole seiner Geschäftsführung seitens des Richters eine größere Freiheit und Selbständigkeit gewährt werden kann. — (M. zur pr. VO.)

[3]) M. S. 1270 Abs. 2 u. 3.

[4]) M. S. 1271 Abs. 2.

[5]) „Die Pflegschaft hört auf, wenn der Grund zu deren Einleitung gehoben ist.“

entscheiden, ob die Pflegschaft aufzuheben oder bei Bestand zu lassen ist.[1]) Das V.-Gericht hat z. B. darüber zu befinden, ob der an der Führung seines Amtes verhindert gewesene (§ 1846) Vormund nicht mehr verhindert, ob nach der Aufhebung des Konkurses über das Vermögen des Vaters diesem die Verwaltung des Vermögens seiner Kinder wieder zu übertragen ist (§ 1647 Abs. 2), und gegebenen Falles die bezügliche Pflegschaft aufzuheben. Bis dies geschehen ist, dauert dieselbe und die Vollmacht des Pflegers fort, mag die Fortdauer der Pflegschaft sachlich noch gerechtfertigt sein oder nicht.

Die Aufhebung tritt gemäß § 16 Abs. 1 G. F. mit ihrer Bekanntmachung an den Pfleger in Wirksamkeit und hat niemals rückwirkende Kraft.[2])

8. Weitere als die im Vorstehenden dargelegten Verschiedenheiten zwischen der Vormundschaft und der Pflegschaft bestehen nicht. Insbesondere gilt auch für letztere das Erfordernis der Genehmigung des V.-Gerichts und, wo ein solcher bestellt ist, des Gegenvormundes zu Rechtsgeschäften des Pflegers (§§ 1819—1822, 1809, 1810 und 1812).[3])

Dabei ist selbstverständlich, daß der in der Geschäftsfähigkeit, wie regelmäßig der Fall ist (vgl. S. 211), nicht beschränkte Pflegebefohlene weder der Genehmigung des Pflegers noch derjenigen des V.-Gerichts bedarf. Ebenso, daß der in solchem Fall an Stelle des Pflegebefohlenen handelnde Pfleger nicht der Genehmigung des V.-Gerichts bedarf.

Wird aber einem unter vorläufige Vormundschaft zu Stellenden, wie dies geschehen kann (vgl. S. 212), statt eines Vormundes ein Pfleger bestellt, so wird deshalb seine Rechtsstellung keine andere, als wenn ihm ein Vormund bestellt wäre. Auch in diesem Fall trifft der Grund für die Beschränkung der Geschäftsfähigkeit des unter vorl. Vormundschaft zu Stellenden (vgl. § 114) zu. Es kommt daher § 1915 Abs. 1 zur Anwendung und bedürfen Pfleger und Pflegebefohlener der Genehmigung des V.-Gerichts, wo diese erforderlich ist.[4])

9. Daß dem in der Geschäftsfähigkeit nicht beschränkten Pflegebefohlenen auch die im § 1824 bezeichneten Gegenstände ohne Genehmigung des Gegenvormundes oder des V.-Gerichts zu freier Verfügung überlassen werden dürfen, ergiebt sich ohne weiteres.

10. Die Vorschriften über den Familienrat finden auf die Pflegschaft Anwendung. Die Einsetzung desselben findet, je nachdem es sich um eine Pflegschaft über Minderjährige oder über Volljährige handelt, nach den §§ 1858 Abs. 1 und 1859 Abs. 1, bezw. nur nach letzterem Paragraphen statt (§ 1905 Abs. 1).

---

[1]) vgl. Jastrow Nr. 626; einzelne Fälle, in welchen die Aufhebung der Pflegschaft zu erfolgen, bzw. nicht zu erfolgen hat, bei Schultzenstein § 1919 Anm. 2.

[2]) vgl. Fuchs S. 282 Nr. IV.

[3]) M. S. 1266 Abs. 2.

[4]) M. S. 1266 i. M.

Der Waisenrat hat die ihm durch die §§ 1849 und 1850 Abs. 2 auferlegten Pflichten auch hinsichtlich der Pflegschaft zu erfüllen.[1])

11. Auch der Pfleger ist nach Beendigung der Pflegschaft zur Fortführung der Geschäfte derselben gemäß § 1893 berechtigt.

Rechtsgeschäfte zwischen demselben und dem Pflegebefohlenen unterliegen keiner Beschränkung.[2])

Ein Honorar kann dem Pfleger zugebilligt werden (§§ 1836, 1915).

Eine Pflegschaft über einen Ausländer im Inlande findet unter den Voraussetzungen des Art. 23 statt.

§ 49. Die Fälle der Pflegschaft.

1. Die Pflegschaft über bevormundete und unter e. G. stehende Personen.

§§ 1909, 1918 Abs. 1; I §§ 1738, 1748 Abs. 1 Nr. 1 u. 2; II §§ 1786, 1795; III §§ 1855, 1894, M. S. 1253 Abs. 2, 1254 Abs. 1, 1254 Abs. 3 1256, 1272 Abs. 3 Pr. S. 855 u. 859 Nr. VI; pr. VO. § 90.

a) Personen, die unter e. G. oder unter Vormundschaft stehen, erhalten für diejenigen Angelegenheiten, an deren Besorgung der Gewalthaber oder der Vormund verhindert ist, einen Pfleger (§ 1909 Abs. 1 Satz 1). Der Grund der Vormundschaft kommt nicht in Betracht. Diejenigen Angelegenheiten, für welche ein Pfleger zu bestellen ist, können umfangreich und mannigfach sein. Immer aber sind es, im Gegensatze zu der allgemeinen, dem Vormund obliegenden Geschäftsbesorgung, einzelne aus dieser ausgeschiedene Angelegenheiten.

Wo sich aus diesem oder jenem Grunde die Zahl derjenigen Angelegenheiten, an deren Besorgung der Vormund verhindert ist, zu sehr häuft, wird das V.-Gericht zu erwägen haben, ob nicht durch die häufige Bestellung von Pflegern das Interesse des Mündels gefährdet und deshalb die Entlassung des Vormundes auf Grund des § 1886 geboten erscheint.

Eine Verhinderung des Gewalthabers oder des Vormundes an der Besorgung von Angelegenheiten des Mündels liegt vor, wenn der Erledigung derselben durch sie thatsächliche[3]) oder rechtliche Hindernisse entgegenstehen. Ein Ruhen der e. G. wird indes durch Hinderungsgründe thatsächlicher Natur nur dann herbeigeführt, wenn durch das V.-Gericht festgestellt wird, daß dieselben von längerer Dauer sein werden (§ 1677 Abs. 1; vgl. S. 20). — Die rechtlichen Hinderungsgründe beruhen auf den Bestimmungen der §§ 1795, 1796, 1630 Abs. 2 („Der Vormund [Gewalthaber] kann den Mündel nicht vertreten"), 1666—1670, vgl. mit 1686 (Dem Gewalthaber ist die Sorge für die Person oder das Vermögen des Kindes entzogen), 1647 (Beendigung der Vermögensverwaltung des Vaters mit der Rechtskraft des Beschlusses, durch den der Konkurs über

[1]) vgl. § 49 G.F.

[2]) vgl. jedoch die Vorschrift des § 1752 Abs. 2 hinsichtlich der Annahme an Kindesstatt.

[3]) Krankheit, Abwesenheit 2c.

sein Vermögen eröffnet wird). In allen diesen Fällen ist dem Mündel nach dem Eintritt der Verhinderung des Vormundes ohne weiteres ein Pfleger[1]) zu bestellen. Insbesondere ist in den Fällen der §§ 1795, 1796 (Widerstreit der Interessen) der Vormund nicht mehr befugt, bei der Verhandlung der Frage mitzuwirken, ob ein Widerstreit vorliegt.[2])

Bei einem Widerstreite zwischen den Interessen mehrerer Mündel desselben Vormundes bedarf es nicht, wie nach § 86 Abs. 2 pr. V.-O., der Bestellung von Pflegern für jeden Mündel (vgl. § 1795). Die Vorschrift des § 1796 genügt auch für solche Fälle.[3])

An Stelle des verhinderten Gegenvormundes ist kein Pfleger zu bestellen. Im Hinblick darauf, daß die Genehmigung des Gegenvormundes durch diejenige des V.-Gerichts „ersetzt" wird (§§ 1810—1812) ist anzunehmen, daß, wenn daneben die Bestellung eines Pflegers an Stelle eines verhinderten Gegenvormundes beabsichtigt wäre, dies ausdrücklich vorgeschrieben sein würde.[4])

b) Wer unter e. G. oder unter Vormundschaft steht, erhält insbesondere einen Pfleger zur Verwaltung des Vermögens, das er von Todeswegen erwirbt oder das ihm unter Lebenden von einem Dritten unentgeltlich zugewendet wird, wenn der Erblasser durch letztwillige Verfügung, der Dritte bei der Zuwendung bestimmt hat, daß dem Gewalthaber oder dem Vormunde die Verwaltung nicht zustehen soll (§ 1909 Abs. 1 Satz 2). Beim Fehlen einer dem § 1638 entsprechenden Vorschrift im Vormundschaftsrechte[5]) würde trotz der Bestimmung des § 1909 Abs. 1 Satz 1 die Annahme möglich gewesen sein, daß dem Vormunde die Verwaltung auch desjenigen Vermögens zustehe, welches dem Mündel mit der Bestimmung zugewiesen ist, daß es der vormundschaftlichen Verwaltung entzogen sein solle. Um diese Auffassung auszuschließen und zugleich zu verhüten, daß durch die Bestimmung des Erblassers rc. das zugewendete Vermögen ohne weiteres von der Verwaltung des Vormundes ausgeschlossen werde, hat das Gesetz die Anordnung einer Pflegschaft für dasselbe vorgeschrieben. Durch diese Pflegschaft wird die von dem Zuwender beabsichtigte besondere Verwaltung des fraglichen Vermögens erreicht (vgl. § 1794) und vermieden, daß dasselbe bis zur Bestellung eines Pflegers schutzlos ist, da bis dahin dem Vormund die Verwaltung desselben zusteht.[6])

c) Abweichungen von der Vorschrift des § 1909 Abs. 1 Satz 2, wie § 1803 Abs. 2 sie zuläßt, sind dem V.-Gerichte nicht gestattet; dies auch

---

[1]) Der Gegenvormund ist zum Ersatze des verhinderten Vormundes nicht berufen (vgl. S. 128 Nr. 5); vgl. Jastrow Nr. 537b.

[2]) Jastrow Nr. 537 a. Fälle des Widerstreites der Interessen daselbst Nr. 602 und in den bei Schultzenstein § 1909 Anm. 3 Abs. 2—5 angeführten Entscheidungen des Kammergerichts.

[3]) M. S. 1254 Abs. 2.

[4]) Übereinstimmend Schultzenstein § 1909. Anm. 4 Abs. 1. A. A. Fuchs S. 256 Nr. 5 u. Böhm S. 178.

[5]) M. S. 760 Abs. 1 i. M.

[6]) M. S. 760 i. M.

dann nicht, wenn die Verwaltung des Gewalthabers oder Vormundes an sich vor derjenigen des Pflegers den Vorzug verdienen würde. Das Gesetz geht vielmehr davon aus, daß die fragliche Pflegschaft in jedem Falle zur Wahrung der Interessen des Mündels ausreicht.[1])

d) Eine Pflegschaft ist endlich auch dann anzuordnen, wenn die Voraussetzungen für die Anordnung einer Vormundschaft vorliegen, ein Vormund aber noch nicht bestellt ist (§ 1909 Abs. 3; vgl. S. 212).

e) Tritt das Bedürfnis einer Pflegschaft ein, so hat der Gewalthaber oder der Vormund dem Vormundschaftsgericht unverzüglich Anzeige zu machen (§ 1909 Abs. 2). Diese Vorschrift entspricht dem in vielen Fällen vorliegenden Bedürfnis der umgehenden Bestellung eines Pflegers. Sie bezieht sich nicht auf diejenigen einzelnen Angelegenheiten, für welche dem Gewalthaber (§ 1630 Abs. 2) oder dem Vormunde (§ 1796) die Vertretungsmacht entzogen werden kann.[2])

Durch Nichterfüllung der Anzeigepflicht machen Gewalthaber und Vormund sich schadenersatzpflichtig.

f) Die Pflegschaft über eine unter e. G. oder unter Vormundschaft stehende Person endigt kraft Gesetzes mit der Beendigung der e. G. oder der Vormundschaft als solcher[3]) (§ 1819 Abs. 1; vgl. S. 214 Nr. 6). Tritt ein neuer Gewalthaber oder Vormund an die Stelle des früheren, so endigt die Pflegschaft nicht. Dies insbesondere auch dann nicht, wenn gemäß § 1909 Abs. 1 Satz 1 ein Pfleger für ein dem Mündel mit der Bestimmung gesonderter Verwaltung zugewendetes Vermögen bestellt ist.[4])

Die zur Besorgung einzelner Angelegenheiten angeordnete Pflegschaft endigt stets mit der Erledigung dieser Angelegenheiten (§ 1918 Abs. 3).

2. Die Pflegschaft über Gebrechliche.

§§ 1910, 1919, 1920; I §§ 1739, 1748 Abs. 2 Satz 1 u. 2, 1748 Abs. 2 Satz 4; II §§ 1787, 1796, 1797; III §§ 1886; 1895, 1896; M. S. 1256 Abs. 2 und S. 1272 Abs. 4; Pr. S. 855—861; D. S. S. 239/40 Nr. 7; pr. VO.§§ 81, 90.

a) Die im § 1727 Abs. 2 E. I bei Bestand gelassene Vormundschaft über Gebrechliche ist auf desfallsige Ermächtigung der 2. Kommission von der Redaktionskommission als Fall der Pflegschaft behandelt worden. Demgemäß und entsprechend dem beim Fehlen einer sog. allgemeinen Klausel (vgl. S. 209, 210) hervorgetretenen praktischen Bedürfnis ist der § 1910 verallgemeinert worden.

Derselbe behandelt im Absatz 1 die allgemeine, Person und Vermögen umfassende Pflegschaft, während sich die Pflegschaft des Absatz 2 auf einzelne Angelegenheiten oder einen bestimmten Kreis von Angelegenheiten des Pflegebefohlenen bezieht.

---

1) M. S. 1255 Abs. 2.
2) M. S. 1256 Abs. 1.
3) z. B. bei Volljährigkeit und Tod des Mündels; nicht bei Tod u. Todeserklärung des Vormundes.
4) M. S. 1272 Abs. 3.

Jene (§ 1910 Abs. 1) kann nur wegen körperlicher Gebrechen, diese (§ 1910 Abs. 2) wegen geistiger oder körperlicher Gebrechen angeordnet werden.

In beiden Fällen aber „darf die Pflegschaft nur mit Einwilligung des Gebrechlichen angeordnet werden, es sei denn, daß eine Verständigung mit ihm nicht möglich ist" (§ 1910 Abs. 3). Die Natur dieser Fälle, in welchen der Pflegebefohlene in der Geschäftsfähigkeit nicht beschränkt ist, macht die Einwilligung des unter Pflegschaft zu Stellenden zu der Anordnung derselben um so mehr erforderlich, als die Anordnung ohne vorgängiges Entmündigungsverfahren durch das V.-Gericht erfolgt.[1]) Der Einwilligung bedarf es nicht, wenn eine Verständigung mit dem Gebrechlichen wegen seiner Gebrechen nicht möglich ist.[2])

b) Die allgemeine Pflegschaft des § 1910 Abs. 1 ordnung der Pflegschaft nicht unwirksam.[3])

Entsprechend dem Erfordernis der Einwilligung des Gebrechlichen in die Anordnung der Pflegschaft ist diese von dem V.-Gericht aufzuheben, wenn der Pflegebefohlene die Aufhebung beantragt (§ 1920). Dies gilt auch in dem Falle, daß derselbe seine Einwilligung nicht erteilt hat, weil eine Verständigung mit ihm nicht möglich war, wenn eine solche möglich geworden ist.

b) Die allgemeine Pflegschaft des § 1910 Abs. 1 kann über nicht bevormundete Personen angeordnet werden, wenn sie infolge körperlicher Gebrechen, insbesondere weil sie taub, blind oder stumm sind, ihre Angelegenheiten nicht zu besorgen vermögen.

Weitergehend als der § 1739 E. I und der § 81 Nr. 3 pr. V.-O. umfaßt das Gesetz alle Angelegenheiten, nicht bloß solche rechtlicher Natur, zu deren Besorgung der Gebrechliche außer stande ist.[4]) Ob Gebrechen vorliegen, welche erheblich genug sind, um die unter Pflegschaft zu stellende Person an der Besorgung ihrer Angelegenheiten zu verhindern, entscheidet nötigenfalls nach voraufgegangener Sachuntersuchung das V.-Gericht. Dieses befindet auch darüber, ob die Pflegschaft sich auf die Person und auf das Vermögen oder nur auf die eine oder das andere zu erstrecken hat. Dabei sind die Wünsche des unter Pflegschaft zu Stellenden thunlichst zu berücksichtigen, wenn eine Verständigung mit ihm möglich ist. Immer aber hat sich diese Pflegschaft, im Gegensatze zu derjenigen des § 1910 Abs. 2 auf die Person und das Vermögen oder doch auf die gesammten persönlichen oder die gesammten Vermögensangelegenheiten zu erstrecken.[5]) Eine Pflegschaft, welche sich auf die persön-

---

[1]) M. S. 1234 Abs. 3.

[2]) Die Verständigung muß auch mit Hülfe eines Sachverständigen nicht möglich sein.

[3]) M. S. 1234 Abs. 1.

[4]) Pr. S. 855 Nr. VII; M. S. 1233 Abs. 3.

[5]) vgl. Schultzenstein § 1910 Anm. 4 A. A. Fischer-Henle § 1910 Anm. 2.

lichen und die Vermögensangelegenheiten erstreckt, kommt thatsächlich der Vormundschaft sehr nah, unterscheidet sich aber in rechtlicher Beziehung von dieser auf das wesentlichste dadurch, daß der Pflegebefohlene in seiner Geschäftsfähigkeit unbeschränkt und daher in der Lage bleibt, jederzeit die Geschäftsführung des Pflegers zu beeinflussen.

c) Die Pflegschaft für „einzelne Angelegenheiten oder einen bestimmten Kreis" derselben (§ 1910 Abs. 2) unterscheidet sich in ihren Voraussetzungen nur dadurch von derjenigen des Abs. 1 daselbst, daß sie auch wegen geistiger Gebrechen eintreten kann. Diese unterscheiden sich von der Geisteskrankheit und der Geistesschwäche[1]) dadurch, daß sie keine Geschäftsunfähigkeit oder beschränkte Geschäftsfähigkeit bedingen. Sie verhindern den damit Behafteten nur zeitweise an der freien Benutzung seiner Geisteskräfte. Dahin gehören Gedächtnisschwäche, Unbesinnlichkeit infolge von Krankheit u. dgl.

Die rechtliche Natur der Pflegschaft ist in beiden Fällen des § 1910 die gleiche.

Der Pfleger hat „die Stellung eines von Staats wegen bestellten Spezialbevollmächtigten", eine Stellung, welche ihm wegen der von dem Pflegebefohlenen erteilten Einwilligung in seine Verwaltung unbedenklich gegeben werden konnte.[2]) Der Pfleger hat daher niemals die dem gesetzlichen Vertreter eines Geschäftsunfähigen in den §§ 1336 Abs. 2 erteilten Befugnisse.

d) Die Pflegschaft über gebrechliche Personen endigt nur mit ihrer Aufhebung durch das V.-Gericht, niemals kraft Gesetzes. Die Aufhebung hat außer im Falle des Todes und der Todeserklärung zu erfolgen, wenn der Grund für die Anordnung der Pflegschaft weggefallen ist (§ 1919), also die Gebrechen, deretwegen die Pflegschaft angeordnet ist, gehoben sind, oder das einzelne Geschäft, für welches der Pfleger bestellt worden, beendigt ist (§ 1919). Ob der Grund für die Anordnung der Pflegschaft weggefallen ist, hat das V.-Gericht nach den Umständen des Einzelfalles zu ermessen.[3]) Dasselbe hat die Pflegschaft außerdem in Gemäßheit des § 1910 Abs. 3 dann aufzuheben, wenn der Pflegebefohlene die Aufhebung beantragt (§ 1920).

e) Eine öffentliche Bekanntmachung der Anordnung einer Pflegschaft über Gebrechliche schreibt weder das B. G. noch das G. F. vor.

3. Die Pflegschaft über Abwesende.

§§ 1911, 1921; I §§ 1740, 1748 Abs. 1 Nr. 4 u. Abs. 2 Satz 3; II §§ 1788 u. 1798; III § 1887 u. 1897; M. S. 1256—1262 u. S. 1273—1274; Pr. S. 856 und S. 859—861; pr. VO. § 82.

a) Die römisch-rechtliche cura absentis hatte lediglich die Erhaltung des von dem Abwesenden zurückgelassenen Vermögens zum Zweck; dem-

[1]) vgl. Planck § 6 Anm. 3.
[2]) M. S. 1256 Abs. 2.
[3]) vgl. Jastrow Nr. 626.

gemäß waren die Befugnisse des Kurators beschränkte. Diese Realkuratel ging in das gemeine deutsche Recht über. Daneben aber bildete sich in diesem eine besondere Vormundschaft über verschollene Abwesende aus, die sog. cura anomala, deren wesentlichste Besonderheit in der Einweisung der zur Zeit des Eintritts der Verschollenheit nächsten Erben des Verschollenen in das Vermögen desselben besteht.

Die moderne Gesetzgebung hat die Abwesenheitsvormundschaft in der Weise behandelt, daß sowohl im Falle der einfachen Abwesenheit als in dem der Verschollenheit eine Verwaltung des Vermögens des Abwesenden nach den Grundsätzen der Altersvormundschaft eintritt.[1]) Dieser Auffassung hat sich das B. G. angeschlossen, indem es die Abwesenheitspflegschaft als „eine Personalkuratel" in Ansehung der der vormundschaftlichen Fürsorge bedürfenden Vermögensangelegenheiten des Abwesenden gestaltet hat.[2])

b) „Ein abwesender Volljähriger, dessen Aufenthalt unbekannt ist, erhält für seine Vermögensangelegenheiten, soweit sie der Fürsorge bedürfen, einen Abwesenheitspfleger" (§ 1911 Abs. 1).

Von einer bestimmten Dauer der nachrichtslosen Abwesenheit wie in § 82 Abs. 1 pr. V.-O.) ist die Anordnung dieser Pflegschaft nicht abhängig. Es genügt die nachrichtslose Abwesenheit von dem Wohnsitz oder, wenn der Abwesende einen solchen im Inlande nicht hat, von dem Aufenthaltsorte, gegebenen Falls demjenigen Orte, wo das Bedürfnis der Fürsorge hervortritt.[3]) Liegt solche Abwesenheit und das Bedürfnis einer Fürsorge für die Vermögensangelegenheiten des Abwesenden vor, so ordnet das V.-Gericht[4]) insoweit eine Pflegschaft an, als es das Bedürfnis fordert.[5]) Selbstverständlich nur dann, wenn nicht bereits eine Vormundschaft über den Abwesenden besteht.

Die Berufung zu dieser Pflegschaft richtet sich gemäß § 1915 nach §§ 1776, bezw. 1899 (vgl. S. 213 Nr. 3).

c) Soweit der Abwesende zur Besorgung seiner Vermögensangelegenheiten einen Bevollmächtigten bestellt oder sonst für seine Vertretung gesorgt hat,[6]) liegt ein Bedürfnis für die Bestellung eines Pflegers regelmäßig nicht vor. Es kann sich aber die Bestellung eines solchen neben dem Bevollmächtigten vernotwendigen, wenn dieser nur für einen Teil des Vermögens bevollmächtigt oder dem Abwesenden während seiner Abwesenheit Vermögen angefallen ist. Andererseits können „Umstände ein-

---

[1]) Stobbe IV S. 534 Abs. 3.

[2]) M. S. 1258 Abs. 1.

[3]) vgl. M. S. 1259 Abs. 2.

[4]) Die Anordnung „hängt lediglich von dem Ermessen des VGerichts ab und unterliegt einer Nachprüfung durch den Prozeßrichter nicht"; vgl. RG. C. S. XXXIV S. 415/16; XX S. 227. Schultzenstein § 1911 Anm. 1; vgl. auch G. F. §§ 36 Abs. 2, 37 Abs. 2.

[5]) Die Pflegschaft bezieht sich nur auf Vermögensangelegenheiten, aber auch auf sämmtliche Vermögensangelegenheiten, nicht blos auf vorhandenes Vermögen.

[6]) vgl. Pr. S. 856 Nr. IX.

treten, die zum Widerrufe des (von dem Abwesenden erteilten) Auftrages oder der Vollmacht Anlaß geben" (§ 1911 Abs. 1 Satz 2). Solche können in der Lage des Vermögens oder in der Person des Bevollmächtigten gegeben sein.[1]) Liegen sie vor, so hat das V.-Gericht trotz des Bevollmächtigten einen Pfleger zu bestellen, welcher dann seinerseits den jenem erteilten Auftrag zu widerrufen und die Verwaltung zu übernehmen hat.

Ist neben dem Bevollmächtigten ein Pfleger bestellt, so hat im Zweifel dieser die allgemeine Vertretung der Vermögensangelegenheiten des Abwesenden. Die durch das Erlöschen der Vollmacht freigewordene besondere Vermögensverwaltung geht ohne weiteres auf den Pfleger über.[2])

d) Ist der Aufenthalt des Abwesenden bekannt, derselbe aber an der Rückkehr oder der Besorgung seiner Vermögensangelegenheiten verhindert,[3]) so tritt die Pflegschaft gleichfalls ein (§ 1911 Abs. 2). Auch in diesem Falle kann das Bedürfnis einer Fürsorge für das Vermögen des Abwesenden vorliegen, dem unter denselben Voraussetzungen zu genügen ist, wie im Falle des Abs. 1.

e) Der Abwesenheitspfleger hat die volle Vertretung des Abwesenden in vermögensrechtlicher Beziehung;[4]) nicht bloß, wie nach römischem Rechte, die cura bonorum. Gemäß § 1915 nimmt er die Stellung des Vormundes eines Volljährigen ein, und hat das Vermögen des Abwesenden wie ein solcher zu verwalten. Er ist zum Erwerbe des demselben anfallenden Vermögens, insbesondere von Erbschaften, und zur Führung von Rechtsstreitigkeiten über vermögensrechtliche Angelegenheiten ermächtigt. „Die Abwesenheitspflegschaft soll dem Abwesenden insoweit Schutz gewähren, als dies, unbeschadet seiner Geschäftsfähigkeit und Prozeßfähigkeit, thunlich ist.[5]) In einem Rechtsstreite steht der von einem Pfleger vertretene Abwesende zwar einer Person gleich, welche nicht prozeßfähig ist.[6]) Die Klage kann aber dem Abwesenden selbst zugestellt und gegen denselben solange verfolgt werden, bis der Pfleger den Rechtsstreit übernommen hat.[7])

Eine Sorge des Pflegers für die Person des Abwesenden ist gänzlich ausgeschlossen.[8]) Der Pfleger eines Verschollenen ist jedoch nach § 962 C. P.-O. zu dem Antrag auf Einleitung des Aufgebotsverfahrens zum Zwecke der Todeserklärung berechtigt, bedarf dazu aber der Genehmigung des V.-Gerichts.

f) Ob der Abwesende zur Zeit der Bestellung des Pflegers noch

---

[1]) Krankheit, Abwesenheit desselben.
[2]) M. S. 1260 Abs. 1 u. 2.
[3]) z. B. durch weite Entfernung oder Kriegsgefangenschaft.
[4]) vgl. Rassow u. Küntzel, Bnd. 40 S. 308 ff.
[5]) M. S. 1271 Abs. 1.
[6]) C. P. O. § 53 (vgl. E. I § 1747).
[7]) M. zu § 1747.
[8]) M. S. 1258 Abs. 2.

lebt oder bereits verstorben ist, erscheint rechtlich bedeutungslos.[1]) Im Falle, daß der Abwesende verstorben ist, ist nach Analogie des § 1960 derjenige, welcher Erbe wird, als der Vertretene anzusehen.[2])

g) Das V.-Gericht hat sich bei Anordnung der Pflegschaft lediglich von dem Interesse des Abwesenden leiten zu lassen; dasjenige Dritter kann nur mittelbar Berücksichtigung finden. Dementsprechend ist nicht Jeder, welcher ein Interesse zur Sache nachweist, berechtigt, die Einleitung der Abwesenheitspflegschaft zu beantragen.[3]) Er kann den Anstoß zur Anordnung der Pflegschaft geben, hat aber kein Recht auf Bestellung eines Pflegers.

h) Hervorzuheben ist der § 88 G. F., wonach einem Abwesenden für die Zwecke des Auseinandersetzungsverfahrens (§ 2042 ff.) von dem Nachlaßgericht ein Pfleger bestellt werden kann. Ist dies geschehen, so bedarf es einer Abwesenheitspflegschaft gemäß § 1911 nicht.

i) Eine öffentliche Bekanntmachung der Anordnung einer Abwesenheitspflegschaft ist nicht vorgeschrieben.

k) Die Abwesenheitspflegschaft endigt:

aa) regelmäßig mit ihrer Aufhebung durch das V.-Gericht (§ 1921 Abs. 1 und 2).

Dieses hat die Pflegschaft aufzuheben, wenn seines Ermessens „der Abwesende an der Besorgung seiner Angelegenheiten nicht mehr verhindert ist" (§ 1921 Abs. 1), zweifellos also, wenn derselbe zurückgekehrt ist oder sich einen Bevollmächtigten bestellt hat, aber auch in anderen Fällen;[4]) oder wenn ihm der Tod des Abwesenden bekannt wird (§ 1921 Abs. 2). Auch in diesem Falle entscheidet nicht der Zeitpunkt des wirklichen Todes. Die nach diesem, aber vor der Aufhebung der Pflegschaft von dem Pfleger für den Abwesenden vorgenommenen Rechtsgeschäfte sind wirksam. Das Amt des Pflegers wird nicht als mit dem Zeitpunkte des Todes des Abwesenden erloschen behandelt; dies selbst dann nicht, wenn der Abwesende zur Zeit der Anordnung der Pflegschaft schon tot war.[5])

Eines förmlichen Beweises des Todes des Abwesenden (vgl. E. I § 1748 Abs. 2 Satz 3 „Feststellung") bedarf es nicht.

bb) Wird der Abwesende für tot erklärt, so endigt die Pflegschaft mit der Erlassung (Verkündung) des die Todeserklärung aussprechenden Urteils kraft Gesetzes (§ 1921 Abs. 3).

---

[1]) vgl. § 1921 Abs. 2 u. 3; Pr. S. 856 Abs. 5; R.G. C. S. XII Nr. 15; M. S. 1261 Abs. 2.

[2]) vgl. M. a. O.

[3]) Wie die pr. VO. § 82 Abs. 4 zuläßt.

[4]) M. S. 1273 Abs. 1 a. E.

[5]) vgl. M. S. 1273 Abs. 2; Pr. S. 860 Abs. 4.

4. Die Pflegschaft für eine Leibesfrucht.

§§ 1912, 1918 Abs. 2; I §§ 1741, 1748 Abs. 1 Nr. 5 II §§ 1789, 1795; III §§ 1888, 1894; M. S. 1262 Abs. 6—1264 u. S. 1274 Abs. 2; Pr. S 857 u. S. 860/61, Nr. C.; D. S. S. 240; pr. VO. §§ 88, 91 Abs. 2.

a) Während durch die gemeinrechtliche cura bonorum ventris nomine nur das Erbrecht der Leibesfrucht dadurch gesichert wird, daß der Kurator die derselben eventuell anfallende Erbschaft verwaltet, hat die neuere Gesetzgebung, soweit sie die Leibesfrucht überhaupt als Rechtssubjekt anerkennt, für die Wahrung der künftigen Rechte derselben in weiterem Umfange Sorge getragen.[1])

Das thut auch das B. G., indem es bestimmt, daß „eine Leibesfrucht zur Wahrung ihrer künftigen Rechte, soweit diese einer Fürsorge bedürfen, einen Pfleger erhält (§ 1912). Darnach fallen unter diese Pflegschaft alle diejenigen Rechte, welche das Gesetz der nicht allgemein als Rechtssubjekt von ihm anerkannten Leibesfrucht einräumt. Dahin gehören ihre Rechte aus ihrer Einsetzung als Nacherbe (§ 2101; vgl. §§ 2113—2115, 2116, 2118), aus Vermächtnissen, aus Fideicommissen und Familienstiftungen, der Anspruch auf den Unterhalt gegen den außerehelichen Erzeuger (§ 1716 Abs. 1), auf Schadensersatz wegen Tötung einer unterhaltspflichtigen Person (§ 844 Abs. 2 Satz 2) u. a. m.

Wie aus diesen Beispielen erhellt, handelt es sich regelmäßig um Vermögensrechte der Leibesfrucht. Das Gesetz beschränkt die Pflegschaft aber nicht auf solche Rechte.[2]) Nicht, wenigstens regelmäßig nicht, gehört dahin der Fall der römisch-rechtlichen cura bonorum ventris nomine, nämlich die Sicherung des Erbrechts, denn zu diesem Zweck ist regelmäßig eine Nachlaßpflicht anzuordnen (§ 1960).[3]) Nicht dahin gehört auch der Fall der römischen „cura ventris", die Alimentation der Mutter aus der Erbschaft.[4]) Denn nach § 1963 steht der mittellosen Mutter selbst der Anspruch auf standesmäßigen Unterhalt aus dem Erbteil des Kindes zu.

b) Voraussetzung der Anordnung der Pflegschaft ist außer dem Bedürfnis einer Fürsorge, daß die Leibesfrucht nach ihrer Geburt nicht unter die e. G. fällt.

Ein Antrag, immer einen Pfleger zu bestellen, falls dies zur Wahrung der Rechte der Leibesfrucht erforderlich, wurde von der 2. Kommission mit Recht abgelehnt,[5]) da die Eltern kraft der e. G. berufen sind, für die Leibesfrucht zu sorgen.

Zwischen der ehelich und der unehelich erzeugten Leibesfrucht wird nicht unterschieden.[6])

---

1) M. S. 1263; Dernburg S. 264 Abs. 3.
2) A. A. Fischer-Henle § 1912 Anm. 2.
3) M. S. 1263 Abs. 3.
4) L. 5 pr. D. 37, 9.
5) Pr. S. 857 Nr. X.
6) M. S. 1264 Abs. 2.

c) Der Umfang der Befugnisse des Pflegers muß dem vorhandenen Bedürfniß entsprechen und wird von dem V.-Gerichte bestimmt. Die Pflegschaft hat den Karakter einer Personalkuratel und giebt dem Pfleger die volle Vertretungsmacht.[1])

Für die Berufung zu der Pflegschaft gelten die allgemeinen Bestimmungen (§ 1915; vgl. S. 213 Nr. 3).

d) Die Pflegschaft für eine Leibesfrucht endigt, abweichend von der Regel des § 1919, kraft Gesetzes mit der Geburt des Kindes (§ 1918 Abs. 2).

Stellt sich heraus, daß keine Schwangerschaft besteht oder ist die Schwangere gestorben, so ist die Pflegschaft nach der allgemeinen Vorschrift des § 1919 von dem V.-Gericht aufzuheben.

e) Ein dem § 88 der pr. V.-O. entsprechendes Antragsrecht hat das Gesetz so wenig der Schwangeren als denjenigen gegeben, deren Rechte durch die mögliche Geburt betroffen werden. Die Anordnung der Pflegschaft erfolgt vielmehr von Amtswegen.

5. Die Pflegschaft für unbekannte Beteiligte.

§§ 1913; I §§ 1742, 1827; II § 1790: III § 1889; M. S. 1265/66; Pr. S. 857; DS. S. 240; pr. VO. § 90.

a) An mannigfachen Rechtsverhältnissen können unbekannte oder zur Zeit noch nicht bestimmte Personen beteiligt sein, deren Vertretung dabei sowohl zur Wahrung ihrer eigenen Rechte als zur Ordnung jener Verhältnisse wünschenswert erscheint.

Diesem Bedürfnis, welches vor dem B. G. nur in einzelnen Landesgesetzgebungen vorgesehen war, trägt der § 1913 Rechnung, indem er bestimmt, daß, falls „unbekannt oder ungewiß ist, wer bei einer Angelegenheit der Beteiligte ist, dem Beteiligten für diese Angelegenheit, soweit eine Fürsorge erforderlich ist, ein Pfleger bestellt werden kann. Insbesondere kann einem Nacherben, der noch nicht erzeugt ist, oder dessen Persönlichkeit erst durch ein künftiges Ereignis bestimmt wird, für die Zeit bis zum Eintritte der Nacherbfolge ein Pfleger bestellt werden".

b) Außer dem Nacherben in seinem Verhältnis zum Vorerben, welches diesem jenem gegenüber mannigfache Verpflichtungen (vgl. §§ 2114, 2116, 2118, 2121, 2123 u. a. m.) auferlegt, gehören hierher Vermächtnisnehmer (§ 2178), Fideicommiß-Lehnserben, Erbberechtigte aus Familienstiftungen rc. rc., die zur Zeit des Anfalles der letztwilligen Zuwendungen noch nicht erzeugt sind (vgl. §§ 2100 und 2101 Abs. 1), oder deren Persönlichkeit erst durch den Eintritt eines bestimmten Zeitpunktes oder Ereignisses bestimmt wird (vgl. § 2105 Abs. 2).

Auch einer juristischen Person, die erst nach dem Erbfalle zur Ent-

[1]) M. S. 1264 Abs. 1.

stehung gelangt, oder die zwar bereits vorhanden, aber noch erst zu ermitteln ist, kann ein Pfleger bestellt werden.[1])

Nicht hierher gehören unbekannte beteiligte Erben, für welche gemäß § 1960 eine Nachlaßpflegschaft angeordnet ist.

c) Angelegenheiten, für welche ein Pfleger bestellt werden kann, sind nicht bloß solche rechtlicher Natur, die eine Vertretung nötig machen, sondern auch solche Angelegenheiten, die eine thatsächliche Fürsorge erfordern.[2]) Von Natur und Umfang der Pflegschaft gilt das S. 211 Nr. 3 Bemerkte.

d) Wo es sich um eine Vertretung unbekannter Beteiligter in rechtlicher Beziehung handelt, erscheint der Pfleger innerhalb der Grenzen seines Amtes auch berechtigt, dieselben zu verpflichten.[3])

Als selbstverständlich ist es angesehen, daß der Pfleger in erster Linie die unbekannten Beteiligten zu e r m i t t e l n hat (M.)[4])

6. Die Pflegschaft für ein Vermögen.

§ 1914; III § 1890; R. T. K. S. 164, 165; D. S. S. 240.

a) Um eine reine Realpflegschaft[5]) handelt es sich, wenn gemäß § 1914 „zum Zwecke der Verwaltung und Verwendung eines durch öffentliche Sammlung für einen vorübergehenden Zweck zusammengebrachten Vermögens ein Pfleger bestellt" wird. Eine solche Pflegschaft kann n u r angeordnet werden für ein durch öffentliche Sammlung, d. h. in einem nicht geschlossenen Kreise von Personen zusammengebrachtes Vermögen, wenn die nach dem Willen der Geber zu der Verwaltung und Verwendung berufenen Personen aus Gründen thatsächlicher Natur (Tod, Geschäftsunfähigkeit) weggefallen sind.[6])

Die weitergehende Bestimmung der Reichstagsvorlage, wonach den Berufenen die Verwaltung und Verwendung auch „aus einem wichtigen Grunde" sollte entzogen werden können, hat keine Aufnahme in das Gesetz gefunden.

b) Ob die Berufenen weggefallen oder noch an zweiter Stelle Berufene vorhanden und diese allein zur Verwaltung berechtigt sind, unterliegt dem Ermessen des V.-Gerichts. Ebenso die Frage, ob ein

---

[1]) vgl. M. S. 1265 u. M. V S. 544. Es ist gewiß zweifelhaft, ob man an juristische Personen gedacht hat; sie sind aber, wie Fuchs S. 266/67 mit guten Gründen ausführt, nicht ausgeschlossen; vgl. andererseits für die pr. VO. Jastrow Nr. 606.

[2]) Es kann z. B. eine Pflegschaft angeordnet werden für die durch einen allgemeinen Unglücksfall hülfsbedürftig gewordenen und deshalb zu unterstützenden Personen, soweit dieselben unbekannt sind. (M. S. 1265 Abs. 2.) Anders nach § 90 der pr. VO. (Jastrow Nr. 609b).

[3]) „Jahrbuch" IV S. 140. Jur. Wochenschrift 1892 Nr. 53.

[4]) M. S. 1265 Abs. 2. A. A. Fischer-Henle § 1913 Anm. 3.

[5]) Die einzige, die das Gesetz zuläßt. (vgl. M. S. 1252 Abs 1 a. E.)

[6]) Die berufenen Personen müssen nicht mehr oder doch am Orte des zu verwaltenden Vermögens nicht mehr vorhanden sein. Unfähigkeit, Pflichtwidrigkeit derselben u. dergl. genügt nicht.

Bedürfnis für die Anordnung der Pflegschaft vorhanden oder das Vermögen den sonstigen gesetzlichen Bestimmungen gemäß zu behandeln ist.

c) Der § 1914 gestattet („kann") nur die Anordnung einer Pflegschaft, ohne auszuschließen, daß die zur Verfügung über das Vermögen Berechtigten die Verwaltung desselben selbst regeln.

d) Die Verwaltung des Vermögens durch den Pfleger erfolgt nach den Grundsätzen der Vormundschaft (§ 1915). Berufung kann der Natur der Sache nach nicht stattfinden.

7. Sonstige Fälle von Pflegschaften.

Neben den Pflegschaften des B. G. giebt es eine Anzahl von Pflegschaften, bezw. pflegschaftsähnlicher Verhältnisse, die durch besondere Reichsgesetze angeordnet sind. Dahin gehört:

Die Einleitung einer Güterpflege über das beschlagnahmte Vermögen derjenigen, welche wegen Verbrechens gegen die §§ 80, 81, 83, 84, 87—92 St.-G.-B. angeschuldigt sind (§ 93 St.-G.-B.), und über dasjenige eines Abwesenden, gegen den die öffentliche Klage erhoben ist und die Voraussetzungen eines Haftbefehls vorliegen (§§ 480, 332—335 St.-P.-O.)[1]), sowie die Bestellung eines „Kurators" für diejenigen Reichsbeamten, welche wegen körperlicher oder geistiger Schwäche in den Ruhestand zu versetzen sind (§ 62 des Reichsbeamtengesetzes vom 31. März 1873).[2])

Soweit diese Pflegschaften und etwaige andere von der Spezialgesetzgebung angeordnete[3]) Pflegschaften nicht durch Spezialgesetze geregelt sind, treten die allgemeinen Vorschriften des Vormundschaftsrechts ein.

Nicht hierher gehören:

Die ihrem ganzen Umfange nach durch die K. O. geordnete Verwaltung des Konkursverwalters (§ 78—86 K. O.) und die Verwaltung des Verwalters im Zwangsversteigerungsverfahren (§§ 94, 150 ff. Z. V.); weniger noch die Bestellung eines bloßen Vertreters durch den Vorsitzenden des Prozeßgerichts, das Vollstreckungsgericht rc. rc. (vgl. §§ 57, 58, 668, 679 Abs. 3; 779 Abs. 2 C. P.-O.).

§ 50. Prozeßualische Vorschriften.

1. Zuständigkeit zur Anordnung von Pflegschaften.

Zuständig zur Anordnung von Pflegschaften ist:

a) für Personen, die unter e. G. oder unter Vormundschaft (§ 1909) stehen, dasjenige inländische Gericht, bei welchem eine Vormundschaft über dieselben anhängig ist. Ist dies nicht

---

[1]) Nach § 334 Abs. 2 St. P. O. hat die zuständige Vormundschaftsbehörde „eine Güterpflege einzuleiten". Diese ist jetzt als eine Abwesenheitspflegschaft im Sinne des B. G. anzusehen. Vgl. RG. CS. XI S. 188.

[2]) Der Kurator hat die Rechte des Beamten in dem gegen ihn einzuleitenden Verfahren in vollem Umfange wahrzunehmen. Vgl. preußische Gesetze v. 7. Mai 1851 (§ 58) und v. 21. Juli 1852 (§ 89). Dasselbe bestimmen verschiedene A. G. G.

[3]) vgl. M. S. 1252 Abs. 3 vgl. auch Art. 4.

der Fall, so ist dasjenige Gericht zuständig, in dessen Bezirke der Pflegebefohlene zu der Zeit, zu welcher die Anordnung der Pflegschaft erforderlich wird, seinen Wohnsitz, in Ermangelung eines inländischen Wohnsitzes[1]) seinen Aufenthalt hat, eventl. seinen letzten inländischen Wohnsitz hatte; eventl. wird das zuständige Gericht von der Landesjustizverwaltung oder dem Reichskanzler bestimmt (§§ 37, 36 G. F.);

b) für Gebrechliche das Gericht des Wohnsitzes, Aufenthaltes 2c. 2c. wie in § 36 Abs. 1 und 2 G. F. bestimmt (§ 38 daselbst; s. a vorstehend);

c) für Abwesende das Gericht des Wohnsitzes, eventl. letzten inländischen Wohnsitzes, eventl. das von der Landesjustizverwaltung oder dem Reichskanzler bestimmte Gericht (§ 39 G. F.)[2]);

d) für eine Leibesfrucht dasjenige Gericht, welches für die Vormundschaft zuständig sein würde, falls das Kind zu der Zeit, zu welcher das Bedürfnis der Fürsorge hervortritt, geboren sein würde (§ 40 G. F.);

e) für diejenigen, welche bei einer Angelegenheit beteiligt sind, das Gericht, in dessen Bezirke das Bedürfnis der Fürsorge hervortritt (§ 41 G. F.);

f) für die Verwaltung und Verwendung eines Vermögens (§ 1914) das Gericht des Ortes, an welchem die Verwaltung bisher geführt wurde (§ 42 G. F.);

g) für die in den §§ 1665, 1846 (Anordnung einstweiliger Maßregeln über die Ausübung der elterlichen Gewalt seitens des Vormundes oder der noch nicht geschehenen Bestellung eines Vormundes) und im Art. 23 Abs. 2 (vorläufige Maßregeln für Ausländer) bezeichneten Maßregeln ist auch das Gericht zuständig, in dessen Bezirk das Bedürfnis der Fürsorge hervortritt; daneben ist das in den §§ 36, 43 G. F. bezeichnete Gericht zuständig. Diesem Gericht ist, falls eine Vormundschaft, Pflegschaft oder Beistandschaft anhängig ist, durch jenes Mitteilung von den angeordneten Maßregeln zu machen (§ 44 G. F.);

h) Für die Anordnung der unter a—c bezeichneten Pflegschaften für einen Ausländer, über den bei einem inländischen Gericht eine Vormundschaft nicht abhängig ist und der im Inlande weder Wohnsitz noch Aufenthalt hat, ist das Gericht zuständig, in dessen Bezirke das Bedürfnis der Fürsorge hervortritt (§§ 37 Abs. 2; 38, 39 Abs. 2 G. F.)[3]).

2. Die Rechtsmittel.

a) Die einfache Beschwerde steht, unbeschadet der Vorschriften des § 19, zu:

aa) Gegen eine Verfügung, durch welche die Anord-

[1]) Einer genauen Feststellung bezüglich desselben bedarf es nicht; es genügt, daß er nicht aufzufinden ist. (vgl. K.Bericht S. 38).

[2]) Hinsichtlich des Auseinandersetzungsverfahrens das Nachlaßgericht (§ 88 GF.)

[3]) Über die Abgabe der Pflegschaft an ein anderes Gericht vgl. § 46 Abs. 3 GF.

nung einer Pflegschaft abgelehnt oder eine Pflegschaft aufgehoben wird, Jedem, der ein rechtliches Interesse an der Anordnung der Verfügung hat, in den Fällen der §§ 1909 und 1910 auch dem Ehegatten sowie den Verwandten und Verschwägerten des Pflegebefohlenen; diese Vorschrift gilt jedoch im Falle des § 1910 nur dann, wenn eine Verständigung mit dem Pflegebefohlenen nicht möglich ist (vgl. § 1910 Abs. 3).

bb) Gegen eine Verfügung, durch die ein Antrag des Gegenvormundes oder Beistandes zurückgewiesen wird, gegen den gesetzlichen Vertreter wegen pflichtwidrigen Verhaltens einzuschreiten oder den Pfleger aus einem der im § 1886 bezeichneten Gründe zu entlassen, dem Antragsteller.

cc) Gegen eine Verfügung, durch die dem Pfleger eine Vergütung bewilligt wird, dem Gegenvormunde (§ 57 Nr. 3, 6 und 7 G. F.).

b) Die sofortige Beschwerde steht zu:

aa) Gegen eine Verfügung, durch die ein als Pfleger Berufener übergangen wird.

bb) Gegen eine Verfügung, durch welche die Weigerung, eine Pflegschaft zu übernehmen, zurückgewiesen wird.

cc) Gegen eine Verfügung, durch die ein Pfleger gegen seinen Willen entlassen wird.

c) Den Fall, daß ein Volljähriger gemäß §§ 1915, 1906 statt unter vorläufige Vormundschaft unter vorläufige Pflegschaft gestellt ist (vgl. S. 212), berührt das G. F. nicht besonders. Den unter diese Pflegschaft Gestellten steht daher nur die Beschwerde aus § 19 dieses Gesetzes zu.

Anhang.

Uebergangsbestimmungen.

I. Anwendung des neuen Rechts auf anhängige Vormundschaften. — Ausnahmsweise Anwendung des bisherigen Rechts auf dieselben.

Art. 210; I Art. 99, 128; II Art. 180; III Art. 209; M. EG. S. 248/49 u. S. 303/4; Pr. S. 891/92; 9108, 9241/42; pr. VO. §§ 92, 93.

1. Art. 210 stellt den Grundsatz auf, daß „auf eine zur Zeit des Inkrafttretens des B. G. bestehende Vormundschaft von dieser Zeit an die Vorschriften des B. G. Anwendung finden".

Weder den bereits Bevormundeten noch den schon bestellten Vormündern kann irgend ein Anspruch als ein wohlerworbenes Recht darauf zugestanden werden, daß die Vormundschaft in der bisherigen Weise fortgeführt werde. Die Befugnisse des Vormundes entspringen nicht aus einem Vertrage, sondern lediglich aus dem Gesetz und der seitens des Staates erfolgten Bestellung.[1]) Hieraus und aus der abändernden Kraft neuer Gesetze ergab sich die Anwendlichkeit des neuen Rechts auch auf anhängige Vormundschaften. Zur Beseitigung dennoch etwa entstehender Zweifel sind die Bestimmungen des Art. 210 getroffen.

Aus denselben ergiebt sich:

1) Anhängige Vormundschaften und Pflegschaften, die auf Grund einer gesetzlichen Bestimmung angeordnet sind, welche das B. G. nicht anerkennt, kommen mit dem Inkrafttreten des letzteren kraft Gesetzes und ohne bezügliche Anordnung des V.-Gerichts in Wegfall.[2]) In dieser Beziehung ist hinsichtlich der Minderjährigen bereits (S. 3) hervorgehoben, daß mit jenem Zeitpunkte die Vormundschaften über vaterlose Minderjährige endigen, deren Mutter am Leben ist. Wie in diesem Falle die e. G. auf die Mutter übergeht, so tritt natürlich auch die e. G. des Vaters wieder in Kraft, wenn dieselbe nach dem bisherigen Recht aus einem Grunde ausgeschlossen war, den das B. G. nicht anerkennt. In beiden Fällen findet aber der Uebergang der e. G. auf die Eltern

---

[1]) M. z. pr. VO.

[2]) So auch die häufig vorkommenden, mit ausdrücklicher oder stillschweigender Einwilligung der Beteiligten, aber ohne Rechtsgrund angeordneten Vermögenspflegschaften.

nur dann statt, wenn diese nach den Vorschriften des B. G. fähig sind, dieselbe auszuüben. Für die Frage, ob die Eltern diese Fähigkeit verloren haben, ist es ohne Bedeutung, ob der Verlust derselben vor oder nach dem Inkrafttreten des B. G. eingetreten ist, da es nur darauf ankommen kann, ob die Fähigkeit vorhanden ist oder nicht.[1])

Hat die Mutter sich nach dem Tode des Vaters wieder verheiratet, so geht die e. G. nicht auf sie über; dies selbst dann nicht, wenn auch ihre zweite Ehe bereits wieder gelöst ist. Ruht die e. G. der Mutter, so ist sie nicht berechtigt, sie auszuüben (§§ 1678, 1686). Die Vormundschaft besteht also fort.[2])

b) Minderjährige, die unter dem bisherigen Rechte durch Entlassung, Verheiratung oder Begründung eines selbständigen Haushaltes aus der e. G. herausgetreten waren, treten mit dem Inkrafttreten des B. G. wieder unter dieselbe. Denn nach Art. 203 bestimmt sich das Rechtsverhältnis zwischen den Eltern und einem vor dem Inkrafttreten des B. G. geborenen ehelichen Kinde von dem Inkrafttreten des B. G. an nach dessen Vorschriften.[3]) Daraus ergiebt sich, da das B. G. die Beendigung der e. G. aus den vorbemerkten Gründen nicht kennt, das Wiedereintreten der e. G. (§ 1626). Damit tritt an sich auch das Nutznießungsrecht der Eltern an dem Vermögen der Kinder gemäß den Vorschriften des B. G. in Kraft (vgl. §§ 1649, 1686, aber auch 1661). Es wird aber zu prüfen sein, ob sich nicht aus der Art der Entlassung aus der e. G. ein Verzicht auf die Nutznießung ergiebt.[4]) Daß die gesetzliche Vormundschaft über minderjährige, aus der e. G. getretene Kinder, wo solche, wie nach § 12 Abs. 1 pr. V.-O., bestand, oder eine sonst etwa über dieselben angeordnete Vormundschaft mit dem Eintreten der e. G. erlischt, ergiebt sich ohne weiteres.

c) Pflegschaften über das Vermögen von Kindern, an welchem nach dem bisherigen Rechte dem Gewalthaber ein Verwaltungs- und Nießbrauchsrecht gesetzlich nicht zustand, endigen regelmäßig mit dem Inkrafttreten des B. G., da nach diesem die Nutznießung des Gewalthabers an jenem Vermögen des Kindes stattfindet (Art. 203 Satz 2). Eine Ausnahme ergiebt sich nur für den Fall, daß die Thatsachen, welche nach früherem Rechte die Befreiung begründeten, von solcher Art sind, daß sie, wenn sie sich unter der Herrschaft des B. G. ereignet hätten, die Befreiung ebenfalls zur Folge gehabt haben würden (vgl. §§ 1650, 1651).[5])

---

[1]) vgl. M. EG. S. 291, Abs. 3.

[2]) Auch die von der Mutter geführte (vgl. Habicht S. 464, Anm.). Dieser stehen aber gesetzliche Befreiungen nicht mehr zur Seite (vgl. S. 237).

[3]) M. EG. S. 291, Abs. 3. — „Über die Rechtsverhältnisse zwischen den Eltern und dem Kinde" vgl. §§ 1616—1625.

[4]) vgl. Habicht S. 426 Abs. 5.

[5]) vgl. M. EG. S. 293 Abs. 3.

Anordnungen, welche von Dritten in einer nach dem bisherigen Rechte gültigen Weise hinsichtlich der Verwaltung oder des Nießbrauches an dem dem Kinde von ihnen zugewendeten Vermögen getroffen sind, werden unter der Herrschaft des neuen Rechts aufrechterhalten, wenn sie auch nach diesem hätten getroffen werden können (vgl. § 1638). In diesem Falle bestehen auch die bezüglichen Pflegschaften fort.[1])

d) Nach Art. 204 Abs. 1 Satz 1 bleiben diejenigen Beschränkungen (Entziehung der väterlichen Gewalt oder eines Teiles derselben; Beschränkung der Vermögensverwaltung) in Kraft, welche dem Vater oder der Mutter vor dem Inkrafttreten des B. G. von der zuständigen Behörde (nicht kraft Gesetzes) hinsichtlich der Sorge für die Person oder das Vermögen des Kindes auferlegt sind. Die aus dieser Veranlassung angeordneten Pflegschaften dauern fort, können jedoch, wie die Anordnungen überhaupt, nach § 1671 durch das V.-Gericht aufgehoben werden. Davon, daß diese Anordnungen auch nach dem G. B. getroffen werden können, ist ihr Fortbestehen nicht abhängig. Ob darin, daß die unter dem früheren Recht als Vormund berufene Mutter mit ihrer Einwilligung oder stillschweigend übergangen ist, eine Beschränkung derselben in der Sorge für die Person oder das Vermögen des Kindes liegt, ist nach den Umständen des Einzelfalles zu beurteilen. Jedenfalls geht die e. G. auf die Mutter über. Es wird aber meistens Veranlassung sein, ihre Vermögensverwaltung in dieser oder jener Beziehung zu beschränken (vgl. § 1693).[2]) Der der Mutter nach bisherigem Rechte bestellte Gegenvormund bleibt bis zu seiner Entlassung im Amte.[3])

Ist dem Vater oder der Mutter jedoch die Nutznießung an dem Vermögen des Kindes auf Anordnung der zuständigen Behörde entzogen, so hat das V.-Gericht diese Anordnung und die bezügliche Pflegschaft auf Antrag des betr. Elternteiles aufzuheben, wenn die Entziehung der Nutznießung nicht durch eine Verletzung des Rechts des Kindes auf Gewährung des Unterhaltes nach § 1666 Abs. 2 gerechtfertigt ist. Der Uebergang der Nutznießung auf die Eltern findet erst mit der gerichtlichen Aufhebung der Beschränkung statt, was wegen der „Fruchtverteilung" (§§ 101—103) von Bedeutung ist.

e) Eine Vormundschaft wegen körperlicher Gebrechen kennt das B. G. ebensowenig als eine solche über nicht entmündigte Geistesschwache. Die über solche Personen anhängigen Vormundschaften gelten nach Art. 210 als Pflegschaften, die nach § 1910 Abs. 1 bezw. § 1910 Abs. 2 angeordnet sind (vgl. 218 ff.). Die Vorschriften über die Pflegschaft (Buch IV Abschn. III 3. Titel) finden daher

[1]) vgl. M. EG. S. 293 Abs. 2.
[2]) vgl. Habicht S. 429.
[3]) vgl. Habicht S. 430.

auf sie Anwendung, und sind sie namentlich auf Antrag des Pflegebefohlenen aufzuheben (§ 1920).

Anlangend insbesondere die nach früherem Recht angeordnete Bevormundung wegen Geistesschwäche ohne vorgängiges Entmündigungsverfahren, so ergiebt sich aus Art. 210, daß dieselbe sich in eine Pflegschaft für die Vermögensangelegenheiten des Pflegebefohlenen umwandelt. Der nunmehrige Pflegebefohlene wird daher, von besonderen, seine Geschäftsfähigkeit ausschließenden oder beschränkenden Gründen abgesehen, voll geschäftsfähig, kann Verträge jeder Art abschließen, letztwillige Verfügungen errichten 2c. 2c.

Wie sich die Sache gestaltet, wenn nach früherem Recht eine Entmündigung wegen Geistesschwäche stattgefunden hat, besagt Art. 210 nicht. Die bezüglichen Verhandlungen ergeben kein klares Resultat. Es ist aber unbedenklich anzunehmen, daß die Entmündigung, wenn sie sachlich wegen wirklicher Geisteskrankheit erfolgt ist, unter Art. 155 fällt, mag die Entmündigung nun als wegen Geisteskrankheit oder wegen Geistesschwäche erfolgt bezeichnet sein; die Bevormundung und die Entmündigung mit allen ihren Folgen bleiben in diesem Falle also in Kraft.[1])

f) Die zur Zeit des Inkrafttretens des B. G. wegen Geisteskrankheit Entmündigten stehen von da ab den nach den Vorschriften des letzteren wegen Geisteskrankheit Entmündigten,[2]) die wegen Verschwendung Entmündigten von da ab den nach den Vorschriften des B. G. wegen Verschwendung Entmündigten gleich. Dasselbe gilt von denjenigen, für welche nach den französischen oder badischen Gesetzen wegen Verschwendung die Bestellung eines Beistandes angeordnet ist (Art. 155, 156), an dessen Zustimmung der Verschwender in gewissen Fällen gebunden ist (code Art. 513).

Wo eine Entmündigung wegen Geisteskrankheit anzunehmen ist, treten die vollen Wirkungen der Entmündigung aus diesem Grunde (§ 104 Nr. 3) ein, ohne daß die von dem früheren Recht etwa angenommenen Grade der Geisteskrankheit und deren verschiedene Rechtsfolgen in Betracht kommen.[3])

g) Personen, die zur Zeit des Inkrafttretens des B. G. das 21. Lebensjahr noch nicht vollendet haben, aber für volljährig erklärt sind oder sonst die rechtliche Stellung eines Volljährigen erlangt haben (z. B. durch Heirat, wo diese mündig macht), sowie solche Personen, welche nach den französischen

---

[1]) vgl. Habicht S. 39 ff.

[2]) Es ist zu prüfen, ob nach früherem Rechte die Anordnung einer Vormundschaft wegen wirklicher Geisteskrankheit stattgefunden hat. Dieselbe kann u. a. durch obrigkeitliches Dekret erfolgt sein. Wo lediglich eine Vormundschaft wegen Geistesschwäche angeordnet ist, kommt Art. 155 nicht zur Anwendung (M. EG. S. 246). Ueber die einzelnen in Betracht kommenden Fälle vgl. Habicht S. 34 ff.

[3]) vgl. Habicht S. 37 Nr. 2.

oder den badischen Gesetzen emanzipirt oder aus der Gewalt entlassen sind, wenn sie zu jener Zeit das 18. Lebensjahr vollendet haben; stehen nach Art. 153 und 154 Volljährigen gleich; sie sollen so angesehen werden, als wenn die Volljährigkeitserklärung bezw. die Beendigung der e. G. bereits unter der Herrschaft des neuen Gesetzes erfolgt wäre. Daher erwerben sie sämmtliche, den Volljährigen nach diesem zustehenden Rechte. Sie sind tauglich zur Vormundschaft, erlangen die unbeschränkte e. G. und Männer dürfen eine Ehe eingehen (§§ 1781 Nr. 1, 1676, 1696, 1303).[1]) Personen, die nach badischem oder französischem Rechte zwar emanzipirt oder aus der Gewalt entlassen sind, aber in jenem Zeitpunkt das 18. Lebensjahr noch nicht vollendet haben, stehen von da ab Minderjährigen gleich (Art. 154). Sie treten entweder unter e. G. oder sind, wenn dies nicht der Fall ist, unter Vormundschaft zu stellen. Erst mit der Vollendung des 21., nicht etwa mit der des 18. Lebensjahres oder mit der Volljährigkeitserklärung, erlangen diese Minderjährigen die Rechte Volljähriger.[2])

h) Aus Art. 210 folgt endlich, daß in Fällen, in denen gemäß den Bestimmungen des bisherigen Rechts eine Vormundschaft nicht angeordnet worden ist, das B. G. aber die Anordnung einer solchen vorschreibt, gemäß den Vorschriften des letzteren eine Vormundschaft anzuordnen ist. Dies ist z. B. da der Fall, wo nach bisherigem Rechte gesetzlich Vormundschaften, wie diejenige des Vaters über seine gewaltfreien minderjährigen Kinder, der Mutter oder des Vaters derselben über das uneheliche Kind der ersteren (nach preuß. Recht) oder des Stiefvaters über seine Stiefkinder auf Grund einer Einkindschaft, bestanden, die das B. G. nicht kennt. Die bisherigen gesetzlichen Vormundschaften erlöschen kraft Gesetzes und sind, soweit nicht die e. G. eintritt, durch solche zu ersetzen, die den Vorschriften des B. G. entsprechen.[3]) (vgl. S. 240 No. 3.)

2. Ausnahmen von dem Grundsatze des Art. 210, die insbesondere für die Vormundschaft über Minderjährige von Bedeutung sind, enthalten die Art. 207, 208 Abs. 2 und 209. Darnach soll darüber, inwieweit die Kinder aus einer vor dem Inkrafttreten des B. G. geschlossenen nichtigen oder ungültigen Ehe als eheliche anzusehen sind (Art. 207); inwieweit ein vor dem Inkrafttreten des B. G. außerehelich erzeugtes Kind aus einem besonderen Grunde (die Regel in Art. 208 Abs. 1 Halbsatz 1), insbesondere wegen Erzeugung im Brautstande, und inwieweit ein vor dem Inkrafttreten des B. G. legitimirtes oder an Kindesstatt angenommenes Kind die rechtliche Stellung eines ehelichen Kindes hat (Art. 208 Abs. 2 und 209), sowie darüber, inwieweit der Vater oder die Mutter in diesen Fällen die Pflichten und Rechte ehelicher Eltern haben, das bisherige Recht entscheiden. Der Grund

---

[1]) Ueber die Veräußerung von Grundstücken durch einen unter dem früheren Rechte für volljährig Erklärten vgl. Habicht S. 27.

[2]) M. EG. S. 244.

[3]) M. EG. S. 303 Abs. 2. — Auf die bisherigen Vormundschaften finden die Vorschriften der §§ 1890—1893, 1895, 1897, 1915 Abs. 1 Anwendung.

dieser Ausnahmebestimmungen liegt in der Absicht, die Rechte der Eltern und der Kinder in der fraglichen Beziehung thunlichst zu wahren. Soweit von diesen Rechten die Anordnung der Vormundschaft über Minderjährige abhängt, sind die Voraussetzungen derselben nach dem bisherigen Rechte zu beurteilen.[1])

3. Daß Rechte, die unter der Herrschaft des alten Rechts erworben sind, auch unter dem neuen bei Bestand bleiben, versteht sich von selbst. Dies gilt, wie von den Ansprüchen Dritter gegen den Mündel oder den Vormund, so insbesondere auch von den Rechten der letzteren gegeneinander aus der Vormundschaft. Die rechtlichen Voraussetzungen der Entstehung und Aufhebung solcher Rechte, insbesondere die Verpflichtung des Mündels aus Handlungen des Vormundes und umgekehrt, das Maß der Haftbarkeit des Vormundes für vormundschaftliche Handlungen, die dem Anspruch entgegenstehenden Einreden sind nach dem zur Zeit der Entstehung des Anspruches geltenden Rechte zu beurteilen, auch wenn inzwischen die Vorschriften des B. G. in Kraft getreten sind. Grundsätzlich würden auch die zu dieser Zeit geltenden Vorschriften über die Verjährung zur Anwendung zu bringen sein. Der Art. 170[2]) erkennt dies aber nur für Schuldverhältnisse an, während nach Art. 169[3]) die Vorschriften des B. G. über die Verjährung auf die vor dem Inkrafttreten desselben entstandenen, noch nicht verjährten Ansprüche Anwendung finden. Beginn sowie Hemmung und Unterbrechung der Verjährung bestimmen sich jedoch für die Zeit vor dem Inkrafttreten des B. G. nach den bisherigen Gesetzen (Art. 169 Abs. 1 Satz 2).

Daß der unter der Herrschaft des früheren Rechts zur Vormundschaft Berufene ein derart festes Recht auf die Bestellung als Vormund erworben hätte, daß er auch unter dem neuen Gesetz als Vormund bestellt werden müßte, ist mangels einer positiven Vorschrift nicht anzunehmen. Denn das B. G. räumt dem V.-Gericht ein weitgehendes Ermessen hinsichtlich der Uebergehung des Berufenen ein.[4]) Es würde so wenig damit als mit den Anschauungen des früheren Rechts über das Berufungsrecht im Einklange stehen, wenn dem nach früherem Rechte Berufenen ein festes Anrecht auf Bestellung auch unter der Herrschaft des neuen Gesetzes eingeräumt würde. Es wird sich indes in den meisten Fällen im Interesse des Mündels empfehlen, die unter dem früheren Rechte Berufenen auch unter der Herrschaft des neuen zu Vormündern zu bestellen.[5])

Ist dem Vormund unter dem früheren Gesetz eine Vergütung zugebilligt worden, so bleiben die demselben daraus bereits erworbenen Ansprüche selbstverständlich auch nach dem Inkrafttreten des B. G. bei Bestand. Fraglich ist, ob die unbeschränkte Zubilligung einer Vergütung

---

[1]) M. EG. S. 295/96; S. 300—301 Abs. 2; S. 302—303 Abs. 1; Pr. S 8991/92; 9108.

[2]) M. EG. S. 255—257; Pr. S. 9006—9008.

[3]) M. EG. S. 250—254; Pr. S. 9006.

[4]) M. S. 1057 Abs. 1.

[5]) M. z. pr. VO.

als solche nach den Grundsätzen des früheren oder des neuen Rechts zu behandeln ist und z. B. nach den Vorschriften des letzteren für die Zukunft entzogen werden kann (vgl. § 1836 Abs. 1 Satz 4). Aus der Zubilligung einer Vergütung ist aber auch nach früherem Rechte nicht ein derart erworbenes Recht abzuleiten, daß die Vergütung dem Vormunde nicht unter veränderten Umständen entzogen werden könnte.[1]) Hiervon ausgegangen, ergiebt sich die allgemeine Geltung der Vorschriften des B. G. (§ 1836) für die unter dem früheren Rechte zugebilligte Vergütung.

4. Die Zulassung einer allgemeinen Neubestellung von Vormündern gemäß den Vorschriften des B. G., wie sie grundsätzlich möglich wäre, würde die Interessen der überwiegenden Zahl der anhängigen Vormundschaften schwer schädigen. Der Art. 210 Abs. 2 — weitergehend als § 93 pr. V.-O. — bestimmt daher, daß die bisherigen Vormünder,[2]) im Geltungsbereiche der pr. V.-O. auch der Familienrat und dessen Mitglieder, im Amte bleiben. Wo außerhalb des Gebietes der pr. V.-O. nach bisherigem Rechte, wie nach französischem und badischem, ein Familienrat bestand, tritt derselbe mit dem Inkrafttreten des B. G. außer Thätigkeit. Die nach französischem oder badischem Recht angeordnete Bestellung eines Beistandes für einen Geistesschwachen verliert mit dem Ablauf von 6 Monaten von demselben Zeitpunkt an ihre Wirkung (Art. 211).

Gegenvormünder sind von jenem Zeitpunkte ab zu entlassen, wenn nach den Vorschriften des B. G. ein Gegenvormund nicht zu bestellen sein würde[3]) (Art. 210 Abs. 2). Da aber die Bestellung eines Gegenvormundes nach § 1792 Abs. 1 von dem Ermessen des V.-Gerichts abhängt, mithin sofort ein neuer Gegenvormund bestellt werden kann, so hängt in Wirklichkeit auch die Entlassung des Gegenvormundes von dem Ermessen des V.-Gerichts ab.

Soweit nach den Vorschriften des B. G. infolge einer Todeserklärung die e. G. des Verschollenen, die Vormundschaft, die Pflegschaft sowie das Amt als Vormund, Gegenvormund, Pfleger, Beistand oder Mitglied eines Familienrates endigt, gelten diese Vorschriften von dem Inkrafttreten des B. G. an auch für eine vorher erfolgte Todeserklärung (Art. 160).

5. Die Stellung der Vormünder, insbesondere diejenige von Mitvormündern, richtet sich nach dem Inkrafttreten des B. G. nach diesem. Mitvormünder verwalten nunmehr gemeinschaftlich, wenn ihnen nicht bereits früher gesonderte Wirkungskreise zugewiesen waren (§ 1797).

Die unter der Herrschaft des früheren Rechts angeordneten Vormundschaften sind nunmehr nach den Vorschriften des B. G. zu führen. Die Rechte und Pflichten des Vormundes in Bezug auf Person und Ver-

[1]) vgl. die bei Kr. II S. 160 Anm. 2 angeführten Stellen; Wachler, § 34 Anm. 5; andererseits Dernburg S. 28 Nr. 2.
[2]) Nicht die gesetzlichen (vgl. S. 41 u. 240); A. A. auch Habicht S. 477 Nr. 1.
[3]) vgl. §§ 1852, 1903 Abs. 1 1904. Art. 136 Nr. 4.

mögen des Mündels sowie die gegenseitigen Rechte und Pflichten beider bestimmen sich nunmehr darnach. Dies gilt namentlich von der Verpflichtung zur Aufmachung eines Vermögensverzeichnisses, zur Anlegung des Mündelgeldes und zur Rechnungslegung (§§ 1802, 1806 ff., 1840). Befreiungen, die das B. G. nicht zuläßt, mithin alle anderen als die durch §§ 1852—1854 zugelassenen, fallen fort. So diejenigen von der Pflicht zur Legung der Schlußrechnung und zur Aufmachung eines Vermögensverzeichnisses (vgl. pr. V.-O. § 35 Abs. 2).

Auch eine Bestimmung, wie die im § 94 pr. V.-O., wonach die einem bisher bestellten oder berufenen Vormund oder Pfleger durch Verfügung der Eltern oder der Erblasser des Mündels eingeräumten, nach dem bisherigen Rechte zulässigen größeren Befugnisse bei Bestand bleiben, ist dem B. G. unbekannt. Darnach und bei der anzunehmenden Absicht des Gesetzgebers, angesichts der dem Vormunde gegebenen selbständigen Stellung die Befreiung desselben von den gesetzlichen Regeln nur in mäßigem Umfange zuzulassen[1]), sind die vor dem Inkrafttreten des B. G. angeordneten Befreiungen des Vormundes nach dem Inkrafttreten desselben nur soweit aufrechtzuerhalten, als sie mit den Bestimmungen des B. G. übereinstimmen.[2]) Dem preußischen Vormunde z. B. verbleiben darnach die mit diesem nicht übereinstimmenden, im § 47 Abs. 1 pr. V.-O. zugelassenen Befreiungen von den Bestimmungen der §§ 41 Nr. 3 und 42 Nr. 4—14 daselbst nicht.

Wo die Befreiungen des Vormundes gegenüber dem früheren Rechte nach dem B. G. vermehrt sind, stehen ihm nach dem Inkrafttreten desselben die erweiterten Befugnisse zu.[3])

Ob die Voraussetzungen für die Gültigkeit einer vor dem Inkrafttreten des B. G. angeordneten befreiten Vormundschaft vorliegen, ob insbesondere die letztwillige Verfügung, in welcher der Vater oder die eheliche Mutter dieselbe angeordnet hat, rechtsbeständig ist, und ob die Verfügenden die Fähigkeit zur Errichtnug letztwilliger Verfügungen gehabt haben, richtet sich nach den bisherigen Gesetzen. Nach Art. 214 soll die vor dem Inkrafttreten des B. G. erfolgte Errichtung oder Aufhebung einer Verfügung von Todeswegen auch dann nach den bisherigen Gesetzen beurteilt werden, wenn der Erblasser nach dem Inkrafttreten des B. G. stirbt. Der nach diesem Zeitpunkte verstorbene Erblasser[4]) muß aber, wenn die in einer vor demselben errichteten letztwilligen Verfügung angeordneten Befreiungen des Vormundes wirksam sein sollen, bis zu seinem Tode die e. G. über den Mündel gehabt haben.[5]) Denn eine „Verfügung von Todeswegen" umfaßt zwar auch diejenigen Anordnungen, welche familienrechtliche Befugnisse des Erb-

---

[1]) M. S. 1162 Abs. 5.
[2]) Uebereinstimmend Fuchs S. 312 Nr. 6.
[3]) A. A. Habicht S. 473/74.
[4]) Nicht bloß, wie Habicht S. 474 Abs. 2 will, der Vater.
[5]) § 1856; M. EG. S. 305.

lassers betreffen (vgl. § 1777), hinsichtlich der Wirksamkeit der Befreiung handelt es sich aber nicht bloß um die Gültigkeit der letztwilligen Verfügung, sondern auch um die Zulässigkeit der befreienden Anordnung. Und diese ist nur zulässig, wenn die Voraussetzungen des § 1777 vorliegen.

6. Hat der Vater vor dem Inkrafttreten des G. B. auf Grund der bisherigen Gesetze die Mutter von der Vormundschaft über das Kind ausgeschlossen oder der Mutter einen Beistand zugeordnet, so gilt die Anordnung des Vaters von dem Inkrafttreten des B. G. an als Anordnung der Bestellung eines Beistandes für die Mutter im Sinne des B. G. (Art. 205).

II. Überleitung des alten in den neuen Rechtszustand.

Zwecks rechtzeitiger, nach dem B. G. erforderlicher Anordnung und Aufhebung von Vormundschaften und Pflegschaften ist:

1. anlangend die Beendigung der Vormundschaft durch Eintritt der e. G. der Mutter (§§ 1684, 1685) festzustellen, ob die Mutter des Mündels am Leben ist und die Voraussetzungen für den Uebergang der e. G. auf sie vorliegen. In dieser Beziehung kommt namentlich in Betracht, daß die Mutter nicht wiederverheiratet, daß sie voll geschäftsfähig, an der Ausübung der e. G. nicht thatsächlich verhindert ist (ihre e. G. nicht ruht), und dieselbe nicht bereits verwirkt hat (vgl. §§ 1676, 1677, 1696, 1697, 1680).

Ueber alle diese Fragen wird das V.-Gericht rechtzeitig bei den Waisenräten, eventl. bei den Polizeibehörden oder in sonst geeigneter Weise Erkundigung einzuziehen haben.[1]) Ergiebt sich aus denselben, daß die e. G. auf die Mutter übergeht, so sind die Einleitungen zur Beendigung der Vormundschaft zu treffen; insbesondere ist der Vormund zur Ablegung der Schlußrechnung und zur Vorbereitung der Herausgabe des Mündelvermögens an die Mutter aufzufordern. Auch ist gemäß § 1892 Abs. 2 in einem baldmöglichst nach dem 1. Januar 1900 anzuberaumenden Termine die Abnahme der Rechnung durch das V.-Gericht unter den Beteiligten zu vermitteln und eventl. das Anerkenntnis der Schlußrechnung zu beurkunden.[2])

Nach Beendigung der Vormundschaft ist der Vormund und eventuell der Gegenvormund zu entlassen, und haben beide ihre Bestallungen zurückzureichen.

Mit besonderer Sorgfalt hat das V.-Gericht die Frage zu prüfen, ob der Uebergang der e. G. auf die Mutter und die Verwaltung des Mündelvermögens durch sie die Bestellung eines Beistandes (§ 1687) oder die Anordnung allgemeiner Sicherungsmaßregeln erforderlich macht. In beiden Beziehungen ist zu erwägen, daß durch die Einführung des B. G. eine Umgestaltung des Rechts herbeigeführt wird, welche besondere Vorsicht geboten erscheinen läßt.

---

[1]) Soweit nicht die Vormundschaftsakten sicheren Anhalt gewähren, was nicht immer der Fall sein wird.

[2]) vgl. §§ 1890—1893.

Allgemeine Sicherungsmaßnahmen aus §§ 1666, 1667 werden erforderlich, wenn der zur Ausübung der e. G. berufene Elternteil in sittlicher Beziehung nicht diejenigen Garantien bietet, welche für eine gedeihliche Ausübung der Sorge für die Person und das Vermögen des Kindes vorausgesetzt werden müssen.

Die Frage, ob der Mutter ein Beistand zu bestellen ist, wird in der Uebergangszeit im Zweifel zu bejahen und derselben nötigenfalls an die Hand zu geben sein, die Beiordnung eines Beistandes zu beantragen. Im übrigen sind Beistände zu bestellen:

a) gemäß Art. 205, wenn der Vater vor dem Inkrafttreten des B. G. auf Grund der bisherigen Gesetze die Mutter von der Vormundschaft über das Kind ausgeschlossen oder derselben einen Beistand zugeordnet hat;

b) wenn die Mutter die Bestellung beantragt;

c) wenn das V.-Gericht aus besonderen Gründen, insbesondere wegen des Umfanges des Mündelvermögens oder der erforderlichen Art der Verwaltung desselben, die Bestellung im Interesse des Kindes für nötig erachtet.

Von der letzteren Bestimmung wird in liberaler Weise und insbesondere dann Gebrauch zu machen sein, wenn anzunehmen ist, daß die Mutter auf dem Gebiete der Vermögensverwaltung nicht die erforderliche Erfahrung hat. Dagegen bedarf es der Bestellung eines Beistandes an sich nicht, wenn die Mutter das in ihre Verwaltung übergehende Vermögen etwa schon bisher als Vormünderin oder auf Grund eines Nießbrauchsrechts oder einer fortgesetzten Gütergemeinschaft in Verwaltung gehabt hat.

Als geeigneter Beistand ist da, wo bisher eine Vormundschaft bestanden hat, der mit den Verhältnissen vertraute frühere Vormund anzusehen.

Falls der Mutter nicht nach Maßgabe der vorbezeichneten Gesichtspunkte ein Beistand bestellt wird, so hat das V.-Gericht der Vermögensverwaltung derselben seine besondere Aufmerksamkeit zuzuwenden (vgl. § 1667), insbesondere auch die Gemeindewaisenräte aufzufordern, dieselbe sorgsam zu überwachen und nötigenfalls dem V.-Gericht Anzeige zu machen.

2. Ist beim Inkrafttreten des B. G. ein Entmündigungsverfahren anhängig und die Frage, ob Geisteskrankheit oder Geistesschwäche vorliegt, noch nicht entschieden, so ist diese Frage nach den Vorschriften des B. G. zu entscheiden. Auch das Verfahren ist nach der Regel, daß Vorschriften über das Verfahren sofort Anwendung finden, gemäß den neuen Vorschriften der C.-P.-O. weiterzuführen, gleichviel, wie weit dasselbe bereits gediehen ist.[1])

Bei der Anwendung der materiellen Vorschriften des B. G. ist zu berücksichtigen, daß nach § 6 Nr. 1 eine Entmündigung wegen Geistes-

---

[1]) M. EG. S. 248 Abs. 2.

krankheit oder Geistesschwäche nur dann eintreten kann, wenn der zu Entmündigende „seine Angelegenheiten nicht zu besorgen vermag". Diese Voraussetzung unterscheidet die Entmündigung nach dem B. G. sehr wesentlich von derjenigen nach früherem Rechte, da hier die Frage der Geisteskrankheit lediglich nach medizinischen Grundsätzen entschieden wurde.

Wird in dem anhängigen Verfahren oder sonst festgestellt, daß die Entmündigung wegen Geistes**krankheit** erfolgt ist, so bleibt gemäß Art. 210 die Vormundschaft bei Bestand. Ist ein Gegenvormund noch nicht bestellt, so ist er nunmehr nach den Grundsätzen des § 1792 zu bestellen.

Wird festgestellt, daß die Bevormundung wegen Geistes**schwäche** angeordnet ist, so gilt die Vormundschaft nunmehr als Pflegschaft; der bisherige Vormund bleibt als Pfleger im Amte. Vorbereitungen für die Ueberleitung des alten in den neuen Zustand sind demgemäß in beiden Fällen nicht erforderlich.

3. An Stelle der **gesetzlichen Vormünder** (vgl. S. 234 h), die das Gesetz nur in dem Ausnahmefalle des Art. 136 zuläßt, sind Vormünder zu **bestellen**. Die gesetzlichen Vormünder können zu Vormündern wieder bestellt werden, sind aber keine Vormünder im Sinne des Art. 210 Abs. 2, die ohne weiteres im „Amte" bleiben[1]). Sie sind eventuell daher zu Vormündern zu bestellen und mit einer Bestallung zu versehen, Maßnahmen, die schon aus praktischen Gründen empfehlenswert sein würden. Dieselben kommen besonders für den Bereich der pr. V.-O. in Betracht (S. 234). In dem fraglichen Falle ist Fürsorge für die rechtzeitige Bestellung von Vormündern zu treffen und sind entsprechende Anweisungen an die G.-Waisenräte (vgl. § 1849), eventuell die Polizeibehörden zur Aufstellung von Listen über die erledigten gesetzlichen Vormundschaften und zu Vorschlägen über die neu zu bestellenden Vormünder zu erlassen. In der überwiegenden Zahl der Fälle werden die bisherigen Vormünder als solche wieder zu bestellen sein.

4. **Wo Pflegschaften** über Volljährige nach den Bestimmungen des B. G. **nicht fortbestehen können** (vgl. z. B. S. 230 Nr. 1 und Anm. 2 das.), ist Sorge zu tragen, daß das von dem Pfleger verwaltete Vermögen nach ordnungsmäßiger Rechnungslegung (§ 1892) an den Berechtigten herausgegeben wird. Es ist daher zunächst festzustellen, wer der Berechtigte ist. Hinsichtlich der einem Volljährigen in Bezug auf das ihm zugewendete Vermögen durch den Erblasser auferlegten Beschränkungen wird unter Umständen anzunehmen sein, daß beim Wegfalle der Pflegschaft der von dem Erblasser eingesetzte Testamentsvollstrecker der Berechtigte ist.[2]) Vor weiterem wird aber in diesem

---

[1]) Uebereinstimmend Fuchs S. 159 Nr. 6 b, Schultzenstein § 1774 Anm. 1 vgl. auch M. z. EG. S. 303 Abs. 2. A. A. Habicht, S. 477 Nr. 1, Kurtz S. 5 und 19 (Anm.)

[2]) vgl. Habicht S. 465 und Anm. 2 daselbst.

Falle, wie beim Wegfalle von Pflegschaften überhaupt, sorgfältig zu prüfen sein, ob nicht Veranlassung zur Neuanordnung einer Pflegschaft in Gemäßheit der Bestimmungen des B. G. gegeben ist.

5. Eine Vormundschaft über Abwesende verwandelt sich mit dem Inkrafttreten des B. G. in eine gemäß § 1921 zu führende Pflegschaft (Art. 210). Da der bisherige Vormund Pfleger wird, so bleiben in der Sache alle Verhältnisse unverändert.

Eine Verschollenheitskuratel (sog. cura anomala) ist ihrem Wesen nach anticipirte Erbfolge. Es finden deshalb nicht die Grundsätze des Art. 210, sondern diejenigen des Art. 161, wonach die bisherigen Gesetze maßgebend bleiben, auf sie Anwendung.

6. Für die erbrechtlichen Verhältnisse bleiben nach Art. 213, wenn der Erblasser vor dem Inkrafttreten des B. G. gestorben ist, die bisherigen Gesetze maßgebend. Danach ist eine am 1. Januar 1900 anhängige Nachlaßpflegschaft da, wo die Grundsätze der Vormundschaft auf sie Anwendung fanden, auch ferner nach vormundschaftlichen Grundsätzen, jetzt aber nach denjenigen des B. G. zu beurteilen.

7. Eine namentlich für die Uebergangszeit sehr wichtige Bestimmung enthält der Art. 176. Derselbe schreibt vor, daß die Außerkurssetzung von Schuldverschreibungen auf den Inhaber nach dem Inkrafttreten des B. G. nicht mehr stattfindet. Eine vorher erfolgte Außerkurssetzung verliert mit dem Inkrafttreten des B. G. ihre Wirkung.[1]) Die dem Mündelvermögen durch die Außerkurssetzung der Inhaberpapiere gewährte Sicherheit ist daher von da ab durch diejenigen Sicherungsmittel zu ersetzen, welche das B. G. hinsichtlich der Inhaberpapiere vorgeschrieben hat. Nach den bezüglichen, in den §§ 1814 und 1815 enthaltenen Vorschriften desselben hat der Vormund die Inhaberpapiere nebst den Erneuerungsscheinen bei einer Hinterlegungsstelle oder bei der Reichsbank mit der Bestimmung zu hinterlegen, daß die Herausgabe der Papiere nur mit Genehmigung des V.-Gerichts verlangt werden kann. Statt dessen kann der Vormund die Inhaberpapiere aber auf den Namen des Mündels mit der Bestimmung umschreiben lassen, daß er über sie nur mit Genehmigung des V.-Gerichts verfügen kann.

Gehören Buchforderungen gegen das Reich oder einen Bundesstaat zum Mündelvermögen, so ist in das Schuldbuch der Vermerk einzutragen, daß der Vormund über die Forderungen nur mit Genehmigung des V.-Gerichts verfügen kann (§ 1816).

Um die darnach eventuell für das Mündelvermögen zu treffenden wichtigen Maßregeln rechtzeitig ins Werk setzen zu können, haben die V.-Gerichte zur Vermeidung eigener Haftbarkeit (§ 1848) durch genaue Prüfung der Akten der bei ihnen anhängigen Vormundschaften festzustellen,

[1]) Zur Erhebung des Betrages eines vor dem 1. Januar 1900 außer Kurs gesetzten Sparkassenbuchs ist nach Art. 73 § 2 pr. AG. Genehmigung des Gegenvormundes oder des VGerichts erforderlich. (M. z. pr. A.G. S. 164.)

zu welchem Mündelvermögen Inhaberpapiere ꝛc. gehören. Die betr. Vormünder sind mit bezüglichen Weisungen zu versehen und sachgemäß dabei über die Hinterlegung und die Umschreibung, insbesondere über die Hinterlegungsstellen und den Modus der Umschreibung, zu belehren.

Die Ausführung der dem Vormunde gemachten bezügl. Auflagen hat das V.-Gericht von Amtswegen zu überwachen.

Verzeichnis

der behandelten Gesetzesstellen.

1. Bürgerliches Gesetzbuch vom 18. August 1896.

Einführungsgesetz zum bürgerlichen Gesetzbuch.

Gesetz über die Angelegenheiten der freiwilligen Gerichtsbarkeit vom 17. Mai 1898.

Civilprozeßordnung.

Preußische Vormundschaftsordnung.

Sachregister.

(Die Zahlen bezeichnen die Seiten, die eingeklammerten Zahlen, denen ein A. hinzugefügt ist, die Anmerkungen auf den betr. Seiten.)

Berichtigungen.

Es ist zu lesen:

Seite 3 Reihe 13 von oben: § 29 Nr. 10.
„ 5 Anm. 1 hinter „Art. 218" ein Punktum.
„ 15 Reihe 3 hinter „Bestimmung" ein Komma.
„ 15 Reihe 30 statt „väterlichen Schutzes": „elterlichen Schutzes".
„ 19 Reihe 27 statt S. 58 — S. 57.
„ 24 Reihe 6 statt S. 7 — S. 19 ff.
„ 39 Reihe 6 statt „aber auch" — „darnach aber".
„ 42 Reihe 12 statt S. 137, 138 — S. 135, 136.
„ 43 Reihe 6 statt S. 1831 — S. 831.
„ 47 Anm. 1: S. 67 ff.
„ 58 Anm. 3, Reihe 7: §§ 19, 20.
„ 72 Reihe 1 hinter „Taxe" — ein Komma.
„ 72 Anm. 6 statt „pr. G.O." — „pr. V.O."
„ 87 Reihe 11 statt „Verfügungen und die Form der Anfechtbarkeit derselben" — Verfügungen, ihre Form und Anfechtbarkeit.
„ 125 Reihe 25 Absatz 4; A. statt „das" — daß.
„ 132 Reihe 9 Abs. 3c. A. Seite 41/42.
„ 133 Reihe 28 Nr. 10 statt „§ 54 Nr. 5 K.O." — § 61 Nr. 5 K.O.
„ 136 Reihe 16 statt „§ 33 Abs. 2" — §§ 33 Abs. 2 u. 3.
„ 140 Reihe 2 statt „§ 30 G. F." — § 36 GF.
„ 160 Reihe 1 statt „Auch die Anträge u. s. w." — Die an das Grundbuchamt gerichteten Anträge des V.Gerichts müssen in den durch die G.B.O. vorgeschriebenen Formen gestellt werden.

Druck von F. E. Haag, Melle in Hann.

Kolibri 360 GmbH
Ferdinand-Jühlke-Straße 7
99095 Erfurt, Deutschland
produktsicherheit@kolibri360.de